泰州学派研究

第一辑

中国社会科学院哲学研究所
泰州市人民政府 主办

张志强 刘霞 主编

中国社会科学出版社

图书在版编目(CIP)数据

泰州学派研究. 第一辑/张志强,刘霞主编. —北京:中国社会科学出版社,2023.4

ISBN 978-7-5227-0930-7

Ⅰ.①泰⋯ Ⅱ.①张⋯②刘⋯ Ⅲ.①泰州学派—研究 Ⅳ.①B248.35

中国版本图书馆 CIP 数据核字(2022)第 193591 号

出 版 人	赵剑英
策划编辑	孙 萍
责任编辑	彭 丽
特约编辑	涂世斌
责任校对	郝阳洋
责任印制	王 超

出　　版	中国社会科学出版社
社　　址	北京鼓楼西大街甲 158 号
邮　　编	100720
网　　址	http://www.csspw.cn
发 行 部	010-84083685
门 市 部	010-84029450
经　　销	新华书店及其他书店
印　　刷	北京君升印刷有限公司
装　　订	廊坊市广阳区广增装订厂
版　　次	2023 年 4 月第 1 版
印　　次	2023 年 4 月第 1 次印刷
开　　本	787×1092 1/16
印　　张	22
字　　数	348 千字
定　　价	159.00 元

凡购买中国社会科学出版社图书,如有质量问题请与本社营销中心联系调换
电话:010-84083683
版权所有　侵权必究

《泰州学派研究》

学术顾问

张立文　陈　来　杨国荣　郭齐勇　李存山

编辑委员会

主　编

张志强　刘　霞

编　委（按姓氏笔画为序）

王月清　刘　丰　朱　莹　许益军　任蜜林
杜保瑞　吴　震　吴根友　陈寒鸣　周　群
钱　明　董　平　窦立成　颜炳罡

编辑部

王　正　龙涌霖　胡海忠　陈述飞　张永龙

序

张志强[*]

习近平总书记在给《文史哲》编辑部全体编辑人员的回信中指出："增强做中国人的骨气和底气，让世界更好认识中国、了解中国，需要深入理解中华文明，从历史和现实、理论和实践相结合的角度深入阐释如何更好坚持中国道路、弘扬中国精神、凝聚中国力量。回答好这一重大课题，需要广大哲学社会科学工作者共同努力，在新的时代条件下推动中华优秀传统文化创造性转化、创新性发展。"这一重要论断从办刊使命的角度，深刻阐明了中华民族伟大复兴必然需要文明历史层面的勇敢探索。把中国文明历史研究引向深入，推动全党全社会增强历史自觉、坚定文化自信，是建设中国特色社会主义现代化强国的必然要求，同时也是广大哲学社会科学工作者的光荣职责。

在我们看来，理解中国的历史及其传统是理解当代中国的必要前提。历史不是尘封高阁的一堆故纸，她总是面向未来，并以日用寻常而不自知的方式影响和塑造着当下。我们要从现代中国的问题背景进入历史和传统中的中国，又站在传统中国的角度审视当下中国，通过这样一种"源流互质"的方法论自觉探索"中国"之所以为"中国"的原理，通古今之变，探究中华文明得以生生不息之根本，以及能够开创出人类文明新形态的源泉。

泰州学派之所以值得重视，不仅由于其学派宗旨和哲学思想处于宋明理学的

---

[*] 张志强，中国社会科学院哲学研究所所长、研究员。

重要发展阶段，更重要的是，泰州学派可以说体现了"晚明"这个时代的"人民儒学"精神气象。从一方面看，晚明固然只是中国历史某个朝代的衰败期而已，但从另一方面看，明朝晚期的政治、经济、社会等方面的新变动，使得这一时期又具有深邃宏阔的世界史意义。晚明的时代变动，实际上与十六世纪之后世界体系的转换处于紧密交织的互动关系。其中的一个重要表征，就是众所周知的"商品经济萌芽"的问题。而这个问题的背后，实际上牵连着诸多中国传统社会的复杂变动因素，诸如白银货币化并导致农民进一步脱离土地而流向雇佣市场、玉米甘薯等作物的引进刺激明清人口的暴增、脱离旧宗法秩序的流民增多导致庶民社会的出现和民众结社活动的增多，这些问题共同造成了那个时代的精神主题——人的欲望的解放。因此，儒家要面对的问题和挑战是，如何安顿脱离了旧宗法秩序的孤绝的情欲个体？儒家的义理学又如何能在与佛道二教的竞争中，在旧有基盘上发展出新的主体状态和伦理生活的有关论说，重建其礼乐教化，并安顿情欲个体的心灵？晚明这些时代课题所具有的现代性特征，使得彼时儒家思想的新发展，就包含着反思当代种种精神困境的有益启发。王阳明的"良知"学说正是对这个时代问题的初步回答。阳明将儒家道德伦理的超越性基础从"天理"拉回"吾心"，重新在孤绝的个体上发现了自然德性。在阳明那里，"良知"的主体通过存在的感应不断创生着主体，从而与世界建立"天地万物一体之仁"的联系。由于这种一体之仁是从每个道德主体身上自然而然的思亲爱亲之"良知良能"推扩而来的，所以，"良知"学实际上等于肯定了情感本身的独特价值，由此突破了宋代理学以来天理/人欲和性/情二分的架构。泰州学派正是沿着阳明学所开辟的具有文明史意义的方向，把阳明学所蕴含的"情本体"的维度彻底激发出来。泰州学人的诸多宗旨主张，从王艮的"百姓日用即道"、罗汝芳的"赤子良心"说到李贽的"童心"说，无不彰显着一种真诚可贵的人情味。泰州学人在肯定人的情欲的价值上比王阳明走得更远，以至于提出了一些在当时自居正统的道学家看来相当离经叛道的说法。这些思想变动，无不反映出那个时代的社会新气象，并且蕴含着一条从中国文明自身出发来应对现代精神危机的道路，至今仍然具有巨大的理论探索空间。

我们坚信《泰州学派研究》的创办，对于深入贯彻落实习近平总书记关于

"两个结合"的重要论述，推动中华优秀传统文化创造性转化和创新性发展，构建中国特色哲学社会科学的学科体系、学术体系、话语体系将发挥重要作用；我们坚信《泰州学派研究》的创办，能够不断引领创新，向学界展示高水平的研究成果，为有潜力的学术人才提供成长的平台，让马克思主义、中华优秀传统文化、国外哲学社会科学优秀成果在这个平台上达到深度碰撞和交融；我们坚信《泰州学派研究》的创办，将为充分发挥中华文明核心价值以回应新时代课题提供重要的理论支撑，为探索人类文明新形态贡献极具生命力的思想方案。

目 录

泰州学派的精神世界 …………………………………………… 张立文（1）
泰州学派与地域王门 …………………………………………… 钱　明（6）
身的挺立
　　——泰州学派的思想主旨及其理论现代效应 ………… 张再林（18）
"见在良知"与"先天正心之学"
　　——王龙溪与阳明学的分化 …………………………… 干春松（29）

王艮王襞父子的哲学与泰州学派的精神 …………………… 张学智（54）
王艮的平民政治思想 …………………………………………… 朱　承（67）
颜山农论 ………………………………………………………… 周　群（87）
论王艮的万物一体思想及其当代启示 ……………………… 张舜清（111）
儒学的身体转向
　　——王艮身本儒学论 …………………………………… 赵立庆（120）
从良知到德行：泰州学派德性伦理的乡贤特色
　　——以王艮思想为中心的研究 ………………………… 王文东（141）
"原日身体"与身的形上化
　　——罗汝芳身心之学的现象学诠释 …………………… 刘增光（155）
泰州学派的工夫修养与实践
　　——以颜钧的体仁工夫论为中心 ……………………… 马晓英（169）

何心隐"友伦"诠释的哲学维度及其现代意义 ………………… 赵金刚（183）
殊途而同归：论焦竑对王阳明"三教一道"思想的发展与转变 …… 米文科（195）

论"知行合一"的四重向度 …………………………………… 董　平（207）
道德·价值·信仰
　　——当代文化语境中王阳明良知图式的三重向度 ………… 陆永胜（228）
良知与责任：王阳明责任伦理思想再论 ……………………… 涂可国（249）

侯外庐学派关于泰州学派的学术研究 ………………………… 张岂之（274）
早期启蒙思想抑或传统修身学说？
　　——泰州学派研究评述及儒学研究路径之探讨 …………… 孙钦香（280）
泰州学派研究的新进展
　　——以2018、2019年为中心的综述 ……………………… 张宏敏（289）

泰州学派的精神世界

张立文[*]

摘　要：王阳明思想的理论思维，影响深远。黄宗羲说："阳明先生之学，有泰州、龙溪而风行天下。"泰州学派创始者王艮，常带《孝经》《论语》《大学》于袖中，逢人质难，久而信口谈解，以经证悟，以悟释经。泰州学派的精神世界体现为：逢人质义，涂人皆师的精神；学问思辨，以求自得的精神；独立致思，默坐体道精神；究竟疑义，反复辩论的精神；融突和合，创立新学的精神。赓续王艮之学的颜钧，凸显心体良知的自造力、主宰力。邓豁渠融突和合儒释道三教，统摄为心体学。李贽是近世文化启蒙的先行者。

关键词：逢人质义　默坐体道　阳明心学　创立学派

一个学派的发展、生机的经久不息，与其强劲的生命力、智慧卓越相联通。王阳明的思想不仅在当时影响深远，而且至今仍然具有现实价值与意义。就影响而言，当时就像扇形展开，《明儒学案》有浙中王门学案五、江右王门学案九、南中王门学案三、楚中王门学案一、北方王门学案一、粤闽王门学案一，现补黔中王门一，《明儒学案》就按地域分为六学案。这便扩大了王学的影响力，及其为变所适、与时偕行的智慧精神。

不将泰州学案列入王门学案之中，其用心就可反思，黄宗羲对当时的学派是很熟悉的，其单列泰州学案五，可见泰州王艮思想的影响力。宗羲说："阳明先生之学，有泰州、龙溪而风行天下，亦因泰州、龙溪而渐失其传。泰州、龙溪时时不满

---

[*] 张立文，著名哲学家、哲学史家，中国人民大学孔子研究院院长、一级教授。

其师说，益启瞿昙之秘而归之师，盖跻阳明而为禅矣。然龙溪之后，力量无过于龙溪者，又得江右为之救正，故不至十分决裂。"①

王艮字汝止，号心斋，从父经商于山东，常带《孝经》《论语》《大学》于袖中，逢人质难。久而信口谈解，虽不得专攻于学，然默默参究，以经证悟，以悟释经，历有年，言尧之言，行尧之行。时阳明巡抚江西，讲良知之学。黄文刚认为，阳明讲良知，王艮讲格物，如其同也。王艮于是见阳明，阳明"简单直截，艮不及也"，下拜称弟子，退而绎所闻，间有不合，阳明归越，先生从之。"先生以格物即物有本末之物，身与天下国家一物也。格知身之为本，而家国天下之为末。行有不得者，皆反求诸己。反己是格物底工夫，故欲齐治平，在于安身。"②

泰州学派的创建者王艮的精神世界具有现实的价值与意义，应予以继承发扬。泰州学派的精神世界体现为：

（一）"逢人质义，涂人皆师"的精神。王艮出身贫苦，是进行盐业生产的灶户，其人为灶丁、亭丁，没有机会去读书，贫不能学，李贽《焚书》卷二说："心斋本灶丁也，目不识丁。"后由于经商，乃游四方。他到山东曲阜，特谒孔庙，叹曰："夫子亦人也，我亦人也。"奋然有任道之志。归则日诵《孝经》《论语》《大学》，置书于袖中，逢人质义。对其中的疑问，不管贫富贵贱，皆向其请教，这犹如苏格拉底不管医生、工人、手工业者，都问他们"我有没有智慧"，亦如孔子所说"三人行，必有我师"的虚心请教的精神，这种涂人皆师的精神，就能听取各种不同的意见、观点，使思维大开阔，视野大扩大。

（二）"学问思辨，不泥传注"的精神。王艮的《乐学歌》云："乐是学，学是乐。呜呼！天下之乐，何如此学，天下之学，何如此乐"，"人心本自乐，自将私欲缚。私欲一萌时，良知还自觉。一觉便消除，人心依旧乐"。以学为乐，"孔子虽天生圣人，亦必学《诗》，学《礼》，学《易》，逐段研磨，乃得明彻之至"。其好学精神，使其无师自通。王艮强调博学听取各种论述，详细地询问、质问，慎重地思考、反思，清楚地分辨，踏实地实行。学一定要学会，思考一定要有结果，

---

① 《泰州学案》，《明儒学案》卷32，第6册，上海商务印书馆1933年版，第62页。
② 《泰州全集》，《明儒学案》卷32，第6册，上海商务印书馆1933年版，第69页。

问一定要弄懂，分辨一定要分辨清楚，不达目的不罢休。这使他对经典著作就可以信口谈解，多有自己独立的见解，不拘泥儒家经典的注疏。他反对朱熹《四书章句集注》的章句之学，主张"以经证悟，以悟释经"，开出一条以自己觉悟、体悟为本的独创的见解，使自己的见解具有合理性，以经典来印证自己思想的正确性。这就是自己讲、讲自己的思想。

（三）"独立致思，默坐体道"的精神。达到"讲经书，多发明自得"。王艮善于独立思考，学而思，思而学，使他有所自得。有疑而学，有疑是独立思考的开始，有疑而学，学而思考，反思，以弄清究竟，这便激发其独立思考，而不人云亦云。对未弄懂、未悟，疑而未觉的问题，他"闭关精思，夜以继日，寒暑无间，务期于有得，自是必有为圣贤之志"。这种闭关静思，具有豁然贯通的效果。默坐静思是为了体认道，这道就是百姓日用之道。王艮既重良知现成自在，又不轻经验的百姓日用之学，天理良知圆融无碍。实现百姓日用即道，即天理，把程朱度越百姓日用的形而上之理，拉回落实在百姓日用之上，以图破除愚夫愚妇与圣贤身份的不平等。他说："圣人之道，无异于百姓日用，凡有异者，皆谓之异端。"百姓日常生活的道理或条理，即是良知天理，"百姓日常条理处，即是圣人之条理处"。"良知良能，愚夫愚妇与圣人同。"之所以同，是其有共同的心体良知。心体良知在百姓日用生活中所体现的往来、视听、持引的道理，这样既把圣贤心体良知还原为百姓日用的身体行为之学，又超拔百姓日用之学与圣贤之学相等。由于他把天理良知百姓日用化，因此他以通俗易懂、与百姓日用生活相结合，于是他的演讲、会讲具有轰动效应。他以社会下层群众为宣讲的对象，讲学内容"言多出独解，与传注异"。为拯救苦难的人民，这种传道活动，是启发人民觉悟的有效办法。

（四）"究竟疑义，反复辩论"的精神。王艮乡居，黄文刚塾师听到王艮讲谈《论语》与王守仁的学术观点非常接近。说："有是哉！虽然王公论良知，某谈格物，如其同也，是天以王公与天下后世也；如其异也，是天以某与王公也。"王艮便到江西见王守仁。相见一开始便"相与究竟疑义"，后论及天下之事。王守仁说："君子思不出其位。"（《论语·宪问》）"不在其位，不谋其政。"曾子曰："君子思不出其位。"意谓像王艮这样无政治地位的人，没有资格谈论天下大事。王艮认为草莽匹夫，更应当追求尧舜的理想政治，既然现实没有尧舜那样的君主，草莽匹夫们就不可能像尧舜那样耕于历山，这便是两人的分歧所在。但王艮与王守仁之同在于，王艮说："讲及致良知，先生叹曰'简易直截，予不可及'，乃下拜而师事之。"回来后，"绎思所闻，间有不合，遂自悔曰：'吾轻易矣。'"于是王艮又见王守仁。两人反复辩论，后"心大服"，拜执弟子礼。王艮初名王银，王守仁为其更名艮，字汝止。王守仁对其学生说："此真学圣人者。"王艮的究竟疑义精神，使他"时时不满其师说"，乃至"往往驾师之上"，有"弟子不必不如师"的态势。王艮怀抱大志："吾闻大丈夫以天地万物为一体，为天地立心，为生民立命，几不在兹乎！""遂思整车束装，慨然有周游四方之志。"他的究竟疑义的精神，导致与王守仁思想的分歧。其淮南格物说，与朱熹、王守仁异，朱熹以格物为"穷理"，王守仁以格物为"正心"，王艮训格为"絜度"，训物为"本末之物"。王艮说："身与天下国家一物也，惟一物而有本末之谓。格，絜度也，絜度于本末之间，而知本乱而末治者否矣。此格物也。物格，知本也；知本，知之至也。故曰：'自天子以至于庶人，壹是皆以修身为本。'修身，立本也；立本，安身也。"絜度是衡量长度，即量度、絜矩。故曰"修己以安人，修己以安百姓，修其身而天下平。"絜矩度量方圆，修己安人、安百姓、天下平，即从格物致知、诚意正心的内圣到齐家治国平天下的外王。由其分歧，而创立新学派、新学说、新学风。

（五）"融突和合，创立新学"的精神。王艮"逢人质义""学问思辨"，经默坐静思，把冲突、矛盾的意见、观点加以消化融合而和合为新观点、新思维、新学风，从而开出新生命，建立新学派。

泰州学派颜钧（1504—1596），字山农，从学徐樾，得王艮之学。黄宗羲说："其学以人心妙万物，而不测者也。性如明珠，原无尘染，有何戒惧？平时只是率性所行，纯任自然，便谓之道。"颜钧还重视心体良知的自造力、主宰力。他说："窃谓天地之所贵者，人也；人之所贵者，心也。人为天地之心，心为人身之主。默朕渊浩，独擅神聪，变适无疆，统率性融。"心是人人所现成具有的，天地自然本无心，以人心为天地心。王艮以百姓日用即道，颜钧释日与用为体与用，以日为体，体曰阳精，万象万形之生生化化也……"夫用也，言在人身，天性之运动也，是动从心率性，是性聪明灵觉。"他特别赞许《大学》《中庸》，构建大中之学。认大、中、学、庸互相融合不离。"夫是中也，主乎大之生，大是大也,家乎中之仁。"中使大化生,大家乎中的仁爱,学依丽于止于至善,庸适达于中正之道。他率性任情,讲真话实话,深受民众赏识,影响广泛。

邓豁渠(1498—1569)融突和合儒释道三教,以儒说释,以释解儒,以道诠儒,以释明道,养成他荒诞的气象。无论是以"性命双修"释其学术宗旨,还是以"见性为宗"解其思想主旨,但其旨归为心学。"圣人之学,心学也。心、体本来无一物,所以说,他说私意萌,说一觉便消除,是外道绝情事,非圣人心学妙机。"这是对"学而时习之不亦说乎"的回答,意谓心体中无物语私意。他虽能融突和合三教,但又试图度越三教,因此对儒释道三教都有所质疑。他认为自宋以来,三教各自流落于情念、法术、空寂。自何晏、神秀、宋儒之学流行于后世,三教便趋向衰落,而称赞阳明良知之学。

李贽(1527—1602)是王艮之子王东厓的学生,是中国近世文化启蒙的先行者,是冲决传统网罗的勇士,他主张"穿衣吃饭即是人伦物理"。宋明理学家把内在的自我主体意志外化为异己的天理,成为与人内在自我主体相对的力量,反过来控制、主宰、化生人。李贽把异己的天理,复归于人自身,把远离人的不食人间烟火的形而上天理,复归现实百姓日用的穿衣吃饭即是人伦物理。衣食是人的生活基本活动,与各方面发生关系和联通,就需要调节、融突和合这种关系;化解这种关系的原则,就需要伦理道德规范。李贽认为这就是人伦物理。

泰州学派高扬主体精神,批判宋明理学对主体的忽视,彰显独立的人格,强调质疑经典,不以孔子之是非为是非,具有解放思想的价值与意义。虽被时人视为异端,但体现出当时商品经济的发展,市民思想的萌芽,重视个性的独立以及高远的为天地立心、为生民立命的精神和抱负,追求精神自由,纯任自然,反映了明末资本主义萌芽的文化诉求。

泰州学派与地域王门

钱 明[*]

摘 要：阳明学传播的核心区域有五处，即浙江绍兴地区、江西赣州地区、江西吉安地区、江苏泰州地区和广东潮州地区。绍兴地区是阳明学的发祥地和阳明学说的成熟地，赣州、吉安地区是阳明学的展开地和极盛地，泰州地区是阳明学的创新地和变异地，潮州地区则是阳明学的跨文化互动的融合地。泰州地区尽管也靠近政治中心，而且地处非常重要的淮南盐区，但却偏离江南的商品经济繁华区域，使得该分支较为混杂，师承关系交错，学术宗旨各异，是南北思想交汇、平民学术崛起的反映，故而思想系统也别具一格，大有与绍兴等地区分庭抗礼之势。王阳明并未在泰州讲过学，然泰州王学的热烈程度却丝毫不亚于其他地区，这无疑应首先归功于阳明高足王艮，但阳明的人格魅力及其学说在该地区的巨大感染力，也是不可忽视的重要前提。

关键词：地域王门 泰州地区 泰州学人 泰州学派

按照黄宗羲在《明儒学案》中的定位，由"泰州学案"延伸出来的泰州学派，理应属于地域阳明学派中的一个重要分支。但这个分支却不仅有别于浙中、江右、南中、闽粤、楚中、北方等跨省域的"王门学案"，而且有别于以创始人之思想或党派为识的"止修学案""东林学案"，以创始人之尊号为识的"甘泉学案""蕺山学案"，与以创始人出生地之河流为识的"姚江学案""河东学案"等，而是比较特别的以创始人之出生地名为识而称为"泰州学案"，一如"崇仁学案"和"三

---

[*] 钱明，浙江省稽山王阳明研究院副院长、浙江工商大学东亚阳明研究院院长。

原学案",基本上属于《明儒学案》中"最小"的地域单位。黄宗羲的真实用意,似乎是想把泰州学派与其他地域王门学派作适当区分,以凸显其较为独立的传承系统和时空网域。但这样一来,却又使得"泰州学案"从"最小"的地域单位变为一个跨越数省(包括苏、浙、赣、粤、川等地)的较大的思想学派,从而使之在"地域性"上被大大降格,远非"泰州"一地所能涵括。

众所周知,无论在中国古代还是近现代,文化的地域性与时代性一样,都是思想学风、学术流派形成发展的重要条件。创设于明代中叶的阳明心学,也是在各种各样的地域文化语境中传承、发展、转换的,因而如果我们只是简单地按照现在的行政区划来阐释和剥离阳明学派,就很可能会出现"失之毫厘,差之千里"的现象。

正因为此,近世史家一般都会基于历史地域划分及其地名来称呼某一学派,如阳明学即被黄宗羲称为"姚江学",其学派亦被称为"姚江学案",清代仍使用这一称呼,并一直延续到清末。[①] 尽管同时还有"王学""陆王学"之称呼,但用"姚江""会稽"甚至"稽山"来代指王阳明,用"姚江学"来代指阳明学派,可谓当时之主流。[②]

黄宗羲也是较早用地域名来划分王学门派的人,其所著的《明儒学案》就曾把阳明以后的王门分成七派[③]:浙中(即所谓"两浙"的"浙东"和"浙西")、江右(今江西和皖南西部[④])、南中(即南直隶,包括今江苏、安徽、上海的大部分地区)、楚中(今湖南、湖北)、北方、闽粤(主要是闽西、闽中、粤东、粤中)及泰州。其中"泰州"在明清时期属扬州府,辖如皋县,是《明儒学案》中唯一以略大于县级的地名命名的思想学派,从而凸显出"泰州学派"在王门中的特殊

---

① 比如彭定求的《姚江释毁录》、罗泽南的《姚江学辨》等。
② 参见拙著《近世东亚思想钩沉》,孔学堂书局2017年版,第3—10页。
③ 与黄宗羲《明儒学案》以地域为主的分派模式不同的是,《青原志略》[(清)笑峰大然编,施闰章补辑,康熙年间刻本,收入《四库全书存目丛书》史部第245册;另有段晓华、宋三平校注本,收入"江西名山志丛书",江西人民出版社1998年版]卷3所收录的方以智叙述、其弟子记录的《传心堂约述》则在全面深入总结阳明学发展的过程中,展现了阳明学的"传心"模式。从总体特征看,《明儒学案》以横摄为主,在横摄中兼有纵贯,在各门派内部依次分述纵贯师承;《传心堂约述》以纵贯为主,在纵贯中带有横摄,穿插叙述传心主线与其他各学派的互动[张昭炜:《阳明学研究的"传心"模式》,《光明日报》(国学版)2018年4月29日]。
④ 魏禧《日录》卷二:"曰:'江东称江左,江西称江右,何也?'曰:'自(赣)江北视之,江东在左,江西在右耳。'"(《魏叔子集》,中华书局2003年版,第1129页)

地位。

在后阳明时期，亦有学者以越州（今绍兴）、洪州（今南昌）、广州来定位王学传播的核心区域，如马一龙的《竹居薛先生文集序》即称："当世道学之宗，有阳明王公者。其后门人，吾所交游，王龙溪畿、钱绪山德洪传于越州，欧阳南野德、邹东廓守益传于洪州，二薛中离侃、竹居侨传于广州。天下一时昌明斯道，贤士大夫以致良知为学，而得所见性真道体。"[①] 其中所谓的越州、洪州、广州，即代指浙中、江右和岭南。然而这种定位并不准确，因为浙中王门的中心尽管在越州（指绍兴），但后来却出现了跨江（钱塘江）发展的趋势，而江右王门和岭南王门的中心却在吉安和潮州，而并非南昌和广州。

至于黄宗羲用地域名来划分王学门派的学理依据、得失利弊及其中间的诸多纠葛，已有多位学者做过详论，兹不赘述。笔者在此只想指出一点：即使就地域而言，黄宗羲也有不该有的疏漏，对此黄宗羲本人当然不会意识到。比如他在《明儒学案发凡》中说："是书搜罗颇广，然一人之闻见有限，尚容陆续访求。即羲所见而复失去者，如朱布衣《语录》、韩苑洛、南瑞泉、穆玄庵、范栗斋诸公集，皆不曾采入。海内有斯文之责者，其不吝教我，此非末学一人之事也。"[②] 似乎只认识到在王门七派中存在着有关思想家之文集"所见而复失去者"的缺憾，而并未意识到一些重要地域的遗漏（如黔中王门、桂中王门）或虽有其名但无其实（如闽中王门、鲁中王门）的缺失。实际上，后者的遗漏和缺失要远多于前者之缺憾。比如"楚中王门"，《明儒学案》称："楚学之盛，惟耿天台一派，自泰州流入；当阳明在时，其信从者尚少。"[③] 此说虽无大错，然据湖南学者考证，楚中王门其实亦并非如此单薄，亦并非只有"自泰州流入"的耿定向一派。

王阳明长期居住或短期停留过的地方，要数江西最多，有抚州、上饶、赣州、吉安、南昌、九江、宜春、鹰潭、新余、萍乡等，他的足迹遍及江西所有地区，所以江西应该排在阳明学传播之首位。其次是浙江，两浙的"上八府"和"下三

---

① 马一龙：《玉华子游艺集》卷24，载《北京图书馆古籍珍本丛刊》，书目文献出版社1992年版，第108册，第798页。按：马一龙，字应图，号孟河，溧阳人，嘉靖年间进士。明代著名农学家。1547年所著《农说》出版，是中国第一部运用哲学观点来阐述农业技术的著作。这也说明，在阳明门人中有各式各样的人物，包括马一龙这样的农学家。
② 沈善洪主编，吴光执行主编：《黄宗羲全集》，浙江古籍出版社1992年版，第7册，第7页。
③ 沈善洪主编，吴光执行主编：《黄宗羲全集》第7册，第728页。

府",阳明长期居住或短期停留过的地方有绍兴、宁波、杭州、严州(今桐庐、建德、淳安一带)、衢州、金华、嘉兴、湖州,故而可排在阳明学传播之次位。① 排在第三位的应该是安徽,阳明较长居住或短期滞留过的地方有芜湖、安庆、池州、宁国、徽州(今黄山)、滁州、铜陵等地。② "皖南故朱子产地也,自昔多学者"③,遂成阳明学与朱子学争夺地盘的重要地区之一。④ 排在第四位的是江苏,阳明长期居住或短期停留过的地方有南京、扬州⑤、无锡、常州、苏州⑥、镇江等地。然后才依次是贵州、广东、广西、福建、湖南、河南、山东等地。

至于阳明学的传播路径,则与当时的水路交通有密切关系,后来传播到东亚区域,也主要靠的是海上交通。其中沿着今江苏、安徽、河南、山东、河北、天津、北京的北上之路,与大运河(包括始建于隋唐宋时期以洛阳为中心的隋唐大运河,

---

① 若以今行政"市"或"地区"为单位,则浙江每个地区皆有王门,就连处州即今丽水地区也有王门。若以"县"为单位,则除了余姚、山阴、会稽、嵊县,可能就要以永康县的王门学者最多了(参见束景南《王阳明年谱长编》,上海古籍出版社2017年版,第3册,第1554、1557页)。

② 王阳明去过安徽多次,其中有两次的时间均超过半年。一次是弘治十四年(1501)"八月,(阳明)奉命往直隶、淮安等府审决重囚……南下淮甸,一路沿淮安、凤阳、南京、和州(今和县)、芜湖、池州审囚,多有诗咏;九月,至凤阳府,登谯楼,有诗感怀"(束景南:《王阳明年谱长编》第1册,第209—211页)。其间还去过无为县,"适逢米公祠秋祭,有书致侍御王璟";后又"至池州府,审囚事竣,往游九华山,作《九华山赋》以咏其游"。直到"十二月,审囚事竣,北上回京"(束景南:《王阳明年谱长编》第1册,第213、214、221页)。翌年"春正月,又道经贵池县,游齐山,作《游齐山赋以纪其游》";并"经青阳县,再游九华山,访无相寺,登芙蓉阁,均有诗咏";"经芜湖,往龙山访舫齐李真,有书贺其升迁";还在太平府芜湖县"登览清风楼",并"经当涂县,登采石矶,咏《谪仙楼》"(束景南:《王阳明年谱长编》第1册,第221—225页);直到二月"至镇江",离开安徽,共在安徽巡回审囚、游览有友半年有余。而阳明所经之地,亦有授徒讲学之记载,如在无为县,阳明曾"遣门人越榛、邹木(代自己向王璟)谢罪,尚容稍间面诣"。越、邹二人,"疑为无为县学诸生,盖为阳明生平所收最早弟子矣"(束景南:《王阳明年谱长编》第1册,第213页)。池州(青阳)王门的形成(束景南:《王阳明年谱长编》第3册,第1226、1302页),其因亦盖在于此。另一次即是正德八年(1513)阳明在滁州担任南太仆寺少卿时期,前后亦住了半年多时间,名为事政,实为讲学。阳明在安徽期间,尝两上九华山,一上齐山,归京途中又去了江苏茅山,都是道教名山,半年后他即告病归越,筑室阳明洞行道教导引术。因此可以说,阳明早年的道教情结,既与其糟糕的身体状况有关,亦与安徽诸道教圣地有联系。

③ 梁启超:《饮冰室文集·近代学风之地理分布》,《饮冰室文集》卷41,中华书局1989年版,第78页。

④ 详见拙文《发生在中晚明的徽州理学与阳明心学的话语权之争》,载《戴震诞辰290周年纪念暨2014戴震学术研讨会论文集》,黄山书社2015年版。

⑤ 王阳明曾在弘治十五年(1502)31岁时在扬州因病滞留了三个月(参见束景南《王阳明年谱长编》第1册,第230页),其间是否去过距离扬州百余里又属扬州管辖的泰州,不得而知。此时王阳明高足王艮刚满20岁。阳明是因身体原因在扬州调养了三个月,而恰恰是王艮,后来成为养身、保身的积极倡导者,这是否与阳明养病扬州有一定关系,值得考虑。

⑥ 王阳明于弘治十六年(1503)十一月送其父王华往江淮祭神时曾过苏州,并在苏州住了半个月(参见束景南《王阳明年谱长编》第1册,第293页);次年二月再往苏州,但只游玩了海天楼等名胜,后便返回了家乡(束景南:《王阳明年谱长编》第1册,第298页)。

元明清时期以北京、杭州为起始的京杭大运河①，从宁波入海与海上丝绸之路相连的浙东大运河）密切相关，大运河及其流经的线性区域可以说是形塑地域阳明学的基因之一。而沿着浙江、江西、福建、湖南、贵州、广东、广西的几条南下之路，则分别与钱塘江、赣江、湘江、珠江、西江等几大水系密切相关，亦与各地域性江河，如姚江、滁水、沅水、章江、贡江、乌江（即黔江）等密切相关。安徽乃阳明北上或南下时顺便游览、讲学之地（比如那里有他喜爱的九华山、齐云山等道佛圣地），并且亦与长江、淮河等水上通道密切相关。所以王阳明讲学教化及其门人后学传播阳明学的重点地区，也都集中在大运河或上述几个水系的沿岸及附近流域。而正是因为这些水系所形成的"网络"具有地域、跨地域的特性，才使得沿线文化表现出具有"共同体"特征的开放性、包容性和沟通性。这一"网络"不仅跨越了江南、江北的自然区域，而且覆盖了燕赵、齐鲁、中原、江南、华南、西南等不同文化圈，同时还在宁波等出海口与东海相交汇，从而把中国的阳明学"输送"到了东北亚。② 从这一意义上说，仅仅将水路、陆路系统放在经济学的意义上加以理解，将它们看作是某种运送人口和货物的方式是不全面的，同时也要将水路、陆路系统放在社会学、文化学乃至思想史的意义中加以解读，将其网络地带看作是传播信息的便捷通道和沟通平台，是会对该地域的社会结构和文化基因产生重大影响的载体和媒介。

如果能以王阳明的故乡绍兴为中心，把阳明学的传播过程画一幅路线图，那么可以大体上勾勒出以下四条线路：一条是从浙东经过江西、湖南进入贵州，并逐渐扩散到滇中、川东南（内江地区）；一条是从浙东经过浙西北进入江苏、安徽而传播到皖南的池州、宁国等地；一条是从浙东经过浙中进入赣东、赣南而传播到粤东的揭阳、潮州、河源以及闽西的平和、上杭、长汀、连城等地③，然后又从赣东或粤东进入闽中的泉州、福州地区；一条是从浙江经过江苏、安徽而传播到北方的山

---

① 明代全国八大钞关中，除九江关为长江关外，其余七个均设在运河沿线，从北至南依次为：崇文门、河西务（清时移至天津）、临清、淮安、扬州、浒墅、北新。在王阳明及其门人后学的诗文作品中与这些地名相关的内容不计其数。因此，自唐宋以后，京杭运河又可在原有的经济之河、政治之河的定位上加上文化之河和思想之河，故而亦自然成为包括阳明学在内的思想文化传播与发展的主要通道。

② 对于阳明学"被动"输出于东北亚的相关论述，可参见拙文《阳明学研究的东亚课题》，载［日］野岛透《日本阳明学的实践精神——山田方谷的生涯与改革路径》，钱明编译，上海古籍出版社2014年版，第11—55页。

③ 平和县是王阳明所建，上杭县是王阳明在福建驻军时间最长的地方（近一个月），长汀县是王阳明的路经之地，而连城县则是阳明的闽中门人后学较为集中的地方。

东、河南、河北、陕西等地（其中还应包括阳明的弟子门人在北京讲学然后向四周辐射的辅助效应）。这四条传播路线，可以说是引导我们深入探究阳明学传播史和王门流变史的便捷通道，其中无疑应当以浙东—浙中—赣东—赣南—粤东线与浙东—浙西—苏中—皖南线为主线。

以往的研究还表明，上述所有传播过阳明学的地区，因王阳明的讲学背景、传道心境尤其是各地文化资源和吸收消化程度的不同，而显示出各自的地域特色，因而无论在致思取向上还是在学派阵势上，都存在不小的差异，对后世产生的影响也有明显区别。

总的来说，阳明学的核心区域有五处，即浙江绍兴地区、江西赣州地区和吉安地区、江苏泰州地区、广东潮州地区。[①] 绍兴地区是阳明学的发祥地和阳明学说的成熟地，赣州、吉安地区是阳明学的展开地和极盛地，泰州地区是阳明学的创新地和变异地，潮州地区则是阳明学的跨文化互动的融合地。

绍兴地区因靠近政治中心和经济繁荣地，受到的禁学术、毁书院的压力最大，迫害最深，衰微也最快。潮州地区是粤中心学、江西理学、楚中理学、浙中心学等几大学术力量的交汇处[②]，故而也有勇气超越不同地域文化，融合各路思想流派，尤其是阳明心学，使之与乡土学术资源相交汇，把阳明学与白沙学、甘泉学有机地结合在一起，开拓出颇有特色的粤中王门乃至岭南心学。而包括赣州、吉安在内的整个江右王门，因在朝的阳明弟子最多，官也做得最大，拥有层层保护伞，故而传承最久，辐射最广，影响最大，与宗族社会和文化的结合也最紧密，在晚明还与东林党人有重合互动的趋势，成为阳明学传播、发展的重中之重。

泰州地区尽管也靠近政治中心，而且地处非常重要的淮南盐区，但却偏离江南的商品经济繁华区域，使得该分支较为混杂，师承关系交错，学术宗旨各异，是南北思想交汇、平民学术崛起的反映，故而思想系统也别具一格，大有与绍兴等地区分庭抗礼之势。该分支的辐射圈（由内到外）是安丰—淮南中十场—里下河平原。

---

① 牟宗三说："当时王学遍天下，然重要者不过三支：一曰浙中派，二曰泰州派，三曰江右派。此所谓分派不是以义理系统有何不同而分，乃是以地区而分。"（氏著：《从陆象山到刘蕺山》，台湾学生书局2005年版，第266页）似有其片面之处。

② 这种"交汇"或"交融"在毗邻潮州的赣南地区亦有所展露，赣南留下了大量白沙、甘泉等岭南大儒的踪迹即为明证之一。

受到该分支影响较大的地区，一是安丰（今盐城东台市安丰镇，如王艮、王襞、朱恕、周士弘、周瑞、王之垣等皆为盐城东台人）；二是"淮南中十场"中除去安丰场的其他九个盐场，即东台（东台市东台镇）、何垛（东台市东台镇）、梁垛（东台市梁垛镇）、富安（东台市富安镇）、角斜（南通市角斜镇）、栟茶（南通市栟茶镇）、丁溪（盐城市草堰镇）、小海（盐城市小海镇）、草堰（盐城市草堰镇）；三是泰州兴化市（如林春、韩贞是兴化人）、姜堰（泰州市姜堰区，如王栋是姜堰人）、如皋（南通市如皋市）、高邮（扬州市高邮市）、仪真（扬州市仪征市）。上述诸地，在长江以北、淮河以南，地理上处于苏中地区（里下河平原），语言上具有大致相近的方言系统，可谓"泰州王门"分支最主要的辐射区域。

王阳明以讲学为首务，足迹遍布十余省份，然而比较来看，浙中、江右、南中可以说是他的苦心经营之地，其一生大部分的讲学时间集中于此，其较为成熟的学术思想亦发源于此，故而是阳明学传播的重点区域。黔中、粤中、桂中可以说是由阳明播撒种子而由其门人精心耕耘之地，阳明早年的个人"悟道"发生在黔中，而晚年的两广之行则使其最后心迹留在了粤中和桂中，故而此三地亦可谓是阳明学传播的主要区域。楚中、闽中和鲁中，均属于阳明过路讲学、临时传道之地，故而是阳明学传播的边缘地区。

唯有泰州是个特例，王阳明并未在泰州讲过学，然泰州王学的热烈程度却丝毫不亚于其他地区，这无疑应首先归功于阳明高足王艮，但阳明的人格魅力及其学说在该地区的巨大感染力，也是不可忽视的重要前提。正因为此，才使得泰州王门带有了其他地域王门所少有的鲜明个性，其中像颜钧、罗汝芳、周汝登、陶望龄、耿定向、耿定力等人的思想学说，既与泰州王门有紧密的学脉连接，同时又分别与江右王门、浙中王门、楚中王门有割舍不掉的地缘联系，所以他们的思想个性既有别于泰州王门，又有别于江右、浙中、楚中王门，或者说是泰州王门与江右、浙中、楚中王门的复合形态，属于阳明学系统中非常有个性的思想家群体。

而作为阳明学传播的重点区域和主要区域，浙中又集中于绍兴、宁波，江右又集中于吉安、赣州，南中又集中于滁州、池州、宣城，粤中又集中于潮州等地，黔中又集中于贵阳等地。泰州学派本应包括在南中王门中，但因其主要缔造者王艮思想的相对独创性，所以黄宗羲将其单列，只称"泰州学案"而不称"王门学案"。除了京师北京，王阳明在北方地区几乎未见明确的讲学之记载，所以北方人士主要是通过到南方为官或直接到南方从学于阳明的过程才成为王门弟子的。《明儒学案》中虽有"北方王门学案",然所列对象除主试山东时的穆孔晖及晚年居绍兴时的弟子南大吉、南逢吉外,其余皆为未入门的再传或三传弟子,且北方"阳明门下亲炙子弟,已往往背其师说,亦以其言之过高也"①。究其原因,与阳明学在北方地区的传播特点不无关系。

再进一步说,闽中王门被纳入粤中也有点勉强,对闽中王门的挖掘工作还远远不够。皖中王门被《明儒学案》纳入南中王门,更是难以自圆其说,无论从阳明皖中讲学的频率看,还是从皖中阳明后学的声势看,都能使之成为一个独立的地域流派而单独立项。蜀中王门的传人都被纳入泰州学派中,固然有其合理性,但同样不能反映蜀中阳明学者的独特个性。楚中王门虽被单独立项,但人物、学派研究都很不充分,尤其是将其代表人物也归入泰州学派,不仅使泰州学派陡增分歧,而且使楚中学术大伤元气,遂使湖北在楚中王门的地位被明显看低。其实湖北不仅与王阳明本人有密切关系,②而且阳明弟子在湖北也并不鲜见。至于北方王门,更是笼统有余而细化不足,它实际应包括鲁中王门、河洛王门、关中王门和燕南王门,简单地归纳为"北方王门",显然失之过粗。比如集中于鲁中地区的阳明弟子群和交友群,可以说是北方王门的主要分支。由《达溪王氏宗谱》可知,王阳明的先祖来自山东琅琊,故世称"琅琊王氏"。阳明本人也曾在山东主持过科举考试,后编有《山东乡试录》,为山东培养了一批学术骨干。在《王阳明全集》中,作于山东的诗文,除了《山东乡试录》及其前后序文外,还有"山东诗"六首。而在笔者

---

① 《黄宗羲全集》第7册,第117页。
② 尚无直接证据能证明王阳明去过湖北,唯《黄州府志》卷三《古迹》中有一记载:"郭善甫故里,在庶安乡(今属武汉市新洲区汪集镇)。郭家新砦南,王阳明过访,留三日,题联于堂。"题曰:"泉石不知尊爵贵,乾坤何碍野人居。"但《黄州府志》的这一说法并无任何旁证可以证明。据耿定向《郭善甫先生墓表》:"郭公名庆,字善甫,中正德丁卯(1507)乡魁,仕为山东清平令,盖敦恂笃行人也。为举人时,从文成王先生游最久,文成念其笃实,尝延为馆师,其所提训者甚悉,具录文成集中。比归,则以其闻诸文成者接引里中后生,因而兴起者甚多。"(参见杨正显《王阳明佚诗文辑释——附徐爱、钱德洪佚诗文辑释》,《中国文哲研究通讯》2011年第4期)近人熊十力即以此为据分析称:"黄冈郭氏善甫先生为阳明高弟,阳明尝延为其子师,而《明儒学案》不载,盖先生不务声誉故也。"(《熊十力全集》,湖北教育出版社2001年版,第1卷,第25页)另据束景南《王阳明年谱长编》载,湖北还存有与阳明有关的一些遗迹,如嘉靖元年(1522)《湖广图经志书》卷1《公署》中记载的"彰孝坊",即是因为正德四年(1509)阳明升为庐陵知县后,与武宗朱厚照的关系大为好转,遂于正德六年(1511)五月二日,武宗旌表楚世子荣㴋时,上《彰孝坊》诗颂之(《王阳明年谱长编》第2册,第614页),从而使武昌的"彰孝坊"与王阳明联系在了一起。至于被熊十力誉为"荆楚大师"的黄安(今湖北红安)耿氏三兄弟(即耿定向、耿定理、耿定力)在阳明后学中的地位,则更是人所共知了。

所收集的阳明散佚诗文中，与山东有关的诗文有十余篇之多。黄宗羲在《明儒学案·北方王门学案》中收录了穆孔晖、张宏山、孟我疆三位山东籍弟子，又在《甘泉学案》中收录了山东最为重要的王门学者王道，但仍有一些阳明学者未被《明儒学案》收录，如山东聊城的赵维新、王汝训、逯中立等，以及汶上等地的路迎等。① 以上这些人大都出生于京杭大运河沿岸（大运河在山东境内流经济宁、聊城、临清、德州、沧州）的鲁中地区，因此可以说，鲁中王门②是阳明学传入北方地区的第一站，亦是北方王门最主要的分支，从而使山东也成为北方地区王阳明留下足迹最多的地方，比如济南的趵突泉、大明湖、文衡堂等，曲阜的孔子庙、周公庙等，泰山的日观峰、十八盘等。而且据乾隆《泰安县志》卷九，泰安曾存有一块王阳明书于弘治年间的《泰山高》诗碑。③ 而在鲁中王门中，可以说穆孔晖是阳明最早的鲁中弟子，路迎是阳明最得意的鲁中弟子，王道则是批评阳明最多的鲁中弟子。④ 然而遗憾的是，对于鲁中王门，学术界以往很少有人关注，系统性的研究几乎是空白。即使是几乎不被人提及的山西，其实也有阳明学传播和发展的深刻印记，其中最具代表性的便是孔天胤（1505—1581，字汝锡，号文谷子，又称管涔山人，死后门人称文靖先生。嘉靖十一年进士。山西汾州人）。嘉靖二十二年至二十六年（1543—1547），孔天胤出任提督浙江学政，与钱德洪、王畿、程文德等王门学者交往甚密，并在融合薛瑄理学与阳明心学的基础上，逐渐接受了阳明学说，不仅为王阳明写了祭文，在杭州主持序刊了《朱子晚年定论》，还在金华帮助恢复了著名的五峰书院，使阳明心学在金华、衢州、处州等浙中地区重新获得了发展的机遇。万历三年（1575），晚年的孔天胤又在家乡传播阳明心学，并撰写了《王朱辩》，刊刻了泰州王门林春的《林东城文集》等，将自己的立场完全转向了阳明

---

① 今山东聊城在聊城水上古城建有七贤祠，供奉着七位北方王门学者：王道、穆孔晖、孟秋、王汝训、逯中立、张后觉、赵维新。其中穆孔晖、王道都曾亲聆王阳明讲学。张后觉曾师从于王艮弟子徐樾、颜钥，山东提学副使邹善、东昌知府罗汝芳建愿学书院，见泰书院供其讲学。孟秋、赵维新都是张后觉的门生。王汝训是阳明弟子穆孔晖的再传弟子。逯中立曾与顾宪成、高攀龙、邹元标、冯从吾等讲学东林书院。

② "鲁中王门"，学术界向无此称谓，笔者根据黄宗羲《明儒学案》中的"浙中王门""楚中王门""南中王门"之称谓，而称山东王门为鲁中王门。

③ 束景南：《王阳明年谱长编》第1册，第316、326、329、330页。按：王阳明赴山东主考乡试期间，在济南等地一共住了两个多月，留下了许多诗篇。

④ 参见束景南《王阳明年谱长编》第2册，第806、809页。

学。① 除此之外，一些曾在山西为官的阳明学者，也可能为阳明学在山西的传播起到过一定作用，如分别在山西担任过按察司副使和巡抚的南大吉、路迎等人。足见，这些被《明儒学案》遗忘或忽略的地域阳明学的人或事，成为当代阳明学研究予以补偿性搜集和考量的对象，是理所当然的。

然而，与同样属于王门讲学区域的江苏泰州、广东潮州等地不同，距离王学中心地带不远的温州地区的王学势力，反而要大大弱于泰州和潮州。这是因为，泰州受到了王门南都讲学的辐射，潮州受到了阳明赣南讲学的影响，而温州地缘文化环境的影响和自然条件的阻隔，使阳明学的传播明显受挫。毫无疑问，受理学文化影响较深及其经世事功学传统，乃是温州地区在阳明学传播过程中表现欠佳、应者寥寥的主因。换言之，阳明学在温州地区影响较弱，除了阳明本人及其门人后学讲学不力外，地缘学术环境的制约可能是其中更主要的原因，一如阳明学在新安（今徽州）地区所遇到的曲折与挫折。②

在泰州学派中，以罗汝芳、耿定向为首的泰州学人在以南京为中心的苏浙皖地区所开展的讲学、讲会活动，是推动泰州学派思想传播和发展的重要途径。比如1562—1565年，罗汝芳任宁国府知府期间，为传播包括泰州学派思想在内的阳明学说，新建宣城志学书院和宛陵精舍③，扩建泾县水西书院④；不仅自己在宣城主讲阳明学，而且还邀请王畿、王襞来志学书院讲学，"一时士多蒸蒸向学焉"⑤；同时还用《太祖圣谕演训》《宁国府乡约训语》对民众进行广泛教化。1564年5月，南畿督学耿定向"巡驻宁国，校其属庠，取校徽属并广德属"⑥。焦竑则前往太平，"尝游黄山，住巴州司马谭天赐家最久，手书'紫薇馆'三字赠之"⑦。1568年，何心隐"以刚直获罪，幽系留都"，罗汝芳往南京营救，"赖同志并力设处"，心隐得免，戍福建邵武。⑧ 1571年，李贽官南京刑部员外郎，由于政务较少，加之南京

---

① 详见张勇耀等点校《孔天胤年谱》，《孔天胤全集》，三晋出版社2019年版，第7、8册。
② 参见拙作《王学在新安地区的曲折与遭遇——以王守仁与汪循关系为例》，《黄山学院学报》2008年第2期。
③ 李应泰等纂修：《宣城县志》，黄山书社2008年版，第147页。
④ 洪亮吉总纂：《泾县志》，黄山书社2008年版，第362页。
⑤ 洪亮吉总纂：《宁国府志》，黄山书社2007年版，第2166页。
⑥ 傅秋涛点校：《耿定向集》，华东师范大学出版社2015年版，第607页。
⑦ 曹梦鹤主修：《太平县志》，黄山书社2008年版，第529页。
⑧ 罗汝芳：《盱坛直诠》卷下，台北中国子学名著集成本，明万历三十一年序刻本，第311页。

的学术氛围比北京更浓厚、更自由,于是日与诸友讲学。在南京期间,李贽还得以与王畿、罗汝芳见面,并拜王艮的儿子王襞为师,与焦竑也建立起深厚的友谊,二人"朝夕促膝,穷诣彼此实际"①。据顾宪成弟子史孟麟说,李贽在南京讲学,"全以当下自然指点后学"②。1573年,罗汝芳起复赴京,赴京途中,次南京、扬州等地,与曹胤儒、焦竑、李贽等缙绅士友聚会讲学,讨论佛学以及"当下"等问题。1586年,焦竑与南中王门的姚凤麓在南京一起拜见罗汝芳。汝芳阐释了明明德之学,后罗又随周柳塘游南京,举"兴善会",并应兰溪人赵志皋之请,复举"鸡鸣寺凭虚阁大会"。赵志皋主持了"鸡鸣寺凭虚阁大会一,诸生、乡绅、僧侣乃至仆从,均侧其间,与会者几万人"。罗汝芳此次南京之游,管志道亦尝与会,然管氏主张"密会",对汝芳动辄"以大会为快"有所批判。③1588年,由刑部左侍郎转南京右都御史的耿定向在南京,耿定理弟子瞿文炳以及李士龙等来访,杨起元则在耿定向处拜周柳塘为师。1592年,周汝登与邹元标讲学于南京,元标出示"直指"一语。同年,周汝登与许孚远等在南京论学,许作《九谛》以难"无善无恶"说,周作《九解》予以逐条反驳。1593年,周汝登与著名禅师紫柏达观在南京相识。1596年,杨起元、曹鲁川等在南京,为其师罗汝芳建祠堂,复举讲会,并与南京诸庠生游龙兴寺。1597年,杨起元与许孚远在南京举大会于神乐道院。起元还在南京与曹鲁川相会,鲁川将新安人佘永宁引荐给杨,永宁遂入起元门下。1598年仲夏,佘永宁、吴世征游南京,访杨起元。1599年,李贽、焦竑等一批泰州王门学者与意大利耶稣会传教士利玛窦(Matteo Ricci,1552—1610)讨论学问,李贽对利玛窦深厚的儒学素养深表认同,但对他为何来中国传教表示了极大的不理解。

与此同时,泰州学人还与各地王门有着广泛而密切的互动关系。比如1566年,邹守益之孙邹德涵从学耿定向,又与耿定理、杨希淳、焦竑等交游,学问遂有大成。后曾主持青原山讲会,吉安学风、民风为之一变。居京城,与周思敬、耿定力等倡率为讲会。他在耿定向、焦竑等的影响、启发下,参究、证悟良知本体"不假辏泊,不烦矫揉,即显即微,即夷即玄"④,由此开启了自己的学问、工夫之路,

---

① 李贽:《续焚书》卷2《寿焦太史尊翁后渠公》,中华书局1975年版,第55页。
② 黄宗羲:《明儒学案》(下),中华书局1985年版,第1457页。
③ 参见吴震《明代知识界讲学活动系年:1522—1602》,学林出版社2003年版,第377页。
④ 耿天台:《明故奉议大夫河南按察司金事邹伯子墓志铭》,载《邹聚所先生外集》,明万历刻本。

总体上由邹氏家学走向了泰州学派,正如黄宗羲所说:"于家学又一转手矣。"① 成为明后期江右王门与泰州学派两种学风融合的重要标志。与此同时,泰州学派的重要代表王栋于1558年应岁贡,即任南城县训导,1566年又出任南丰县教谕。在其《年谱纪略》里有记:"迁江西南丰教谕,丰与南城接壤,丰士庆天缘,而先生亦深庆会合不偶,于是复联旧同志为会,四方信从益众。"② 他在南丰县"创水东大会,建义仓,遗《会学十规》,著《一庵会语》行于世。其间诚意之旨,尤发前圣千年未发"③。还建了南台书院,并在那儿讲学。王栋逝世时,南城有人前往泰州吊唁,《年谱纪略》里说:"江西南城吴屋等来谒,已长逝矣,吊泣之,心丧,居庐三月而归。"④ 是王栋把泰州学派的思想种子撒播在抚州,是故抚州尤其是南城人对他一直深存感恩之情。这也是泰州学派与江右王门互动的生动案例。

---

① 黄宗羲:《明儒学案》,第333页。
② 《王心斋全集》,江苏教育出版社2001年版,第143页。
③ 《王心斋全集》,第142页。
④ 《王心斋全集》,第144页。

身的挺立

——泰州学派的思想主旨及其理论现代效应[*]

张再林[**]

摘 要：究极而言，泰州学派思想最主要的宗旨，莫过于其从"心本"走向"身本"，以一种身的挺立，标志着中国哲学从"理学"向"后理学"思潮的根本性、战略性转移。正是基于以身为本思想，泰州学派才有对个体存在的发现、对利益原则的肯定、对解构思潮的开创、对情本主义的彰显、对超越理论的发明、对儒侠精神的弘扬。因此，以身为本思想，不仅使泰州学派代表了对唯心主义、唯识主义的理学的物极必反的反动，而且使泰州学派开面目一新的中国现代思潮的真正先声。以至于可以说，若没有这种以身为本思想，也就没有内源性的中国的现代思潮。中国现代几乎各种思潮都可以在这种以身为本思想中找到其本土的来源，找到其连接古今的思想之桥。

关键词：泰州学派　以身为本　情本主义　儒侠精神　宋明理学

一　思想主旨：以身为本

究极而言，泰州学派思想最主要的宗旨，莫过于其从"心本"走向"身本"，以一种身的挺立，标志着中国哲学从"理学"向"后理学"思潮的根本性、战略性转移。

---

[*] 本文原载《江苏社会科学》2020年第2期。
[**] 张再林，西安交通大学教授、博士生导师，西安电子科技大学特聘教授，华山学者。

作为泰州学派鼻祖的王艮无疑是这种身本主义的真正奠基者。他提出"止于至善者,安者也。安身者,立天下之大本也"(《语录上》),提出"身与道原是一。圣人以道济天下,是至尊者道也。人能宏道,是至尊者身也。尊身不尊道,不谓之尊身;尊道不尊身,不谓之尊道"(《语录上》),如此等等,无不意味着一种身本主义的开启。王艮是如此,其他泰州学派的门人亦不例外。如罗近溪谓"方信大道只在此身",谓"身在是而学在是"(《泰州学案三》);杨起元称"明德不离自身,自身不离目视、耳听、手持、足行,此是天生来真正明德,至于心中许多道理,却是后来知识意见"(《泰州学案三》);李贽则直言"宇宙在吾手""万化生于身"(《九正易因》),并以对这种身本主义的身体力行,为自己谱写出了中国思想家中罕世难俦、辉煌无比的人生。

这种在泰州学派中蔚然成风的身本主义之所以成为可能,一方面,它是对宋明理学尤其是程朱理学唯心、唯识取向的物极必反的反动。宋明理学高标超感的"天理"不仅使自己与祛身化的佛学沆瀣一气,而且其力尊"明心见性之空言"也完全与原儒"身实学之,身实行之"的实学背道而驰、迥然异趣。另一方面,作为王学的后学,它是对阳明学说中内隐的具身化倾向的大力提撕。虽然王学看似是一种"心本主义"的学说,但却得益于坚守中国"合内外之道"之道统,其实为一种"无心则无身,无身则无心"(《传习录下》)的身心一体之说。正是这种身心一体,使阳明在宣称"心外无物"的同时,亦以所谓"莫谓天机非嗜欲,须知万物是吾身"的提出而趋向一种"身本主义",而实开泰州学派"以身为本"思想的端倪。

二 泰州学派以身为本思想的现代理论效应

(一) 个体存在的发现

身体作为有形的存在乃是具体的存在,而具体的存在也即非普遍性的个体性存在。这样,一种"以身为本"决定了无论凡圣,每一个人的个体存在都不仅是一种切实可感的存在,同时也下学而上达地直跻宇宙至为神圣的存在。"极神圣之善,始自充其固有之形骸"(《存学编卷一·上太仓陆桴亭先生书》)这一颜元的命题,对主张以身为本的泰州学派同样成立。因此,有着"直超孔子"之称的泰州学派领袖王艮本人就是一介灶丁，并且他"接引人无间隶仆，皆令有省"（赵贞吉《王艮墓铭》）。罗近溪则宣称"圣人即是常人"，以至于"此捧茶童子却是道也"（《泰州学案三》）。在这方面，李贽的观点更是出语不凡，他坚持我们每一个人都自有其"雄世之具"，此即其所谓的"人人各正一乾元也，各具有首出庶物之资也"，而"自甘与庶物同腐焉，不亦伤乎！"（《九正易因》）在这里，我们毋宁说看到了孟子"人皆可以为尧舜"的性善论思想的泰州学派版。和前人不同的是，如果说前人更多地是从所谓"恻隐之心"对孟子这一思想作出解读的话，那么，泰州学派的立论则更多地是以"形色天性"的观点为理论之援。故泰州学派的孟子化的人性论思想实开后来颜元的"舍形则无性"的"形性不二"观。

对于泰州学派来说，正如海德格尔的具体的"此在"是和所谓的"本己性"（mineness）密切相关那样，一旦我们肯定人身体的个体性存在，我们也就同时肯定了人的自己、自我、自由的存在。因为，"亲己之切，无重于身"（萧统语），实际上，人不是以一种"我思故我在"的方式，在意识之思里，发现了他自己、自我和自由的存在，而是以一种"我痛故我在""我寒故我在""我饥故我在"以及"我为故我在"的方式，在身体之觉及该觉的反应（也即有机体的应对行为）里，才发现了他自己、自我和自由的存在。故随着身的发现，在"为仁由己"的原儒学说里业已深隐的自己、自我、自由的理念，在泰州学派中又一次破冰而出，而成为泰州学派学人视若生命的无上追求。由此就有了王艮的性格的狂放不羁和"言多出独解"，颜钧的"大自我大，中自我中，学自我学，庸自我庸"（《颜山农先生遗集·衍述大学中庸之义》），何心隐的独往独来，"有言必有讲"和"略无一字袭前人"（李贽语），李贽的"不自由，毋宁死"。而李贽临别时以侯嬴自许的"七十老翁何所求"的真正所求，就是如同侯嬴一样，对人的不可让渡的自尊、自重、自由的诉求。

我们看到，如果说泰州学派这些诉求在当时仅仅是空谷足音的话，那么，随着现代性浪潮在中国的骤然兴起，这些诉求则大音希声地一变为振聋发聩的时代呼声。从封建帝制万马齐喑的大一统思潮的土崩瓦解到章太炎奉"依自不依他"为中国文化之真正圭臬，从鲁迅"掊物质而张灵明，任个人而排众数"这一对个性的张扬到巴金的《家》一书对家族主义的"血的锁链"的冲决，皆可视为泰州学派思想历史新时期的再现，体现了泰州学派的先哲们思想的价值。

（二）利益原则的肯定

对个体存在的肯定必然也意味着对个体所有的利益、权益的肯定。因此，如同对个体存在的发现，对利益原则的肯定同样是现代中国新思潮的一大特点。故在现代化浪潮冲击下的中国现代不仅是一个"个性解放"的时代，同时也是一个"利益高扬"的时代。个中的原因固然与社会中工商阶层的蓬勃兴起有关，也与人们思想意识形态从"道德人"到"经济人"的转型有着不解之缘。而追究这种转型的本土思想资源，就会发现，它实际上与泰州学派的学说是息息相关的。

也就是说，既然泰州学派的学说是一种"以身为本"的学说，那么，这不仅意味着它是对业已与佛释同流的宋明理学身体"原罪说"的彻底颠覆，而且还意味着对"理欲之辩"名下为理学家所无视的人自身身体的需求、欲望、利益的正名。在泰州学派那里，这些东西非但不大逆不道，反而作为与道齐一的东西而应被我们备极顶礼。例如，王艮提出"百姓日用是道"（《全集·年谱》），提出"百姓日用条理处，即是圣人条理处"（《全集·语录》）即其显例。也即王艮认为，至高至上的"道"或"理"，都平中见奇地体现在普通人的生活里、需用里，舍此，"道"与"理"都无从谈起。显然，它是对古老《周易》"利用安身"之说的旧义重提，但在一个"存天理，灭人欲"思想一统天下的历史时期，却以其鲜明的反叛性被赋予新的时代意义。

人们看到，和王艮的思想一致，这种对利益原则的肯定不啻成为泰州学派众论所归的主题。如颜钧提出"制欲非体仁"，提出"人之好色贪财，皆自性也。其一时之所为，实天机之发，不可壅阏之；第过而不留，勿成固我而已"。何心隐提出"性而味、性而色、性而声、性而安逸，性也。乘乎其欲者也。而命则为之御焉"（《何心隐集·寡欲》）。在这方面，李贽的观点尤显激烈，他宣称"穿衣吃饭，即是人伦物理"（《焚书》），宣称"虽圣人不能无势利之心"（《道古录》），以及他"不顾他人非刺"地以"自私自利之心""自私自利之学"而自命（《焚书》），还有他不打自招地对"志在温饱""质本齐人"这一自己人生真面目的坦认（《焚书》）。而他对道学家之"阳为道学，阴为富贵"的虚伪嘴脸的揭穿和批判，则更是将泰州学派对"理学"的禁欲主义的清算推向了极端。

必须强调指出的是，鉴于《明儒学案》中有"心隐辈坐在利欲胶漆盆中"之讯，我们有必要重新认识泰州学派为人所指责的所谓"唯利主义"。我们认为，事实上，泰州学派与其说是一种见利忘义的"唯利主义"学说，不如说以其义利兼统而代表了一种中国式的"合理的利益主义"的学说。原因在于，一种身体的"民吾同胞"决定了，一种身本主义的利益原则不惟不导致唯利主义，与之相反，它恰恰是唯利主义的真正克星。更确切地说，一种立足于身体的"血缘共同体"社会决定了，泰州学派遵循的是一种"既逐己欲又逐人欲"的原则，此即王艮所谓的"己之所欲，则知人之所欲"（《明哲保身论》），何心隐所谓的"欲货色，欲也；欲聚和，欲也"（《何心隐集·聚和老老文》），所谓的"昔公刘虽欲货，然欲与百姓同欲……太王虽欲色，亦与百姓同欲"（《何心隐集·聚和老老文》），李贽所谓的"好恶从民之欲，而不以己之欲，是之谓'礼'。礼则自齐，不待别有以齐之也"（《道古录》）。这样，在人我的"互欲"里，"利益原则"与"社会原则"从对立趋向了统一，从而使泰州学派最终走出了"唯利主义"的误区。认识到这一点，不仅使我们认识到泰州学派利益原则的真正归趣，也使我们理解了何以其利益原则至今依然有其不朽的魅力。

（三）解构思潮的先声

如果说"心"以其抽象存在指向了超时空的出世性的话，那么，"身"则以其现实存在指向了属时空的在世性。也即一旦我们肯定了自身的身体，就使自己置身于一定的处境、情境之中。身的处境、情境乃是身的无可逃逸的宿命。进而，一旦肯定了我们的这种处境、情境，就使我们的认识无时无刻不处于一定的立场、观点、视域和任务之中，从而使我们的认识无不打上相对性的烙印。这一切，也正是"涉身认识论"所强调的东西，以及"解构主义"之所以成为可能的真正依凭。而这种所谓的解构主义，恰恰是以对一成不变、固若金汤的理性化的权力话语的消解为内容的。

明乎此，我们就不难理解何以坚持身道的泰州学派学人是那样义无反顾地成为原教旨主义和绝对真理的解构者，而非其卫道士。故在《明儒学案》作者黄宗羲笔下，所谓"不以畔岸为胸次，解缆放船，顺风张棹，无之非是"（《明儒学案·泰州学案三》），所谓"遂复非名教之所能羁络矣"（《明儒学案·泰州学案一》）是对泰州学派最为传神的描述；在当时理学家的心目中，泰州学派又是和所谓"流于禅"联系在一起的，而这里的"禅"正是那种"因境设语""不执义解""一问便打"的禅，那种"呵祖骂佛""逢祖杀祖，逢佛杀佛"的禅，那种"不以鬼神为奥主"的禅。

在解构主义的道路上，李贽无疑是最无畏的思想先驱，以至于《明儒学案》这一鸿篇巨制里都没有宽容地给这位"思想奇人"留下一席之地。他所谓"因病发药，因时治病，不得一概，此道之所以为大也"（《焚书》），所谓"执一便是害道"（《藏书》）深得解构主义的真正精髓，他的"非汤武，薄周孔""不以孔子的是非为是非"使我们第一次告别了"终生惟残唾是咽，不敢更置一喙"的民族积习，他所谓"今之学者，官重于名，名重于学，以学起名，以名起官，循环相生，而卒归重于官"（《焚书》）是对学术话语的权力性质一针见血的抨击，而他所谓"一无所尊"的提出更是将这种解构主义推向了极致，并使自己可以当之无愧地作为"中国尼采"而与西方尼采相提并论。

正如尼采以其对西方"理性至上"的传统的彻底颠覆成为西方现代解构主义的鼻祖那样，李贽在中国思想史中的地位亦如此。在五四运动"打倒孔家店"的激进的呼声中，在现代复古主义对西方"理性至上"思潮的深入反思中，在胡适等人对中西实用主义之旨的积极鼓吹中，在马克思主义中国化的时代浪潮中，我们不正是看到了当年孤独的李贽身影无所不在了吗？

（四）情本主义的彰显

重"情"抑或重"理"业已成为中西文化、中西哲学的分水岭，中国哲学是一种"情本主义"的哲学似乎正在成为学术界的一定之论。

君不见，中国古代的宇宙论里的宇宙乃是一种"因感生情"的泛情论的宇宙，中国古代的伦理学里的伦理乃是一种"乃若其情则可以为善"的唯情主义的伦理，中国古代的宗教观里的上帝乃是一种"复情以归太一"的具有真情实感的上帝。再如，在中国古代哲人的心目中，世界乃"有情世界"，众生乃"有情众生"，社会之礼乃"因人之情"，事物之理乃"无过情无不及情"，宇宙之道乃"道始于情"。一个民族的哲学乃一个民族及其文化的真正灵魂。中华民族之所以成为一个以感情细腻、体贴入微、温柔敦厚为其性格的民族，中国古代社会之所以成为一个以人文礼仪为其制度载体的"情深而文明"的社会，中国古代教育之所以极其推崇以"情感教育"为宗旨的"诗教"和"乐教",中国古代文学中之所以产生了令整个人类世界叹为观止的辞情并茂的唐诗、宋词,还有那"教天下人同哭这情字""欲演出真情种"的《红楼梦》,这一切都源于既根于宇宙又发自我们每一个人生命深处的那种阴阳缠绵、絪缊化生的"情",都源于我们中国哲学的万神殿里,其至尊无上的神不是黑格尔式的"理",而是周易式的"情"。

"问世间,情为何物,直教人生死相许?"面对这一惊天动地的"大哉问",在中国思想史上,也许只有泰州学派的李贽给出了真正的答案。之所以这样讲,乃在于唯有李贽,不仅提出了"万化生于身",而主张宇宙真正的道乃泰州学派所强调的身道,而且还进一步地使这种身道的原发机制得以揭晓。这种身道的原发机制就是一如《周易》的"乾道成男,坤道成女"所表明的那样,一如李贽《夫妇论》里所谓"极而言之,天地一夫妇也",所谓"吾究物始,而但见夫妇之为造端也",所谓"夫厥所初生人,惟是阴阳二气,男女二命"所指出的那样,其为男女交往之道,或用《周易》"咸"(感)卦中的更为经典的表述,即男女感应之道。

一旦确定了男女感应之道在宇宙中的始源地位,一种前所未有的本体论化的"情"也就同时和盘托出了。"故观其所感,而天地万物之情可见。情者,天地万物之真机也,非感,其何以见之哉。"(《九正易因》)因此,对于李贽来说,正如《周易》所告诉我们的那样,"情"并非是"不知所起"的,而是其来有自的,作为因感而生的"感情",它就来自我们每一个人所固有的身体,以及该身体所具有的男女两性之感。我们的身体及其性感是本体论的,我们的情也是本体论的:"絪缊化物,天下亦只一个情。"我们的身体及其性感是普遍的,我们的情也是普遍的:它虽来自男女之间(尤其如"咸"卦所示,以少男少女为切近代表),却又不局限于男女之间,"感之道,非为男女为然"(《九正易因》),其以一种"家族相似"的方式,即以《周易》的"触类而长之"的方式由男女之间推及家、国、天下之间,乃至宇宙万物之间。同时,我们的身体及其性感是不执思虑、自然而然的,我们的情也是不执思虑、自然而然的:"咸者,无心之感,所谓何思何虑也。……直心以动,出于自然。"(《九正易因》)在李贽的《九正易因》所引用的王畿这一表述,与其说是对于执于思虑的"世之学者"的批判,不如说是对"理学"的唯理主义的批判,对"理学"的"理本情末"的批判。它表明了,在李贽的心目中,情不仅是率性自然的,以其感性而不受所谓的"理性"的束缚和羁绊,而且它恰恰体现了那种殊途而同归，百虑而一致的生命之本有和本然。

我们看到，正由于把男女的感情提升到本体论的高度，才使李贽一方面提出"言夫妇则五常可知"（《初潭集》），向传统的"五伦"观发出了无畏的挑战，在其《初潭集》中将后儒所奠定的始于君臣、父子的五伦观一壁推翻，而建立了一种始于"夫妇"的全新的五伦观，并体现了向《周易》的"有夫妇然后有父子，有父子然后有君臣"这一原伦理的彻底归返。同时，也正由于把男女的感情提升到本体论的高度，才使李贽另一方面一反传统的"父母之命，媒妁之言"，在中国历史上第一次对"直心以动，出于自然"的男女自由恋爱给予了积极的表扬与礼赞。在他的笔下，历史上自求知音、"善择佳偶"的卓文君的故事正是其中的典范。针对道学家视卓文君私奔为大逆不道之举的指责，李贽宣称："好女子与文君奚殊也。"（《初潭集》）针对其父卓王孙以女儿行为为耻，李贽反唇相讥："天下至今知有卓王孙者，此女也。当大喜，何耻为？"（《藏书》）针对所谓"今文君既失身于司马长卿"这一文字，李贽义正词严地批曰："正获身，非失身。"（《藏书》）总之，在李贽看来，卓文君与司马相如私奔并非伤风败俗之举，而以其为"安可诬也"之"归凤求凰"，是"奇之又奇"的天下"良缘"。

弹指一挥间，当人们还在为李贽因这些虽义正词严却"大逆不道"的言论而罪死诏狱深深惋叹之际，殊不知历史的滚滚车轮早已为我们一洗这一千古奇冤。明清之际以《西厢记》《牡丹亭》《红楼梦》为代表的唯情主义思潮的迅猛崛起，正是这一点最有力的体现。迨至历史推移到清末民初和五四运动期间，这种沛然莫之能御的唯情主义更成为社会思潮的一大特点。如宋恕倡导"男女自相择偶"的婚姻自由，王韬宣称"教化之原必自一夫一妇始，所谓理之正情之至也"，秋瑾本人对自己的婚恋自由的直情径行，王国维在《红楼梦》研究里为男女"原欲"郑重地正名，朱谦之援引《周易》力主追求男女之"至情"，还有五四时期女性个体纷纷出走，剪发和恋爱自由蔚然成风，如此等等，既可视为对马克思所提出的男女关系代表了人类文明真正尺度的重要观点的实际肯定，又不失为对李贽所弘发的男女感应、感情之道乃宇宙之原道这一中国古老的大易思想的现代回应。

（五）儒侠精神的弘扬

有必要指出的是，在今日中国现代思想史的研究中，有一种思潮虽立意深远并切中要害而极为重要，却不无遗憾地为人们所无视或轻视，以至于对它的研究至今依然不失为中国现代思想史研究中的一大盲区。

这就为我们指向了现代中国所谓"儒侠精神"的思潮。而论及这种"儒侠精神"，就不能不提到一代国学翘楚章太炎。有感于"手无缚鸡之力，心无一夫之雄"之后儒的悲惨命运，章太炎谓"凡言儒者，多近仁柔。独《儒行》记十五儒，皆刚毅特立者"。故他以《礼记·儒行》为蓝本，以"刚毅特立"的古儒中侠义者为典型，首倡亦儒亦侠、文武兼备的所谓"儒侠说"。如果说在章太炎那里，这种儒侠精神的弘扬表现为对古十五儒之德行的力挺的话，那么，在梁启超那里，这种儒侠精神的弘扬则表现为对古老的所谓"中国武士道"的重振。于是，在梁启超笔下，大智大勇的孔子，以战死为荣的墨子，实行胡服骑射的赵武灵王，不畏强权、以死抗争的曹沫、毛遂，以死报恩的侯嬴，秉笔直书的齐太史，急人之难的信陵君，义不帝秦的鲁仲连，死不累及他人的聂政，宁折不屈的项羽、田横，不负初心的程婴，都无一不为中国武士道的践行者和代言人。尽管在梁启超所列举的英雄人物中有些并非真正的儒者，但在他们身上不正是都体现了一种原儒所强调的"杀身成仁""舍生取义"的精神？无怪乎梁视孔子为中国武士道代表的"第一人"。职是之故，我们完全有理由将梁启超、章太炎一起纳入"儒侠精神"的弘扬者之中。此外，在"儒侠精神"的鼓吹里，有着"清末怪杰"和"最后一个学者"之称的辜鸿铭的观点非常值得一提。这是因为，辜鸿铭不仅认为日本武士道实源于古代中国，认为中国儒家传统以武士道形式留存于世，而且晚年甚至将拯救中国之梦寄托于这种儒化的武士道里。这一切，无疑与章太炎、梁启超的观点深深相契（虽然其观点事与愿违地有着为后来日本军国主义张目的嫌疑）。

现代中国众多思想大家之所以不约而同地走向了对古代"儒侠精神"的复兴，其中的原因应是不言而明的。论及这种原因，与梁启超"中国之历史，不武之历史也，中国之民族，不武之民族也"（《中国之武士道》）这一论点一致，我们将从历史和民族这两个方面对此加以阐明。

一方面，它是对中国历史命运的痛自刻责。一旦追溯中国的历史，人们就会发现，我们民族的历史虽然有着战国时期的群雄竞起，秦皇汉武的威风凛凛，但自宋以后就迎来雄风不再、国运日衰的命运，清末中国被西方列强和日本欺凌，国运每况愈下的原因固然可以从国家的经济政治制度上去寻找，但作为国家意识形态的重文轻武的后期儒学同样也难辞其咎。正是这种重文轻武的后期儒学，不仅使儒者人人成为"平日袖手谈心性，临危一死报君王"的无用之士，且造就了"天下无不弱之书生，无不病之书生"（颜元语）这一我们民族日益羸弱、百病丛生的气象。另一方面，它又是对中华民族性格的深入反思。正如《说文》"儒，柔也"所训，由儒学所教化的中华民族性格虽然极富"温良恭俭让"的美德，但同时又以其后儒所沉溺于的所谓"逆来顺受""张公百忍""唾面自干"，而失去了那种"当仁不让""敢直其意，敢直其行"武勇精神之长。故在后儒思想长期浸淫下，惮于无畏、勇猛、果敢、精进、自强、力行似乎业已成为我们民族性格的通病。由此就有了鲁迅对我们民族麻木的"看客"心理的痛加针砭，以及梁启超在日本看到从军家属打出了"祈死战"标语时心灵的巨大震撼。进而也就有了在中外民族性比较中，无论章、梁、辜都无不为我们民族极力推出"援武于儒"的主张，以及其无不致力于复兴"儒侠精神"的理想。

耐人寻思的是，这种为现代国学大师们所公推的"儒侠精神"虽然被认为乃早期古代中国的文化遗产，实际上，它却同样可以在明季的泰州学派那里找到更为切近的滥觞。为此，让我们不妨走进史书里，看看在"儒侠精神"弘扬方面，一代泰州学派学人给人们留下的是何等不凡的气象。

这种泰州学派的"儒侠精神"，就是黄宗羲所谓"其人多能以赤手搏龙蛇""诸公掀翻天地，前不见古人，后不见来者""诸公赤身担当，无有放下时节"（《泰州学案一》）这种赤身担当、特立特行的精神，就是章太炎所谓"敢直其意，敢直其行""见利思义，见危授命""守道不阿，强毅不屈"的精神。

试看王艮。早年的他就立下了"出则为帝者师，处则为天下万世师"的宏愿。成年的他就因朝廷鹰犬之索敢于为民请命、挺身而出，从学讲学期间又曾急人之难地数次赈济灾民，并且他不仅终身不仕，还"长不践声利之场，平生不见物而迁焉"（吴悌荐语）。

再看颜山农。"山农游侠，好急人之难。赵大洲赴贬所，山农偕之行，大洲感之次骨。波石战没沅江府，山农寻其骸骨归葬。颇欲有为于世，以寄民胞吾与之志……然世人见其张皇，无贤不肖皆恶之，以他事下南京狱，必欲杀之。"（《泰州学案一》）

再看何心隐。为建立一个真正和谐的社会，他毁家纾国，捐出千金在家乡创办中国式社会乌托邦的"聚和堂";针对张居正反对创办书院讲学的命令,他则与之公开对抗,坚决表示"必学必讲"。后被张居正缉捕,虽严刑拷打、杖笞百余,何心隐却始终宁死不屈,终被杖毙狱中,陈尸都市。故对于何心隐,李贽对他的钦慕是如此的难以自已:"何心隐老英雄莫比,观其羁绊缧绁之人、所上当道书,千言万语,滚滚立就,略无一毫乞怜之态,如诉如戏,若等闲日子。"(《续焚书》)

再看罗近溪。近溪虽名重士林,却以弟子甘拜布衣山农为师。"其后山农以事系留京狱,近溪尽鬻田产脱之,侍养于狱六年,不赴廷试。先生归田后,身已老,山农至,先生不离左右,一茗一果,必亲进之。诸孙以为劳,先生曰:'吾师非汝辈所能事也。'"(《泰州学案三》)

所有这一切,使李贽饱含着激情和泪水,犹如一幅壮丽的画卷一样地为我们描绘了泰州学派门人义薄云天的英雄史:"心斋之后为徐波石,为颜山农。山农以布衣讲学,雄视一世而遭诬陷;波石以布政使请兵督战而死广南。云龙凤虎,各从其类,然哉!盖心斋真英雄,故其徒亦英雄也;波石之后为赵大洲,大洲之后为邓豁渠;山农之后为罗近溪,为何心隐,心隐之后为钱怀苏,为程后台:一代高似一代。所谓大海不宿死尸,龙门不点破额,岂不信乎!"(《焚书》)

好一个"大海不宿死尸,龙门不点破额"!在这里,我们不正是看到业已沉寂两千多年的中国古代儒侠精神在泰州学派身上又一次复活了吗?不仅复活在泰州学派身上,还复活在清末民初再倡的"儒侠精神"的思潮之中,进而还复活在今天举国学人纪念泰州学派的学术会议之中。

司马迁说:"古者富贵名摩灭,不可胜记,唯倜傥非常之人称焉。"(《报任安书》)泰州学派的学人,不正是这种从多如过江之鲫的富贵者中脱颖而出的"倜傥非常之人"吗?

"见在良知"与"先天正心之学"

——王龙溪与阳明学的分化

干春松[*]

摘　要：阳明后学，对阳明思想各有发挥，其中王龙溪因为主张"四无"说而影响深远，并引发了王门后学的争论。明末，针对空疏的学风，人多集矢于王龙溪的见在良知之说。梳理王龙溪的思想及其影响有助于我们理解阳明学的不同发展路径，及其明末思想的复杂面相。

关键词：王龙溪　见在良知　阳明后学

在阳明学的分化与演变过程中，王畿是最为关键的人物之一。他的重要性不仅在于开启了弟子众多的浙中王门，更在于他对阳明"致良知"思想的深化，引发了王门后学之间对于本体和工夫问题的持续争论。尤其是他的"见在良知"观以及建诸其上的"先天正心之学"的工夫论思想，均有其独特的思考，从体用一元的角度推演出良知本体和经验领域内道德规范与道德实践之间的紧张。因此，研究王畿的思想，对于了解王学的发展和晚明社会思潮的变迁，具有重要的意义。[①]

---

[*] 干春松，北京大学哲学系教授、北京大学儒学研究院副院长，现任中华孔子学会常务副会长。

[①] 本文的初稿完成于1990年，当时，我对王畿的思想及其理论价值认识比较肤浅，随后，因为研究兴趣的转变，一直未就该论文作修订。陈来先生的《有无之境：王阳明哲学的精神》一书出版后，对于阳明学的研究有巨大的推进。随后，张学智、钱明、董平诸先生又有许多阳明学研究著作问世。特别是彭国翔的《良知学的展开》一书，对王畿思想的研究有重大的贡献。因此，在阅读这些作品的同时，并没有将此文修正刊行的打算。机缘巧合，我于2016年冬季学期在中央党校开设《传习录》的阅读课，又应欧阳祯人先生的约请，遂参考诸位先进的成果，重拾旧稿，折衷时贤论说，遂完此文。阳明学研究目前已成显学，然王畿所展开的阳明学的可能面向，却可以作为思考心性化的极端形态对经验世界伦理规范和道德实践的"虚无化"倾向，而由此则可以提示我们如何思考儒学在当今社会的可能发展形态。

一　王畿生平及其著作

王畿，字汝中，号龙溪，浙江山阴（今绍兴）人。生于明孝宗弘治十一年（1498），卒于明神宗万历十一年（1583）。二十岁中举人，后求学于王阳明，成为王阳明最得意的弟子之一。黄宗羲说他"亲炙阳明最久，习闻其过重之言"（《明儒学案》卷十二）。王阳明晚年，"门人益进，不能遍授"，遂让王畿和他的另一位得意门生钱德洪"疏其大旨"。如遇自己出游，便留他们二人主讲书院，故当时有"教授师"之称。1522年，王艮与次子王襞赴越拜王阳明为师，王阳明令其师事王、钱二人。此后，王畿与王艮关系密切。1526年，王畿赴京会试，"自以学未能信，非化之时也"（《龙溪王先生全集》卷二十，以下简称《全集》），遂放弃廷试而归，愿终身受业于王阳明。1527年9月，在王阳明出征广西思田前夕，与钱德洪因对"王门四句教"意见不合，而求王阳明在天泉桥折衷是非，这便是使王门聚讼纷争的"天泉证道"。1529年，王阳明卒，王畿守丧三年，其间与江右王门的聂豹、邹守益、罗洪先等往来频繁。1534年，中进士，任南京兵部主事，后晋升兵部郎中。因与当时宰相夏言不合而辞官回乡，以讲学为业。王畿在民间讲学四十年，足迹遍及东南各书院。八十高龄，犹"周流不倦"，影响很大："自两部及吴、楚、闽、越、江、浙皆有讲舍，莫不以先生（王畿）为宗盟"（《明儒学案》卷十二《浙中王门学案·王畿传》）[1]。黄宗羲甚至把他比作使陆（象山）学发扬光大的杨简（慈湖）。"（王畿之学）虽云真性流行、自见天则，而于儒者之矩矱，未免有出入矣。然先生亲承阳明末命，其微言往往而在。象山之后不能无慈湖；文成之后，不能无龙溪。以为学术之盛衰因之。慈湖决象山之澜，而先生疏河导源，于文成之学，固多所发明也。"（《浙中王门学案·王畿传》）[2] 1572—1577年，与泰州学派罗汝芳在南京讲学时与李贽相识，李贽面聆其教益，感受颇深，称王畿为"世间真圣人"。后来，李贽还翻刻王畿的《文录抄》，并为之作序。王畿死后，作《王龙溪先生告文》以祭。王畿的言论由其门人汇辑成语录。《四库全书总目提要》

---

[1] 沈善洪主编：《黄宗羲全集》，浙江古籍出版社2005年版，第7册，第269页。
[2] 沈善洪主编：《黄宗羲全集》第7册，第270页。

第 177 卷载有《龙溪语录》8 卷。

王畿的主要著作有万历四年（1576）贡安国编撰的《龙溪会语》、万历十五年（1587）刊行的《王龙溪全集》、万历四十三年（1615）刊行的丁宾编的《龙溪王先生全集》22 卷（后日本的冈田武彦和荒木见悟将丁宾本编入《和刻汉文丛刊》）。

二　王门"四句教"与王畿的"四无"说

明中叶，王阳明试图以"心即理"来弥合程朱理学"析心理为二"的理论困难，即质疑人通过具体的道德实践可以达到对于天理的体认。因为从某种意义上说，在人产生之前，天理就已经具备。这样的疑虑几近类似于加尔文教派对于信徒的活动与上帝恩典之间存在"鸿沟"的强调。王阳明一生千难万险，发明良知之教，到了晚年，更以"致良知"作为其立言宗旨。他在五十岁时给邹守益的信中说：

> 近来信得致良知三字，真圣门正法眼藏。往日尚疑未尽，今自多事以来，只此良知无不具足。譬诸操舟得舵，平澜浅濑，无不如意。[1]

当然，他也表达了他的担心：

> 某于此良知之说，从百死千难中得来，不得已与人一口说尽。只恐学者得之容易，把作一种光景玩弄，不实落用功，负此知耳。[2]

所以，我们可以看到阳明的矛盾：一方面，以朱子的格物穷理的进路来认知天理，工夫和本体之间难以保证一致，因此必须要强调良知本体的"纯粹性"；另一方面，他又担心人们将良知之发用视为"当然"，而忽视工夫的落实。这样就造成

---

[1] 吴光等编校：《王阳明全集·年谱二》，上海古籍出版社 1992 年版，第 1278—1279 页。
[2] 吴光等编校：《王阳明全集·年谱二》，第 1279 页。

了未发之中与发而中节的问题。或者说良知作为心之本体发用为意、知、物的时候，如何避免物欲的遮蔽乃是阳明致良知思想的关键处。如果这一"本体"必须依赖生理性的"意"才能展开，它便总与躯壳、物质欲望相关联，因此就有可能被物欲、习染所掩蔽。因此，在王阳明那里，欲恢复"吾心良知"就必须"尽去人欲"。"吾心良知"作为最高本体，同时也是明复的对象。他说：

> 性无不善，故良知无不良。良知即是未发之中，即是廓然大公，寂然不动之本体，人人之所同具也。但不能不昏蔽于物欲，故须学以去其昏蔽，然于良知本体，初不能有加损于毫末也。知无不良，而中寂然大公未能全者，是昏蔽之未尽去，而存之未纯耳。体即良知之体，用即良知之用，宁复有超然于体用之外者乎？（《传习录中·答陆静原书》）①

这个问题抑或是王门后学争议之所从出。从本体上讲，既然"性无不善，知无不良"，而且为"人人之所同具"，那么作为心之本体的"良知"就不可能"昏蔽于物欲"。既然"体即良知之体，用即良知之用"而"良知即是天理"，在逻辑上就不允许有与之对立的"人欲"干扰。

这种矛盾典型体现在王阳明晚年对致良知所作的解释即"王门四句教"中。而王学内在矛盾的彰显和王学的分化正是从王畿和钱德洪对这"四句教"的不同理解开其端的。对此，《传习录下》是这样记载的：

> 汝中举先生教言，曰："无善无恶是心之体，有善有恶是意之动，知善知恶是良知，为善去恶是格物。"德洪曰："此意如何？"汝中曰："此恐未是究竟话头。若说心体是无善无恶，意亦是无善无恶的意，知亦是无善无恶的知，物亦是无善无恶的物矣。若说意有善恶，毕竟心体还有善恶在。"德洪曰："心体是天命之性，原是无善无恶的。但人有习心，意念上有善恶在，格致诚正，修此正是复那性体工夫。若原无善恶，工夫亦不消说矣。"是夕侍坐天泉桥，各举请正。先生曰："我今将行，正要你们来讲破此意。二君之见正好相

---

① 吴光等编校：《王阳明全集》上，第62—63页。

资为用，不可各执一边。我这里接人原有此二种。利根之人直从本源上悟入。人心本体原是明莹无滞的，原是个未发之中。利根之人一悟本体，即是工夫，人己内外，一齐俱透了。其次不免有习心在，本体受蔽，故且教在意念上实落为善去恶。工夫熟后，渣滓去得尽时，本体亦明尽了。汝中之见，是我这里接利根之人的；德洪之见，是我这里为其次立法的。二君相取为用，则中人上下皆可引入于道。若各执一边，眼前便有失人，便与道体各有未尽。"既而曰："已后与朋友讲学，切不可失了我的宗旨：无善无恶是心之体，有善有恶是意之动，知善知恶是良知，为善去恶是格物，只依我这话头随人指点，自没病痛。此原是彻上彻下工夫。利根之人，世亦难遇，本体工夫，一悟尽透。此颜子、明道所不敢承当，岂可轻易望人！人有习心，不教他在良知上实用为善去恶工夫，只去悬空想个本体，一切事为俱不着实，不过养成一个虚寂。此个病痛不是小小，不可不早说破。"是日德洪、汝中俱有省。[①]

从这段对话中，我们可以发现"无善无恶心之体，有善有恶意之动。知善知恶是良知，为善去恶是格物"乃是阳明的"四句宗旨"。但很显然，阳明指出了两种可能性，即对于不同的人所应采取的不同方式，而王畿则强调本体的主宰作用，认为这"王门四教"是王阳明随处立教的"权法"。这其实也可以从这段对话中得到印证。如果说心体是无善无恶的，则心体的发用也应当是无善无恶的，由此提出了心、意、知、物的"四无"说。在他的弟子记录的《天泉证道纪》中还有这样的话：

> 盖无心之心则藏密，无意之意则应圆，无知之知则体寂，无物之物则用神。天命之性，粹然至善，神感神应，其机自不容已，无善可名。恶固本无，善亦不可得而有也。是谓无善无恶。若有善有恶，则意动于物，非自然之流行，着于有矣。自性流行者，动而无动，着于有者，动而动也。意是心之所发，若是有善有恶之意，则知与物一齐皆有，心亦不可谓之无矣。（《天泉证道纪》）[②]

[①] 吴光等编校：《王阳明全集》上，第117—118页。
[②] 吴震编校：《王畿集》，凤凰出版社2007年版，第1页。

从"无善无恶心之体"推出心、意、知、物"四无"说体现了王畿对王阳明良知本体主宰作用的深刻理解。因此，王阳明对王畿的"四无"说遂以"汝中见得此意"首肯。然而这也是王阳明曾说颜回、程颢所不能言的地方，因此不可轻言。① 王阳明这种带有折衷色彩的评断，给了王门后学以不同的解释空间。王畿从"四无"说出发，会导致忽视道德修养工夫的倾向。钱德洪则谨守其师教言，王阳明死后，他认为"四无"说会使良知之学落空。他在《复王龙溪》信中说道：

> 久庵谓吾党于学，未免落空，初若未以为然，细自磨勘，始知自惧。日来论本体处，说得十分清脱，及征之行事，疏略处甚多。此便是学问落在空处。（《明儒学案》卷十一《论学书》）②

他强调师门宗旨应以"诚意"为要，以"致知格物"为诚意之功。申言道德践履和修养的必要性，力挽王学走向空疏之失。

然而王阳明死后，从王畿学者甚众。因此，王畿的观点，影响甚大，成为一时的风尚，一时王畿的观点也成为论辩的中心。那么，王畿的良知学主要包括哪些方面？在哪些方面继承和发展了王阳明的学说呢？本文将从几方面来加以阐释。

三　见在良知（现成良知）说

王畿的"四无"说立基于他对于良知的独特认识，其紧要处是要解决先天本具的良知本体在发用过程中如何在经验层面得到体现。因为如果良知与道德经验之间并不构成逻辑上的一致性，"前者强调良知的先天性，后者侧重良知的后天性。

---

① 陈来先生说："对于阳明来说，有与无之间不一定是完全平衡的，他的言辞之间表现出对'无'的某种更明显的向往，这也许是他内在的宗教气质所致。对于阳明，无的境界更为高远，更难达到，相对而言，道德境界不是一个很难于达到的境界。因而，论高远，以无为高；论轻重，则以有为重。此外，从天泉证道始末来看，有无之间如何结合和表述，他本来还未考虑得十分成熟。"参见氏著《有无之境：王阳明哲学的精神》，人民出版社1991年版，第229页。

② 沈善洪主编：《黄宗羲全集》第7册，第263页。

而见在良知在龙溪处就是指良知本体在感性知觉中的当下呈现"①。王龙溪强调："见在良知，关键在于看到作为道德实践之根据的良知并不只是一个静态的先验法则和超越所以然之'理'，而更是时时处于感应状态下的活动与呈现。"② 因而继承了心学传统下的知情意的统一。

（一）"虚即是道体"

阳明在讨论佛道二教的虚无观念的时候，认为圣人如果要还良知的本色，便不可能在本体上加减，因此，良知便具有太虚无形的状态。"良知之虚，便是天之太虚；良知之无，便是太虚之无形。日月风雷山川民物，凡有貌象形色，皆在太虚无形中发用流行，未尝作得天的障碍。"③ 这样的无不仅仅是一种心理境界，更是良知应对万物变化的可能性的基础。在这一点上，王畿对于虚和无有更多的发挥。他说："人心无一物，原只是空空之体"，良知是心之本体，因此"良知原是无中生有，无知而无不知"。这是因为"良知惟虚才能集道，惟无才能生有"，"虚即是道体。虚故神，有物便实而不化"。（《全集》卷三《水西精舍会语》）

王畿则强调良知本体的主宰作用。他认为良知之虚无是本体虚无。本体之虚无，也就决定了依着本体而有之物的虚无性。因此，在他看来外在的事事物物都不具有客观的实在性。他说：

> 夫心性虚无，千圣之学脉也。譬之日月之照临，万变纷纭而实虚也，万象呈露而实无也。不虚则无以周流而适变，不无则无以致寂而通感，不虚不无则无以入微而成德业。（《白鹿洞续讲义》）④

他在回答一个学生关于"虚寂"的提问时，进一步论述了良知本体与具体事物之间的关系：

---

① 彭国翔：《良知学的展开：王龙溪与中晚期的阳明学》，生活·读书·新知三联书店2005年版，第72页。彭国翔认为，王龙溪并未使用现成良知的用语，虽然二者之间存在着意义上的重叠性，但亦有差异，所以应该加以区分。
② 彭国翔：《良知学的展开：王龙溪与中晚期的阳明学》，第79页。
③ 吴光等编校：《王阳明全集·传习录下》，上海古籍出版社1992年版，第106页。
④ 吴震编校：《王畿集》，第47页。

> 虚寂者心之本体。良知知是知非，原只无是无非。无即虚寂之谓也。即明而虚存焉，虚而明也；即感而寂存焉，寂而感也。即知是知非，而虚寂行乎其间，即体即用，无知而无不知，合内外之道也。(《别曾见台漫语摘略》)①

"万变纷纭"和"万象显露"的外在之物只是水中之月、镜中之花。依据这一逻辑，王畿认为心既然是无善无恶的，那么由它派生的意、知、物也就一切皆无了。

由于强调良知之虚无是一种"空空之体"，这样，良知本体只是一种无善无恶的"至善"，王畿认为良知"原只无是无非"，"恶固本无，善亦不可得而有也"。

值得注意的是，王畿对于良知本体道德属性的认知，并非要完全否定良知在判断善恶过程中的作用，而是强调作为一种本体的存在，所要具备的是一种原理性的可能性，而非具体的道德规范。良知本体对于善恶、美丑对峙的超越并不是排斥良知本身所具有的一种先天的合理性。这也就是王畿常说的"未发之中""一脉真纯"，即潜在的一种妥善地应付万物的能力。因此，良知虽是一种虚寂的"空空之体"，但"自有天则，纵恣不肯为"(《全集》卷一《抚州拟岘台会语》)。这也是儒家与佛道的差别之所在。王畿说：

> 良知者，千圣之绝学，道德性命之灵枢也。致知之学，原本虚寂，而未尝离于伦物之感应。……吾儒与二氏，毫厘之辨，正在于此。(《三山丽泽录》)②

(二) 见在良知是一种"当下本体"

我们知道，王阳明在将良知抽象为事物的最后本体的同时，把良知作为人人所共具的先天的道德意识。及至晚年居越后，"所操益熟，所得益化"，更认为良知是唯一可恃任的，循着自己的良知，则无不具足。

---

① 吴震编校：《王畿集》，第464页。
② 吴震编校：《王畿集》，第14页。

> 无知无不知，本体原是如此。譬如日未尝有心照物，而自无物不照。无照无不照，原是日的本体。良知本无知，今却要有知；本无不知，今却疑有不知，只是信不及耳。①
>
> 我在南都（今南京）已前，尚有些子乡愿的意思在，我今信得这良知真是真非，信手行去，更不着些覆藏。②

并说要以一种狂者的胸次而不惧世间的议论。王畿继承了王阳明良知自然圆满的观点，他说：

> 良知不学不虑，本来具足……夫致知之功，非有加于性分之外，学者复其不学之体而已，虑者复其不虑之体而已。(《与阳和张子问答》)③
>
> 夫学有本体，有工夫，静为天性，良知者，性之灵根，所谓本体也。知而曰致，翕聚缉熙以完无欲之一，所谓工夫也。良知在人，不学不虑，爽然由于固有，神感神应，盎然出于天成，本来真头面，固不待修证而后全。(《书同心册卷》)④

所谓"本来具足""盎然天成"等都说明良知是先天自足的本体。然而王畿的良知观，强调了本体与工夫的一致性，所以，也就不强调王阳明关于良知"受蔽"和"明复"的理论，而是认为良知是一种不加修证而当下具足的现成良知。王畿认为：

> （良知）当下现成。……不假工夫修整而后得。致良知原为未悟者设，信得良知过时，独往独来，如珠之走盘，不待拘管，而自不过其则也。(《明儒学案》卷十二《浙中王门学案》)⑤

---

① 吴光等编校：《王阳明全集·传习录下》，第109页。
② 吴光等编校：《王阳明全集·传习录下》，第116页。
③ 吴震编校：《王畿集》，第127—128页。
④ 吴震编校：《王畿集》，第121页。
⑤ 沈善洪主编：《黄宗羲全集》第7册，第270页。

黄宗羲认为王畿将"笃信谨守,一切矜名饰行之事皆是犯手做作"。不过王畿从本体即工夫的角度,必然会强调内在的信心的重要性。

> 良知是斩关定命真本子,若果信得及时,当下具足,无剩无欠,更无磨灭,人人可为尧舜。不肖以为千圣学脉,非夸言也。(《全集》卷十《答吴悟斋》)①

针对同门对于现成良知所可能带来的对于修正工夫的忽视的怀疑,王畿所要强调的则是需要一种豪杰的心态和气魄承当,这样才能对良知本体及其发用保持信心。他所谓的"当下具足",按他的话来说,就是"一悟本体,即见工夫;物我内外,一齐俱透"(《全集》卷一《天泉证道纪》)。也就是说,人们在体察明觉到良知的同时,存在于人的内心深处的一脉真纯也就自然流露出来了,它不需要任何工夫,相反,工夫和修养只会阻止真性的自然流行。因为这种良知本来就是现成自在的。他说:

> 良知是天然之灵窍,时时从天机运转。变化云为,自见天则。不须防检,不须穷索。何尝照管得?又何尝不照管得?(《过丰城答问》)②

这种现成良知,无动无静,不有不无,即寂即感,不着任何物相,是消除了任何主观意识和人为因素后的一种"自然之觉"。当下本体就存在于有无之间,即有即无得"几"中,这种"有无之间,当下具足"的状态,是以"现成"作"工夫"。因此它没有内外之别,也没有先后之分。它本身就是一种不可规定的存在,良知的本然就是良知之现象。这是一个自然的过程,是一种可能性和现实性的真正统一。

正因为如此,所以现成良知与物无对,不可能有善恶的区分,也不可能为外物所掩蔽,因而工夫也就是多余的了。

---

① 吴震编校:《王畿集》,第251页。
② 吴震编校:《王畿集》,第79页。

王畿自认为是"师门第一参"。他说:"师门良知二字,正指见在而言,见在良知与圣人未尝不同。"(《全集》卷四《与狮泉刘子问答》)因此,他在提倡现成良知的同时,也就势必会对同门别派特别是江右王门的"修证派""归寂派"等观点构成辩难关系。

> 凡在同门,得于见闻之所及者,虽良知宗说不敢有违,未免各以其性之所近,拟议揉和,纷成异见。有谓良知非觉照,须本于归寂而始得。如镜之照物,明体寂然,而妍媸自辨。滞于照,则明反眩矣。有谓良知无见成,由于修证而始全,如金之在矿,非火符锻炼,则金不可得而成也。有谓良知是从已发立教,非未发无知之本旨。有谓良知本来无欲,直心以动,无不是道,不待复加销欲之功。有谓学有主宰,有流行,主宰所以立性,流行所以立命,而以良知分体用。有谓学贵循序,求之有本末,得之无内外,而以致知别始终。此皆论学同异之见,差若毫厘,而其缪乃至千里,不容以不辨者也。(《抚州拟岘台会语》)①

在此,王畿概括了对于良知学的几种不同的观念,认为这是根据不同的品性和思维特征提出的不同见解。有归寂,有主宰,有循序,等等,但王畿分别加以辨析。他说:

> 寂者,心之本体,寂以照为用。守其空知而遗照,是乖其用也。见入井之孺子而恻隐,见呼蹴之食而羞恶,仁义之心,本来完具,感触神应,不学而能也。若谓良知由修而后全,扰其体也。良知原是未发之中,无知而无不知,若良知之前复求未发,即为沉空之见矣。古人立教,原为有欲设,销欲正所以复还无欲之体,非有所加也。主宰即流行之体,流行即主宰之用,体用一原,不可得而分,分则离矣。所求即得之之因,所得即求之之证,始终一贯,不可得而别,别则支矣。吾人服膺良知之训,幸相默证,以解学者惑,务求不失其宗,庶为善学也已。②

---

① 吴震编校:《王畿集》,第26页。
② 吴震编校:《王畿集》,第26—27页。

王畿坚持了他体用一元的思路,但他在与聂双江等人关于良知和工夫的辩论,很大程度上"并未能充分理解对方的立场与终点所在。……双江、念庵在批评龙溪以知觉为良知以及忽略工夫,显然对龙溪'见在良知'的内涵缺乏相应的正解,龙溪在响应双江、念庵对见在良知的批评时,往往反复重申自己的观念,也缺乏必要的视域转换"①。因此,并不能构成有效的对话。当然究其根源,阳明在天泉证道中,将有无问题转变上根之人和下根之人的不同接引之法的时候,化解本体和工夫之间的紧张的方式就变成了某种程度的回避。

不过,王畿依然要坚持他的立场,认为为了克服流于虚失而强调工夫是可以理解的,但就此怀疑良知本体的现成性,则是"矫枉之过"。他说:

> 至谓"世间无有现成良知,非万死工夫,断不能生",以此校勘世间虚见附和之辈,未必非对病之药。若必以现成良知与尧舜不同,必待功夫修整而后可得,则未免于矫枉之过。(《松原晤语》)②

因此,王畿认为"戒惧""归寂""主静"等修证工夫,只能有碍于现成良知的真性流行,致知之功正在于抛弃工夫"在万欲纷纭中,反之一念独知",使"一念生生不息,直达流行",便能"常见天则,便是真为。从一念性命真机,绵密凝翕,不以习染情识参次搀和,其间便是混沌立根。良知本无起,一念万年,恒久而不已"。(《全集》卷十二《与陶居安》)在王畿看来,"一念"也就是"无念""无心""不动心"。他说:"一念者无念也,即念而离念也。故君子之学,以无念为宗。"(《趋庭漫语付应斌儿》)③

这显然与禅宗"不着一念"思想存在家族类似。"一念无将近,无住着",也就是使人内在的良知能自然的发用流行。"以无念为宗",也就是如王畿自己所说的"以自然为宗"。这样王畿的致知之功,既非程朱理学在性外别求物理,也不是王阳明的"正心""诚意""格物",而是在消除了任何工夫后的"直下承当"和"一念自发",使良知之真纯自然流行。也就是"只要在心上立根"就"一了百

---

① 彭国翔:《良知学的展开:王龙溪与中晚期的阳明学》,第388页。
② 吴震编校:《王畿集》,第42页。
③ 吴震编校:《王畿集》,第440页。

了"的先天正心之学。

四　先天正心之学

阳明经常论及"心外无物""心外无事""心外无理"等，其关键的问题要确立心即理的宗旨。因此，需要处理《大学》中"格物""致知""正心""诚意"之间的关系。也就是要处理心、意、知、物之间的关系。在《传习录上》中，记载了徐爱与阳明之间的一段对话：

> 爱曰："昨闻先生之教，亦影影见得功夫须是如此。今闻此说，益无可疑。爱昨晓思格物的物字即是事字，皆从心上说。"先生曰："然。身之主宰便是心；心之所发便是意；意之本体便是知；意之所在便是物。如意在于事亲，即事亲便是一物；意在于事君，即事君便是一物；意在于仁民爱物，即仁民爱物便是一物；意在于视听言动，即视听言动便是一物。所以某说无心外之理，无心外之物。《中庸》言'不诚无物'，《大学》'明明德'之功，只是个诚意。诚意之功只是个格物。"[1]

在这段话中，阳明对于心、意、知、物之间建立起一组关系。首先是心和意之间，认为意是心之所发。其次是认为知是意之本体，而物则是意之所在。从这两组关系看，关键是心与意的关系和知与意的关系。如果按《大学》的逻辑，则是心—意—知—物。而根据阳明的说法，则是心—知—意—物。那么，作为意的本体的知是否是作为心的灵明的良知呢？

由于对《大学》的顺序所做的调整，在阳明的工夫论中，"诚意"一直是关键，因为意是联系本体和现象之间的枢纽。

> 然至善者，心之本体也。心之本体，那有不善？如今要正心，本体上何处用得功？必就心之发动处才可着力也。心之发动不能无不善，故须就此处着力，便是在诚意。[2]

---

[1] 吴光等编校：《王阳明全集·传习录上》，第6页。
[2] 吴光等编校：《王阳明全集·传习录下》，第119页。

在这里阳明认为本体上不能用力,所以诚意才是工夫的落实处。但是诚意与致知之间的关系该如何安置,阳明并没有充分发挥。而在阳明独揭致良知之教之后,阳明的关注从诚意向致知转变。"但致知与诚意作为工夫而言究竟有何不同,和良知观念一样,阳明临终前'未及深究'。"① 然要使"意"真实无妄,其关键则是作为其体的"知",因为致良知是将这种纯粹的道德判断体现在具体的"事"上,那么对于心体的信任便十分关键,由此,主张逻辑一致性并将无善无恶作为心体的王畿便必然会提出他的以正心为先的工夫论,也就是"先天正心之学"。

(一) 先天正心之学和后天诚意之学

在王畿的工夫论体系中,长期作为阳明学工夫的下手处的"诚意"是一种后天的"补偿性"工夫,他把直接在"心上立根",直悟本体,称为先天之学;而在"意上立根",注重诚意的工夫,称为后天之学。他说:

> 正心,先天之学也;诚意,后天之学也。良知者,不学不虑,存体应用,周万物而不过其则,所谓"先天而天弗违,后天而奉天时"也。人心之体,本无不善,动于意始有不善,一切世情见解嗜欲,皆从意生。人之根器不同,功夫难易亦因以异。从先天立根,则动无不善,见解嗜欲自无所容,而致知之功易。从后天立根,则不免有世情之杂,生灭牵扰,未易消融,而致知之功难。势使然也。(《陆五台赠言》)②

王畿根据人的不同根器,认为有先天之学和后天之学两种教法。但是他十分推崇先天之学,也就是所谓"即本体即工夫"。他认为如果能直接明心见体,那么良知如如现成,各各盼咐,不必再从意上立根。也即"上乘兼修中下"。因此,王畿认为如果能在先天心体上立根,就好像"万握丝头,一齐斩断",简捷直达。若是在意上立根,则如"芽苗增长,驯至秀实",繁难牵缠。

---

① 彭国翔:《良知学的展开:王龙溪与中晚期的阳明学》,第97页。
② 吴震编校:《王畿集》,第445页。

那么，先天之学与后天之学何以有如此巨大的区别呢？王畿又何以如此器重先天之学？其关键处是王畿对于心、知、意、物等概念及它们之间的联系有了新诠释。

首先王畿十分强调先天之知与后天之识的区别。他说：

> 夫良知与知识，差若毫厘，究实千里。同一知也，如是则为良，如是则为识；如是则为德性之知，如是则为闻见之知，不可以不早辨也。良知者，本心之明，不由学虑而得，先天之学也。知识则不能自信其心，未免假于多学亿中之助而已，入于后天矣。良知即是未发之中，即是发而中节之和，此是千圣斩关第一义，所谓无前后内外、浑然一体者也。（《致知议略》）①

先天之知和后天之识的差别，有时也被简化为"知"和"识"的不同。

> 知一也，根于良则为本来之真，依于识则为死生之本，不可以不察也。知无起灭，识有能所；知无方体，识有区别。譬之明镜之照物，镜体本虚，妍媸黑白，自往来于虚体之中，无加减也。若妍媸黑白之迹滞而不化，镜体反为所蔽矣。镜体之虚，无加减则无生死，所谓良知也。变识为知，识乃知之用；认识为知，识乃知之贼。（《金波晤言》）②

良知就是人心之虚灵明觉，浑然一体，良知即是本心之明，那么，如果本心不昧，就能洞察良知本体，这种良知也就是"无知而独知"。然识之为识，来源于后天的见闻，即人们对于外在事物现象的具体知识。王畿认为，如果人们不懂得识依知而有，反而把具体的"识"当作"知"，那么当具体的知识随着外物的转变而转变时，知亦拘滞于识的幻象。因此王畿教人"转识成知"，使识为知之用，以本心之明的良知统率依境而起的闻见之知。

对于心与意欲的关系，王畿说：

---

① 吴震编校：《王畿集》，第130页。
② 吴震编校：《王畿集》，第65页。

> 意者，本心自然之用。如水鉴之应物，变化云为，万物毕照，未尝有所动也。惟离心起意则为妄。千过万恶，皆从意生。不起意，是塞其过恶之原，所谓防未萌之欲也。不起意则本心自清自明，不假思为，虚灵变化之妙用，固自若也。（《慈湖精舍会语》）①

本来的诚意工夫，在王龙溪这里变成"不起意"，针对学生认为不起意陈义过高，应该定义为"不起恶意"的提问，王畿认为，"起即为妄"。他还说：

> 夫心本寂然，意则其应感之迹；知本浑然，识则其分别之影。万欲起于意，万缘生于识。意胜则心劣，识显则知隐。故圣学之要，莫先于绝意去识。绝意非无意也，去识非无识也。意统于心，心为之主，则意为诚意，非意象之纷纭矣。识根于知，知为之主，则识为默识，非识神之恍惚矣。（《意识解》）②

意虽是过恶之原，但若有心为之主，则为诚意。王畿由知与识的区分进一步论及心与意、意与识、意与欲的关系。在王畿看来，个体的"明觉"就是良知。由知对具体事物所作的区分即是识，所以识虽本于知，但不是知。然而，由于对于外物有所分别，就会产生好恶，这就是意。所以说意可以被看作人心的一种倾向。意如果拘滞于物相，那么就会产生一种取舍感，这就产生了欲望，由此我们可以发现王畿的逻辑在于人因为有知识，就产生了意欲，有意欲则偏离了本心良知而起意。即所谓"离心而起意"。这便妄念迭现，"意象纷纭""识神恍惚"了。

因此，如果相信心体本正，能从心上立根，绝意去识，堵塞"万恶之源"，则为先天之学，而针对离心而起之意，需加以裁抑，使其返于本心直发之意，并于此意上立根，则为后天诚意之学。

然则，王畿吸收孟子、陆九渊"先立乎其大者"的修养方法，认为只要保住先天圆满具足的现成良知，那么一切私意杂念，自无所容。他说：

---

① 吴震编校：《王畿集》，第113页。
② 吴震编校：《王畿集》，第192页。

> 吾人一切世情嗜欲，皆从意生。心本至善，动于意，始有不善。若能在先天心体上立根，则意所动自无不善，一切世情嗜欲自无所容，致知工夫自然易简省力。(《三山丽泽录》)①

但是，王畿所说的正心，并不包含一种具体的手段，"心体本正，才正心便有正心之病，才要正心，便已属于意"(《全集》卷六《致知议辩》)。这种"正心"只是顺着我们的至善本体而使之自然流行。所谓在先天根本上立根，就是在我们一切意念未生，善恶未萌之前，根绝一切世情嗜欲。只顺此至善之心体，随感而应，即所谓"先天而奉天时，后天而天弗违"者也。这种过程犹如"梦中得醒"，"一觉便化"。由此，王畿把王阳明的"致良知"工夫转变成了"良知致"，直截提倡一种"真性流行，随处丰满，天机常活，无有剩欠"的"无工夫中真工夫"的顿悟法。

（二）贵悟说与"一念工夫"

王畿认为人与人之间由于根器不同，所以不同的人所悟入的方式也就不同。他说：

> 自先师提出本体工夫，人人皆能谈本体、说工夫。其实本体工夫须有辨。自圣人分上说，只此知便是本体，便是工夫，便是致；自学者分上，须用致知的工夫以复其本体，博学、审问、慎思、明辨、笃行，五者废其一，非致也。(《冲元会纪》)②

这样，就对不同的人不同的工夫进路做了分辨。既然先天正心之学的目标是不起意，那么要在良知本体上下工夫，在具体方法上则会借重于体悟。王畿说："君子之学，贵于得悟，悟门不开，无以征学。"(《悟说》)③

王畿认为，现成良知是一种无形体、无方所的"当下本体"，不是言说意象，

---

① 吴震编校：《王畿集》，第 10 页。
② 吴震编校：《王畿集》，第 3 页。
③ 吴震编校：《王畿集》，第 494 页。

不是理性思维所能把握的客体对象。它是一种"与物无对"的独知。不能用主客对置、物我二元的方法将良知与人割裂开来。所以只有通过"一念自反"的反观内省或"当下了截",才能把握、体认。他把悟分为三种:

> 入悟有三:有从言而入者,有从静坐而入者,有从人情事变练习而入者。得于言者,谓之解悟,触发印正,未离言诠,譬之门外之宝,非己家珍;得于静坐者,谓之证悟,收摄保聚,犹有待于境,譬之浊水初澄,浊根尚在,才遇风波,易于淆动;得于练习者,谓之彻悟,摩盘锻炼,左右逢源,譬之湛体冷然,本来晶莹,愈震荡愈凝寂,不可得而澄淆也。根有大小,故蔽有浅深,而学有难易,及其成功一也。
>
> 夫悟与迷对,不迷所以为悟也。百姓日用而不知,迷也;贤人日用而知,悟也;圣人亦日用而不知,忘也。学至于忘,悟其几矣乎。(《悟说》)①

王畿认为从言而入的解悟,或者由静坐而入的证悟,由于还离不开语言和外物之助,因此还不是一种真正的"彻上彻下"的悟。他说:"古人之言皆为未悟者设,悟则忘言矣。"(《全集》卷十六《胡栗里别言》)②要达到真正的悟,就必须加以"练习"。王畿所谓的"练习",也就是他所强调的"真修实悟"。他用禅宗的顿悟和渐修来形容先天正心和后天诚意之间的工夫进路。

> 或悟中有修,或修中有悟;或顿中有渐,或渐中有顿,存乎根器之有利钝,及其成功一也。吾人之学,悟须实悟,修须真修。凡见解上揣摩,知识上凑泊,皆是从门而入,非实悟也。凡气魄上承当,格套上模拟,皆是泥像而求,非真修也。……悟而不修,玩弄精魂;修而不悟,益增虚妄。……良知是本体,于此能日着日察,即是悟;致知是工夫,于此能勿助勿忘,即是修。(《留都会记》)③

---

① 吴震编校:《王畿集》,第494页。
② 吴震编校:《王畿集》,第457页。
③ 吴震编校:《王畿集》,第89页。

在王畿看来，由于不能"真修实悟"而造成的情尘意识，见解意愿，虚见思为等心理活动，是导致牵扰、昏蔽、玩忽、疏脱的根源。刻意地追求，执着地探寻，拟议安排，思虑分析，不但会困扰精神，而且会妨碍良知的自然呈露。良知本体，只能在"精融灵洞"中，即在消除物我、主客的独知之中才能体悟到。只能是一种非理性的生命体验，这也是中国传统整体性直观思维模式的直接逻辑结果，这种直观所不同于经验主义或理性主义的根本之点，就在于它是通过主体消解主体和客体的对立，达到一种理智的交融，这种交融使人们置身于对象之内，其目的就在达到对宇宙哲理的解悟时，把自己的思想世界从跃跃欲试的生命意象的恍惚状态中解放出来，由此，纷繁的世界与自我达成浑然一体的状态，从而领悟出"万物一体"的个体和宇宙本体在生命根源上的亘古共性。这种独特的生命体验，断不是语言所能把握的。

> 生知来处，死知去处，宇宙在手，延促自由，出三界、外五行，非缘数所能拘限，与太虚同体，亦与太虚同寿，非思想言说所能凑泊。（《与殷秋溟》）①

这种境界正如禅宗所言"如人饮水，冷暖自知"。语言只能是进入顿悟境界的"筌蹄"，他说：

> 道必待言而传，夫子尝以无言为警矣。言者，所由以入于道之诠。凡待言而传者，皆下学也。……而其机则存乎心悟。不得于心而泥于言，非善于学者也。（《重刻阳明先生文集序》）②

同样，这种境界亦非收摄保聚的静坐所能获得。他说：

> 学非专于静坐。静坐亦甚难，方坐时，念头作何安顿？有所守即落方所，

---

① 吴震编校：《王畿集》，第308页。
② 吴震编校：《王畿集》，第341页。

无所著即堕顽空。不守之守、无着之着，此中须有活泼之机。存乎心悟，非言思之所及也。(《九龙纪诲》)①

因此，要掌握"活泼之机"，保护"一脉真纯"，只能通过澄明内心的彻悟，他说：

> 吾人欲与直下承当，更无巧法，惟须从心悟入，从身发挥，不在凡情里营窠臼，不在意见里寻途辙，只在一念独知处默默改过，彻底扫荡，彻底超脱。良知真体，精融灵洞，纤翳悉除，万象昭察，缉熙千百年之绝学。(《答季彭山龙镜书》)②

王畿的先天正心之学主张工夫要用在良知本体之上，但其始终还是要处理在阳明到钱德洪那里十分重要的"诚意"环节。在这方面，王畿的"一念工夫"亦必须关注。"念"在阳明的学说中已经有很重要的地位，然"在龙溪晚年屡屡提到的'一念之微'这一概念的工夫蕴涵中，不仅先天正心之学和后天诚意之学获得了紧密的统一，工夫着力点从'意'到'念'的转化，也使得诚意工夫更为深邃绵密"③。王畿其实是从正念和邪念的区分来展开对"念"与心、物等的相互关系的。他说：

> 人惟一心，心惟一念。念者心之用也。念有二义：今心为念，是为见在心，所谓正念也；二心为念，是为将迎心，所谓邪念也。正与邪，本体之明，未尝不知，所谓良知也。念之所感，谓之物，物非外也。心为见在之心，则念为见在之念，知为见在之知，而物为见在之物。致知格物者，克念之功也。见在则无将迎而一矣，正心者正此也，修身者修此也。……孟子曰："必有事焉，而勿正，心勿忘勿助长也。"必有事者，念念致其良知也；勿忘者，勿忘此一念之谓也；勿助者，无所意必，以无念为念之谓也。④

---

① 吴震编校：《王畿集》，第56—57页。
② 吴震编校：《王畿集》，第215页。
③ 彭国翔：《良知学的展开：王龙溪与中晚期的阳明学》，第125页。
④ 吴震编校：《王畿集》，第501—502页。

这段话有许多内容，首先在王畿的逻辑中，"念之所感谓之物"，这样在阳明的心、知、意、物的关系中，"念"很大程度上替代了"意"在阳明的心物关系的逻辑系统中的地位。因此，"念"便称为工夫的关键所在。而他是通过正念和邪念的区分来分疏由良知之呈现的是非善恶之念，与受后天习染所影响的感性经验层面的"念头"。所以，要让良知呈现，就是要保任"最初一念"。

针对王畿的工夫进路，钱德洪的确多有担忧。他坚持认为"诚意"工夫是学习和实践之入手处：

> 但吾师既没，吾党病学者善恶之机生灭不已，乃于本体提揭过重，闻者遂谓诚意不足以尽道，必先有悟而意自不生，格物非所以言功，必先归寂而物自化。遂相与虚忆以求悟，而不切乎民彝物则之常；执体以求寂，而无有乎圆神活泼之机。希高凌节，影响谬戾，而吾师平易切实之旨，壅而弗宣。（《明儒学案》卷十一《员外钱绪山先生德洪》）①

钱德洪认为王畿这种执本体以求悟的工夫，毁坏了师门诚意之教，导致了学生希高凌节，不进行切切实实的践履活动。而聂豹和罗念庵也认为王畿的工夫论容易使人陷入规范虚无主义而成为无忌惮的小人。

后来刘宗周（蕺山）总结说"王门四句教"是王畿演绎，在阳明集中并不经见，并进一步认为王畿的"四无"说是"教外别传"，认为已经离开了阳明的宗旨，而是"直把良知作佛性看，悬空期个悟，总成玩弄光景"（《明儒学案》卷一《师说》）②。

五　余论：王畿思想的影响

阳明所提出的良知先天具足，客观上就填平了古典儒学关于"上智"与"下

---

① 沈善洪主编：《黄宗羲全集》第 7 册，第 261 页。
② 沈善洪主编：《黄宗羲全集》第 7 册，第 17 页。当然，刘宗周认为"四句教"在阳明集中不可得见的说法并不成立，在《传习录》和由钱德洪撰写的年谱中都有关于"四句教"的记载以及阳明立教的不同原则的描述。

愚"之间所存在的差异，从而强调了个体判断的普遍意义，也就突出了个体存在的价值，以"得之于心"作为是非标准，这必然会导向对于经典的意义以及客观化的外在秩序的"忽略"。

由于良知必须依赖"心"才能存在，那么尽管"心""良知""灵明"在王阳明那里被抽象地提升到超越物质形态的先验存在，虽然阳明强调"心即理"，但心所具有的"感性经验"的属性与心的形而上的超越属性之间的关系，依然是充满着张力。王畿化解此种紧张的方式是彻底的内在化的，因此，也必然会激烈地强调"无"的彻底性。他的"四无"说坚持良知无善无恶，是一空空之体。善恶的对峙就如镜中之物只是一种影子，过而不留，不具有客观实存性。这样，依然被阳明所肯定的为善去恶的诚意工夫，也就成了"犯手做作"。这样，道德修养工夫便是无从下手。

他主张"干干净净从混沌中立根基"（《斗山会语》），即从善恶未形以前的良知本体中掌握体悟真纯之体，王畿反对宋明以来道学家片面地把天理和人欲相对置，以抑制个体自然本性和正常欲望的修养论。认为只要按照自己内在的本然的自然发用，放手行去，就无不合乎本然之理。王畿打破了传统的是非标准和行为准则，认为真正的豪杰就是能按自己的主意行事的人。他说：

> 吾人只在世间讨个完行名色，将一种好意见，拣些好题目，做包裹周旋，讨些便宜，挨过岁月，亦是结果了一生。若要做个千古真豪杰，会须掀翻箩笼，扫空窠臼，彻内彻外，彻骨彻髓，洁洁净净，无些覆藏，无些陪奉，方有个宇泰收功之期。（《答李克斋》）[1]

也就是说，要成为圣人，就必须扫除所有外在的规范的制约，彻底依凭自己的本然之意。王畿用"赤子"和"童蒙"来比照这种境界。他说：

> 大人者，不失赤子之心。赤子无智巧、无技能，无算计，纯一无伪，清净本然，所谓"童蒙"也。得其所养，复其清静之体，不以人为害之，是为圣功。

---

[1] 吴震编校：《王畿集》，第206页。

大人通达万变，凿窍于混沌，反以害之也。(《万松会纪》)①

所谓"赤子之心""童蒙"，就是指人的先天本性和自然本能。也就是没有任何智巧和取舍之前的纯然之体，保住这种本能，就是圣功。而这种种后天的修持则被认为是"伪"，是"凿窍于混沌"，反而会有害于这种自然本能的发用流行。由此，受王畿的影响，明代中后期的人们的道德观念发生了很大的变化，表现为对于人类自然欲望和生存本能的肯定，可以看作是对传统中漠视人的自然存在的一种反抗。王畿指出了一种新的行为方式，就是"率性而行"。他说："圣人无欲，与天同体，无所障寂，无所污坏，率性亦行，无不是道。"(《中庸首章义解》)②

因此，我认为王畿所推崇的是一种超越固有规矩的新型道德观，它既不赞成"遗世独立"的庄禅的超越，也不认同儒家通过对自然欲望克服而达到的精神上的升华。他既反对道家和禅宗否定人的社会存在和自然欲望合理性的做法，也反对儒家对于人的社会性的偏执。它是对晚明时期三教合流倾向的一种伦理观上的回应。

王畿对自然本能的肯定和"率性而行"的行为准则，引发了晚明任情纵欲、放浪形骸的士风。到了李贽更是把个人私欲也看作是天然合理的。另外，王畿借用禅宗那一套随机指点的顿悟法，导致了对于儒家经典的漠视，把六经等著作看作是矫情饰伪的缘由。"束书不观，游谈无根"，抑制了传统的"博学、审问、笃行"的修养路数。整天"以揣摩为妙悟，纵恣为自然"，把王阳明在良知本体中的感性成分推导到极致，终于走向了道德虚无主义。

王阳明死后，其弟子大率循着两条途径。一是注重"事上磨练"的实学化道路。另一条即是王畿以见成良知为仁体流行，讲求顿悟的神学化道路。

王畿的学说，为王艮之子王襞吸收。王襞年幼随父王艮至浙，拜王阳明为师，王阳明让他从学于王畿，因此王襞深得王畿的自然之学。王襞的自然之学，"以不犯手为妙"(《明儒学案·泰州学案》)。"犯手"即有拟议安排，有许多道理格式，这样就会使人舍弃自己的自然本性，来迎合人为的规范。所以王襞认为："鸟啼花落，山峙川流，饥食渴饮，夏葛冬裘，至道无余蕴矣。"③

---

① 吴震编校：《王畿集》，第128—129页。
② 吴震编校：《王畿集》，第178—179页。
③ 沈善洪主编：《黄宗羲全集》第7册，第840页。

道之底蕴即"自然"。这与禅宗"饥来即食,困来即睡,饮水担柴,无非妙道"一致无二。而王畿之学经徐樾等传与罗汝芳。罗汝芳也延续了王龙溪的工夫论立场,他的工夫:

> 以赤子良心、不学不虑为的,以天地万物同体、彻形骸、忘物我为大。此理生生不息,不须把持,不须接续,当下浑沦顺适。工夫难得凑泊,即以不屑凑泊为工夫;胸次茫无畔岸,便以不依畔岸为胸次,解缆放船,顺风张棹,无之非是。(《明儒学案》卷三十四《参政罗近溪先生汝芳》)[1]

可以看出,从王畿到罗汝芳,都循着一条"赤子之心,不学不虑"的自然之途。这条途径认为天道即人道,人道即在心中,循着自己的本性就是顺适天道,人只是行所无事"解缆放船,顺风张棹"。王龙溪及其后来者肯定自然本性的自然之学,高扬人的主体意识,冲破"先儒道理见闻格式"的束缚,必然造就一大批怪魁、狂士,"赤手以搏龙蛇"的反传统人物,导致了"荡轶礼法""蔑视伦常"。对于这一点陆陇其指出:

> 自阳明王氏倡为良知之说……龙溪、心斋、近溪、海门之徒从而衍之……其弊也至于荡轶礼法,蔑视伦常,天下之人恣睢横肆,不复自安于绳墨之内,而百病交作。(《三鱼堂文集》卷二《学术释》)

这种社会影响发展到极点便是李贽的异端思想。李贽曾见过王畿,还师事过王襞,李贽极为推崇王畿和罗汝芳。他说:

> 世间讲学诸书,明快透髓。自古至今,未有如龙溪先生者。盖近溪语录,须领悟者乃能观于言语之外,不然反加绳束,非如王先生字字皆得解脱。既得者读之足以印心,束得者读之足以证入也。(《焚书》卷二《复焦弱侯》)

---

[1] 沈善洪主编:《黄宗羲全集》第7册,第3页。

李贽以异端自居。他继承王畿和泰州学派注重自然本能的观点，宣传"百姓日用即道"的观点，并进一步断言私心、功利之心和趋利避害的愿望都是天然合理的。他说道学家自命清高，实际志在高官厚禄。有的道学家能写几句诗，就自称为山人；有的不会写诗，会讲"良知"，就自称为圣人。他们名为山人，而心同商贾，口谈道德，而志在穿窬。

秩序之存在必然会导致对于人的道德自觉的抑制，因此，制度和心性之间必然会存在紧张，但是制度和心性之间亦存在着互相支持的关系。从朱子与陆九渊兄弟的辩论，到王阳明的致良知思想，不断在强化人的道德意识对于伦理秩序的优先性，试图来化解僵化的制度对于道德意识的销蚀。但这种逻辑发展到极致就会导向对于伦理秩序的否定。对此，深感明代灭亡之痛的王夫之甚至将致良知说向王畿和李贽的发展视为明亡的原因。他说：

> 王氏之学，一传而为王畿，再传而为李贽，无忌惮之教立，而廉耻丧，盗贼兴，中国沦没，皆惟恁于明伦察物而求逸获，故君父可以不恤，肤发名义可以不顾。陆子静出而蒙古兴宋亡，其流祸一也。（《张子正蒙注·乾称篇下》）

毫无疑问，将一个王朝的灭亡与思想的转变直接进行关联并不符合王夫之对于历史发展的理势合一的哲学思考，然而从王龙溪对于良知本体的四无说的推论，我们则可以借此深入思考儒家之尊德性和道问学之间的关系，从而思考儒家的道德自觉和道德理想的客观化的紧张，这对于理解儒家思想在现代社会的可能发展方向具有十分重要的意义。

王艮王襞父子的哲学与泰州学派的精神

张学智[*]

摘　要：王艮是泰州学派的开创者，他的"良知天然自有""百姓日用即道""淮南格物"诸说奠定了泰州学派的理论基调。他的安身立本之说改变了精英学者的高峻与峭拔，使义理、理欲诸说统摄在尊重生命的原则之下。他的《学乐歌》把学习圣学所获得的精神享受置于崇高地位，使孔颜之乐落实在学者日常生活中。王艮之子王襞继承了泰州学派的基本理论，把工夫实践推向更加自然的境地。泰州学派的理论与实践对明代中后期儒学向下层民众推展起了重要作用。

关键词：王艮　王襞　"淮南格物"　自然

泰州学派是明代儒学中重要的一派。泰州后学中，布衣之士多，特立独行者多，行侠仗义者多，故其学较少在良知含义上争论，较少对《诗》《书》等经典解释发挥。对儒家学说的诠释，不尚玄远，多与自己日常修为有关。泰州学派门弟子众多，仅民国初年东台袁承业所辑之《心斋弟子师承表》，即列心斋弟子四百八十余人，"上自师保公卿，中及疆吏、司道、牧令，下逮士庶、樵陶、农吏，几无辈无之；考诸贤所出之地，几无省无之。先贤黄梨洲谓阳明之学得心斋而风行天下，于斯可证"[①]。此表中又列王艮之子王襞弟子二百一十人，[②] 其中虽不无考证不确，仅为张大其事之处，但此数亦足见泰州之学之盛与门弟子之广。本文对泰州学派创

---

[*] 张学智，北京大学哲学系教授、国际儒联副会长、中国哲学史学会副会长。
① 见王艮裔孙王士纬《心斋先生学谱》，《王心斋全集》，江苏教育出版社2001年版，第109页。
② 《王心斋全集》，第136页。

始者王艮及其子王襞的哲学思想提揭一二，希图从中见出泰州学派精神、学术之一斑。

一　王艮的"百姓日用即道"与"淮南格物"

王艮的学术，以良知天然自有、百姓日用即道、淮南格物、安身立本诸说最为重要。王艮从学王阳明在平宸濠之后，此时王阳明已揭致良知之旨。王艮性本倔强，意气高远，而平时所得又多为从儒家初级读物中所悟之切于身心之道理，此时习闻王阳明晚年致良知之说，所以，他信从良知本来现成，不用安排思索是很自然的。《语录》载："王子敬问庄敬持养功夫。曰：'道一而已矣。中也，良知也，性也，一也。识得此理，则现现成成，自自在在。即此不失，便是庄敬；即此常存，便是持养。真体不须防检。不识此理，庄敬未免着意，才着意便是私心。'"① 这里明白承认良知现成自在。但王艮讲良知现成，与王龙溪及罗近溪不同。龙溪与近溪讲的良知现成自在，多与作为心体的良知中的意志、选择、行动的根据诸义相连，故心的成分多些。而王艮此处，则性的成分多些。性则客观面的本然如此，平铺放着，须遵守不移的意味要强得多。故此处王艮强调的是良知与中、与性、与道的同一性。此意中汲取程明道"识得此仁，以诚敬存之。不须防检，不须穷索"的思想甚为明显。而良知现成自在，即直接发挥不须穷索之义。王艮的"天理者，天然自有之理也。才欲安排如何，便是人欲"②，"只心有所向便是欲，有所见便是妄。既无所向又无所见，便是'无极而太极'。良知一点，分分明明，停停当当，不用安排思索。圣神之所以经纶变化而位育参赞者，皆本诸此也"③，都是在说良知的表现形式及人应该有的运用良知的方式。"无极而太极"，套用周敦颐《太极图说》，是说它既是一个好的价值，是圣神用以参赞化育的根据和凭借，又是一个自然如此，天然呈现，不须人力安排的物事。故说："良知之体与鸢飞鱼跃同一活泼泼地，当思则思，思通则已。要之，自然安排，不着人力安排。"④ 与鸢鱼同一

---

① 《王心斋全集》，第38页。
② 《王心斋全集》，第10页。
③ 《王心斋全集》，第43页。
④ 《王心斋全集》，第11页。

活泼,是说其本体之变化无方,其表现则自然率真。"思通则已"也是说对此本体之体证一索即得,不必强探力索而再三苦求。由此王艮对持功太严而不自然者皆加裁抑,《语录》载:"一友持功太严,先生觉之曰:'是学为子累矣。'因指斫木者示之曰:'彼却不曾用功,然亦何尝废事。'"① 又说:"戒慎恐惧,莫离却不睹不闻,不然便入于'有所戒慎,有所恐惧'矣。"② 皆强调自然,强调和乐。这更多的是平民习学者的简易直接、身心受用,而非学院派的费力思索、痛自检点如刀锯鼎镬。

与此相连的是王艮所强调的"学乐"。王艮曾作《乐学歌》,其中说:"人心本自乐,自将私欲缚。私欲一萌时,良知还自觉。一觉便消除,人心依旧乐。乐是乐此学,学是学此乐。不乐不是学,不学不是乐。乐便然后学,学便然后乐。乐是学,学是乐。呜呼!天下之乐,何如此学;天下之学,何如此乐?"王阳明曾说:"乐是心之本体。""良知本乐",并时时矫正弟子学道时的拘滞和逼迫感,故有"圣人之学不是这等苦楚的,不是妆做道学的模样"等说法。王艮继承了王阳明这些说法,并用平民哲学家所具有的和乐、坦易、生气洋溢、平常心是道等思想风格去诠释它、实行它。在王艮看来,人心本体是乐,它是宇宙万物欣欣向荣、生意盎然的缩影。故"良知之体与鸢鱼同一活泼泼地"。人之不乐,多是私欲障其本乐之体,故"人心本无事,有事心不乐"。③ 同时也表明,在王艮眼里,儒家圣学简易,易学易入,能在简单的日常行为中积渐学得,用不着精英学者所说的艰深的道理和繁难的修养工夫,故"天下之学,唯有圣人之学好学,不费些子气力,有无边快乐。若费些子气力,便不是圣人之学,便不乐"。④ 学儒学会得到一种快乐,即孔颜之乐。这种乐是一种因道德境界而有的心灵愉悦,也可以说是因奉行道德行为而有的崇高感。如王艮在《鳅鳝赋》中所说的见鳅使鳝转身通气,苏醒精神,同归长江大海之后而有的欣然之情。王艮的学乐歌,一扫学儒者常有的晦涩沉闷,规矩绳墨,也没有精英学者常有的天理人欲的激烈搏战带给人的痛苦和抉择之难。他呈现给人的是自然、和乐,平实中见深刻。

---

① 《王心斋全集》,第89页。
② 《王心斋全集》,第54页。
③ 《示学者》,《王心斋全集》,第57页。
④ 《语录》,《王心斋全集》,第5页。

学与乐最可以见出他平民哲学家的特点。这里顺理成章的推论便是"百姓日用即道"。王阳明本有"与愚夫愚妇同的是同德,与愚夫愚妇异的是异端"的教训,同时王阳明的"不离日用常行内,直造先天未画前"的诗句也说的是百姓日用即道之意。王艮继承了王阳明此义,而结合他平民哲学家的观察、发挥,将此义推向极端。他尝说:"圣人之道无异于百姓日用,凡有异者,皆谓之异端。"又说:"百姓日用条理处,即是圣人之条理处。圣人知,便不失;百姓不知,便会失。"① 在王艮这里,"百姓日用即道"是从内容与形式两个方面先发挥的。从内容说,指道的内涵不外乎百姓日用、民生之事,圣人首先是了解民生疾苦、解救民生疾苦的人。政治的首要关注点在民生日用。离开了对百姓日用的关注,就会堕入异端之说。故"圣人经世只是家常事"。圣人与百姓的区别在于,百姓把日常生活当作本分,"日用而不知",圣人则自觉地把民生当作职分中事。此点对后来李贽的"穿衣吃饭即是人伦物理"影响很大。从形式上说,所谓道,即与日常行为中、本能的反应中所体现的整体性、连贯性,自然如此、人力不得与,无将迎、无内外,合律即合目的等性质为一。《王艮年谱》中说:"先生言百姓日用是道,初多不信。先生指童仆之往来视听持行,泛应动作处,不假安排,俱自顺帝之则,至无而有,至近而神。"② 至无而有、至近而神即道。道即在泛应动作中体现。泛应动作的特点在简易直接,不用安排,当下即是,自然适宜。而这是道的最为重要的形式。邹守益之孙邹德涵的语录中曾记录了王艮与朋友的一段对话,这段话形象地说明了"百姓日用即道"这一方面的意思:

> 往年有一友问心斋先生云:如何是"无思而无不通"?先生呼其仆,即应;命之取茶,即捧茶至。其友后问,先生曰:才此仆未尝先有期我呼他的心,我一呼之便应,这便是"无思无不通"。是友曰:此则满天下都是圣人了。先生曰:却是日用而不知。有时懒困着了,或作诈不应,便不是此时的心。阳明先生一日与门人讲大公顺应,不悟,忽同门人游田间,见耕者之妻送饭,其夫受之食,食毕与之持去。先生曰:这便是大公顺应。门人疑之,先生

---

① 《王心斋全集》,第10页。
② 《王心斋全集》,第72页。

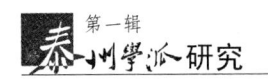

曰：他却是日用不知的，若有事恼起来，便失这心体。①

童子捧茶，耕者之妻送饭，皆自然而然，不假思索，无所期必，无所将迎，不用矫饰，自然合理。道就是这种自自然然、现现成成之物。王艮"百姓日用即道"在形式上的特点，对后来罗汝芳影响甚大。罗汝芳的顺适当下，无有攀援，解缆放船，顺风张棹，就是对王艮此义的发挥。

王艮对道、良知等范畴的归约、简化，使儒家学说成了人人可学可能的简易之学，不仅王艮乐于将此学教授于文化程度不高的一般民众，他的学说和人格也吸引了一批喜欢通俗儒学的下层劳动者。王艮弟子中有佣工林春、樵夫朱恕。受他的影响，其子王襞的弟子中，有陶匠韩贞、田夫夏廷美等。他们热心于将儒学的通俗道理，宣讲于普通民众。《明儒学案》记韩贞："以陶瓦为业，慕朱樵（恕）而从之学，后乃卒业于东厓。粗识文字……久之觉有所得，遂以化俗为任，随机指点，农工商贾，从之游者千余。秋成农隙，则聚徒谈学，一村既毕，又之一村，前歌后答，弦诵之声洋洋然也。"②记夏廷美批评当时读书人："今人读孔孟书，只为荣肥计，便是异端，如何又辟异端？"对民间讲社中讲佛经供奉僧人深为不满，谓："都会讲学，乃拥一死和尚讲佛经乎？做此勾当，成何世界！"③对当时影响极大的《四书章句集注》，则不读朱熹注，专以本文反身体贴。其行事作略，皆不同于当时以读书科举出仕为主要进身之途的精英学者。

明代中后期，随着城市手工业的急剧发展与海外贸易的扩大，城市经济空前发展，市民文化十分活跃。随着文化教育下移，书院讲会蓬勃开展，理学向社会各阶层渗透的步伐加快，尤其受佛教道教善书宝卷的流行，庵堂寺观"俗讲"盛行之刺激，儒学向民间传播，文化教育的平民化逐渐成为风气。这在明人笔记小说及通俗文艺作品中有大量反映，对中国文化史有重大影响。王学既是这种趋势在哲学思想上的反映，也通过自身的思想与实践反过来推动了整个学术文化的下移和儒学的民间化。这其中王艮及其作为创始者的泰州之学功绩十分明显。

王艮的平民特色在哲学上的反映便是他的"淮南格物"说。"格物"二字历来

---

① 《明儒学案》，中华书局1985年版，第354页。
② 《明儒学案》，第720页。
③ 《明儒学案》，第721页。

解释众多，清代学者全祖望谓："七十二家格物之说，令末学穷老绝气不能尽举其异同。"① 仅就哲学史上最著名的训解说，郑玄训"知之善深则来善物，知之恶深则来恶物"。朱子训即物而穷其理，王阳明训正念头，清代颜元训手格猛兽之格，以犯手捶打撮弄为格物。王艮解格物曰：

> 身与天下国家一物也，唯一物也而有本末之谓。格，絜度也，絜度于本末之间，而知本乱而末治者否也。此格物也。物格，知本也，知本，知之至也。故曰"自天子以至于庶人，壹是皆以修身为本"也。修身，立本也，立本，安身也。②

又有一段答问义旨更为明确：

> 诸生问格字之义，曰："格如格式之格，即絜矩之谓。吾身是个矩，天下国家是个方，絜矩则知方之不正由矩之不正也，是以只去正矩，却不在方上求。矩正则方正矣，方正则成格矣。故曰格物。吾身对上下前后左右是物，絜矩是格也。其本乱而末治者否矣，便见絜度，格字之义。格物，知本也；立本，安身也。安身以安家而家齐，安身以安国而国治，安身以安天下而天下平也。故曰：'修己以安人'，'修己以安百姓'。修其身而天下平。"③

朱子、阳明的格物都是具体行为，都是一种修身工夫。而王艮的格物则是一种识度，一种见解，一种立身治学之宏规。故格物即知本。知本即在身与天下国家之间比较，而知身为本，天下国家为末的道理。由此先去修身，身正而正天下国家。这就是知本，知本是最高的知。知本是立身行事的基本条件，故曰：知所先后则近道。王艮的格物说，是对《大学》"壹是皆以修身为本"的发挥，与后来刘宗周以诚意慎独为根本的学问宗旨相同，故刘宗周尝赞扬王艮此说："后儒格物之说，当

---

① 《经史问答》，《全祖望集汇校集注》，上海古籍出版社2000年版，第1961页。
② 《王心斋全集》，第34页。
③ 《语录》，《王心斋全集》，第34页。

以淮南为正。"① 它不取今日格一物、明日格一物的知识积累，也不取随事正其念头之心性修养，它首先着眼的是学问方向，是立身大本。此亦平民哲学之一特色，与韩贞每遇细讲经书中之语句则大恚曰"舍却当下不理会，搬弄陈言，此岂学究讲肆耶"② 同一方向。

王艮的格物说，还包含一个十分重要的内容，这就是他的安身说，及从其中推演出的明哲保身说、身尊道尊说。王艮从平民哲学家朴素的道理和现实的体察出发，反对精英学者因读史评史而对割股烹身、杀身成仁行为的盲目赞扬。他认为，安身是一切活动的前提，身不安则一切无从谈起。他尤其鄙视历史上因要名要利而做出的反人性的极端行为。他从平实的、朴素的立场看待安身和齐家治国等的关系："止至善者，安身也；安身者，立天下之大本也。本治而末治，正己而物正，大人之学也。是故身也者，天下万物之本也；天地万物，末也。知身之为本，是以明明德而亲民也。身未安，本不立也。不知安身，则明明德、亲民却不曾立得天下国家的本，是故不能主宰天地，斡旋造化。"③ 这里把安身放在第一位，作为止至善，作为立本，作为明德亲民的出发点。而对道德原则与安身保身发生冲突的情况下何以自处，他也有明确说明："安其身而安其心者，上也。不安其身而安其心者，次之。不安其身又不安其心，斯为下矣。危其身于天下万物者，谓之失本；洁其身于天下万物者，谓之遗末。"④ 上焉者身心两安，下焉者身心皆不安。在身心冲突之下，心安为上。这一点可以反击说他的安身论是"开一临难苟免之隙"的说法。王艮认为杀身成仁不是儒者的最高理想；烹身割股是由于无存君父之道，才有残己以殉的极端行为。所以他说："即事是学，即事是道。人有困于贫而冻馁其身者，则亦失其本而非学也。"⑤ 孔子的危邦不入乱邦不居，处乱世要危行逊言，及"吾未见蹈仁而死者"，是他身保心安的根据。所以王艮提出"明哲保身"论："明哲者，良知也。明哲保身者，良知良能也，所谓不虑而知、不学而能者也。人皆有之，圣人与我同也。知保身者，则必爱身如宝。"⑥ 认为保身爱身是人的本能，

---

① 《明儒学案》，第 710 页。
② 《明儒学案》，第 720 页。
③ 《语录》，《王心斋全集》，第 33 页。
④ 《王心斋全集》，第 17 页。
⑤ 《王心斋全集》，第 13 页。
⑥ 《明哲保身论》，《王心斋全集》，第 29 页。

是保家国天下的前提，残己殉名的做法不可为训："不知安身便去干天下国家事，是之谓失本也。就此失脚，将或烹身割股，饿死结缨，且执以为是矣。不知身不能保，又何以保天下国家哉？"①故对孔子提出的"殷有三仁"，认为微子去之，是知几保身，上也；箕子为奴，庶几免死，是其次；而比干死谏，最下。虽皆谓之仁人，而优劣之次序见矣。至于他提出的"尊身即是尊道，身尊则道尊"这个著名命题，除了从王学良知即道、良知即天理以及"人能弘道，非道弘人"这两个方向去解释外，保持人生命的尊严，努力自强以免于冻馁，注重出处之大节，爱身保身以获得实现理想的前提，也是其中的重要含义。

王艮以上思想，对他开创的泰州之学，有很大影响，在泰州后学各个时期的代表人物身上，都可以或多或少看到这些思想因素的印痕。所以虽然严格说来泰州之学不能算作一个学派，但他们仍有一些共同的思想元素。

二　王襞对王艮思想的拓展

王襞（1511—1587），字宗顺，号东厓，王艮次子。九岁随父至越，随侍阳明之侧，常听阳明讲学。精音律，善弹琴。在越十年，始归乡议婚。婚后半年，复至越从王阳明学，又八年方归家。故得见阳明门下诸高弟，濡染阳明之学甚久，识者谓其"耳闻目见悉皆先辈型范，以故薰蒸日久，德器日粹，年未及二十而丰仪修伟，神情朗豁，望之者俨然知为有道气象也"②。当时从游者皆钦重，谓为科甲中人，可使习举业。王艮曰："天下英豪济济，何独少斯人哉？吾愿其为学问中人也。"③王襞遂终身不赴科举，助父讲学。王艮临终，许为能继志述事者，谓诸子弟曰："吾有子，吾道有继，吾何忧？汝有兄，知此学，吾复何虑？惟汝曹善事之。"④年三十，以师道自任，继父讲席，开门授徒，讲学于王艮所创之东淘精舍。后二年，改精舍为王艮祠，置祭田，定祀典。三十九岁，游学浙江，会讲于杭州钱王祠。四十四岁，时任安徽宁国知府的罗汝芳聘讲水西书院。

---
① 《答问补遗》，《王心斋全集》，第34页。
② 王元鼎：《王襞先生行状》，见《王心斋全集》，第209页。
③ 王元鼎：《王襞先生行状》，见《王心斋全集》，第209页。
④ 王元鼎：《王襞先生行状》，见《王心斋全集》，第209页。

四十六岁,讲学于福建建宁府,谒朱熹故庐。五十五岁,会讲金陵。时耿定向督学南畿,聘请主讲泰山安定书院。次年,聘主仪征书院讲席。六十二岁,聘主苏州讲席,风动三吴。后二年,耿定向迁户部尚书,聘主会金陵,一时士民皆集,耿定向的门生杨道南记述当时盛况说:"先生过陪都,随以指授,都人士咸云蒸雷动,如寄得归。乃至耆老为之太息,髫齿为之忻愉;贵介为之动容,厮台为之色喜;上根为之首肯,初机为之心开。即今吾陪都一二卓然朗悟可俟将来者,其关钥皆自先生启也。"① 桀骜不驯、睥睨一世之李贽,亦在此时拜于王襞门下。六十六岁,泰州后学兵宪程学博、州守萧景训特请主建海陵崇儒祠,"遂因诸部使之命,率诸子弟竭力赴工建两祠。又仿之耿公,创定祀典,置祭田,勒石于两楹。此固当道缙绅诸公崇奖先德,以示风动;而所以招徕之者,则先生立身行道之验也"②。此后至逝世的十数年间,王襞多在家乡讲学,自号天南逸叟。"从游日众,每会常数百人,不计寒暑,客至尽日,近则款留,远则设榻,周旋委曲者无所不尽其心。"③ 纵观王襞一生,可谓从父命终生从事平民儒学教育者。其所教者,上至士夫官吏,下至工匠、渔陶,无不倾心。焦竑在为《王东崖先生遗集》所写的序中说:

  国朝理学开于阳明先生,从游者几遍天下,至以学世其家者,独有两人:心斋、萝石是已。心斋子五人,东崖为其仲,学尤邃。萝石子两湖,其见地具《汉阳集》中,学者盛传之。余观两湖自得之味深,东崖弘道之力大。今东南人传王氏之书,家有安丰之学,非东崖羽翼而充拓之,何以至此?故两氏之家法相为竞爽,而泰州为尤著,非偶然也。④

为王襞所写之墓志铭也说:

  阳明公以理学主盟区宇,而泰州王心斋嗣起,其徒几中分鲁国,故海内言

---

① 王元鼎:《王襞先生行状》,见《王心斋全集》,第210页。
② 王元鼎:《王襞先生行状》,见《王心斋全集》,第211页。
③ 王元鼎:《王襞先生行状》,见《王心斋全集》,第211页。
④ 《王心斋全集》,第205页。

学者皆本两王公。心斋子东厓先生，推衍其说，学士云附景从，至今不绝。盖以学世其家，有以开天下而风异世，可谓盛已。……心斋殁，先生望日隆，四方聘以主教者沓至。罗近溪守宛则迎之，蔡春台守苏则迎之，李文定迎之兴化，宋中丞迎之吉安，李计部迎之真州，董郡丞迎之建宁，余殆难悉数。归则随村落大小，扁舟往来，歌声与林樾相激发，闻者以为舞雩咏归之风复出，至是风教彬彬盈宇内矣。①

这是对心斋父子毕生从事平民儒学教育的褒奖，也是对东厓能继父志，开东南讲学之盛的褒奖。至于东厓承泰州家风，感人于语言文字之外，以丰采动人，陶铸听者，兴起甚众之境况，似又过于乃父："心斋特起鱼盐之中，超悟独诣，尽扫语言文字之习。诸子继其后，亹亹勿替，新新无已，可谓盛矣。尝忆东厓南游，都人士陶铸兴起者不可缕数，皆从精神丰采得之，未尝曰某从某语入，某从某语进也。"②王襞平民教育之特点，于此可见矣。

王襞的著作，其讲学语录遗留甚少，现有门人辑录的《语录遗略》若干条，与往来书信、序记等合为一卷，一生所作诗歌编为一卷，辑成《明儒王东厓先生遗集》二卷，附入《淮南王氏三贤全书》中。

王襞之学，承继乃父之处甚多，特别是尝处越中近二十年，先后师事钱绪山、王龙溪，得于龙溪者尤多。故其学多就高明一路，迹近先天之学。王襞将乃父之学概括为三个时期，后两期皆主简易功夫，率性之妙，而以《大成学歌》为其代表：

> 愚窃以先君之学有三变焉：其始也，不由师承，天挺独复；会有悟处，直以圣人自任，律身极峻。其中也，见阳明翁而学犹纯粹，觉往持循之过力也，契良知之传，功夫易简，不犯做手，而乐夫天然率性之妙，当处受用，通古今于一息，著《乐学歌》。其晚也，明大圣人出处之义，本良知一体之怀，而妙运世之则。学师法乎帝也，而出为帝者师；学师法乎天下万世也，而处为天下

---

① 焦竑：《澹园集》，中华书局1999年版，第493页。
② 《王心斋全集》，第205页。

万世师。此龙德中正而修身见世之矩，与点乐偕童冠之义，非遗世独乐者侔、委身曲辱者伦也。皆《大学》格物修身立本之言，不袭时位而握主宰化育之柄。出然也，处然也，是之谓大成之圣，著《大成学歌》。①

此中对王艮晚期学旨之评述多夸大之语，但乐学、易简、妙悟、率性等则前后一贯。王襞继父讲席之后，多循此一路，故其学首重率性，自言："学者自学而已，吾性分之外无容学者也。万物皆备于我，而仁义礼智之性，果有外乎？率性而自知自能，天下之能事毕矣。"② 又说："从古以来，只有一个学字不明，必待于外而循习焉，则劳且苦矣。宁知性本具足，率性而众善出焉，天命之也。率天命之性，即是道。故圣者知天之学也，志此曰志道，学此曰学道。"③ 其所率之性，为天命之真，为百善之源。故只须顺循而已，不能起丝毫计议造作，此谓天聪明，知此方谓善学。他说：

> 人之性，天命是已。视听言动，初无一毫计度，而自无不知不能者，是曰天聪明。于兹不能自得，自昧其日用流行之真，是谓不知而不巧。则其为学不过出于念虑臆度、展转相寻之私而已矣，岂天命之谓乎？将议论讲说之间，规矩戒严之际，工焉而心日劳，勤焉而动日拙，忍欲饰名而夸好善，持念藏机而谓改过，正是颜子之所谓"己"而必克之者。而学者据此为学，何其汗漫也哉！必率性而后心安，心安而后气顺。否则百虑交锢，杂念叠兴，心神惊动，血气靡宁，有不并其形而俱灭者，几希矣。④

王襞的全部学问中，《中庸》占有极其重要的地位。王襞的讲学有两个重点，一个是讲乃父的格物知本之学，以《大学》为主。此是泰州家法，王襞作为重要传人不能不讲。但王襞思想中乃父之"出为帝者师，处为天下万世师"的影响甚大，故《中庸》之立大本、行达道、致中和、位天地、育万物等圣人

---

① 《上昭阳太师李石翁书》，《王心斋全集》，第217页。
② 《语录遗略》，《王心斋全集》，第215页。
③ 《语录遗略》，《王心斋全集》，第214页。
④ 《语录遗略》，《王心斋全集》，第215页。

之事，是他后期学问的重点。此时他以《中庸》的率性修道，融会阳明、龙溪的致良知：《中庸》所谓性，即阳明所谓良知；率性即致良知。良知本具足，故率性即自然流行：

> 吾人至灵之性，乃天之明命，于穆不已之体也。故曰"天命之谓性"。是性也，刚健中正，纯粹至精者也。率由是性而自然流行之妙，万感万应，适当夫中节之神。故曰"率性之谓道"。……圣人者，悯之而启之修道焉，去其蔽，复其真，学利、困勉之不一其功，亦唯求以率夫天命之性而归之真焉而已矣。此修道之所以为教也。故曰"修道之谓教"。率之云者，本不假纤毫人力于其间，故曰：诚者，天之道也。①

良知是性的自觉，良知能与物发生应感，而良知之应感是自然顺适、不做安排的，故自然二字在王襞思想中十分重要，他说："性之灵明曰良知，良知自能应感，自能约心思而酬酢万变。知之为知之，不知为不知，一毫不劳勉强扭捏。而智者自多事也。"② 又说："舜之事亲，孔之曲当，一皆出于自心之妙用耳，与'饥来吃饭倦来眠'同一妙用也。人无二心，故无二妙用，得此岂容一毫人力与于其间？故以有滞之心，乌足以窥圣人圆神之妙？"③ 王襞之学，因所遗著作甚少，无法窥其全豹。但从其现有之语录看，讲学不出《大学》《中庸》这一类儒家通俗读物，所发挥之义理，多在率性、自然、学乐一面，从中可以看出王龙溪学说的影响。黄宗羲《明儒学案》在介绍王襞的思想时，以"鸟啼花落，山峙川流，饥餐渴饮，夏葛冬裘，至道无余蕴矣"概括，谓其犹在光影作活计，并认为曾点之舞雩咏归，孟子之鸢飞鱼跃，邵雍之先天一字无修，白沙之色色信它本来，心斋父子对此大加提倡，可谓自得有味之言。但此一路最难把握，因孔颜之乐与窥见光影而喜，差别只在毫厘之间，稍一失脚，便入狂荡一路。而王襞说太高妙，缺乏切实功夫，根本尚未贴地。此为黄宗羲对待泰州派下人一贯所持之针砭态度，自有其义理脉络与立说苦心在。

---

① 《语录遗略》，《王心斋全集》，第216页。
② 《语录遗略》，《王心斋全集》，第216页。
③ 《语录遗略》，《王心斋全集》，第217页。

另，心斋父子只是在其学说中盛张自然、率性之旨，虽然此说可为任心肆志推波助澜，但终与行为上之恣纵任情有别。颜山农、何心隐之"以赤手搏龙蛇"，多出自自身之豪杰精神与放手行去之性格，受心斋父子之影响并不明显，故其行为虽恣纵而儒学理论则甚传统。此种情况在儒学史上并不少见。

王艮的平民政治思想

朱　承[*]

摘　要：王艮的平民政治思想，以万物一体为其政治理想，表现了极为狂妄的救世热情。王艮的这种狂情，既体现了儒家一脉相承的入世情怀，也表现了王艮作为平民儒者没有身份束缚而呈现出来的不羁。王艮提出的"以身为本"的政治观念，突破了王阳明乃至传统儒家精神意志至上的道德政治观，强调个体安危、个体安顿在政治生活中的重要地位，这也凸显出王艮作为平民儒者，更加注重普通百姓的生活感受，从百姓的直观感受角度去解释政治生活。王艮的教化活动也与他的平民政治思想密切相关，他主张儒者要有政治担当意识，即使不能出仕，儒者也不能逃避政治责任。当然，对于王艮来说，这一政治责任是通过教化活动体现出来的。儒者要弘扬"大成师道"，出处皆为人师，上至君主，下至愚夫愚妇，儒者都要承担教化的责任，通过道德教化活动改善社会。

关键词：王艮　平民政治　万物一体　以身为本　大成师道

王艮（1483—1541），字汝止，号心斋，是中晚明阳明学派的中坚人物之一，他和王畿一样，是阳明学风行天下的主要推动者之一。《明儒学案》中记载王艮问学王阳明的经历："始入，先生（指王艮）据上座。辩难久之，稍心折，移其座于侧。论毕，乃叹曰：'简易直截，艮不及也。'下拜自称弟子。退而绎所闻，间有不合，悔曰：'吾轻易矣。'明日入见，且告之悔，阳明曰：'善哉，子之不轻信从

---

[*] 朱承，华东师范大学哲学系教授。

也.'先生复上座,辩难久之,始大服,遂为弟子如初。阳明谓门人曰:'向者吾擒宸濠,一无所动,今却为斯人动矣.'"[1]王艮、王阳明第一次见面论学的过程颇具戏剧性,这也说明了王艮独特的个性。王艮是明代著名的平民儒者,他所创始的泰州学派是平民儒者的一个思想群体。王艮当过灶丁,经过商,还行过医,但一生没有出仕,从没有担任过国家任命的行政职务。黄宗羲在《明儒学案》里称其为"处士",和传统社会许多儒家学者都有曾经入仕的经历不同,王艮终其一生都是个平民,虽然晚年有人举荐他为官,但是他并不为所动。作为平民儒者,王艮虽然没有从事过政治事务,但这并没有妨碍其在哲学思想中对政治问题予以极大的关注。

由王艮创始的泰州学派是儒学发展史上一个特殊的流派,其主要成员由于师承关系而构成一个派别,这些成员基本上都没有出仕为官的经历,甚至有些成员连读书人都不是,嵇文甫曾说:"综观泰州派下的人物,都极活跃。前不见古人,后不见来者,直下承担,无一毫躲闪顾虑。说他们怪诞,诚然是怪诞,说他们英伟,也诚然是英伟。"[2]虽然泰州学派的成员较少出仕为官,但他们对于儒家精神、儒家传统的继承和发扬一点也不逊于那些有着显赫地位的儒家知识分子。

儒家的社会担当意识,很大程度上体现在于其不论当位不当位,不论是否拥有政治上的名分,都始终不放弃对于家国天下的深切关怀。这一点,是居于庙堂之高的仕宦儒者和处于江湖之远的平民儒者的共同特征。王艮及其所开创的泰州学派作为平民儒者的一个思想共同体,深刻地体现了平民儒者心系家国天下的政治关怀,他们的政治思想是明代阳明学政治向度在社会政治思想领域重要的体现,在儒学的发展历史上具有独特的地位。

一 政治狂情与政治理想

王艮少年和青年时期,并没有完整和专门的求学经历,也无参加科举考试的体验,但因为经商的原因,常常往来山东孔庙。在商贾途中,王艮随身携带的是

---

[1] 黄宗羲:《泰州学案一》,沈芝盈点校《明儒学案》卷32,中华书局1985年版,第709—710页。
[2] 嵇文甫:《左派王学》,《嵇文甫文集》(上),河南人民出版社1985年版,第441页。

《孝经》《大学》《论语》等儒学经典,自己独自领悟儒学思想奥义,黄宗羲曾这样描述王艮的成学历程:"先生虽不得专攻于学,然默默参究,以经证悟,以悟释经,历有年所,人莫能窥其际也。"[1] 读经悟道和往来孔庙可以算作一位平民的儒学体验,这样的儒学经历使得王艮确立了任道成圣的理想,在投身王阳明门下后,历数年之后,也终于成为有所建树的儒家哲学家。

作为一位儒家信念的坚定信仰者,王艮同先儒一样,渴盼在现实社会中实现儒家的理想政治秩序,这种理想秩序具体到王艮那里,就是王阳明学派一贯倡导的"万物一体"理想。在"万物一体"理想的激励下,王艮以重建秩序的圣人为自我的人生追求,《年谱》上记载:

> 先生一夕梦天坠压身,万人奔号求救。先生独奋臂托天而起,见日月列宿失序,又手自整布如故。万人欢舞拜谢。醒则汗溢如雨,顿觉心体洞彻,万物一体宇宙在我之念益真切不容已。[2]

王艮的这个梦做得狂妄,不仅拯救人类生活,还重整宇宙秩序,不能不说惊骇。王艮早年的这一梦境是否真实,我们大可不必去纠缠,实际上王艮及其年谱的记载者是想用这种神秘体验,来说明王艮"以天下为己任"的个人理想。这种梦境和体验,虽则听来狂妄骇人,但实际上说明了儒者担负天下的意识。王氏弟子为其作的《年谱》上记载的"万物一体宇宙在我"之念,应该是王艮本人长期以来念兹在兹的话头,确可以认作是王艮的真切感受,说明王艮自来就有担负天下的意识自觉,《语录》上曾记载其"隐居以求其志,求万物一体之志也"[3]。人虽在野,但王艮之政治关怀却与那些在朝堂上的官员们无二,甚至比他们更加关心家国天下的命运。其后的顾炎武所言"天下兴亡,匹夫有责",这句话作为一种主观愿望,在类似王艮这样的儒家身上体现得较为明显。

王艮同王阳明一样,喜用万物一体来表达自己济世利民、心怀天下的情怀和志向。但是,在万物一体的具体理解上,王艮又比王阳明更进了一步。王阳明将万物

---

[1] 黄宗羲:《泰州学案一》,沈芝盈点校《明儒学案》卷32,第709页。
[2] 王艮:《年谱》,袁承业编刻《明儒王心斋先生遗集》卷3,清袁承业刻本,第1页。
[3] 王艮:《语录》,袁承业编刻《明儒王心斋先生遗集》卷1,第8页。

一体作为一种理想的秩序以及为实现此秩序的一种拯救精神，而王艮则直接将万物一体和其自身的社会责任联系在一起，将万物一体的理想具体化为自己的个人抱负，这比阳明学说更加具体化了，也更多了一份狂者气息。王艮以万物为一体为心志，他强调"一物不获其所，即己之不获其所也"，王艮将"以天地万物为一体"的秩序理想，理解成他人的生活幸福是自己生活幸福的前提，他者的不安就是自己的不安，他者的困顿就是自己的困顿，从命运共同体的角度理解自己与世界的关系，并将安顿他人作为自己的理想。类似于佛教中讲的"地狱不空，誓不成佛"，王艮主张他者的"不获其所"就是自己的"不获其所"，如同宗教一样，表现了一种狂热的救世情怀。

在王艮的理想里，人人君子、比屋可封、天地位而万物育，也就是说社会成员在德性上是完美的，都是道德君子，社会生活富足，社会秩序安定，这同样也是儒家典型的理想政治社会。同时，王艮还追随先儒，强调把"为天地立心、为生民立命"作为儒者的社会担当，他自己慨然以此二者自任，将拯救世道人心、建设理想社会作为自己的使命。为了表现这种狂热的救世情怀，王艮专门著有《鳅鳝赋》：

> 道人闲行于市，偶见肆前育鳝一缸，覆压缠绕，奄奄然若死之状。忽见一鳅，从中而出，或上或下，或左或右，或前或后，周流不息，变动不居，若神龙然。其鳝因鳅得以转身通气而有生意。是转鳝之身，通鳝之气，存鳝之生者，皆鳅之功也。虽然，亦鳅之乐也，非专为悯此鳝而然，亦非为望此鳝之报而然，自率其性而已耳。于是道人有感，喟然叹曰："吾与同类并育于天地之间，得非若鳅鳝之同育于此缸乎？吾闻大丈夫以天地万物为一体，为天地立心，为生民立命，几不在兹乎？"遂思整车束装，慨然有周流四方之志。少顷，忽见风云雷雨交作，其鳅乘势跃入天河，投于大海，悠然而逝，纵横自在，快乐无边。回视樊笼之鳝，思将有以救之，奋身化龙，复作雷雨，倾满鳝缸，于是缠绕覆压者，皆欣欣然有生意。俟其苏醒精神，同归于长江大海矣。道人欣然就车而行，或谓道人曰："将入樊笼乎？"曰："否。吾岂匏瓜也哉？焉能系而不食。""将高飞远举乎？"曰："否。吾非斯人之徒与而谁与？""然则如之何？"曰："虽不离于物，亦不囿于物也。"因诗以示之曰："一旦春来

不自由，遍行天下壮皇州。有朝物化天人和，麟凤归来尧舜秋。"①

    在这篇短文中，王艮用寓言的方式表达了他的政治理想和人生志向。在文中，道人和鳅，实际上可以看作他自身的双重比喻，换句话说，王艮自己既是道人，也是缸中之鳅。从道人的角度而言，他是在观察社会，看到社会一片"奄奄若死"之状，在这样的状况下，忽然有一种搅动生气的异类者出现来拯救社会。道人从中得到启发，这一搅动生气的异类者，正是儒家的天地万物为一体精神的担当者，他们在拯救自身的同时也在拯救命运共同体的成员。从这个观察出发，道人立志要周流四方（联系到王艮自己树立"天下一个、万物一体"的旗帜招摇而行的经历），试图要以"不离于物、不囿于物"的态度去拯救濒死的社会，并从中获得自己的精神自由。从鳅而言，鳅与鳝不是同类，但混居一缸之内，变成了命运共同体。与鳝的濒死无争相比，鳅不满于现状，努力地周流不息、变动不居，最终不仅实现了自救，还拯救了整个缸中之鳝。特别是在鳅自身已经获得投于大海的自由、快乐之后，没有做一个"自了汉"，而是"思将与有救之"，怀着一种拯救世界的精神和情怀，凭借一己之力拯救了一缸之鳝，使得它们恢复生意、苏醒精神，共同获得拯救与逍遥。延展来看，后世鲁迅在《呐喊》自序中描述的，通过大声喊叫"惊醒"人们，使得他们决然起来，毁坏困人的铁屋，从而实现救赎，就有点类似于王艮的缸中之鳅拯救满缸之鳝的意味。另外，在王艮看来，鳅本来是自适天性而搅动鳝缸，搅动生气是鳅的一种自然本能，其最初出发点并不是为了拯救缸鳝，也不是为了获得鳝的回报，只是天性如此而已。孟子曾经讲"孺子入井"的故事，人去救掉入水里的儿童，既不是为了要誉乡里，也不是为了施恩图报，仅仅是发动和体现自己与生俱来的恻隐本能而已。这种天然的本能，使得善性善行有了必然性的色彩，正如"天地万物一体"具有必然性一样。但是，王艮并没有停留于此，而是进一步将鳅的行为从自然变成自觉，因为鳅在自身获得自由以后会反过来自觉地去拯救缸中之鳝，这就从本能变成了一种有意识的自觉行为。正如冯友兰先生所讲的"四个境界"，在这里，鳅也从自然境界、功利境界达到了道德境界，并进而实现了"同归于长江大海""悠然而逝，纵横自在，快乐无边"的天地境界。王艮以道

---

① 王艮：《鳅鳝赋》，（清）袁承业编刻《明儒王心斋先生遗集》卷4，第10页。

人与鳅自况,一方面表现了要像鳅一样,从"天地万物为一体"的自然本能进化为意识自觉,从自救到救人,展现了儒家的成己、成物的道德情怀;另一方面,道人的出现就是将这种自然现象、生活场景上升到思想和理论层面,从而影响更多的人投入到自救、救人和成己、成物的社会改造运动中。可见,王艮将自己既视为道德救世的践行者,又视为理论抽象的观察者。同时,在这篇文章中,王艮用隐喻的方式既表达了政治理想,也表达了个人志向。就政治理想而言,王艮认为,社会不能死气沉沉,应该呈现出生动自由的局面,而这种局面需要具有救世本能和救世意愿的人出现。就个人志向而言,王艮认为自己应该就是那位具有救世本能和救世意愿的人物,生活在万物之中,但又不被万物所拘泥,类似于《庄子》所言"物物而不物于物,则胡可得而累邪"(《庄子·山木》),与万物同在又不限于万物。具体到王艮的理想,那就是既能拯救万民于水火之中,同时又能实现自己的逍遥自由,文中最后的诗,更是表现了王艮的个人志向,显现出一介狂者气象。

王艮从"万物一体"的理想出发,演化出一种狂热的救世情结,所"救"之世的理想状态,具体表现应该如何?在他心目中,理想的秩序是有着现实的载体的,而三代政治就是这一理想秩序的载体,王艮曾在《王道论》一文中明确指出他所期望的政治就是"三代之治",他说:

> 《书》曰:"刑期于无刑,此王道也。"夫所谓王道者,存天理、遏人欲而已矣。天理者,父子有亲,君臣有义,夫妇有别,长幼有序,朋友有信是也。人欲者,不孝不弟,不睦不姻,不任不恤,造言乱民是也。存天理,则人欲自遏,天理必见。是故尧舜在位,比屋可封;周公辅政,刑措不用,是其验也……所谓人心和洽,又在教之有方,而教之有方,唐虞三代备矣。昔者尧舜在上,忧民之逸居无教而近于禽兽也,使契为司徒,教以人伦三代之学,皆所以明人伦也。[①]

由于根深蒂固的"往后看"的历史观之存在,儒者多不能脱出"三代之治"的秩序理想,如前所述,即便是王阳明那样具有思想解放意识的哲学家,也将

---

① 王艮:《王道论》,(清)袁承业编刻《明儒王心斋先生遗集》卷2,第17—18页。

"三代之治"作为理想的政治秩序与政治制度。王艮和绝大多数儒家一样,认为所谓的王道政治是最好的政治,这种政治的理论特征就是"存天理灭人欲",按照儒家伦理秩序安排生活,而大行王道的政治就是三代政治,尧舜周公等所代表的三代政治就是王道政治最具体的体现,在这种政治下,人人得其安顿,儒家伦理秩序大行其道,刑罚失去其用武之地,因为没有人会触犯刑罚。王艮将三代政治作为"历史上"和"期待中"的理想政治,所谓"历史上",就是他认为三代之治在历史上真实的发生过;所谓"期待中",就是他期望盛况再现,当下社会和三代社会一样臻于至治,这和王阳明的政治理想如出一辙。在《王道论》中,王艮提出了一系列政治设想,最终的目的也是实现"三代之治",他认为:

> 古者田有定制,民有定业,均节不忒而上下有经,故民志一而风俗淳,众皆归农,而冗食游民无所容于世……先德行而后文艺,明伦之教也。又为比闾族党州乡之法以联属之,使之相亲、相睦、相爱、相劝,以同归于善。夫养之有道而民生遂,而教之有方而民行兴,率此道也,以往而悠久不变,则仁渐义磨,沦肤浃髓,道德可一,风俗可同,刑措不用,而三代之治可几矣。①

王艮认为"三代之治"有两个显著特点,一是使民有所养,一是使民有所教。"有所养"依靠的是农耕、均田,"有所教"依靠的是德行为先、六艺为末,用仁义之道来教化人心,使得社会上道德统一、风俗端正。如同大多数传统儒者一样,王艮期待着想象中的三代政治重现。所以,他所设计的"养民""教民"计划,是希望重建一套"道德一、风俗同"的一体秩序,而这个秩序的载体,在王艮看来,就是理想中的三代社会,这和王阳明在"拔本塞源论"里的设计的"一家之亲""一体之仁"在本质上是一致的。对"三代之治"的向往,其实也意味着对当时政治的不满,作为一位平民儒者,王艮的这种"出位之思",也体现了他在政治思想上的狂情。

可以说,"万物一体"的观念深刻地影响了王艮,他认为"万物一体"的理想秩序才是政治社会的合理秩序。从"万物一体"的观念出发,王艮产生了一种狂

---

① 王艮:《王道论》,(清)袁承业编刻《明儒王心斋先生遗集》卷2,第18页。

热的政治理想和救世情绪，认为担当世界是自己的道义使命和政治责任。在这种情绪鼓动下，王艮做出了一些即使当时也被人们视作奇怪的举动，所谓"冠服言动，不如人同"[1]，比如按照古礼自制小蒲车招摇道路、周流天下，比如作出《鳅鳝赋》这样充满政治隐喻的文章等。王艮的"出位之思"，使得他所考虑的都是家国天下、政治秩序等政治问题，成为一代狂儒，这种"狂情"，即使是王阳明对他也是有所批评的，"阳明以先生意气太高，行事太奇，痛加裁抑"[2]。对政治的狂情，使得王艮经常设想理想的政治究竟如何，但是他也跳不出传统儒家的窠臼，因此，就具体的政治制度而言，王艮也同传统儒者一样认为，"三代之治"是最好的政治制度。这种理想虽有迂阔之处，但其中对于好的政治的期盼之情，也体现了一位平民儒者对于政治理想的狂热追求。

二　治世与治身

为了维护道义理想，孔子、孟子曾经倡导"杀身成仁""舍生取义"，主张在特定的时候，可以为了维护道义而舍弃个体的生命。孔孟的这种主张长期以来为儒家学者所推崇，认为肉体生命的客观存在要让位于精神生命的抽象性存在的观念，为人们广泛信奉。与上述观念相对，王艮提出了一种重视肉体生命的主张，显得十分独特。具体来说，王艮在如何实现理想政治的问题上，强调政治实践主体的肉体生命的客观存在性对于政治的重要意义。从注重政治实践主体的现实存在出发，王艮尤其重视人的感性生命，在政治哲学层面强调以身为本，认为治身是政治事务的根本，可以说是化治世的问题为治身的问题，这比王阳明的"化治世为治心"的思路，又向个体与自我层面大大推进了一步。

王艮从孟子所言的"天下之本在国，国之本在家，家之本在身"（《孟子·离娄上》）以及《大学》里的"自天子以至于庶人，壹是皆以修身为本"这些儒家经典思想中得到启发，又从王阳明注重主体性的立场出发，推出了以身为本的政治哲学观念，这就是著名的"淮南格物说"。王艮说：

---

[1] 黄宗羲：《泰州学案一》，沈芝盈点校《明儒学案》卷32，第710页。
[2] 黄宗羲：《泰州学案一》，沈芝盈点校《明儒学案》卷32，第710页。

> 止至善者，安身也。安身者，立天下之大本也。本治而末治，正己而物正也，大人之学也。是故身也者，天地万物之本也，天地万物末也。知身之为本，是以明明德而亲民也。身未安本不立也，本乱而末治者否矣。本既不治，末愈乱也。故《易》曰：身安而天下国家可保也。不知安身，则明明德亲民却不曾立得天下国家的本，是故不能主宰天地，斡旋造化。①

《大学》里说"止于至善"，又说"知止而后能安"，结合"壹是皆以修身为本"，据此，王艮将"止于至善"理解成为"安身"，将"修身"改造为"安身"。王艮的这种转化，把"身体"或者人的肉身存在提高到非常重要的位置。"修身"包含着淬炼品德的意思，主要偏向于修养精神生命并在日常生活中体现出来的意味，而"安身"虽依然包含精神修炼的意思，但从王艮的视野里，更多的具有保全肉身、安顿肉身的意思了。在《明哲保身论》里，王艮这样说道：

> "明哲"者，"良知"也。"明哲保身"者，"良知""良能"也。所谓"不虑而知"，"不学而能"者也，人皆有之，圣人与我同也。知保身者，则必爱身如宝。能爱身，则不敢不爱人。能爱人，则人必爱我，人爱我，则吾身保矣。能爱人，则不敢恶人。不恶人，则人不恶我。人不恶我，则吾身保矣。能爱身者，则必敬身如宝。能敬身者，则不敢不敬人，能敬人，则人必敬我。人敬我，则吾身保矣。能敬身，则不敢慢人，不慢人，则人不慢我。人不慢我，则吾身保矣。此仁也，万物一体之道也。以之齐家，则能爱一家矣。能爱一家，则一家者必爱我矣。一家者爱我，则吾身保矣。吾身保，然后能保一家矣。以之治国，则能爱一国矣。能爱一国，则一国者必爱我。一国者必爱我，则吾身保矣。吾身保，然后能保一国矣。以之平天下，则能爱天下矣。能爱天下，则天下有血气者，莫不尊亲。莫不尊亲，则吾身保矣。吾身保，然后能保天下矣。②

---

① 王艮：《答问补遗》，(清)袁承业编刻《明儒王心斋先生遗集》卷1，第15页。
② 王艮：《明哲保身论》，(清)袁承业编刻《明儒王心斋先生遗集》卷1，第20页。

《诗经》中说："既明且哲，以保其身，夙夜匪懈，以事一人。"(《诗经·大雅·烝民》)在宋明儒家重视的四书中，《中庸》里也曾引用此句："是故居上不骄，为下不被。国有道，其言足以兴；国无道，其默足以容。诗曰：'既明且哲，以保其身。'其此之谓与。"王艮从这些儒家经典中得到启发，认为保全肉身既是人皆有之的先天本能，也具有崇高的精神性意义。从治国的角度来看，这里的"身"，指的是政治实践主体的客观存在。王艮强调，个人的感性存在也就是"身"，应是天地万物之在、明德亲民之事的根本，故而主宰天地斡旋造化要从安身处下手，"身安而天下国家可保"。这就将"安身"这一个体自保行为列为政治生活的首义了，是政治活动的前提，将家国天下的政治事务与个体之"在"紧紧地联系在一起，这也就是王艮所谓的"知得身是天下国家之本，则以天地万物依于己，不以己依于天地万物"[①]。在王艮看来，天下国家所代表的政治共同体不是个体存在的依据，反而共同体的存在要有赖于个体的存在。不仅如此，个人的存在还是衡量家国天下政治事务的标准，所谓"吾身犹矩，天下国家犹方。天下国家不方，还是吾身不方"[②]。正因为王艮将身看作政治事务的根本、依据、标准，所以他一再表示，要实现儒家"家齐、国治、天下平"的政治秩序，一切要从安身出发，"安身以安家而家齐，安身以安国而国治，安身以安天下而天下治"[③]。若不知安身而从事政治事务，就失去了正当性，"不知安身，便去干天下国家事，是之为失本"[④]。显然，王艮认为个体的保全是共同体治理的前提。王艮认为，如果人们期望自己得到保全，那么也必定保全他人，因为保全自己和保全他人是互为因果的，如果人与人之间是互害的关系，那最终谁也得不到保全。保全自己进而互相保全，在王艮看来，也体现了"万物一体"的原则，每个人都渴望得到保全，"人同此心，心同此理"。人与人之间的互相保全，可以拓展到家、国乃至天下的治理之中，以保全自身的意识去保全家国天下，因为只有家国天下得以保全，自己才能得到保全。个体与家国天下的关系，如同个体与个体之间的互相保全关系一样，也是互为因果的。这样看来，追求自我的个体保

---

① 黄宗羲：《泰州学案一》，沈芝盈点校《明儒学案》卷32，第713页。
② 王艮：《语录》，(清)袁承业编刻《明儒王心斋先生遗集》卷1，第10页。
③ 黄宗羲：《泰州学案一》，沈芝盈点校《明儒学案》卷32，第712页。
④ 黄宗羲：《泰州学案一》，沈芝盈点校《明儒学案》卷32，第712页。

全，不再是一件不道德的事，而是合乎治理逻辑的一套政治哲学。从个体的自我保全出发，既能实现人与人之间的和睦关系，也能实现家国天下的良性治理。王艮的这套"以身为本"的政治哲学观念，以个体的客观存在为政治事务的根本，强调个体的存在对于外在政治共同体的特殊意义，将政治事务的正当性与否的标准归结到是否能保全个体的存在，较之王阳明在政治事务上的"以心为本"，王艮确乎有所推进和改变。王阳明将政治事务奠基于个体良知，具有道德意味，也就是国家天下的事务系于个体道德的发挥与否，化治世为治心，高扬道德精神、道德情感、道德意志对于现实政治事务的决定性作用，归根结底，仍然属于传统道德范畴的一种政治哲学。而王艮则更进一步地将治世问题转化为保身的问题，将个体的安危、安顿与否与国家天下的治理联系起来，更多地从个体的肉身保全出发来理解个体与公共政治的关系，而对于抽象精神层面的精神修炼采取了一定的回避态度。在重视个体存在与感受层面，王艮比王阳明更加彻底，而且更加注重个人感受、个人利益。当然，对肉体生命的过分看重，在具体的政治事务中是否会成为临难苟免的托辞，则是另外一个问题了。

  应该说，王艮以身为本的政治观，突出了个体感性生命和日常世俗生活对于政治事务的意义，使得政治事务不仅仅流于一种只关注家国天下的宏大叙事，而忽视政治个体存在的价值，重视个体肉体生命对于政治的意义，这对传统儒家政治哲学话语有所补充。在儒家政治哲学的传统里，家国天下的意义一直高于个体价值，个体只是家国天下的附属物，在家国天下意义的"重压"之下，个体的生命生活几乎不被重视，个体必须做到"苟利国家，生死以之"。在这里，王艮将个体存在与家国天下在政治空间里的次序颠倒一下，将个体存在置于家国天下之前，认为首先个体存在得以保全，然后家国天下才能得以治平，而不是相反，这也正如王艮一再强调的"吾身不保，又何以保天下国家哉"[①]"吾身不保，又何以保君父哉"[②]。王艮反复突出"安身"问题所彰显的主要意义，在于强调人的存在是政治事务的根本和良好政治秩序的源头，政治活动的目的是创造更好的人类生活。因此，人的存在特别是个体的肉身存在具有重要意义，这在重视精神生命的儒学话语体系里显得

[①] 黄宗羲：《泰州学案一》，沈芝盈点校《明儒学案》卷32，第715页。
[②] 黄宗羲：《泰州学案一》，沈芝盈点校《明儒学案》卷32，第716页。

较为独特。就此而言，我们可以用"安身"是一切良好秩序得以实现的必要前提来看待王艮的政治哲学观念。如果我们从在政治事务中主体自身的意义角度来看的话，王艮的"身本论"和王阳明的"心本论"都是在强调政治生活中"主体性"的意义，两种学说同质异构，遥相呼应。不同在于，王艮将王阳明"心本政治"的玄虚落到了实处，使得心学的个体性落实在具体的生命存在上，当然，王艮的"身本论"却也不及阳明"心本论"深沉。"心本论"重视个体心性良知的意义，具有强调自我意志的倾向，而"身本论"较多地落实在自我肉体存在，对精神道德层面的意义有所淡化，一方面是改变了儒家的精神话语体系，另一方面也可能会为道德投机主义者预留推脱道德义务的借口。从这个角度看，王艮的"身本论"较之王阳明"心本论"，其深刻性有所欠缺。然而，王艮的"身本政治"恰是从王阳明"心本政治"中发挥出来的，所以黄宗羲曾在一定意义上对王艮有所回护，他在评论王艮"安身"之说有言道："然所谓安身者，亦是安其心耳，非区区保此形骸之为安也。"[1] 黄宗羲认为王艮还是在坚持王阳明心学传统，而不是仅仅强调肉身的意义。身心关系是传统哲学的一个重要论题，身心二元、身心分离的话题，对于传统哲学家来说，应该都不陌生，因而，王艮在心学话语体系中超拔出来专门强调"身"，不能不说是刻意为之，不能简单地说"安身"就是"安心"。因而，黄宗羲的评论，可以看作是黄宗羲因王艮"保身论"过于脱离儒家传统而辩护之言，不过也确实点出了王艮之学出于阳明的实质所在，也点出了王艮和阳明在理论上的具体分歧所在。

传统儒家在讨论政治和道德问题的时候，往往刻意忽略个体肉身等感性存在的意义，而一味地片面强调"杀身成仁""舍生取义"或者"饿死事小，失节事大"，用高调的道德理想主义来弱化个体肉身对于政治、道德事务的意义。而王艮则对此做出了大胆突破，提出"安身""保身"的范畴，并以此作为政治事务的根本，把治世的问题转化为个体的治身问题，更加强调个体的生命感受性。"心""良知"对于一般百姓，特别是很多没有文化的人来说，还是过于抽象，因而，从"安身""保身"的角度来理解社会政治生活，可能更易于为下层群众所接受。在这个意义上，王艮的"身本政治"论贴近了普通民众的世俗感性生

---

[1] 黄宗羲：《泰州学案一》，沈芝盈点校《明儒学案》卷32，第710页。

活，更容易为关切日常生活的"愚夫愚妇"所接受，代表着儒学向平民化发展的一个向度。

三 师道与教化

作为"处士"的平民王艮，因为没有政治资源可以利用，实现其学术理想和政治理想的主要途径是讲学和教化。虽然王艮没有出仕为官，但是他和王阳明学派的其他成员一样，特别重视教化之道。王艮开创的泰州学派尤其重视民间讲学，重视把儒家的师道与对普通民众的政治教化联系在一起。

王艮批评当时的科举考试，只重视通过文辞取士，而不是以道德仁义及其践履的情况来取士，他认为这是违背了儒家的教化之道的。对此，他在阐述其基本政治主张的《王道论》里有大段论述：

> 后世以来，非不知道德仁义为美，亦非不知以道德仁义为教，而所以取士者，不专以道德仁义而先于文艺之末。故上有好者，下必有甚者矣。故当时之士，自幼至老，浩瀚于词章，汩没于记诵，无昼无夜，专以文艺为务。盖不如此，则不足以应朝廷之选而登天子之堂，以荣父母，以建功业，光祖宗而荫子孙矣。方其中式者，虽田夫、野叟、儿童、走卒皆钦敬。故学校之外，虽王官、国都、府郡之贤士大夫，皆文艺之是贵，而莫知孝弟、忠信、礼义、廉耻之学，而况于穷乡下邑、愚夫愚妇又安知所以为学哉！所以饱食暖衣，逸无居教而近于禽兽，以至伤风败俗，轻生灭伦，贼君弃父，无所不至。而冒犯五刑，诛之不胜其诛，刑之无日而已。岂非古所谓不教而杀罔民者哉！呜呼！言至于此，可不痛心！今欲变通之，惟在重师儒之官，选天下之道德仁义之士以为学校之师。其教之也，必先德行而后文艺，废月书季考之繁，复饮射读法之制，取之法科贡之典。祖宗旧制虽不可废，当于科贡之外，别设一科，与科贡并行，如汉之贤良、方正、孝廉，我太祖人才之类，不拘成数，务得真才。其宾兴之典，当重于科贡。果有真才而位列，亦出进士之右。其科贡之中，苟文优而行劣者必在所黜，行优而文虽劣者亦在所取，精神意思惟以德行为主。使

天下之人晓然，知德行为重，文艺为轻。如此，则士皆争自刮磨砥砺，以趋于道德仁义之域，而宾兴可行矣。①

王艮认为，正是因为科考取士的导向，人们狂热追求形式意义上的文辞，而对道德仁义有所疏忽。人们只看到科考入仕的荣耀和利益，而罔顾实质性的道德生活。这样的风气，造成了人们拒斥道德教化，沉溺于表面的记诵词章，以至于道德沦丧、刑罚备至。如何改变这一局面？王艮提出师儒教化的解决方案。他认为，要高度重视师儒之教，通过具有道德仁义精神的师儒来推行教化，淡化文艺之教，重视道德之教，改变简单从文辞取士的做法，而恢复古代的举贤良方正的德行选举法，恢复古礼中教人之法，引导天下人崇尚德行、德性，真正落实儒家的教化之道，以此改善社会政治生活中的风气。

为此，王艮力倡"大成师道"说，并以此来说明一个儒者应该如何发挥自身在政治社会中的作用，换句话说，王艮试图在回答真正的儒者应该如何用自身所承载的"圣人之教"来影响现实或未来的政治，而不是以文辞等知识技术性来获得一时之誉。为了让"孝弟、忠信、礼义、廉耻之学"压倒文辞之学，成为人们的追求，有必要发挥儒者的师道作用。

所谓"师道"，指的就是教化之道，在古典政治话语系统里师道这一观念出现很早，《尚书·泰誓上》说："天佑下民，作之君，作之师。"《国语·晋语》说："民生于三，事之如一：父生之，师教之，君食之。非父不生，非食不长，非教不知。"《荀子·礼论》中也说："礼有三本：天地者，生之本也；先祖者，类之本也；君师者，治之本也。"可见，在古典政治话语中，君和师在民众政治生活中同样重要，而以君和师为主体所蕴含的君道和师道也是互相对应，保证政治生活和政治秩序得以为继，所以师道在中国古典政治哲学中具有十分重要的地位。在儒家的理想里，尧舜禹汤、文武周公代表理想的君道，有德有位，"儒者之道"能够在现实政治生活中得以落实，但是周公之后，儒者没有了"位"，故而只能讲"儒者之教"，其代表者就变成了没有权位的孔子、孟子。"儒家之教"的推行者因为"有

---

① 王艮：《王道论》，袁承业编刻《明儒王心斋先生遗集》卷2，第19—20页。

德无位",故而往往很难落实"儒家之道"①,只能靠一代一代的儒者传递"儒家之道",以俟来者。因此,中国古典儒家政治哲学里,师道还代表着道统的承传和不绝如缕,指代着儒者的圣人之教,与儒家价值的传递休戚相关,关涉政治合理性。在儒家看来,治统作为政治权力的延续,随着皇权和王朝的更迭而变动,一朝一代有着自己的独立治统,但道统是"圣人之教",这是历劫不变、万古不移的。黄宗羲所言"亡国"与"亡天下"之别,正是在治统与道统分离的意义上来说,"亡国"是一朝代之治统的丧失,而"亡天下"则是道统的沦丧。按照黄宗羲的区分,"亡国"意义上的治统更迭不过是朝代鼎革的一时之乱,而"亡天下"意义上的道统沦丧则意味着人伦的毁灭、文明的消失。正是在这个意义上,儒家认为"道统"无比重要,须要儒者不断承续。韩愈在《原道》里认为"道统"之传非常艰难:"尧以是传之舜,舜以是传之禹,禹以是传之汤,汤以是传之文、武、周公,文、武、周公传之孔子,孔子传之孟轲,轲之死,不得其传焉。"② 从韩愈的观点来看,道统传递命悬一线,十分艰难,但正是因为其艰难,故而显得特别重要。

历史地看,道统的承续,则需要师道的维持,也就是道统要通过圣人之教的传递者——"师儒"——来永续保持下去。在这种关系中,师道保证道统的确立,促进政治的合理性。师道的挺立,具体说来,就是以圣人之教教化天下,从而确保政治社会的良好生活因为人人受到教化而得以实现,宋儒周敦颐说:

> 圣人立教俾人自易其恶,自至其中而止矣。故先觉觉后觉,暗者求于明而师道立矣。师道立,则善人多,善人多,则朝廷正而天下治。③

按照周敦颐的看法,师者就是先觉者,先觉者先觉圣人之教,然后以之教人,以先觉启后觉,则人人得闻圣人之教,天下乃得而治之。这样,承认先觉者对于圣人之教的优先领受,师道就得以挺立,如此,受到教化的人便会增多,家国天下从

---

① 朱熹曾说:"千五百年来,正坐如此,所以只是架漏牵补,过了时日。其间虽或不无小康,而尧、舜、三王、周公、孔子所传之道,未尝一日得行于天地之间也。"朱熹:《晦庵先生朱文公文集》卷36,朱杰人、严佐之、刘永翔主编《朱子全书(修订本)》第21册,上海古籍出版社、安徽教育出版社2010年版,第1583页。
② 韩愈:《原道》,马其昶校注、马茂元整理《韩昌黎文集校注》卷1,上海古籍出版社1986年版,第18页。
③ 黄宗羲、全祖望:《濂溪学案上》,陈金生等点校《宋元学案》卷11,中华书局1986年版,第485页。

而也得以平治。从这个意义上讲，师道、儒者之统的确立对于政治社会至关重要。在一个共同体里确立师道，就是确立传递圣人之教的这部分共同体成员意志的权威性，从而凭借这种权威去教导主导政治事务的成员（如君主），使之按照圣人之教从事政治事务，所谓"得君行道"。同时，师道、儒者之统还可以保证在君道、帝王之统丧绝时，政治生活中的原则不会出现断裂，良好政治之"道"也不至于消亡，正如王船山所说：

> 儒者之统，与帝王之统并行于天下，而互为兴替。其合也，天下以道而治，道以天子而明；及其衰，而帝王之统绝，儒者犹保其道以孤行而无所待，以人存道，而道不可亡。①

可见，师道作为圣人之教，作为儒者之统，对于政治社会的延续具有不可替代的作用。朝代可以更迭，但文明社会的精神、价值不会因为朝代的更迭而有所变化，这样文明的赓续才有希望，这正是师道的意义所在。正是因为认识到师道在政治中的重要意义，所以儒家学者十分重视师道。王艮大力强调"师道"，其意图和意义大致也可以用上述语言表达。

作为一位具有远大政治理想的平民儒者，当然王艮的政治理想不是其个人入仕的政治理想，而是对政治社会承担责任的理想。如何为政治社会承担责任？王艮的道路是以师道自任，他经常以"出则必为帝者师，处则必为天下万世师"的话语来表明自己的志向。那么，为什么学者要"为师"？师道对于政治社会的意义何在？王艮的回答是：

> 学也者，学为人师也。学不足以为人师，皆苟道也。故必以修身为本，然后师道立。身在一家，必修身立本，以为一家之法，是为一家之师矣；身在一国，必修身立本，以为一国之法，是为一国之师矣；身在天下，必修身立本，以为天下之法，是为天下之师矣。是故出不为帝者师，是漫然苟出，反累其身，则失其本矣；处不为天下万世师，是独善其身，而不讲明此学于天下，则

---

① 王夫之：《读通鉴论》卷15《宋文帝·十三》，《船山全书》第10册，岳麓书社1996年版，第568页。

遗其本矣。皆非也，皆小成矣。①

可见，强烈的担当意识，使得王艮希望成为别人效法的对象和教化的承担者，而师道能满足王艮的这一理想。王艮所倡导的师道就是要求学者学为人师，然后其言行为共同体成员效法，成为一定的共同体的"师"。在王艮看来，师道绝非传递知识那么简单，而是要传递政治理念，否则就是"苟出"，是"小成"。而他要宣扬的则是"大成师道"，即能对"帝者"（政治人）、"天下"（政治社会）产生巨大政治影响的师道。从某种意义上讲，这其实既是一种"得君行道"，也是一种"觉民行道"。"得君行道"就是成为帝王师，通过确立师道，教化君主，借君主的政治资源推行圣人之教。"觉民行道"就是成为天下师，教化天下万民，通过市井启发愚蒙，在普通老百姓中间宣传、落实圣人之教。"得君行道"和"觉民行道"在王艮这里，都统一于"大成师道"。对于王艮来说，注重师道，落实到行动中就是要讲学。王艮和王阳明及其他后学一样，十分重视讲学对于政治社会的教化意义。王艮在王阳明去世以后，回到家乡泰州讲学不辍，"开门授徒，远近皆至。同门开会讲者，必请先生主席"②。王艮在其家乡积极开展讲学活动，试图以道德教化参与社会建设，王艮讲学的直接后果就是形成了一个以其本人为宗主的泰州学派，这一学派在晚明社会和思想界影响巨大，参与者多为社会上的平民阶层，在一定范围内实现了其"师道"理想。王艮及泰州学派的主要成员在民间讲学，向普通人宣讲他们所理解的儒家之道以及阳明心学，期望以讲会鼓动的形式，让人们重视道德生活、推动乡村伦理建设，以此来实现他们"大成师道"的理想。

王艮的"大成师道"学说，从政治哲学的层面来看，即是强调作为道统传承者的儒者应该积极用所传承的圣人之教教化社会，儒者不仅仅是知识的传递者、科考的参与者，更为重要的是以道德教化参与政治，要有教化君主、教化万民的政治担当意识，从而通过道德教化来实现理想的社会。进而言之，王艮的师道问题其实也是儒者以何种姿态面对政治社会的问题。王艮提供的思路是，儒者不能仅仅满足于用自己的知识技能去获得一官半职，而是应该具有救世意识，这个救世意识要求

---

① 黄宗羲：《泰州学案一》，沈芝盈点校《明儒学案》卷32，第715页。
② 黄宗羲：《泰州学案一》，沈芝盈点校《明儒学案》卷32，第710页。

儒者把传递"儒家之道"的教化工作放在首要位置，要么教化君主，要么教化万民。只有推行以德性、德行为中心的教化工作，儒者才真正落实了自己"师儒"的社会责任，这就是"大成师道"，而非知识技能型的"小成"。对于王艮自己而言，虽然他终其一生都是一个普通的平民知识分子，但王艮"为帝者师、为万世师"的担当意识却一直非常强烈，这也是对儒者入世精神的一种诠释和再现，儒者不能满足于仕禄之学，更不能满足于心性的自了汉。正是类似于王艮这样的儒者担当意识，历代儒者才会津津乐道于张载的"为天地立心、为生民立命、为往圣继绝学、为万世开太平"。

王艮"大成师道"说表现出了救世、入世精神，一方面，学为人师、承担教化之责，这是和孔孟以来儒家"治平天下"的政治关怀一脉相承的，孔子、孟子的周游天下、教育弟子，以及后儒的著述讲学，也总是或明或显地体现着为政治社会立功、立言、立德的救世情结。另一方面，王艮对自己和儒者都期许太高，过高地看重了师儒教化的意义，从这个方面来看，虽然先儒也强调通过教化实现政治关怀，但较之平民儒者王艮来说，先儒的政治关怀更加含蓄，而王艮的"为帝者师、万世师"则以张皇狂妄为人所瞩目，其中表现出来的"救世"情怀也比先儒来得更加直接和露骨，更是极度地发挥了阳明学派中的狂者精神。

四　小结

王艮的狂者精神、平民色彩还影响了以他为中心的泰州学派。泰州学派是指王艮及其门人组成的一个学术共同体，是阳明学派的分支，其主要成员除王艮之外，有徐樾、王襞、颜钧、何心隐、管志道、罗汝芳、周汝登、李贽等。泰州学派的成员多是民间人士，如王艮、王襞、颜钧、何心隐都是从未出仕；罗汝芳、李贽虽曾出仕，但后来都主动致仕；《明儒学案》里记载的朱恕、韩贞、夏廷美等人则分别是樵夫、陶匠和田夫。泰州学派的大部分成员，无官无职但却热衷心学、胸怀天下，这与中国古典时代的思想家多为王朝官吏很不相同。在中国传统思想史上，思想家多为官吏，多有一定的公共职责担当，而泰州学派成员从身份上较少具有公共职责，但是他们却热心地从事公共事务和公共讲学活动。另外，在泰州学派中，心学思想的传播与传承完全超离了士大夫阶层，而走向民间与田野，过市井启发愚蒙，脱离官方教育体系进行社会教化活动，从这个意义上可以说，泰州学派是一个彻底的民间思想流派。

泰州学派人员的独特构成，使得这一学派的思想在一定程度上反映了平民的诉求，这一诉求反映在政治思想上，就是所谓的"平民政治"观念。王艮等人从未入仕的经历，使得他们更加容易从平民的角度来思考和发挥王阳明的思想。如前所述，王艮就曾把王阳明的"治心"发展到"安身""保身"，更加看重普通百姓的现实感受性。王艮及泰州学派强调"百姓日用即是道"，王艮曾说："愚夫愚妇与知能行，便是道。"① 还提出："百姓日用条理处，即是圣人之条理处。"② 王艮的这些观点，将普通百姓的日常生活感受上升到抽象的"道"的层面，并认为这就是圣人所追求的"道"。王艮重视普通百姓日常生活的意义，积极参加民间社会的道德建设活动，体现了平民政治的色彩。关于王艮和泰州学派的民间特质，张怀承教授曾指出："他们（泰州学派）没有像王畿那样强调良知的精神本体性，把良知说得更加抽象玄妙，而是基本上抛开良知说。把本体更加现实化，凸显其个体性，提出以现实人身为基的道德学说。王畿的学说思辨性强，只能被士大夫阶层接受。而泰州学派的学说贴近生活，大众化和世俗化，普及到平民阶层。这种差异表明，泰州学派的学说并不是阳明学理论简单的逻辑发展，而是现实社会平民阶层道德要求的理论概括与总结。"③ 诚如所言，泰州学派在理论上对阳明学派的思想推进不大，但在阳明学的传播、实践上却有莫大贡献。季芳桐指出："用现在的语言来讲，泰州学派的主要工作是一种'应用性'工作，而不是一种'理论性'的工作。这种'应用性'的工作，首先需要的是将儒家理论通俗化。"④ 我们认为，一种理论，只有为一般民众所接受，而非仅仅是知识精英的谈资，才能产生巨大的现实力量，泰州学派在这一点上做得十分成功。知识精英们倾向于从义理层面去阐释和发挥儒家的精妙内涵，而泰州学派的追求则要踏实得多，他们怀着人人可以成圣人的自信和自尊，挺直腰杆，积极投入到社会政治和世俗活动之中，在百姓日用之道中追寻真正的自由，实现自我的人生价值，并以此去匡正世道人心。王艮说："圣人之道，

---

① 王艮：《语录》，袁承业编刻《明儒王心斋先生遗集》卷1，第2页。
② 王艮：《语录》，袁承业编刻《明儒王心斋先生遗集》卷1，第4页。
③ 张怀承：《略论泰州学派对王学的改造与背离》，《船山学刊》1994年第1期。
④ 季芳桐：《泰州学派新论》，巴蜀书社2005年版，第13页。

无异于百姓日用。凡有异者,皆是异端。"①这种观点,具有"祛魅"的意义,也就是将神秘、玄虚、普通百姓不能够理解的圣人之道,解释成为人们日用常行中的生活准则,履行了这些基本的生活准则,就是在履行圣人之道。这样,圣人不在彼岸,就在人们的日常生活追求当中。王艮的这种平民主张无疑是有积极意义的,儒家的思想观念可以与日常生活贯通起来,成为日常生活的具体指导,如果与百姓的日常生活经验相抵触,那么儒家的思想观念将无法流传下来。

总体来看,王艮的平民政治思想,以万物一体为其政治理想,表现了极为狂妄的救世热情。于身份而言,王艮是平民;于理想而言,王艮则有担负宇宙、拯救社会的狂情。王艮的这种狂情,既体现了儒家一脉相承的入世情怀,也表现了王艮作为平民儒者没有身份束缚而呈现出来的不羁。另外,王艮提出的"以身为本"的政治观念,突破了王阳明乃至传统儒家精神意志至上的道德政治观,强调个体安危、个体安顿在政治生活中的重要地位,这也凸显出王艮作为平民儒者,更加注重普通百姓的生活感受,从百姓的直观感受角度去解释政治生活。王艮的教化活动也与他的平民政治思想密切相关,他主张儒者要有政治担当意识,即使不能出仕,儒者也不能逃避政治责任。当然,对于王艮来说,这一政治责任是通过讲学等社会教化活动体现出来的。儒者要弘扬"大成师道",出处皆为人师,上至君主,下至愚夫愚妇,儒者都要承担教化的责任,通过道德教化活动改善社会,恢复三代之治,实现儒家的王道乐土。以王艮为代表的泰州学派,极大地发挥了王阳明学说,对于阳明学为普罗大众所接受起了非常重要的作用,嵇文甫先生曾说:"王学的自由解放精神,王学的狂者精神,到泰州学派才发挥尽致。"②的确如此,阳明学派不拘一格、自由狂放的精神特质,被王艮及其所创立的泰州学派发挥到了极致,特别是将平民儒者积极入世、试图救世的精神气质集中地展现出来,也在一定意义上丰富了阳明学派的政治哲学精神。

---

① 王艮:《语录》,沈芝盈点校《王心斋先生遗集》卷1,第11页。
② 嵇文甫:《左派王学》,《嵇文甫文集》(上),第429页。

颜山农论

周 群[*]

摘 要： 颜山农直启泰州学派"非名教之所能羁络"之绪，同时，集泰州学派理论大成的罗汝芳亦笃嗣其学，对泰州学派的传承与变异具有关键作用。颜山农视《大学》《中庸》《易传》等为孔子所作，其主观臆解，目的是要获证于《学》《庸》《易》，以显示直祧孔子学脉的意向，体现其"大中仁学"的神圣性。"神莫论"是以陌生化的方式，对心斋"百姓日用即道"的诠释。山农通过拆字重组、镶字入句的方法，对传统语言结构重置，以产生新奇感受，唤起接受者对"大中仁学"的注意。因为陌生化是以解构经典存在形式为前提的，遂引起卫道者的不满。山农"七日闭关法"，既是自身的悟道方法，也是其传道的教法。他借助《周易》"神乎其学庸精神"，省去对仁学的思辨环节，直接将孔子变成"仁神"教主，并成为自己立说的基础。山农的宗教神秘主义色彩与其直祧孔子以自期的心态有关，是借助宗教而达到弘传与儒学相关的社会理念的途径。

关键词： 大中仁学 神莫论 陌生化

颜钧（1504—1596），字子和，号山农，又号耕樵，晚年因避万历帝讳更名铎。江西吉安府永新县人。父颜应时，曾任常熟训导，山农早年曾随父在常熟习科举之文，但"穷年不通一窍"[①]。又因兄颜钥而得知阳明良知说，从其"精神心思，

---

[*] 周群，南京大学中国思想家研究中心教授，国家社科基金重大项目首席专家。
[①] 颜钧：《自传》，《颜钧集》卷3，黄宣民点校，中国社会科学出版社1996年版，第23页。

凝聚融结，如猫捕鼠，如鸡覆卵"的十六字心诀中得到启发，闭关七日以悟道。此后聚众讲耕读孝弟，立三都萃和会。游学四方，先立徐樾之门，继而亲炙于心斋。曾有短暂地入胡宗宪、俞大猷幕下，参与征剿海寇的经历。以讲学著述终其一生。高第弟子有罗汝芳、何心隐、程学颜等。著有《山农集》《耕樵问答》。今见最早的《颜山农先生遗集》迟至清咸丰年间才刊刻传世。黄宣民先生据此本标点整理成《颜钧集》，由中国社会科学出版社于1996年出版。

在黄宗羲《明儒学案·泰州学案》序中，颜山农被列为泰州学派一变而成"非名教之所能羁络"的开风气者。对于颜、何一派的评价，黄宗羲在《泰州学案》序中特别予以说明："今之言诸公者，大概本弇州之《国朝丛记》，弇州盖因当时爱书节略之，岂可为信？"① 颜山农、何心隐等人都曾有过拘系经历，原因虽然比较复杂，但大致多与讲学引起的政治因素有关。王世贞采缀爱书而成颜、何等人的事迹，必然多负面之评。王世贞《国朝丛记》收录于《弇州史料》之中，其中的《嘉隆江湖大侠》中记述颜山农云："盖自东越之变为泰州，犹未至大坏，而泰州之变为颜山农，则鱼馁肉烂，不可复支。"② 所记内容确如黄宗羲所言，多罗列传言，竭力贬斥。时人及后学对山农的恶评，多与王世贞的记述有关，亦即黄宗羲所谓"今之言诸公者，大概本弇州之《国朝丛记》"。一些著名学者对山农的评价之所以出现矮子观场的现象，当与山农的著述迟迟未能刊行，而学者仅以《国朝丛记》为据有关。黄宗羲不愧为一代良史，直言王世贞所记"岂可为信"，考稽而后成允评。因此，黄宗羲对于泰州学派中的颜、何一派的评价与王世贞迥然有异，评颜山农云："其学以人心妙万物而不测者也。性如明珠，原无尘染，有何睹闻？著何戒惧？平时只是率性所行，纯任自然，便谓之道。及时有放逸，然后戒慎恐惧以修之。凡儒先见闻，道理格式，皆足以障道。此大旨也……颇欲有为于世，以寄民胞物与之志。"③ 尽管如此，黄宗羲在撰著《明儒学案》时对山农的著作也未必能够经眼，黄宣民先生认为："虽如史学大家黄宗羲撰《明儒学案》时，他也未能读到颜钧的重要遗稿如《急救心火榜文》等，否则，他是不会无所采择的。"④

---

① 《泰州学案一》，《明儒学案》卷32，中华书局1985年版，第703页。
② 《弇州史料》后集卷35《嘉隆江湖大侠》，明万历四十二年刻本。
③ 《泰州学案一》，《明儒学案》卷32，第703页。
④ 颜钧：《颜钧集》卷1，第5页。

陈来先生亦认为："从《明儒学案》所叙来看，黄宗羲并未看到过颜钧的文集，这使得他的叙述语焉而未详。"① 果如其所言，那么，对于颜山农的认识不必太着意于明代以来史家有关颜山农的评说，而应凭借山农的著述，直面颜山农的思想、行谊，分析其在泰州学派中的作用。

一　大中仁学

颜山农虽然受到王世贞等人的呵斥，但其在泰州学派中的作用颇为重要，一方面直启泰州学派"非名教之所能羁络"之绪，同时，集泰州学派理论大成的罗汝芳亦笃嗣其学，乃至当山农系留京狱之时，近溪"尽鬻田产脱之。侍养于狱六年，不赴廷试。先生归田后，身已老，山农至，先生不离左右，一茗一果，必亲进之。诸孙以为劳，先生曰：'吾师非汝辈所能事也。'"② 受到近溪如此敬慕，从一个侧面体现了山农之学自有其独到之处。这种独到之处在其论学方式中得到了体现，他屡屡标示其学以《大学》《中庸》《周易》为本，且作有《论大学中庸》《论大学中庸大易》等专论。在《耕樵问答》中亦有《晰大学中庸》的专题答问，而鲜有引据《语》《孟》为证的情况。因此，黄宣民先生称山农的哲学为"大中哲学"③是颇能体现其特色的。当然，颜山农以《大学》《中庸》为据主要是就结构体系而论，就内容而言，仁学又是其思想的核心所在。因此，姑以"大中仁学"标识其思想。

（一）大学中庸之学

山农论学既祖述儒学正统，又承阳明、心斋之学脉。阳明、心斋是以"四书"及《易传》作为立说基础的，但"四书"中的《大学》《中庸》以及《易传》等并不是孔子所作。如《中庸》，虽然《孔丛子》记录子思"撰《中庸》四十九篇"，但自宋明以来，一般都认为《孔丛子》是一部伪书，或为三国时魏国王肃

---

① 陈来：《明代的民间儒学与民间宗教——颜山农思想的特色》，《中国近世思想史研究》，商务印书馆2003年版，第456页。
② 《泰州学案三·参政罗近溪先生汝芳》，《明儒学案》卷34，第761页。
③ 参见黄宣民《明代平民儒者颜钧的大中哲学》，《哲学研究》1995年第1期。

的伪作。更重要的是,《中庸》中又有"今天下车同轨,书同文,行同伦"文字,这显然是秦统一之后的文字,乃至宋人王柏怀疑《汉书·艺文志》中所谓的"《中庸说》二篇"即是现存的《中庸》,也有学者认为《中庸说》乃今本《中庸》的一部分。无论何说为是,《中庸》与孔子无涉乃学界公认的事实。但颜山农则不以为意,他将《大学》《中庸》《易传》等都视为孔子所作,谓其"及建杏坛聚斐也,则洞发精造,曰《大学》,曰《中庸》,曰大《易》六龙,曰《系辞》,曰《六经》,时措总规,为仁神变适,代天御命"①。又云:"孔子一生精神,独造《大学》《中庸》。"②对此,山农高弟程学颜亦记之曰:"《大学》《中庸》书,名篇也。自汉以来皆诿视为书名,未有以为圣学精神,识达此四字作何用焉。我师颜山农独指判曰:此尼父自造传心口诀也。两篇绪绪晰章,并出夫子手笔,非曾子、子思所撰也。"③将《大学》《中庸》视为孔子的传道心诀。毋庸讳言,山农枉顾史实,对《大学》《中庸》做主观臆解,显然是有悖学术常识的。但他对《大学》《中庸》的别解,仅是为其倡学立说提供学理准备,就思想史研究而言,我们需要关注的是他提出了哪些新颖的思想。山农这一取向虽然是主观曲说,但其直挑孔圣的意向十分清晰。山农之学,生乎自得,而获证于《学》《庸》,这种路径其实与阳明、心斋颇为相似。山农有这样的自述:"蠢鳏山农一生,精神心造,获融适乎《大学》《中庸》,敢继乎杏坛邱隅,直欲聚斐有为,绪历《学》《庸》,成功必期七日、三月、期年,三载大成。"④

　　山农基于对《大学》《中庸》理解的改变,而将"大""学""中""庸"析成各自独立的范畴,因此而有"大中学庸,学大庸中,中学大庸,庸中学大"⑤等不同的次序与组合,这四个相对独立的范畴"互发交乘乎心性,吻合造化乎时育"⑥,但都属于心学,并且是关乎发生论的范畴。就四个范畴的关系来看,"大"与"中"为主,云:"夫大之体也,曰明德,曰至善,曰知在格,曰意心身,曰家

---

① 颜钧:《履历》,《颜钧集》卷4,第34页。
② 颜钧:《邱隅炉铸专造性命》,《颜钧集》卷4,第36页。
③ 颜钧:《衍述大学中庸之义》,《颜钧集》卷9,第76页。
④ 颜钧:《失题》,《颜钧集》卷2,第11页。
⑤ 颜钧:《耕樵问答·晰大学中庸》,《颜钧集》卷6,第49页。
⑥ 颜钧:《耕樵问答·晰大学中庸》,《颜钧集》卷6,第49页。

国天下也。夫中之主宰也，曰天命性，曰道睹闻，曰隐微独，曰天地万物也。"①
"中"则是最为重要的范畴，云："中也者，帝乎其大。"② "学"与"庸"为次。他对"系学以大，以庸丽中"做了形象的解释，云："盖有取于精金出矿，胚胎庞朴。据以市贾，难竟信用，遂入炉火，锻化镕煎，倾泻纹科，然后遍用贸易交通。所以，圣神识道识心，同乎矿金之肫肫，裁成辅相，翼以学庸，为炉泻此内，锡类多功，即大惯文武吹煽缓急之不等。"③ 亦即"大""中"如同矿金，而"学""庸"如同吹煽缓急不同的炉火，以清除矿物中锡类的鼓风机："学以橐，庸为籥。"④ 当然，山农的这一比喻并不意味着轻视"学""庸"的作用。山农虽然以"中"为本，显示了心学的本色，但他又十分重视"学""庸"，并付诸"行功"，云："意必诚，心必正，身必修，家必齐，国必治，天下必平，是为平章百姓，黎民咸归亲亲也。此学之所以聚乎其大，立生己生人生天下之大本也。""人人君子，人人中和，以为位育。不遗不过，此庸之所以承乎其中，达成己成人成天下之化道也。"⑤ 其中即含有付之于实践的意味。同时，山农还据此作为弘传自己的大中仁学的动力和根据，云："是以耕樵识透知及，敢于勇力仁守，竟则庄莅动，礼乐遂，行功深造，所谓头头冲著，步步踏著，真不敢欺罔，亦不敢不直扬也。或遭患难险阻，匡桓杀害，从天降，从人致者，实为此学。"⑥ 山农通过"《大学》《中庸》之自能，合而通之"，最终成为"不敢不直扬"其学的经典依据。可见，山农大中之学，既是本于《大学》《中庸》及《周易》的关于天道人性一体互动的学说，同时，也是对自己学术合法性的论证过程。以我为本的理论构建，是大中之学的实质。对此，山农本人并未作十分明晰的表述，但其门人程学颜在《衍述大学中庸之义》中有这样的记述："自我广远无外者，名为大；自我凝聚员神者，名为学；自我主宰无倚者，名为中；自我妙应无迹者，名为庸。"⑦ 山农之所以要进行这样的证解，原因即在于以"耕樵"卑微之身，而有"迸灭百代蓁芜、千家注集

---

① 颜钧：《耕樵问答·晰行功》，《颜钧集》卷6，第51页。
② 颜钧：《耕樵问答·晰大学中庸》，《颜钧集》卷6，第49页。
③ 颜钧：《耕樵问答·晰行功》，《颜钧集》卷6，第51页。
④ 颜钧：《耕樵问答·晰行功》，《颜钧集》卷6，第51页。
⑤ 颜钧：《耕樵问答·晰行功》，《颜钧集》卷6，第51页。
⑥ 颜钧：《耕樵问答·晰行功》，《颜钧集》卷6，第51页。
⑦ 程学颜：《衍述大学中庸之义》，载颜钧《颜钧集》卷9，第76页。

之糜滥"① 直造圣殿之志。山农对其合法性的证明，既借助于"三教活机"的参证，又借理学固有的《大学》《中庸》《周易》等经典。宣陈学说的同时又援经自证，是山农论学的一个重要特征。

将"大中学庸"与《易》道相融合，这是山农一生中最为自得的为学成就，其云：

> 耕者曰："大中学庸，即易运时宜，无二道，无二学，无二教也。是以潜之修也，得于七日闭关以凝神。见于世也，竟获一阳来复，利有攸往。惕乎中也，统率阳长为慎独。跃诸庸也，愤发乐学入大成，是至无上独仁，无敌自神，往来中立，时宜飞御乎性天之乐，莫御乎覆载持帱之大中。如此安身以运世，如此居其所，而凡有血气莫不尊亲，是为亢。丽神易仁道，无声臭乎上下四旁，所谓时乘六龙以御天，独造化也。如此哲晰大中大易，以变化学庸。仁道发射在亲，易善易天下，彰顺化，自将迸灭百代蓁芜、千家注集之糜滥也。此为耕樵一生，既竭精神心思，知及仁守，庄莅动礼成乐之极至深涵，如是严造脱颖，如是乐止自神，不贰息也。"②

《易》虽然没有见列于《四书》之中，但《易》是宋明理学讨论的核心内容"天道人性"中有关"天道"的主要文献依据，如："易之为书也，广大悉备：有天道焉，有人道焉，有地道焉。"(《系辞下》) 又云："易与天地准，故能弥纶天地之道。"(《系辞上》) 山农亦以易之潜、见、惕、跃、飞、亢直接与大中学庸以及山农自己的七日闭关、大成仁学等相比附，认为"大中学庸"就是"易运之时宜"。这与宋代理学家周敦颐《太极图说》以太极衍阴阳五行而化生万物，本易义而立说，邵康节《皇极经世》以先天卦象之数，综贯天道人事，以成内圣外王之学不同，山农自谓对"大中大易"的"哲晰"，其实仅是比附而已，穿凿痕迹一望可知。其"六龙"所对应的"大中"次第并无明显的逻辑关系。尽管如此，山农通过这种"哲晰"，使自己的"大中"学以及"七日闭关"披上了一道神圣且神

---

① 颜钧：《耕樵问答·晰大学中庸》，《颜钧集》卷6，第50页。
② 颜钧：《耕樵问答·晰大学中庸》，《颜钧集》卷6，第50页。

秘的光环。山农所昭示的"大中""大易"的结合达到了神奇之效:"易善易天下,彰顺化,自将进灭百代蓁芜、千家注集之糜滥也。"亦即山农一生"竭精神心思"而悟得的"大中"与"大易"和合一体,可以一扫历代儒学注疏,直造圣廷。诚如俞大猷对山农的《赠言》所云:"能穷皇极先天理,不读人间非圣书。"① 可见,山农论证的实乃自己以"七日闭关"启其端的"大中仁学"的神圣性。对当时社会产生的影响,其《程身道传》中有这样的记载:"过济宁,众友留讲三日,日启大中学庸为尼父绝学口诀。众友悦信,求笔遗指。"②

(二)"制欲非体仁"

仁是山农最为重视的核心范畴,他说:"夫尧舜之道,帅天下以仁而已。是故仁,人心也。是心之体,肫肫焉,灵灵焉,灵照密察,隐微莫遁,肫生万物,无时或息,皆至诚为贞干也","夫孔孟之学,亦仁而已矣"③。仁是尧舜迄于孔子道统之本,尤其是孔子思想的核心。山农自视为承孔子仁神之学而又有自得,亦即其所谓"山农受传,而造有获,自成仁道"④。山农所体认的自尧舜至孔子的道统也是一个变化的过程。这种变化,在《耕樵问答·圣儒传一辨》中得到了阐发。他认为,尧舜之"精一",文王之"纯一",就像"如今人家常用牢固底长绳索"⑤,在山农看来,孔子则在知信先圣所论的基础上,"就将此索直串万贯纹钱,随周日用,彻上下四旁不竭也"。⑥ 山农眼中的孔子的贡献在于体用一源,颇有阳明后学本体上说工夫,自然现成的工夫论意味。不难看出,山农所体悟的仁学,是在孔子体用相即基础上"造有获"而自成。山农所理解的道统的逻辑发展,即是山农最著名的工夫论命题——"制欲非体仁"。

"制欲非体仁"不见于《颜钧集》,论者一般多以黄宗羲《明儒学案》中罗汝芳传中的记载为据。据黄宗羲记载,当罗汝芳病于心火之时,恰遇颜山农讲论急救心火,遂有这样的记载:

---

① 颜钧:《颜钧集》卷9,第80页。
② 颜钧:《程身道传》,《颜钧集》卷3,第22页。
③ 颜钧:《明尧舜孔孟之道并系以跋》,《颜钧集》卷3,第19页。
④ 颜钧:《颜钧集》卷5,第42页。
⑤ 颜钧:《耕樵问答·圣儒传一辨》,《颜钧集》卷6,第49页。
⑥ 颜钧:《耕樵问答·圣儒传一辨》,《颜钧集》卷6,第49页。

> 先生（罗汝芳）自述其不动心于生死得失之故，山农曰："是制欲，非体仁也。"先生曰："克去己私，复还天理，非制欲，安能体仁？"山农曰："子不观孟子之论四端乎？知皆扩而充之，若火之始然，泉之始达，如此体仁，何等直截！故子患当下日用而不知，勿妄疑天性生生之或息也。"先生时如大梦得醒。明日五鼓，即往纳拜称弟子。①

山农同乡后学贺贻孙在《颜山农先生传》中亦有记载，内容稍有不同：

> 始罗（罗汝芳）为诸生，慕道极笃，以习静婴病，遇先生（颜钧）在豫章，往谒之。先生一见即斥曰："子死矣，子有一物，据子心，为大病，除之益甚，幸遇吾，尚可活也。"罗公曰："弟子习澄湛数年，每日取明镜止水，相对无二，今于死生得失不复动念矣。"先生复斥之曰："是乃子之所以大病也，子所为者，乃制欲，非体仁也。欲之病在肢体，制欲之病乃在心矣。心病不治，死矣。子不闻放心之说乎？人有沉疴者，心怔怔焉，求秦越人决脉，既诊，曰：'放心，尔无事矣。'其人素信越人之神也，闻言不待针砭而病霍然。"②

两段文字记载了颜钧关于制欲与体仁的关系论都是因罗汝芳的"心病"而做出的判断，主要表达的是制欲与体仁的差异性，而不完全是制欲与体仁之间的对立关系，都不是直接论证"制欲非体仁"的独立命题。比较而言，黄宗羲所记虽然较为简略，但对制欲与体仁的关系有较清晰的论证。山农在释罗汝芳"非制欲，安能体仁"之疑时，以孟子四端说为据，认为扩充心性，即如同火之始燃，泉之始达，这便是直截的体仁之道。山农认为罗汝芳之疑，实乃不明本体即工夫的道理。贺贻孙《颜山农先生传》的记载详细、自然，但主要论述了以放心去除心病的方法，云："孟子曰：'学问之道无他，求其放心而已矣。'但放心则萧然若无事人矣。"③显然，"放心"之论乃承孟子而来，孟子所谓"放心"，出自《告子

---

① 《泰州学案三·参政罗近溪先生汝芳》，《明儒学案》卷34，第760—761页。
② 贺贻孙：《颜山农先生传》，载颜钧《颜钧集》卷9，第82页。
③ 贺贻孙：《颜山农先生传》，载颜钧《颜钧集》卷9，第82页。

上》："仁，人心也；义，人路也。舍其路而弗由，放其心而不知求，哀哉！人有鸡犬放，则知求之；有放心而不知求。学问之道无他，求其放心而已矣。"孟子之"放心"，是指失落、蒙蔽乃至昏睡的本心，而仁、人心作为万变之主，不可须臾失；义，作为行事之宜，不可须臾舍。孟子所谓"求放心"是要收放心，养德性，立大本。学问之道亦在于此。而颜山农所论之"放心"说，与孟子原意迥然不同。他不是要收"放心"或求"放心"，而是要放其心。要自信其心，自见其心，在心的发用与流行中不受外物牵系，亦即放下一切，直心而动。虽然这是因罗汝芳的"心病"而发，但体现了泰州学派本体即工夫，良知现成的思想。

《颜钧集》中虽未见"制欲非体仁"的记载，但有相关的论述，如，在《圣儒传一辨》中，他认为孔子之"吾道一以贯之"便是体用相兼，将一贯之索"直串万贯纹钱，随周日用"。随即又说："至曰无欲，如将索外摸揩尘垢，徒劳而不知所以为用，虽间有识破独乐之汉，先立其大之能者，然皆未知一道之仁，进取立达己人为止至。"① 在山农看来，"无欲"之谓，如同对精一之绳索外摸揩尘垢，而不及于绳索之"用"，但这并不符合山农所理解的孔子的"随周日用"的思想，因此，所谓"无欲"，实乃"徒劳而不知所以为用"，其中，"虽间有识破独乐之汉，先立其大之能者，然皆未知一道之仁"。②"无欲""未知一道之仁"，其意与"制欲非体仁"颇为接近。当然，山农之意是要"知""一道之仁"。这也是山农所要申论的重点。虽然山农认为阳明、心斋有对这一儒学道统的承绪之功，云："幸遇阳明破荒呼觉良知，以开道眼；崛起心斋，穷探大成，中兴师道。"③ 但其中并未涉及"仁道"的内容，而真正得承孔子以仁学为核心的道统的还是山农自己，云："时际耕樵及门授禅，弃身操印，不惑不乱，遂行齐家孝弟仁让，游扬四方，颇采信与。是以壮志显比，中正易简，调爕曲致，善养同仁，确守绳墨，敢惑他技哉！"④ 这也是山农最为自得的。可见，山农描述的道统，虽然也充分肯定了阳明、心斋的地位，但其直承孔子的意味隐然可见。与"制欲非体仁"的观念相关，他

---

① 颜钧：《耕樵问答·圣儒传一辨》，《颜钧集》卷6，第49页。
② 颜钧：《耕樵问答·圣儒传一辨》，《颜钧集》卷6，第49页。
③ 颜钧：《耕樵问答·圣儒传一辨》，《颜钧集》卷6，第49页。
④ 颜钧：《耕樵问答·圣儒传一辨》，《颜钧集》卷6，第49页。

还提出了"各安生理",云:"人之生理,自心与身。礼法养心,衣食养身。养身养心,身心兼□。生理经营,信行天理。天理莫欺,信行为主。"① 其所谓"各安生理"即是承认人情之欲的存在。同时,他又认为"酒色人兮,亦天性兮"②。"制欲非体仁"虽然不见于现存的《颜钧集》,但其理论取向在《颜钧集》中还是隐然可见的。而这也是阳明后学向自然主义演进的一个环节。让一己欲望自然呈现,承认其存在的合理性,这渐成晚明新锐思想家所孜求的理论取向。山农的这一表述,无论其是否为深思之后的表述,自然受到了时人的重视。

根据尹继美《颜山农先生遗集凡例》考证,"先生文集,原系自手编辑"。③ 而文集中并无"制欲非体仁",由此推论,这可能并不是颜山农深思之言,而是因病发药的即兴之作。但这又是贺贻孙在《颜山农先生传》中详细论述的一个重要命题,亦即这在后人看来是集中体现山农论学特色,而山农自己则并不着意的一种表述。毋庸讳言,这也是一个极具争议的命题。黄宗羲等人将颜山农、何心隐列为"非名教之所能羁络"一派,与这一表述不无关系。但当我们全面考察颜山农著述时便不难看出,他并无多少荡越矩外之论。事实上,我们在《颜钧集》看到有很多谨守名教的论述,诸如《劝忠歌》《劝孝歌》等。其《箴言六章》的内容分别是"孝顺父母""尊敬长上""和睦乡里""教训子孙""各安生理"与"毋作非为"。他还笃行名教,早年"惟知善养寡慈,将顺得欢心"④,尊师重义,孤身远赴滇南,苦寻其师碎骸,并将其附葬于心斋墓旁,绝无"坐于利欲胶漆盆中"⑤ 之行。恰恰相反,其"轻财好施,挥金如土,见人金帛辄诟曰:'此道障也。'索之,无问少多,尽以济人"。⑥ 就对于心的体认来看,心斋以心本乐而山农则以仁为心之本,恰恰体现了其笃于名教的取向。因此,将"制欲非体仁"视为颜山农思想的特征难称公允。山农之学的特质在于他多自得之论,神道设教,而其旨趣则在于经世,在于践履,在于其具有强烈的现实情怀。

---

① 颜钧:《箴言六章·各安生理》,《颜钧集》卷5,第41页。
② 颜钧:《图赞六章》,《颜钧集》卷5,第42页。
③ 尹继美:《颜山农先生遗集凡例》,载颜钧《颜钧集》附录一,第94页。
④ 颜钧:《自传》,《颜钧集》卷3,第23页。
⑤ 《泰州学案一》,《明儒学案》卷32,第703页。
⑥ 贺贻孙:《颜山农先生传》,载颜钧《颜钧集》卷9,第83页。

二　神莫论及其陌生化的论学方法

　　山农论学之殊异，不仅仅体现在对《大学》《中庸》的别解，还通过生造词汇以体现其"自为"的思想。其中最突出的当是在《辨精神莫能之义》《辨性情神莫互丽之义》两文中提出的神莫论。所谓神莫，是指心体的精神与作用，即其所谓"心之精神与莫能"①。"莫"，山农释之为："夫子屡称为'实'字。"② 神莫论，是将抽象的心性论通俗化，实际表达的则是心一体生化的过程，云："心之精神是谓圣。莫能载大，莫能破小为中庸，无非立达己人，人人好仁无尚，心心知秉莫能，以遂精神为时时、生生、化化循环无终始也。夫是之谓'从心所欲不逾矩'，夫是之谓一团生气育类人。自致广大高明，自尽精微中庸，自乐止乎至善，玉英斐也。"③ 山农将哲学的心性，化为日用常言之精神，状写其曲成万物的功能。关于神莫与性情之间的关系，他在《辨性情神莫互丽之义》一文中说："若性情也，本从心帝以生。其成也，人皆秉具，是生之成，自为时出时宜者也。若神莫也，善供心运以为妙为测也。"④ 性情与神莫是二而一的关系，区别在于性情是显性的，即"成象成形者也"；神莫是隐性的，即所谓"默运"，"无方体无声臭"的。两者虽然互丽冥运，但神莫乃是"善供心运以为妙为测也"，亦即神莫是冥会于道，是"心帝之运"，不见于形迹的力量，是百姓日用而不知的，是"从心所欲"但"不逾矩"的神妙保证。可见，性情与神莫之间的关系就是"从心所欲不逾矩"。山农之"神莫论"其实是对心斋提出但未及论证的"百姓日用即道"的理论诠释。但其论证的方法、途径则是独创的。"神莫"之论，重点解决的是"百姓日用而不知"中之"不知"以及"不知"而又循"道"的问题。这是山农从阳明心学开出，而又自我默会，并认为得孔子心印的理论独创，其自云："即是夫子五十知天命以后翊运精神成片之心印。鋈农亦从心以为性情，而默会神莫，如是心印，辚辚

---

① 颜钧：《辨精神莫能之义》，《颜钧集》卷2，第13页。
② 颜钧：《辨精神莫能之义》，《颜钧集》卷2，第13页。
③ 颜钧：《辨精神莫能之义》，《颜钧集》卷2，第13页。
④ 颜钧：《辨精神莫能之义》，《颜钧集》卷2，第13页。

然，井井然。"① 山农认为"心""圣""神""莫"的关系是："心之精神是为圣，圣不可知之谓神，不知其然而然之谓莫。"② 神莫论的预设前提是其屡屡引用的"心之精神是为圣"。这源自《孔丛子·记问第五》"心之精神是谓圣"③。但"不知其然而然之谓莫"则是山农的独创，意在突出其神秘性。其实，《孔丛子》中所载的"心之精神是谓圣"之义与山农并不相同。其一，《孔丛子》中"心之精神是谓圣"乃孔子在特殊语境中所言，是孔子对子思"物有形类，事有真伪，必审之，奚由"的回答。在"心之精神是谓圣"之后，尚有"推数究理不以疑"的补充解释，也就是说，"心之精神是谓圣"是审慎推究、周其所察条件下的结论，是对审思、明辨工夫的圣化，与《书》所谓"思曰睿，睿作圣"意义相近。其二，所论目的不一。《孔丛子》中孔子是要子思强化心之用，强调主体精神的作用。山农则是要强调"神莫"，是要说明心之自然流行发用，自然任运，日用而不知。对山农启示最直接的当是杨慈湖，慈湖曰："孔子曰：'心之精神是谓圣'，人皆有是心，皆具此圣，而百姓日用而不知也。"④ 当然，杨慈湖之本意是要发明本心而有所觉，这与山农所论"神莫"之"不知其然而然"的自然神妙特质亦有区别。显然，山农仅是借这些思想资源以证心斋百姓日用即道而已。值得注意的是，"心之精神是谓圣"是陆学所依傍的重要经典依据，也是陆学与朱学争论的命题之一。朱熹直斥《孔丛子》乃后人伪作，陆学则引以为据，因此，当象山门人杨慈湖教学者体悟"心之精神是谓圣"时，多有质疑之声。⑤ 慈湖所论已被质疑其用功偏于上达而轻于印可⑥，山农则仍以此为据，体现了其持守心学的特质。

与"神莫"论相联系，山农还对"日用不知"进行了全面诠释。山农先释"日"云："夫日也，体曰阳精，运行为昼，亘古今而悬旋，为白日之明，曝丽天地，万象万形之生生化化也。"⑦ 他从日乃生化之源的角度言之，以显其普遍无遗

---

① 颜钧：《辨精神莫能之义》，《颜钧集》卷2，第14页。
② 颜钧：《辨精神莫能之义》，《颜钧集》卷2，第13页。
③ 王钧林、周海生译注：《孔丛子》，中华书局2009年版，第66页。
④ 杨简：《慈湖遗书》卷2《永嘉郡学永堂记》，民国四明丛书本。
⑤ 如《黄氏日钞》卷87《山阴县重建主簿厅记》："或者亦不无疑焉。"
⑥ 印可：佛家谓经印证而认可。泛指同意。
⑦ 颜钧：《颜钧集》卷2，第15页。

之意。对于"用",山农认为,"用"乃性之发用,云:"夫用也,言在人身天性之运动也。是动,从心率性;是性,聪明灵觉,自不虑不学,无时无日,自明于视,自聪于听,自信于言,自动乎礼也,动乎喜怒哀乐之中节也,随时运发,天性活泼,应感为仁道也。"① 在山农看来,性乃先天具足,是不虑不学而"自动乎礼""动乎喜怒哀乐之中节""应感为仁道"的。这种先天具足的心性论虽然是王学现成派普遍持守的理论前提,但山农将其融之于"日用即道"的诠释之中,这是泰州学派立说的一个重要环节。因为在传统的语境中,"日用不知"的主体乃"百姓",山农的"日用不知辨",实乃儒学平民化的重要组成部分。在山农看来,由不知而知,是实现人生价值而与"草木荣枯"不同的根本所在。认识"造化在我为独神"之主体精神,知此即是知己心之良知良能,就是知大学中庸。山农从人生价值实现的角度,通过对"日用不知"的辨析,阐释了学之平民化的意义,实现了心斋立教宗旨。

山农论学,无论是"大中学庸"还是"神莫",都不是传统的言说方式。其原因并不是其语言功力不够而言不达意,而是因为其屡屡申说其学"精神心造"②,并无太多承荷学术传统的压力。因为是"心造",故而语言的表述往往晦涩、生新,如他说:"夫是心也,自帝秉御,浩渊天性,神莫精仁,以为仁道。时适乎灵聪之明,为知格诚正之修,允端天下大本者也。"③ 颜山农还采取拆字重组、镶字入句的方法,如他根据《大学》《中庸》而缀成"大中学庸":"大学中庸,绪造既可知可能矣,然则《易》曰潜、见、惕、跃、飞、亢之序历,将何为躬造符节此大中学庸哉?"④ 颜山农通过对传统语言结构的重置,使传统的、为人们所熟悉的语言通过变形、扭曲,以不平常的状态呈现于接受者面前。通过破坏人们的常备反应,以唤起人们对习惯的麻木性的注意,产生新奇的感受并进而对其发生兴趣,最终为受众理解与接受。山农采取的言说方式与德国学者布莱希特(而非俄国形式主义)所倡导的陌生化理论不谋而合,布莱希特之陌生化理论与俄国形式主义者所强调的"唯陌生而陌生"不同,他祈求借陌生化

---

① 颜钧:《颜钧集》卷2,第14页。
② 颜钧:《颜钧集》卷2,第11页。
③ 颜钧:《颜钧集》卷2,第13页。
④ 颜钧:《耕樵问答·晰大学中庸》,《颜钧集》卷6,第50页。

达到对事物的更高层次、更深刻的理解，亦即不仅仅是制造间隔，制造间隔只是一个步骤，最终是要消除间隔，以达到对事物更深刻的熟悉。山农对《大学》《中庸》进行陌生化解读，通过字码顺序变换产生复杂化的效果，使接受主体的心理受到亢奋性的唤醒，唤起接受者对其"大中仁学"的注意，最终的目的并不是要远离《大学》《中庸》，而是要对山农所解读的《大学》《中庸》有更深切的理解。山农所采用的陌生化解读方式确实起到了这样的效果，其弟子程学颜真切地记述了初闻"大中仁学"的惊怪终而深信的过程，云："颜叨面受心领，退省足发，遂申申错综曰：'大中学庸，庸中学大。'天下人闻之，皆曰：'此老好怪也。'颜初及门，听之亦曰：'此老真怪也。'自颜南旋，忽迎此老，同舟联榻，不下三旬日，朝夕听受，感悟隐思，渐次豁如，不觉自释其明辨，乃知此老竭力深造，自得贯彻，未为怪诞。"① 山农的陌生化解读方式并不仅限于"大中学庸"，他对阳明与心斋的推尊，也采取了类似的手法："日以阳为明造，时以心为斋明，上益神明，启师徒交震互发；驯造大成，错综理学之绪余，直合夫邹鲁一贯之道脉。"② 但山农的陌生化解读存在着这样一种文化风险，因为陌生化要求消除和解构理解对象的前在性，取消与打破语言及文本经验的先设，代之以新奇的形式，才能唤起接受者的惊异心理。但山农所面对的前在文本是奉为经典的《大学》《中庸》，而这一经典恰恰又不是作为"末技""小道"的文学文本，而是维系中国千年封建政体的儒家经典。无数儒生们皓首穷经，往往谨守着"注不破经、疏不破注"的传统。而山农对于《大学》《中庸》的陌生化诠释正是以解构这些经典存在为前提的，这无疑触动了正统儒学的敏感神经。无论山农对经典的解读在内涵上如何正统乃至迂执，但这一以字码重组为特征的陌生化表述，产生的不是形式主义美学所孜求的美感，而是卫道者的惊诧与不满。如果说王世贞对山农的评价依据的是爱书，这仅是"无贤不肖皆恶之"③ 显性的原因，那么颜山农对经典作陌生化解读，事实上存在着消除和解构经典权威性的可能，这无疑会使正统儒者对其产生抵触与不满。不但如此，他对于《大学》《中庸》的解释也被视为不经之议。《大学》《中庸》虽然受到了理学家们的一致推尊，但一

---

① 程学颜：《衍述大学中庸之义》，载《颜钧集》卷9，第76页。
② 颜钧：《急救心火榜文》，《颜钧集》卷1，第1—2页。
③ 《泰州学案一》，《明儒学案》卷32，第704页。

般认为《大学》为曾子所作,《中庸》为子思所作。如朱熹释《大学》首章云:"右经一章,盖孔子言,而曾子述之。其传十章,则曾子之意而门人记之也。"①"《中庸》何为而作也?子思子忧道学之失其传而作也。"② 山农则认为《大学》《中庸》乃"尼父自造传心口诀也"③。所谓"自造",亦即孔子亲撰。据其弟子程学颜记载:"《大学》《中庸》书,名篇也。自汉以来皆诿视为书名,未有以为圣学精神,识达此四字作何用焉。我师颜山农独指判曰:'此尼父自造传心口诀也。两篇绪绪晰章,并出夫子手笔,非曾子、子思所撰也。不然,何于《大学》引曾子之言,《中庸》直以仲尼名祖哉?'"④ 执一端而自信其成"不刊之典",这样的立说方式即使在不以考据见长的理学家看来亦难以认同。

嘉靖四十五年(1566)虽然山农被强诬"盗卖淮安官船,坐赃三百五十两"⑤而被耿定向诱骗至太平府讲学被捕,但被捕中论学的因素隐然可见。因此,从某种意义上说,山农系狱而有爱书的不堪记载,与其论学"天下人闻之,皆曰'此老好怪也'"不无关系。同样,因为讲学,山农还招致身后訾议。同邑后学尹继美云:"先生当日以布衣主盟坛坫,倾动天下,得名太高,故招忌太甚,卒之及身,不免于蒙难,身后且增兹多口。"⑥ 尹氏作为山农同邑后学,对引起"招忌"的原因并未言及。其实,颜山农论学的内容与传统儒学无明显乖悖之处,但其言说方式以及狂悖行谊则为卫道者所难容。对此,山农亦有清醒的认识,云:"岂知危言危行,招来匡桓,煅熟南狱。"⑦ "危言",当与其不经的言说方式有关。

三 三教观及论学的宗教色彩

颜山农思想中体现出的儒学的"宗教转向"或"神秘体验"色彩,已受到学

---

① 朱熹:《四书章句集注·大学章句》,中华书局1983年版,第4页。
② 朱熹:《四书章句集注·中庸章句序》,中华书局1983年版,第14页。
③ 程学颜:《衍述大学中庸之义》,载颜钧《颜钧集》卷9,第76页。
④ 程学颜:《衍述大学中庸之义》,载颜钧《颜钧集》卷9,第76页。
⑤ 颜钧:《自传》,《颜钧集》卷3,第27—28页。
⑥ 尹继美:《颜山农先生遗集凡例》,载颜钧《颜钧集》卷9附录一,第96页。
⑦ 颜钧:《引发九条之旨·七日闭关开心孔昭》,《颜钧集》卷5,第38页。

者的普遍关注。① 这里主要以三教观为基础考察其为学的宗教化色彩。

第一，三教观及七日闭关。对于三教，山农在《论三教》中有专论，他认为："宇宙生人，原无三教多技之分别，亦非圣神初判为三教、为多技也。"② 只是因为圣神之后，"豪杰自擅，各揭其所知所能为趋向"，"各随自好知能以立教"③。但三教相较，儒学最优，即使如仙教之中最高之品第神仙、天仙，"而种不常出世，纵有最上乘者并出而有为于世，亦未闻上古为谁为几也，总不若尼父之传，有《大学》《中庸》《易经》之门阶闯奥，有默识知及，仁守庄莅，动礼成乐之学；教止至，至止乎心性、天命、仁道、神化之固有家第者也"。④ 这些儒学的学术体系是"坦平之直道，易知易从，时习日新者也"。儒学能愚可明，能柔可强，山农遂而慨叹道："天下有混二氏者，盍反观内省，自心自知，孰虚孰实，可亲可弃哉？"⑤ 山农站在儒学的立场扬抑三教的色彩十分鲜明。当然，他也承认三教各自的社会作用，即其所谓"是分三教顶乾坤"。山农对于三教见于日用之中的技习，云："习乎儒也，读书作文获名利；习乎仙也，符箓法界迷世俗；习乎佛也，念经咀符惑愚民。"这些三教的技习形式，虽然有迷世愚民的消极作用，但他也承认，如果"各得受用，且沿袭百家技术"，亦可达到"以遂衣食计"⑥ 的客观效果。山农也不讳言自己人生中错综三教的取向，云："鳏农叨承父师引端作养，经历操煅五十四年，从心精神，幸如少壮，遂绪三教多技之纷华，直造御天申命之至止。"⑦ 这是颇值玩味的。宗教之"技"虽然乃"获名利""迷世俗""惑愚民"的方法，但也可以达到"御天申命"的目的。山农确实是在借宗教规仪立说传道，如他的布道方法颇具宗教色彩，以《急救心火榜文》《告天下同志书》等形式，号召同志"齐赴行坛，一体应接"，虽然其内容乃"孔孟率修格致养气之功，息邪去诐放淫之

---

① 如陈来《明代的民间儒学与民间宗教——颜山农思想的特色》，载氏著《中国近世思想史研究》，商务印书馆2003年版，第456—480页；吴震《泰州学派研究》第四章"颜钧：思想与实践的宗教趋向"，中国人民大学出版社2009年版，第268—289页。
② 颜钧：《论三教》，《颜钧集》卷2，第16页。
③ 颜钧：《论三教》，《颜钧集》卷2，第16页。
④ 颜钧：《论三教》，《颜钧集》卷2，第15—16页。
⑤ 颜钧：《论三教》，《颜钧集》卷2，第16页。
⑥ 颜钧：《论三教》，《颜钧集》卷2，第16页。
⑦ 颜钧：《论三教》，《颜钧集》卷2，第16页。

说"①，但方法显然有得于禅宗孤灯单传的意味，云："今农愤悱继统于后，盖有得于受传，遂放乎四海。""农之学，自授（受）承于东海。""农之道，传衣钵于西江。"② 他正是从禅宗的传灯仪规"技习"之中，寻得合法性的依据。山农"绪三教多技之纷华"的特征，不但见诸传道，而且还见诸悟道途径。如，"七日闭关"，具体方法在《七日闭关开心孔昭》中有明确记载："收拾各人身子，以绢缚两目，昼夜不开；绵塞两耳，不纵外听；紧闭唇齿，不出一言；擎拳两手，不动一指；趺咖两足，不纵伸缩；直耸肩背后，不肆惰慢；垂头若寻，回光内照。"经过七日澄心闭关，后梳洗衣冠，"直犹再造此生"。③ 七日卧味，"透活精神常丽躬"仅是第一步，还需"三月转教，全活满腔之运"。其境界"即《大学》之切磋琢磨，洞获瑟㑇喧赫者也。《中庸》之率修慎独，驯入中和位育也"④。亦即通过与宗教体验相似的方式，证悟体认。这些方法与禅宗所谓静观默照，顿悟本心，道家所谓"绝圣去智""心斋""坐忘"等十分相似，带有宗教静观默照的色彩。山农在《七日闭关法》中描述其情形时云："敦敦打坐，默默无语，缚目不开，塞耳不听。""自顿冲然，潜伏孔昭之灵洞开，焕发启明，如东日之出见，如龙泉之滚趵。"⑤ 这种神秘的直觉体验又是承夫子"一日克复，天下归仁"⑥ 以及阳明"精神心思，凝聚融结，如猫捕鼠，如鸡覆卵"⑦ 十六字心诀而成。可见，这是一种融摄三教的体验方法。事实上，当明代后期三教融会之风盛行之时，学人们（尤其是心学一系的学者）有关神秘体验的记载在在皆是。⑧ 值得指出的是，"七日闭关法"不但是山农自述的悟道方法，也是其传道的一个重要教法，在《七日闭关开心孔昭》《七日闭关注》中记载十分详备。同时，罗汝芳为救山农之难，募集同志助银的《揭词》中亦记述了山农闻其兄颜钥传讲圣人之学之后，"忽胸中凝思七日

---

① 颜钧：《急救心火榜文》，《颜钧集》卷1，第2页。
② 颜钧：《急救心火榜文》，《颜钧集》卷1，第3页。
③ 颜钧：《引发九条之旨·七日闭关开心孔昭》，《颜钧集》卷5，第38页。
④ 颜钧：《引发九条之旨·七日闭关开心孔昭》，《颜钧集》卷5，第38页。
⑤ 颜钧：《耕樵问答》，《颜钧集》卷6，第54页。
⑥ 颜钧：《耕樵问答》，《颜钧集》卷6，第54页。
⑦ 颜钧：《引发九条之旨·七日闭关开心孔昭》，《颜钧集》卷5，第37页。
⑧ 参见陈来《儒学传统中的神秘主义》，载氏著《中国近世思想史研究》，商务印书馆2003年版，第310—320页。

夜，即心孔豁然内通，灿然灵光，如抱红日"①的情形。可见，七日闭关也是其启教信众翕通心性，使之孔昭的方法。就其描述的情形而言，是豁然得道后"如东日之出见，如龙泉之滚趵"，并非宗教之技习，而是"直造御天申命之至止"②后的境界。可见，山农的证道、传道方法受宗教神秘主义影响至深。

第二，神化孔子与山农的论学特色。山农不但自视为得心斋之教，而且以《大学》《中庸》《周易》作为孔子仁学立教之基，云："《大学》《中庸》，大《易》六龙，三宗学教，乃夫子一生自操仁神为业，晚建杏坛，聚斐明道，易世传世，破荒创造，为神道设教以生心人师，代司造化，专显仁神，同乎生长收藏，莫为莫致，无声无臭于天下万古，即今日之时成也。"③可见，对于儒学，山农通过宗教化的方法，将孔子变成了教主，宣教的宗旨则是"仁"，并将孔子神化而为"仁神"。在山农看来，《大学》《中庸》的核心思想是仁，这与阳明后学多据《学》《庸》以谈心论性，从抽象人性论的角度言学稍有不同。"仁"是尧舜孔孟以来的一贯之道，云："夫尧舜之道，帅天下以仁而已。""夫孔孟之学，亦仁而已矣。"④颜山农所论是符合孔子思想实际的。但山农的传道方式，不是传统的宣说仁义之道，而是通过"神"化，以"神道设教"的方式实现的。他将孔子作为教主而"代司造化，专显仁神"。⑤山农以神道设教言孔子，还借助于《周易》来实现，云："绪扬其中为时庸，易乎其六龙也则曰潜见，曰惕跃，曰飞亢，如此而为时乘，即变适大中之易，以神其学庸精神者也。"⑥通过《周易》六龙潜见、惕跃、飞亢之变化以"神其学庸精神"⑦，将入世的儒学涂抹上了幻化的色彩。在这样的语境下，往往省去了后儒对仁学的心性思辨环节，直接将孔子变成弘宣"仁神"的教主。

山农以"仁神"标识孔子，也为自己立说奠定了基础。他自己标示的大中学庸，也带有浓厚的奉天立说的色彩，这在其《自传》中有清晰的记载。山农曾与

---

① 颜钧：《着回何敢死事·附录：〈揭词〉》，《颜钧集》卷5，第44页。
② 颜钧：《论三教》，《颜钧集》卷2，第16页。
③ 颜钧：《论大学中庸大易》，《颜钧集》卷2，第18页。
④ 颜钧：《明尧舜孔孟之道并系以跋》，《颜钧集》卷3，第19页。
⑤ 颜钧：《论大学中庸大易》，《颜钧集》卷2，第18页。
⑥ 颜钧：《论大学中庸大易》，《颜钧集》卷2，第18页。
⑦ 颜钧：《论大学中庸大易》，《颜钧集》卷2，第18页。

罗近溪等人一同到安丰场心斋祠前,"会半月,洞发心师传教自得《大学》《中庸》之止至,上格冥苍,垂悬大中之象,在北辰圆圈内,甚显明,甚奇异。铎同近溪众友跪告曰:'上苍果喜铎悟通大中学庸之肫灵,乞即大开云蔽,以快铎多斐之恳启。'刚告毕,即从中开作大圈围,围外云霭不开,恰如皎月照应。铎等纵睹渝两时,庆乐无涯,叩头起谢师灵。是夜洞讲辚辚彻鸡鸣,出看天象,竟泯没矣。嗣是,翕徕百千余众,欣欣信达,大中学庸,合发显比,大半有志欲随铎成造,若师嗣王襞亦幡然信及父师学脉"。① 山农在泰州学派的传承谱系中,并不以理论的分疏论证见长,但其影响力巨大,乃至"翕徕百千余众,欣欣信达"。当其辞别心斋之祠,渡江入南都之时,"众友送别真州,皆号哭而别"。至河间讲学受阻,河间太守以及州县官吏师生"三千众,追送泣别"②。这已与一般的学术讲会不尽相同。他不是做义理分疏,而是以"志规"的形式以求闻者执行。诸如"自立宇宙,不袭今古","青天白日,人皆见仰","肩任圣神,万死不回","默识天性,以灵于视听言动;鼓运精神,而成乎睟盎礼乐","孝弟谦和,修斩义利","持载覆帱,善养不倦"③,等等。并且规定,"一旦改行易志,有败同类,并至操戈诈号,众声罪之,导而改悛,未可遽终绝也"④。这显然已是严苛的宗教仪规。心斋正是通过神秘的闭关、天象垂悬、道坛志规等强化了论学的宗教色彩。山农以承祧阳明、心斋之学脉为己任,自己亦明言得其师传乃是禅门衣钵相传的方法,云:"幸遇阳明破荒呼觉良知,以开道眼;崛起心斋,穷探大成,中兴师道。时际耕樵及门授禅,弃身操印,不惑不乱,遂行齐家孝弟仁让,游扬四方,颇采信与。"⑤ 宗教形式成了其的传阳明、心斋之学的凭证。

山农之论之所以带有宗教神秘主义的色彩,这与其直祧孔子以自期的心态有关。山农虽然也不废阳明、心斋在学统中的地位,但他常常又直祧孔子之论,如他说:"是故杏坛也,邱隅也,创始自孔子,继袭为山农,名虽不同,岁更二千余年;学教虽各神设,而镕心铸仁,实无两道两燮理也。"⑥ 山农要实现越孟子、阳

---

① 颜钧:《自传》,《颜钧集》卷3,第25—26页。
② 颜钧:《自传》,《颜钧集》卷3,第26页。
③ 颜钧:《道坛志规》,《颜钧集》卷4,第31页。
④ 颜钧:《道坛志规》,《颜钧集》卷4,第32页。
⑤ 颜钧:《耕樵问答·圣儒传一辨》,《颜钧集》卷6,第49页。
⑥ 颜钧:《邱隅炉铸专造性命》,《颜钧集》卷4,第36页。

明、心斋直承孔子之教的途径，即将孔子神圣化，化其为仁神。这在其《录阳明心斋二师传道要语》中也得到了印证。该文对阳明仅标示了其十六字心诀，认为其"不作声臭于言动之间，即为默识知及之功要，开心遂乐之先务也"①。在山农看来，阳明之学的价值主要在于对心斋乐学的启示，所谓"开心遂乐之先务也"。对于心斋则全录其《乐学歌》，且云："山农受传，而造有获，自成仁道。"② 不难看出，山农自认其承学心斋的主要是乐学，而"仁道"乃"自成"之学，其隐曲之意乃直挑孔子而得。山农的这一宗圣心理在著述中时有流露，如在论及罗汝芳救其出狱时云："芳擅完功，可范天下万世与师难者，仰溯春秋畏匡，信不多让其独盛，及究樵夫羑造脱诣，至止孔仁，知几如神，不显声臭，敢□□芳避圣归佛，而终惭春秋之性痛耶！故著回芳事纪。"③ 直接将自己比成受厄于匡的孔子，而将罗汝芳比成颜回。山农这种直挑孔孟的意向也为其门人罗汝芳所洞悉。据《明儒学案》记载："近溪谓周恭节曰：山农与相处，余三十年，其心髓精微，决难诈饰。不肖敢谓其学直接孔、孟，俟诸后圣，断断不惑。"④ 山农的"七日闭关"意在破斥闻见知识的迷障，他并不是要荒经蔑古，而是要越过注经释典的后儒诸说，直探经典本原。云："人生出世，各各同具有亦孔之昭，潜伏为腔窠之灵，尽被知识见闻偃埋，各利声色侵沸，胜若溺水益深、入火益热矣。所以群类中突出一个人豪住世，自负有极样高大志气者，并遭拂逆危挫，人皆不堪其忧苦累累，然日夜自能寻思，何日得一出头大路，竟步长往以遂志，忽觉夫子教颜渊曰：'一日克复，天下归仁'，印证'七日来复，利有攸往'之快心，即是敦敦打坐，默默无语，缚目不开，塞耳不听，两手擒拿，两足盘旋，回思内省，肫肫凝结，自己精神，融成一片，胸次抑郁，若醉懵愁苦，不可自解以放松。"⑤ 嗣此而"口传默受，神聪仁知，发明《大学》《中庸》，浑融心性阖辟"⑥。当然，山农宗圣以立说，与其神道设教一样，都是源自其强烈的理论自主意识。

山农悟道、论学中的宗教意识，并不是要创立新的民间宗教，成为一教之主，

---

① 颜钧：《颜钧集》卷5，第42页。
② 颜钧：《颜钧集》卷5，第42页。
③ 颜钧：《着回何敢死事》，《颜钧集》卷5，第43页。
④ 《泰州学案一》，《明儒学案》卷32，第704页。
⑤ 颜钧：《耕樵问答·七日闭关法》，《颜钧集》卷6，第54页。
⑥ 颜钧：《引发九条之旨·七日闭关开心孔昭》，《颜钧集》卷5，第38页。

而是为了弘传他所理解的儒学。因此，就其主观意图而言，他其实是将儒学宗教化，但这与儒教又有一定的区别。儒教是圣人而非神灵崇拜，颜山农则强调孔子"代司造化，专显仁神"①，其论学特征与方法主要有：将孔子神灵化，将山农本人悟道及传道的方法神秘化，将理学经典《大学》《中庸》与《周易》互证，将这些经典涂抹上宪天法地的色彩。山农本人则以的传孔子铃铎者自命，且得到神秘色彩的自我创获，亦即"农造有得，运指折枝，且于自得，乐生心性，尤获造命神几"②。可见，颜山农论学中的宗教色彩，其实是通过消弭儒教与一般宗教的差别，淡化其理性特征而实现的。在这样的氛围中，通过带有神秘色彩的悟道方式，强化信仰在儒学弘传中的作用。不难看出，山农论学的宗教色彩是因弘宣带有山农自身色彩的儒学观念而形成的，这也是山农论学所到之处，信众热烈迷狂的重要原因。从这个意义上说，山农论学的宗教性也是泰州学派平民儒学的一种表现及实践形式。如果说心斋论学是以通俗的语言、民谣式的表现形式为平民所接受，山农则是通过带有神秘色彩的悟道及传道方式，通过内容与形式的神圣化使平民得以信仰。显然，山农之学，并不是黄宗羲所说的"盖启瞿昙之秘而归之师，盖跻阳明而为禅矣"③。因为颜山农是将孔子、阳明、心斋等人直接赋予了"代司造化"之功，他更多以直承孔圣以自期，其宗教性主要体现在对孔子的神化，以及山农本人"自申尧舜孔孟典章，脱化引发精造"④ 这种传承与发展圣学的功能。山农与同时期的赵大洲、邓豁渠等人不同，赵、邓（尤其是后者）主要是从学理上论证三教（尤其是儒佛）的会通，认识佛道存在的价值，并秉承良知之教不同。因此，真正体现泰州学派"跻阳明而为禅"这一特色的当是赵大洲、邓豁渠这些以良知为论学之本的学者。

四 余论

作为泰州学派的传人，山农对于心斋之学有全面的继承与发展。在《自吟》

---

① 颜钧：《论大学中庸大易》，《颜钧集》卷2，第18页。
② 颜钧：《论大学中庸大易》，《颜钧集》卷2，第18页。
③ 《泰州学案一》，《明儒学案》卷32，第703页。
④ 颜钧：《明尧舜孔孟之道并系以跋》，《颜钧集》卷3，第19页。

中，可见其对心斋以尊身为本的淮南格物思想的全面继承。其《论长生保命》与心斋的"明哲保身论"颇多相似。当然，在"保身""保命"的方式上，山农与心斋又有所不同。心斋之保身的条件是明哲，保身是从人我一体关系，亦即从社会学的角度来实现的，山农则是从人性论的角度，亦即循守"从心所欲不逾矩"的圣训途径。当然，山农对于心斋的乐学尤为重视，将其视为与阳明的良知并列的学说，在《急救心火榜文》中云："（山农）及壮，引导崇信圣学，仁义养心，遂乐从事，誓觉醒悟；次获从游心斋业师，引发乐学，透入活机，会而通之。知是昭心之灵，乐是根心之生。赵、淮崛起二王，豪义天纵，灵聪先重，此知此乐，唤人耳目，定士心志。"① 乐学乃是他体认的心斋之学的根本所在，这与王东厓承祧心斋之学的取向完全一致。山农何以注重心斋的乐学？因为心斋论学的目的不在于探究空疏的理论，而在于济世，济世的途径则在于讲学，因此，山农以近承阳明、心斋之业，远祧孔子大成学自期，云："千古正印，以衍传于吴农汉②，破荒信，彻良知，洞豁乐学，始以耕心樵仁为专业；承流孔孟，辙环南国，继以安身运世为事功。"③ 其承阳明、孔子之学的志向昭昭可见。就山农施教对象来看，他自谓："追绍孔孟之流环，述通效劳于草莽，牖开盲聋于四海。"④ 传学的重点在于平民。但事实则远不限于此，他访会南雍之时"太司成程松溪，讳文德，少司成吕巾石，讳怀，率监士四百众听讲六月，多知省发"⑤。到京师时，"时徐少湖名阶，为辅相，邀铎主会天下，来觐官三百五十员于灵济宫三日。越七日，又邀铎陪赴会试举人七百士，亦洞讲三日。如此际会，两次溢动，湖公喜，信私邀铎与近溪、吉阳，尽日倾究"⑥。可见，山农讲会与交游的对象已十分广泛，乃至在河间会讲时，"斋道、禅林亦聚数千，听铎绪皆圣学中正以作人"⑦。受众广及社会各阶层。

重社会效应而非义理分疏是泰州学派的共同特点。在泰州学派的语境中，"见龙"实乃经世、实践、治平之功，而"潜龙"则是沉潜义理而未及用世。这在罗

---

① 颜钧：《急救心火榜文》，《颜钧集》卷1，第1页。
② 所谓"吴农汉"，当为山农自谓。"吴"许是因山农"十三至十七岁，随父任常熟教"（《自传》，《颜钧集》卷3，第23页），遂称"吴农"。山农号耕樵，"耕心樵仁"。
③ 颜钧：《急救心火榜文》，《颜钧集》卷1，第2页。
④ 颜钧：《道坛志规》，《颜钧集》卷4，第31页。
⑤ 颜钧：《自传》，《颜钧集》卷3，第26页。
⑥ 颜钧：《自传》，《颜钧集》卷3，第26页。
⑦ 颜钧：《自传》，《颜钧集》卷3，第26页。

汝芳与焦竑评价王东厓时得到了体现,罗近溪曰:"东厓迹若潜龙,而见龙之体已具。"① 焦澹园曰:"其密也,蠖屈其动也,龙变身不离潜,其用则见。"② 山农的大中之学最终的目的还是经世。他对于社会有痛切的批评,谓"今天下四十余年,上下征利,交肆搏激,刑罚灭法,溢入苛烈。赋税力役,科竭部屋。逐溺邦本,颠覆生业"。遂至"触变天地,灾异趵突。水旱相仍,达倭长驱。战陈不息,杀劫无厌。海宇十室,九似悬磬。圩野老稚,大半啼饥"③。而要救其溺世,开出的药方是要得"一仁天下之巨臣",蠲免天下贡赋三年,以大苏民困。恩赦天下,原恶重狱均与其生。使富豪士民各自量力,令其周护怨女旷夫,激逐漂流者,使之得其所,匹夫匹妇咸被尧舜之泽。在人才方面,将贤能之士取聘来京,授孔氏心造,以衍教四方,达到丕易人心之效。概而言之,即"大赉以足民食,大赦以造民命,大遂以聚民欲,大教以复民性"④。以得志仁相,实行民本之政,这就是山农的救世拯民之方,也是其以仁为核心的大中之学所蕴含的强烈的淑世情怀。泰州学派是以平民儒学而见著于思想史的,虽然颜山农被黄宗羲等人视为泰州之别派,但他恰恰是平民儒学的代表者,并力求在基层社会践行他们的政治理想。他组织萃和会,短短两月就使得乡里出现了新的气象:"老者八九十岁,牧童十二三岁,各透心性灵窍,信口各自吟哦,为诗为歌,为颂为赞。"其后他独违乡里,奋游四方,是因为感到自己没有孔子相鲁三月而大治的能力,根源是"匹夫力学年浅,未有师传"⑤。可见,山农四方证道,根本动力仍在于经世。他在其后的论学之中,始终不忘经世之志。如在《扬城同志会约》中,论及诚己成物之时,谓"然后化成俗美,保天下于大顺"⑥。论学亦志在和睦乡里,他曾以箴言的形式谓:"鸟雀失群,飞跃呼寻。人生处世,和乡睦群。居住一乡,事同一体。一体相关,是非不起。情和意美。出入相逢,如兄如弟。前缘前世,同住一乡。"⑦ 他一秉心斋身本论,且以身喻国,曰:"君子之于天下,犹身之有四体也。天下之戴大君,犹四体之供元

---

① 王元鼎:《先生行状》,《附:王东厓先生遗集》卷首,载王艮《王心斋全集》,陈祝生等校点,江苏教育出版社2001年版,第210页。
② 焦竑:《王东厓先生墓志铭》,《东厓学述》,《澹园集》,中华书局1999年版,第495页。
③ 颜钧:《耕樵问答·急救溺世方》,《颜钧集》卷6,第53页。
④ 颜钧:《耕樵问答·急救溺世方》,《颜钧集》卷6,第53页。
⑤ 颜钧:《自传》,《颜钧集》卷3,第24页。
⑥ 颜钧:《扬城同志会约》,《颜钧集》卷4,第30页。
⑦ 颜钧:《箴言六章·和睦乡里》,《颜钧集》卷5,第40页。

首也。元首统四体以成形，形生必气血以周运。气运弗周，四体痿痹，则不仁矣。是故君子之学也，将以苏天下之痹者也。人习嗜欲，不仁已极，身纳罟获，动招耻戮，其道穷也。道穷思通，势所必然。吾乘其必然之势，而引之于豁达之衢，民将悦之，犹水就下……"① 随着学识的增长，山农的经世之志也更加宏大，乃至"自不觉凝命而遂志，遂志久久，窃比文姜之衍《系》"②。其演卦之举，同样本于经世："我明耕樵，八卦创立者，乃为遂生忧患。"③ 身虽鄙微而心期济世，这是山农或依傍宗教，或采取陌生化的言说方式的根本原因。从其宗教化的动因来看，山农论学所体现出的儒学宗教化的转向很难说是儒学的真正转向，而仅是借助宗教而达到弘传与儒学相关的社会理念的途径而已。明乎此，我们便应该对山农为学的这一特征多一份同情之理解，而不为儒学卫道者的呵斥之声所左右。

---

① 颜钧：《告天下同志书》，《颜钧集》卷1，第5页。
② 颜钧：《明羑八卦引》，《颜钧集》卷2，第12页。
③ 颜钧：《明羑八卦引》，《颜钧集》卷2，第11页。

论王艮的万物一体思想及其当代启示

张舜清

摘　要："万物一体"在王艮的思想中，主要是指万物自然生生的生命之理。但王艮非在自然意义上讲万物的一体性，而是强调人的生命担当之于万物生生的根本意义。人与万物是性理同体之共在，故人之为人即在于领悟天人一体之理，为改善万有生命之生命条件而有所担当。其要义在于通过天人性理共在的事实，强调人对万物生生之义务，其基本观点乃是对阳明万物一体之仁观念的继承，但王艮则突出了己身的重要，不仅格外强调了遂其万物一体之念的主体作用，也特别强调了安身立本的极端重要性。这对于当代人类构建人类命运共同体具有重要启发意义。

关键词：王艮　万物一体　安身立本　命运共同体

宋明儒家普遍重视"万物一体"的问题，陈荣捷先生甚至认为宋明理学的中心问题即万物一体之理论。[①] 此言诚是。自素有"道学宗主"之称的理学先驱人物周敦颐，一直到明清之际的理学（包括心学）后劲，宋明儒家普遍表现出追求万物一体的思维趣向。王艮是泰州学派的创始人，他的哲学虽然以安身为本，但也表现出万物一体的精神追求。钱穆先生说过，"今要以言之，则宋明六百年理学，自濂溪《太极图说》，康节《皇极经世》，横渠《正蒙》，下至阳明之'致良知'，心

---

* 基金项目：本文系国家社会科学基金项目"宋代儒家生命伦理思想研究"（项目编号：17BZX099）的阶段性成果。
** 张舜清，中南财经政法大学哲学院教授。
① 陈荣捷：《王阳明与禅》，台湾学生书局1984年版，第12页。

斋之'安身',蕺山之'慎独',皆不出寻求'天地万物一体'之意"。① 这里的"心斋",即王艮。在钱先生看来,王艮虽以安身为本,但其旨亦在于追求万物一体。此说虽未必为人人所赞同,但肯定王艮思想中包含着万物一体的追求,这是符合王艮思想实际的。不过,王艮虽然重视万物一体的问题,但在其仅存的文本中,却并未对这一问题进行集中而明确的论述。因此,对于何谓王艮所说万物一体,此思想具有何种理论和现实意义,仍须进一步的研究说明。

一　王艮万物一体思想之内涵

宋明儒家讲的"万物一体",本身是一个集本体论、境界论和价值论为一身的命题,但从它的主要理论旨趣来看,揭示的则主要是儒家的生命工夫和境界问题。宋明儒家所谓"万物一体"之"万物",通常是指存有意义上的万物(有时也指"万事");而"一体"的含义相对复杂,"一体"可以指万物之存在依某种原则或机制构成的整体,亦可指"本体",即万物基于同一本体。从实际表现来看,宋明儒家往往是基于一定的本体理论阐释宇宙存在的本性和本然状态,借此寻求人之生命的特殊价值和生命境界。王艮对万物一体的理解,基本符合这一特征,但也有自己的理论侧重。

首先,王艮把包括人在内的天地万物看成一个动态的生命整体,并表现出将天地"生生"视为宇宙之本然、本性的思维倾向。在王艮看来,天地万物活泼泼地生命流行,这就是天性,是天地宇宙之体。如王艮曰:"天性之体本自活泼,鸢飞鱼跃便是此体"②,"与鸢飞鱼跃同一活泼泼地,则知性矣"③。由于王艮同时认为天人本是一理,天人一体同性,人性受之于天,故此生生之天性,亦正是人性之体,此人性之体亦即阳明所谓"良知本体"。王艮是阳明心学之传人,虽然他于师说有所偏离,但亦大略继承。比如王艮虽然强调"以身为本",但并不否认此身亦以"良知"为体。人的良知乃天之所赋,是天性之体在人身上的表现。而天性之体,即万物的自然生生不息。如王艮曰:"良知之体,与鸢鱼同一活泼泼地,当思则

---

① 钱穆:《国学概论》,商务印书馆1997年版,第245页。
② 王艮:《语录》,《王心斋全集》,江苏教育出版社2001年版,第19页。
③ 王艮:《语录》,《王心斋全集》,第6页。

思，思通则已。如'周公思兼三王'，'夜以继日，幸而得之，坐以待旦'，何尝缠绕？要之自然天则，不着人力安排。"①

在这里，良知本体似乎成为一种顺乎自然的生命本性，而非仅指道德本体，良知的呈现即是天道的流行和呈现。而在王艮的心目中，天道离开万物之生生，亦不足以显示，这颇有一股大程的"天只是以生为道"的思想意味。如王艮在《答徐凤冈节推》中说："来谕谓'良知在人，信天然自足之性，不须人为立意做作'。足见知之真，信之笃，从此更不作疑念否。知此者谓之知道，闻此者谓之闻道，修此者谓之修道，安此者谓之圣也。此道在天地间遍满流行，无物不有，无时不然，原无古今之异，故曰'鸢飞戾天，鱼跃于渊'，言其上下察也。"②

王艮又把良知本体理解为"天然自有之理"，《天理良知说》一文比较清楚地显示了王艮的这一观点。如此文所载："或问：'天理''良知'之学，同乎？曰：'同。'曰：'有异乎？'曰：'无异也。''天理'者，天然自有之理也。'良知'者，不虑而知、不学而能者也。惟其不虑而知、不学而能，所以为天然自有之理；惟其天然自有之理，所以不虑而知、不学而能也。"③ 从这段话来看，良知本体，在王艮这里，其实正是自然生命之理。整个宇宙即是天地万物构成的大生命体，即是此一自然生命之理的呈现。因此，人的生命和宇宙万物之存在都可以说是此良知本体的呈现。在这个意义上，天人本是一体，万物本是一体。天人一理，此身即天。人和宇宙、天地万物共是一理、一性，故可曰"我同天"。④ 天人皆是自然生命之理的呈现，皆具有良知本体这一"天性"，这也是天和人能够发生互相感应、能够相通的基本原因。天人从自然存在来说固然不同，但性、理均同，故依此性此理而言，其实质则可谓无有不同。所以王艮说："天人感应，因体同然。天人一理，无大小焉。"⑤ 也正是在万有生命同体一理这个意义上，宇宙和人也才可以说成是统一的存在。天人一理、实质均同，故人与万物、人与宇宙，都属于同体一性的存在，故亦可曰"万物一体、宇宙在我"⑥。

---

① 王艮：《语录》，《王心斋全集》，第11页。
② 王艮：《尺牍密证·答徐凤冈节推》，《王心斋全集》，第49页。
③ 王艮：《天理良知说》，《王心斋全集》，第31—32页。
④ 王艮：《语录》，《王心斋全集》，第8页。
⑤ 王艮：《孝箴》，《王心斋全集》，第54页。
⑥ 王艮：《年谱》，《王心斋全集》，第68页。

其次，王艮并不只是在自然生命的整体生生这个角度讲万物一体，而是格外突出人对于这个生命整体的积极作用。在王艮看来，一个所谓圣人、君子这样的人，如果不具备厚生、利生、爱生的仁爱生命的意识，不能奋发为实现万有生命获得最佳生命条件而努力，缺少此种担当，那么也就不配作为一个圣人、君子了。在这个意义上，张载"民胞物与"的生命追求与"为生民立命"的高尚道德情怀，被王艮以其特有的"安身"理论表达出来，并且显得更为积极主动和富有"杀身成仁"的精神。王艮留下的文字并不多，但仅存的文字中，即有多处描述这种精神。比如《年谱》显示，王艮早年即有此精神抱负。《年谱》载王艮二十九岁时，梦见天堕压身，万人奔号求救，而其人则独立奋起以臂托天而起，并以一己之力，重新整顿错乱失序的宇宙，使宇宙万物重归生命自然和谐之道，万民得救而欢舞拜谢，王艮梦醒时一身大汗，但却由此感悟到"心体洞彻万物一体、宇宙在我之念，益真切不容已"。在其《鳅鳝赋》中，王艮亦有类似表达。如他说："吾与同类并育于天地之间，得非若鳅鳝之同育于此缸乎？吾闻大丈夫以天地万物为一体，为天地立心，为生民立命，几不在兹乎！"①

如此看来，王艮的万物一体思想，是把万有生命看成一体同性的存在，是具有内在联系的统一的生命整体，但是王艮并非只是在哲学本体上或自然的意义上讲人与自然的这种内在关联性，而是特别突出人对于万有生命之命运的主体作用、道德担当。人与万物既然是性理同体的生命共在，人就不能视万有之不利之生命条件而无动于衷，真正的仁人君子，不仅能够领悟到这一生命原理，更重要的是，能够在实践上为改善万有生命之生命条件有所担当和作为。

二　王艮万物一体思想之生命旨趣

王艮的思想，或谓有"异端"倾向，此主要缘于他有突破阳明学思想内容之举，但是，从王艮万物一体的生命旨趣和精神追求来看，王艮虽然在个别地方不赞同师说，但他并没有违反儒家以民为本的生命情怀，相反，他以自己独特的理论形式，更为鲜明地表达了儒者着意维护民生的精神品质。

---

① 王艮：《鳅鳝赋》，《王心斋全集》，第55页。

论王艮的万物一体思想及其当代启示

首先，王艮的万物一体思想，在很大程度上正是对王阳明的万物一体观念的继承。王阳明论万物一体，尤其强调人的良知天性乃圣凡皆同，并以此为基础诠释天地万物均有良知本善的价值统一性，从而提出"万物一体之仁"的观点。如阳明曰：

> 夫圣人之心，以天地万物为一体，其视天下之人，无外内远近。凡有血气，皆其昆弟赤子之亲，莫不欲安全而教养之，以遂其万物一体之念。天下之人心，其始亦非有异于圣人也，特其间于有我之私，隔于物欲之蔽，大者以小，通者以塞。人各有心，至有视其父、子、兄、弟如仇雠者。圣人有忧之，是以推其天地万物一体之仁以教天下，使之皆有以克其私，去其蔽，以复其心体之同然。①

在这段文字中，王阳明十分清楚地指出，万物一体是圣人立教的一个基本理念，圣人旨在追求万物一体的状态，而这一状态，即是仁的体现。换言之，圣人追求万物一体，正是其仁之本心的充分呈现。这里面既包含圣人对天地万物一体的本然状态的肯认、将之视为一种价值上的理想状态，也包含了圣人积极有为努力实现这种万物一体的主观努力。所以王阳明强调"以遂其万物一体之念"和"推其天地万物一体之仁以教天下"。前者表明"万物一体"是圣人用"心"体悟到的天地万物在存有论意义上的本然状态和价值论意义上的应然状态，后者则表明王阳明正是把这样一种状态视为儒家之仁在现实中的最大表现。在《大学问》中，王阳明进一步说明了这一观点。他说："大人者，以天地万物为一体者也，其视天下犹一家，中国犹一人焉。若夫间形骸而分尔我者，小人矣。大人之能以天地万物为一体也，非意之也，其心之仁本若是，其与天地万物而为一也。"② 按照王阳明的这个说法，所谓"大人""圣人"或"仁者"，就是已臻化境、达于道德完美境界的人，而其标志性表现就是做到了"以天地万物为一体"。

我们看，王阳明对"万物一体"的论述，其主要的理路和内涵离不开"心"

---

① 王阳明：《传习录》，张怀承注译，岳麓书社2004年版，第152页。
② 王守仁：《王阳明全集》（中），中央编译出版社2014年版，第846页。

"仁""万物一体"这几个概念和它们之间存在的关系,王阳明对"万物一体"的强调,主要是从"心"上说,从"仁"上说。王阳明以"心"为本,强调以"心"把握现实世界,肯定由"吾心"体验到的事物之于人生的意义,由此借助心的作用,将万物赋予价值内涵,使之成为"人化自然"而显现出对生命的价值意义,这是王阳明心学的独到之处。于此而言,所体验到的世界,宇宙就是吾心,吾心就是宇宙。在这里,王阳明刻意强调的并非人与万物在事实上是什么关系,而是人类应当如何去把握人与万物的关系。在王阳明看来,人应当以其"仁体""良知"来把握其面对的生命世界,也即用"心"去处理人与万物之间的关系。"良知者,心之本体。"世界应当是人类的"良知"呈现的世界,是"仁体"发育流行的世界。人类正是拥有了这种良知仁体的自觉能力,才能感受到生命本是同本共生的、一仁贯通的。故阳明曰:"是故见孺子之入井,而必有怵惕恻隐之心焉,是其仁之与孺子而为一体也;孺子犹同类者也,见鸟兽之哀鸣觳觫,而必有不忍之心焉,是其仁之与鸟兽而为一体也;鸟兽犹有知觉者也,见草木之摧折而必有悯恤之心焉,是其仁之与草木而为一体也;草木犹有生意者也,见瓦石之毁坏而必有顾惜之心焉,是其仁之与瓦石而为一体也;是其一体之仁也,虽小人之心亦必有之。是乃根于天命之性,而自然灵昭不昧者也,是故谓之'明德'。"[1] 我们生活世界中的"万有",不管是自己还是他人,动物还是植物,甚至砖瓦土石,都是我们的生活世界中有意义的部分,与我们的生命都存在关系,因此,应该以仁爱之心去呵护这种生命共生共存的常态,有至高道德境界的人能体悟到这一点,从而把天地万物视为一个共生共荣的相互联系的生命共同体,从而注意维持彼此的平衡。王艮在这一点上,是继承了师说的,这表现在王艮亦肯定和注重实践这一教义。如其曰:"此固执事大人万物一体之仁,乐取诸人而为善,而与人为善之心也。"[2] 天下之人均有良知本体,故大人者立足于其天性本善而行教化之功,以复其本心天性,如此人皆可成人,万物则生生和谐,天地宇宙即处于有序发展状态之中。

应当说,王艮强调大人当以良知天性起天下之善、追求万民之普遍幸福,正

---

[1] 王守仁:《王阳明全集》(中),第846页。
[2] 王艮:《尺牍密证·答侍御张芦冈先生》,《王心斋全集》,第48页。

是对乃师之教的宣扬。不同的是，王艮并不完全强调良知天性，而是首先强调"安身"，把身之安在视为推行万物一体之仁、以遂万物一体之念的根本前提。如王艮曰："'止至善'者，'安身'也。'安身'者，'立天下之大本'也。本治而末治，正己而物正也。'大人之学'也。是故身也者，天地万物之本也，天地万物，末也。知身之为本，是以'明明德'而'亲民'也。身未安，本不立也。'本乱而末治者否矣'。本先乱，治末愈乱也。故《易》曰：'身安，而天下国家可保也。'如此而学，如此而为'大人'也。不知'安身'，则'明明德''亲民'却不曾立得天下国家的本，是故不能主宰天地，幹旋造化。"① 又曰："孟子曰：'守'孰为大？守身为大。……失其身而能事其亲者，吾未之闻。'同一旨也。"②

王艮的这种说法，不由使我们想起一句俗语，"身体是革命的本钱"，其意谓无论我们有如何宏阔的追求和理想，不能充分保证主体的存在、不能充分发挥主体的自由，则失却成事之根本。故欲成事，当先"明哲保身"。王艮是非常强调这一点的，并著有《明哲保身论》。但是，明哲保身并不是目的，儒家追求的是万民的安乐、天下万物的生生不息，明哲保身只是为了实现这一目的创造前提，因而，王艮固然强调以"安身"为本，但非那种"精致利己主义"，而是怀着廓然大公的仁心，积极贡献一己力量以谋求大众的幸福，这包括为提升万民的思想道德素质和物质生活的改善而鞠躬尽瘁、死而后已。这一点，充分体现在泰州学派的平民化特征上。泰州诸贤讲学为人，"不分社会等级、贫富贵贱之不同，或行商坐贾，或乡村野老，或缙绅先生，或衣冠大盗，一概迎而不拒，'平等'待之；其次，不论是大江南北，还是穷乡僻壤，行迹所至，'周遍乡县'"③。可见，王艮对万物一体的追求，并非是要把"整体"置于个体生命之上、抹杀个体生命的权利和价值，而是通过万物一体来论证个体生命之于群体生命的根本意义和二者不可分割的联系。个体必须要意识到其生命与群体生命的一体性、相互感通性，群体生命的实现，要以个体生命权利的保障和价值的实现为前提，而个体生命的价值载体，恰恰又是群体生命，个体不能不通过维护群体生命，去体证个体生命的真正意义。客观地讲，王

---

① 王艮：《答问补遗》，《王心斋全集》，第33页。
② 王艮：《答问补遗》，《王心斋全集》，第34页。
③ 吴震：《明代知识界讲学活动系年：1522—1602》，学林出版社2003年版，"引言"第29页。

艮这种万物一体的思想，对于我们今日处理诸如构建人类命运共同体等问题，也是相当有启发性的。

三　王艮万物一体思想的当代启示

"构建人类命运共同体"是中国为谋求整体人类生存与发展而提出的一个方案。总体上看，这一方案是把人类社会的整体生存与发展和人类生存的大环境——宇宙生态系统的平衡与和谐综合考虑的一个宏伟方案。但如何才能构建起人类命运共同体呢？这当然涉及诸多方面的因素。王艮的万物一体思想尽管并未就如何安排众生提供切实方案，但是其中的一些主张，仍然可以提供一些原则上的启发。不能否认，构建人类命运共同体固然受各种条件的制约，但其中一个关键的因素是，人自身是否具有构建人类命运共同体的自觉，是否能觉悟到构建人类命运共同体对于人类的长久生存的根本决定意义。因为人类命运共同体的构建，从根本上说，还是取决于人本身。从儒家的角度来说，人确实在维护人类生存环境方面负有先天的道德责任，发挥着重大的作用。而这种作用的发挥，在很大程度上亦取决于人是否能够对自身的道德存在这一本质特征具有明确的自觉。人如果不能意识到这一点，人就无法区别于动物，也无法充分发挥人的本质力量，从而担负起助益天地创化的崇高责任。而对儒家而言，人理所应当要承担起助益天地创化的责任。在这方面，人类命运共同体的建构，就需要有一定担当精神的人来倡导和推行。认识到人类命运系于一体是一回事，是否有一种义以为先的道德担当来积极推进人类命运共同体的构建则又是另一回事。王艮的主张，要求每一个有良知天性、本心觉明之人，都积极贡献自己的力量。如王艮曰："'仁者以天地万物为一体。'夫既以天地万物为一体，则一夫不获其所，即己之不获其所也。是故人人君子，天地位而万物育，此仆之心也。"习近平总书记在谈到推进"一带一路"和构建人类命运共同体时曾说过："我国是'一带一路'的倡导者和推动者，但建设'一带一路'不是我们一家的事。'一带一路'建设不应仅仅着眼于我国自身发展，而是要以我国发展为契机，让更多国家搭上我国发展'快车'，帮助他们实现发展目标。我们要在发展自身利益的同时，更多考虑和照顾其他国家利益。要坚持正确的义利观，以义为先、义利并举，不急功近利，不搞短期行为。"① 这段话，可以说是对王艮万物一体思想中的道德担当意识的一个很好的诠释和实例。

不过，王艮并不主张在"己身不立"的情况下去担当超越己身现实能力的责任。不懂得先治其身，而欲治天下，则妄矣！如王艮说："既知吾身是个本，只是'毋自欺'，真真实实在自己身上用功夫。"② 认识到人类社会乃至万物命运一体相系，并为万有生命之和谐共生勇于担当责任，同时以安身为本、为根、为进路，按王艮的看法，如此则事业可进、天下可安，遂成天地万物一体之仁。不仅如此，在王艮看来，保身也正是处理好人与人、家与家、国与国乃至人与自然万物之关系的基本手段，是建立人类命运共同体的思想前提。如其曰："知保身者，则必爱身如宝。能爱身，则不敢不爱人。能爱人，则人必爱我。人爱我，则吾身保矣。能爱人，则不敢恶人。不恶人，则人不恶我。人不恶我，则吾身保矣。能爱身，则必敬身如宝。能敬身，则不敢不敬人。能敬人，则人必敬我。人敬我，则吾身保矣。能敬身，则不敢慢人，不慢人，则人不慢我。人不慢我，则吾身保矣。此'仁'也，'万物一体之道'也。以之'齐家'，则能爱一家矣。能爱一家，则一家者必爱我矣。一家者爱我，则吾身保矣。吾身保，然后能保一家矣。以之'治国'，则能爱一国矣。能爱一国，则一国必爱我。一国者爱我，则吾身保矣。吾身保，然后能保一国矣。以之'平天下'，则能爱天下矣。能爱天下，则天下凡有血气者莫不'尊亲'，莫不'尊亲'，则吾身保矣。吾身保，然后能保天下矣。"③

---

① 《习近平谈治国理政》第 2 卷，外文出版社 2017 年版，第 501 页。
② 王艮：《答问补遗》，《王心斋全集》，第 37 页。
③ 王艮：《明哲保身论》，《王心斋全集》，第 29 页。

儒学的身体转向

——王艮身本儒学论

赵立庆[*]

摘　要：王艮的儒学思想是中晚明市民生活理论表达，本文概括为身本儒学。通过梳理可以发现，东西方无不经历了一个由心本论到身本论的过程，但从生活儒学来看，身本并非意味着把身看成是形而上的存在，而是生命的自由活动。在工夫论域中，衍生出"安身立本"的内圣工夫论和"亲民爱物"的外王工夫论，而且内圣工夫和外王工夫内在贯通。

关键词：王艮　身本儒学　工夫　淮南格物　良知现成　乐学

王艮建立了一个以"身"为本体、以"安身"为工夫、以躬身实践为旨趣的身本儒学体系。由此，"身"从理本体、心本体中解放出来，成为身心合一的具有现代价值的个体。张岱年先生看到其中所蕴含的个体本位价值："王艮的主要思想，用现在的话说，就是强调个人的主体性，就是肯定个体是根本的。"[①]

一　传统儒学的"身"观念

身心问题是中西传统哲学共同关注的基本问题之一。西方传统哲学是"身心

---

[*] 赵立庆，《广西师范大学学报》编辑部副编审。
[①] 张岱年：《王艮与泰州学派》序，载林子秋、马伯良、胡维定《王艮与泰州学派》，四川辞书出版社1999年版，第1页。

二元"论，中国传统哲学是"身心合一"① 论下的"身心互渗"。应该说这一论断客观地区别出中西传统哲学身心问题的不同。"身心合一"主要是指"心主宰身"，或者说通过修身，使得"身"成为符合道德礼俗要求的"身"。《礼记·大学》曰："富润屋，德润身，心广体胖，故君子必诚其意。"由于"身"在儒家文献中的含义丰富，可以指以身体、肉身形式的生命存在；也可以指人自身，与他者相对；还可以指亲身体知、身体力行。故本文先对"身"进行释义，依此展开论述。

第一，"身"的本义是躯体、形体，也就是身体。身，"卜辞作人之身躯"，甲骨文字形是𠦝、𣎆，篆文𠂎。刘兴隆《新编甲骨文字典》解释为："象人身躯之侧面形。"《说文》曰："身，躬也，象人之身，凡人身之所属皆从身。"例如《诗经·小雅·何人斯》："我闻其声，不见其身。"从字形看，"身"的甲骨文也指示"身中有身"，即怀孕之形，李孝定《甲骨文字集释》："契文从人而隆其腹，象人有身之形，当是身之象形初字。"此说可从，例如《诗经·大雅·大明》："大任有身，生此文王。"现代汉语至今使用身孕。从身体构成上，身是指人的躯干，《字汇·身部》："身，躯也，耳目鼻口百体共为一身。"王引之《经义述闻·通说》："人自顶以下、踵以上，总谓之身。"

第二，从躯干四肢自然转到生命之义，包括肉体与心灵的整体。《周易》卦辞中身体的意象特征显著，而且还有保身、存身含义，如"利用安身""臣不密则失身""龙蛇之蛰，以存其身""身安而国家可保也"。所以，身生互训，如"舍生取义"与"杀身成仁"中"生""身"互通。《周易》其实是将生命看作是过程与实在，是谓"生生之谓易"。由此可以推断，人的生命乃至自然界是生生不已、大化流行的道，进而言之，生命是神圣的。《说文解字》："申，神也。七月，阴气成，体自申束。从臼，自持也。"故，"申"与"神"相通。《玉篇》："申，式神切。身也。伸也。重也。申申如容舒也。"申、伸、神和身互训同义。《广韵》："申，身也。伸也。重也。容也。篆文作申。"刘翔考证"神"为申的孳乳字。② 但是，由于他执于"申"的雷电之形，也就不能解释何以自然神祇与祖先神祇能合二为一。这大概是因为，古人认为，人肉体死亡后不会变成虚无或不存在，却化身为天

---

① 张再林：《中国古代身道研究》，生活·读书·新知三联书店2014年版，第57页。张再林教授用"身心一如"概括中国古代身心关系，涉及人我、知行、体用等范畴。
② 刘翔：《中国传统价值观诠释学》，上海三联书店1996年版，第2页。

上的神灵，即生命变成另外一种形式继续存在。因此，"身"与"神"相通。"身"的"神化"，寓意"身"的超越性、神圣性。身即生命，不仅由"道"生出，而且生命具有属我性，是"我"的生命；从社会生活看，生命的源体是父母，是社会存在。因此，"身"兼具神圣性、社会性和属我性。

第三，由人的身体四肢引申为人自身，即"我"。如《尔雅》曰："身，我也。"这是从静态上来释义的，从动态上，"身"指身体的活动，《释名》："身，伸也，可屈伸也。"又，身体来源于父母，所谓"身体发肤，受之父母"，所以，《尔雅·释言》曰："身，亲也。"

以上是"身"字形字义的含义。在语用中，"身"的含义产生变化，归纳如下。

（一）四肢躯体之"身"，与心相对

如《孝经·开明宗义》："身体发肤，受之父母，不敢毁伤，孝之始也。立身行道，扬名于后世，以显父母，孝之终也。夫孝始于事亲，中于事君，终于立身。"引申"生命"含义也归于此义，如"杀身成仁"。在此，"身"与"体"含义相近，《说文解字注》将人体分为三类十二属，具体指谓身体的各个器官。"身"是就整体而言，"体"是就身体的各个部位而言。孟子首次提出身心的职责、功能的关系："耳目之官不思，而蔽于物。物交物，则引之而已矣。心之官则思；思则得之，不思则不得也。此天之所与我者，先立乎其大者，则其小者不能夺也。此为大人而已矣。"[①]"身"在这里是指联结"心"与万物的场域，万物经由"身"进入"心"。孟子认为"心"是身体万物的主宰，"耳目鼻口手足六者，人体之小者也；心，人体之大者也，故曰君也"[②]。"大体""小体"的划分一直影响到宋明理学。

（二）身心统一的"自身"即"我"，与家国天下相对

当从以"心"观"身"的内在视角外推到人身之外时，"身"的含义相应地

[①] 焦循：《孟子正义》，沈文倬点校，中华书局2017年版，第852页。
[②] 焦循：《孟子正义》，第769页。

变成与家族、乡人乃至国家相对的自我。所谓"修身""正其身""修己""克己""成己"等都是在这种意义上使用的。如《孟子·离娄上》："天下之本在国，国之本在家，家之本在身"①；又如《荀子·荣辱》："斗者，忘其身者也，忘其亲者也，忘其君者也。"② 其实，《大学》所言"自天子以至庶人，壹是皆以修身为本"正是在这个意义上说的，"身—家—国—天下"存在着一以贯之的结构。现代社会，个体成为直接性的存在，不再受到传统宗法社会的束缚，"身"直接呈现为个体。

（三）与外界打交道之"身"，与事物相对

"身"既在天地之间，又无时无刻不与外事外物打交道。莫斯说："身体是人首要的与最自然的工具。"③ 在人类社会的初始阶段，"人们通常是以自己的身体来构想宇宙以及以宇宙反观其身体——宇宙和人类身体之间存在着一种和谐性和整体性"。④ 董仲舒类比身与天地万物，"天地之符，阴阳之副，常设于身，身犹天也"，而且将身体器官的功能与天地万物关联起来，将头发比作星辰、耳目比作日月、口目比作风气、胸中比作神明、腹胞比作百物。

通过前面的梳理可以发现，"身"的含义基本经历了从身体躯干、生命到保身、修身的过程，这一转变大致发生在春秋战国时期。随着西周以来逐级分封制度的瓦解，社会单位落实到一个个家、身之上，结果最终导致私有意识萌发。人的第一个切己的观念必然是对自己的身体、生命的爱，然后扩散到所需要的物质质料、社会认同。在王有制或公有制下，这种行为被认为是自私的。《大学》所言"自天子以至于庶人，壹是皆以修身为本"反映出社会的分化，修身从帝君扩大到社会各个阶层的成员，即从"慎厥身，修思永"到"自天子以至于庶人，壹是皆以修身为本"。如果说孟子只是区分大体小体，"养心莫善于寡欲"，而进入专制社会后，修身的内容逐渐转向克己之私，例如《管子·禁藏》："民多私利者，其国贫。""厶"字象人鼻，也引申为"自"，意为贬义的自私。"自"引申为第一人称代词，最终形成"自我"的含义，足见其内在关联，而其纽带就是身。宋明时期，

---

① 焦循：《孟子正义》，第530页。
② 《荀子》，方勇、李波译注，中华书局2011年版，第39页。
③ [法]马塞尔·莫斯：《社会学与人类学》，佘碧平译，上海译文出版社2014年版，第403页。
④ [美]奥尼尔：《身体形态：现代社会中的五种身体》，张旭春译，春风文艺出版社2000年版，第15页。

中国开启自身的现代化过程，尽管这一过程极其缓慢而且有所间断，还局限于江南市镇，但是身及其围绕身体的私、欲逐渐获得正当性。从王艮提出"身为国家天下之本"到李贽"人必有私"[①]最终完成了个体性修身的理论论证。然而，作为一种生活显现活动的"修"具有普遍意义，修身的主体和内容则根源于生活，当生活样式转变，修身自然发生转变，即从旧的身（旧的主体）变为新的身（新的主体）。那么，对于新的"身"即新主体来说，先行的"修"这种活动是前主体性的、前存在的、本源性的事情；"修"对于旧的"我"来说是存在者的存在，而不是前存在者的存在，对于新"我"来说则是前存在者的存在。

二 身体的转向

人类的文明史从一个侧面可以看成是身体的观念史。儒学向来注重"修身"，围绕修身还有一套工夫论。近年来"身体的转向"也进入儒学视野。然研究思路基本是西学视角下的反观，尽管突出儒学身心的非对立性，但其结论早已包含在前提中。如杨儒宾所说："儒家的心性论与身体论乃是一体的两面，没有无心性之身体，也没有无身体之心性。身体体现了心性，心性形著了身体。"[②]并且，以静态划切的方法论得出分裂的身体类型：作为政治权力展现场域的身体、作为社会规范展现场域的身体、作为精神修养展现场域的身体、作为隐喻的身体。[③]张再林在身心一体的基础上提出"即身而道在"的身道观，构建出身体形而上学。[④]由此，身体从形而上的载体、场域到形而上的本体完成救赎。从孟子的"践形"到王阳明的"心者，身之主宰也"形成一个逻辑的圆圈。中国传统文化如儒家文化、道家文化或医学理论诚然没有身心对立的思想倾向，但如此一来，身心一体就显得多余。而且尽管西学从柏拉图到笛卡尔的理性主义还有基督教伦理贬低肉体，但我们不能忽视西方传统中从亚里士多德到洛克、尼采的另外一条基于身体存在的个体存在的脉络。否则，这种反照自观只能固化我们的先见。

[①] 李贽：《藏书》，中华书局1974年版，第1827页。
[②] 杨儒宾：《儒家身体观》，上海古籍出版社2019年版，第1页。
[③] 黄俊杰：《东亚儒学：经典与阐释的辩证》，华东师范大学出版社2011年版，第129—148页。
[④] 张再林：《中国身道研究》，生活·读书·新知三联书店2014年版，第12页。

"身心一体"的"体"是统一的、独特的"身",身心关系属于个体自身的样式或属性之间的关系,类似于斯宾诺莎的实体概念,广延和思维是实体的两个属性。这个"身"或这个个人首先不是道德视域下的,也不是政治视域下的,更不是美感的,毋宁是生活本源下的。不对身体做生活的还原,从某一限定视域出发——尤其是道德视域下的私欲身体——审查人身只能是不完整的身。

身体是人首要的与最自然的工具。身体的首要功能是与"天""神"沟通,《国语·楚语下》的记载证明身体是人神沟通的媒介:

> 民之精爽不携贰者,而又能齐肃忠正,其智能上下比义,其圣能光远宣朗,其明能光照之,其聪能听彻之,如是则明神降之,在男曰觋,在女曰巫。①

这说明身体感官的精爽是神明降格的基础,而且还有身体的性别之分。"绝地天通"是"民神异业""民神杂糅"否定之否定。显然,在儒家文明诞生之前,身体是神圣身体,是献给神灵最高的祭品。巫术是一种感应形式,②所以,将商汤"以身为牺牲"解释为"权力的身体"忽略了身体的神性、灵性。

有学者认为,轴心时代以后,"天命"的性质发生根本变化,从集体本位扩展到个人本位,个人可以和"天"直接交往。但交往的媒介发生改变,即由"身"变成"心"。相应地,神圣身体逐渐肉身化、私欲化,但是无论是道德主体还是感性主体,"身"的个体意蕴凸显出来,尽管是作为一种类似于宗教禁忌的形式。"身"被看成是有待修治的对象,是谓"修身"。修身也就是践形,"形色,天性也。惟圣人可以践形"③。这样,"身"才能合乎礼,或者说"身"的行为成为"心"的发用。在同一时期,古希腊哲学同样有"修身实践",福柯考证出,"关心自己"一直是整个希腊、希腊化和罗马文化中规定哲学态度的一个基本原则,包括"沉思的技术""良心考验的技术""记忆过去的技术"等。④

---

① 《国语》,陈桐生译注,中华书局2013年版,第621页。
② [法]马塞尔·莫斯:《社会学与人类学》,第47页。
③ 朱熹:《四书章句集注》,中华书局2016年版,第368页。
④ [法]福柯:《主体解释学》,佘碧平译,上海人民出版社2010年版,第8—10页。

如果说，修身在先秦主要是道德主体的精神磨炼，那么秦汉以后，修身越来越成为强制性的伦理规范，以致成为窒息人性的戒令"存天理灭人欲"。身体被彻底纳入家国同构的整体主义框架中。上承荀子"隆礼"，汉代"以礼治国"，礼成为治国的重要手段，孔孟"以仁释礼"被形式化，身体成为礼的支架。从礼学自身的发展，也可以看出它在汉代更加功利化和工具化。这种形式主义，就是充分强调礼对身体行为的规范意义[1]，丧失基本的仁爱情感，"不原人情之始终，而务以行相反之"（《淮南子·齐俗训》）。与缺乏心性论的汉代儒学相比，宋明理学把修身推进到身体内部。张载首分"天命之性"与"气质之性"："形而后有气质之性，善反之，则天地之性存焉"（《正蒙·诚明》）。但两者不是截然断开的，"养其气，反之本而不偏，则尽性而天矣"（《正蒙·诚明》）。自程颐到朱熹，"天地之性"被"义理之性"替代。朱熹哲学的义理之性是超绝的，"不杂乎阴阳"二气。陈来指出，朱熹的错误不在于区分形上于形下，而在于他把形上形下割裂开来，认为形上可以先于或独立于形下，这就从区分形上形下这种还比较接近真理的立场多走了一步。[2]

是"性即理"还是"心即理"，朱熹与阳明存在根本分歧，但若从身心关系看，两者基本一致，区别仅在于阳明坚持"体用一源"，没有割裂形上形下的关联。如朱熹说："心是神明之舍，为一身之主宰。"[3] 阳明关于身心的论述与朱熹无异："心者身之主也，而心之虚灵明觉，即所谓本然之良知也"；"指其充塞处谓之身，指其主宰处谓之心"。显然是心主宰身。但不能由此断定，阳明与朱熹在身心关系上完全相同。比较而言，朱熹的路子是外向超越，而阳明的路子是内向超越；朱熹强调个体对外在规范——"礼者，理也"——的服从，阳明则强调个体对内在良知——良知即独知——的依仗。

王阳明针对当时的士人追逐功利、栖身于外在知识的情况批判道："讲之以口耳，揣摩测度，求之影响者也；讲之以身心，行著习察，实有诸己也。如此，则之孔门之学矣。"[4]"身心之学"就是"知行合一"，强调"身"的行动功能。阳明的

---

[1] 刘成纪：《形而下的不朽：汉代身体美学考论》，人民出版社2007年版，第175页。
[2] 陈来：《朱子哲学》，生活·读书·新知三联书店2010年版，第100页。
[3] 朱熹：《朱子语类》卷98，中华书局2020年版，第2514页。
[4] 陈荣捷：《〈传习录〉详注集评》，重庆出版社2017年版，第199页。

身心观包括两个基本命题：一是"心者，身之主也"；一是"身心一件"。王阳明通过"纳理于心""万物一体"建立起完全"心"的世界，既包括人"事"，也包括外"物"。阳明心学构筑出一个道德主体的世界。心不仅是价值的根源，而且还是价值的尺度。然而，虽然"心"是大全，但"心"终究离不开肉身万物，"天地鬼神万物离却我的灵明便没有天地鬼神了，我的灵明离却天地鬼神万物亦没有我的灵明"，心固然是身的主宰，但"心欲视听言动，无耳目口鼻，亦不能"。这是从存有上说，心的活动离不开身体及事物，否则沦为悬空。"见"孺子入井，方有恻隐之心；"闻"到恶臭，方"恶恶臭"，"鼻塞人虽见恶臭在前，鼻中不曾闻得，亦只是不曾知臭"。而且"无身则无心"。所以，阳明心学既是心学集大成者，也是终结和转向。身心本是一件，"但指充塞处言之谓之身，指其主宰处言之谓之心"，这就为王艮的身本论提供逻辑前提。当然，王艮身本论受《易》之"利用安身"、孔子"敬身为大"、孟子"守身为大"等身本思想影响，此处暂不展开。总之，"心即理"已经蕴含着良知的个体化，而且，阳明还以通过"如一园竹，只要同此枝节，便是大同"确立个体人格的多样性；只是由于过度强调良知本体，"身"的个体性还有待完善。

　　从天理与人欲的关系看，理学与心学的结论一致，并且由于心学的主体性，遏制人欲由外在权威转向内在克治，似乎走向极致。但是，正是心学凸显道德主体，阳明心学由此延伸出两条理路：其一是诚意慎独理路；其二是自然人性论。这是因为，既然"心即理"，并且"意是心所发动"，所以必然导致诚意慎独；同时，"心即理"也蕴含着"心"对"理"阐释的合法性，并且，"无身则无心"，所以，"心"覆盖涵摄着"身"，或者说，心与身关联性得到强化。另外，集权专制导致知行断裂，世人流于"口耳之学"，所以，阳明强调"讲之以身心"，从道德活动上看，身之践行意义凸显，这是王艮尊身思想的思想背景。知行合一的身体，如张再林所说，身体在付诸行为践履之际，同时又以一种梅洛-庞蒂的"用身体知道"的方式，使我们对外部世界的知识性、合理性的把握成为彻底的可能。[①]

　　修身原本是"自天子以至于庶人"都要修的功课，不分圣愚。但在现实中却是针对士大夫官僚阶层而言，愚夫愚妇被排除在外。从"理一分殊"看，"理"是

---

① 张再林：《中国古代身道研究》，生活·读书·新知三联书店2014年版，第58页。

本体，是一，天地万物是显现，是杂多；而阳明心学直指"吾性自足"，现实个体身上的良知成为实在的，是"自家的准则"，具有本体意义，从而为"百姓日用即道"奠定基础。也就是说，从阳明心学开始，"身"由士人之身开始转向百姓之身。王阳明视愚夫愚妇为判别异端的标尺："须做得个愚夫愚妇，方可与人讲学。"王阳明又说："与愚夫愚妇同的，是谓同德。与愚夫愚妇异的，是谓异端。"① 愚夫愚妇即平民百姓，其含义主要分为政治视角和道德视角。尽管王阳明从道德立场上予以平等对待，但因其精英视角而有所局限，"圣人之知，如青天白日，贤人之知如浮云蔽日，愚人如阴霾天日"②。也就是说，王阳明不过是坚持一种人性的平等而非实质的平等。在阳明那里，作为也包含愚夫愚妇的人的一般，实际上只不过是一种超脱主义，还没有逸出士大夫的限制。③ 如若从士大夫视角看，泰州学派的朱恕、韩贞可谓名副其实的愚夫愚妇。朱恕出身樵夫，以砍柴、卖柴维持生活，砍柴时偶然听到王艮讲学，深得乐学之旨。"饥则向都养乞浆，解裹饭以食，听毕则浩歌负薪而去。"韩贞出身陶匠，"慕朱樵而从之学，后卒业于王襞。粗识文字。有茅屋三间，以之偿债，遂处窑中，自咏曰：三间茅屋归新主，一片烟霞是故人"；"以化俗自任，随机指点，农工商贾从之游者千余。秋成农隙，则聚徒讲学，一村既毕又之一村，前歌后答，弦诵之声洋洋然也"。④ 这是一种立足于百姓日用的道，与究竟于"一念发动处"的诚意工夫形成鲜明对比。

王艮"百姓日用即道"所反映出的主体平民化还表现在"简易直接"的工夫论上。致良知的一个重要的工夫就是省察克治，势必要求持久的静坐诚意来达至圣人境界，脱离平民日常的生产、消费活动。身体的范围从德性的、政治的、礼仪的转向生产的、生命的、自然的；从贵族的、士大夫的转向城市市民的、属我的。所以应该说从王阳明到王艮完成了心学向身学的转变，在自然人性上，心与身直接统一，生活之身凸显出来。从修身转向爱身、保身，必须依托本体的转向，即立身为本。

王艮的身本论是其时代生活的形而上表达，具体来说是中国内生现代性的表

---

① 陈荣捷：《〈传习录〉详注集评》，第213页。
② 陈荣捷：《〈传习录〉详注集评》，第204页。
③ ［日］岛田虔次：《中国近代思维的挫折》，甘万萍译，江苏人民出版社2008年版，第36页。
④ 王艮：《王心斋全集》，陈祝生等校点，江苏教育出版社2001年版，第116—117页。

达。个体由"克己复礼"转向"身为天下国家之本"。这并非意味着身本论无涉修身，只是说修身的生活背景从传统的整体主义价值变成现代性的个体价值。伯林在《两种自由概念》中申明：消极自由意味着不被别人干涉；积极自由则是成为某人自己的主人的自由。① "克己"可以理解为共同遵守规范而不干涉他人，做一个普遍的社会存在；而成己则是做自己的主人的积极自由，同时也是一种被自己意识到的责任。由此，"身"不再是修治的对象或客体，而是自我关切。爱己或成己预示着对个体自身自然情感、欲望或利益的认同。如果说在王艮身本论中还是含蓄着形而上表达，那么到李贽的童心说，个体原则完成彰显。李贽说："夫私者人之心也，人必由私而后其心乃见。"② 很明显，被朱熹所指责的"身之私欲"得到肯定。陈确"天理正从人欲中见"、戴震"好货好色，欲也，与百姓同之即理也"可以说是王艮身本论的形而下表达。

通过梳理身体的思想史不难发现，身体经历了神圣的、感性的和世俗的三个阶段，相应地表现为神圣之身、修治之身和本体之身。身本论是对理学与心学的颠倒，这与现代社会的个体本位相符，视为启蒙思想无不当。王艮的身本儒学彰显的正是现代个体价值。嵇文甫评价道："他（王艮）提倡一种尊身主义，一种自我中心主义。……这是一种大我主义，一种健全的个人主义，也正是时代精神的表现。"③ 黄玉顺认为王艮的身本论是一种典型的个体主义："吾身是矩"意味着个体自我是家、国、天下的尺度，这显然是一种典型的个体主义表达。④

三 身本儒学的本体论

王艮的身本论儒学思想建立在"身与道原是一件"的本体论基础上，身与道同尊为本，家国天下为末。宋明理学从理本论到心本论，最终发展成为王艮的身本论。

---

① ［英］伯林：《自由论》，胡传胜译，译林出版社 2018 年版，第 171、180 页。
② 李贽：《藏书》，上海古籍出版社 1974 年版，第 1827 页。
③ 嵇文甫：《晚明思想史论》，北京出版社 2014 年版，第 18 页。
④ 黄玉顺：《"以身为本"与"大同主义"——"家国天下"话语反思与"天下主义"观念批判》，《探索与争鸣》2016 年第 1 期。

王艮改造了王阳明良知本体的儒学思想，反其道而行之，将"身"与"道"置于本体层级上，"身与道原是一件"，从而构建一种身本论的儒家哲学观。本体是指道德实践所以可能的先验根据或超验的根据，属于道德实践的客观根据。工夫则是道德实践的下手，属于道德实践所以可能的主观根据。① 当然，由于王艮未受到正统的儒家教育，其用于表述思想的概念也就缺乏规范。王艮几乎不用"本体"，仅有一处论及"本体"——"'说'是心之本体"②，而多用"本"或"体"，如"良知之体""吾身以为天下国家之本""天性之体""体用不一，只是功夫生""诚者，圣人之本"等等。从"本""体"语义的使用来看，其实与本体无异。

徐樾（字子直）于嘉靖七年（1528）来学，王艮在回复徐樾的书信中亦涉及百姓日用和尊身思想。

> 徐子直问："何哉？夫子之所谓尊身也？"曰："身与道原是一件，至尊者此道，至尊者此身。尊身不尊道，不谓之尊身，尊道不尊身，不谓之尊道。须道尊、身尊，才是至善。故曰：天下有道，以道殉身；天下无道，以身殉道；必不以道殉乎人。有王者作，必来取法学焉，而后能臣，然后不劳而王。如或不可，则去。仕止久速，精义入神，见机而作，避世、避地、避言、避色，如神龙变化，莫之能测。若以道殉人，妾妇之道也。己不能尊信，又岂能使人尊信哉？"③

这段引文涉及身与道的本体关系。身与道本是一个，相对于天下国家价值优先。在这里，道不仅指宇宙生成的本体，而是指生命价值的本体或依据。确切地说，道是人的价值依据和追求，人的生存活动依道而行，所以，天下有道还是无道成为生命活动的准则。问题是王艮何以给予身本体的位置？从文本可知，王艮得出此论主要依据《孝经》《周易》和孔孟圣言，并且王艮的亲身经历也使得他认识到身体或者生命的存在是其他活动的保证，也是弘道的主体，"人有困于贫而冻馁其

---

① 牟宗三：《心体与性体》上册，上海古籍出版社1999年版，第7页。
② 王艮：《王心斋全集》，第8页。
③ 王艮：《王心斋全集》，第37—38页。

身者，则失其本而非学也"，失去身体，即失本。没有身体的体认践行，道变成虚无的存在，因此，王艮说："道寓于身，尊身则道重。"这是就"以身观道"而言。"以道观身"，则此"身"是"父母生我，形气俱全。形属乎地，气本乎天。中涵太极，号人之天。"天地即阴阳，而"一阴一阳之谓道"（《易传·系辞上》）。故，道成肉身，用王艮的话说就是"万化生身"①。"身"由"道"生，"道"由"身"行。

毫无疑问，"身与道原是一件"中是"身"的首要含义是指生命或感性存在，在心学视域下是载体，也是心作用的对象；其次，"身"还是与家国相对的个体，在这个意义上，"身"包含着"心"，"所谓仁备于我者，备于我身之谓也"②。因此，切不可将"身"理解成道家的养身。王艮的"道"实则是生生之道，生生之道在生活感悟下表现为"明哲保身"，与"良知之体，与鸢飞鱼跃同一活泼"。王艮并不反对天下无道时"以身殉道"，这是每个人的自由权宜，"应变之权固有之，非教人家法也"，何心隐、李贽的行为也足以证明。

身与道的统一不仅是本体上即生命本体的相通，而且还在于，作为价值规范的道着落在天下国家时，如果不能发挥其规范效用，身的主体更应当自觉行道，不委身于世。故王艮引《孟子·尽心上》"天下有道，以道殉身；天下无道，以身殉道；必不以道殉乎人"③，不能以道顺从世俗权威，否则就会陷入流俗之中，失去自身的独立性。"以身任道"表示己身对普遍道德法则的自主与承担。"道寓于身"就是说"身"生来就据有"道"，"道"对于寄寓其身中的每个个体而言表现为"良知良能"，即"明哲保身"。

"身"的本体意义还体现在"修身立本，立本安身"上。王艮看到，《大学》首句——"明明德""亲民""止于至善"——的含义是递进的。所以，他指出："明明德以立体（本），亲民以达用，体用一致，阳明先师辨之悉矣。但谓至善为心之本体，却与明德无别，恐非本旨。"④王艮释"止于至善"为"安身"，"安身者，立天下之大本也"。王艮据引"身安而天下国家可保也""于止，知其所止，

---

① 王艮：《王心斋全集》，第10页。
② 王艮：《王心斋全集》，第161页。
③ 朱熹：《四书章句集注》，中华书局2016年版，第370页。
④ 王艮：《王心斋全集》，第101页。

可以人而不如鸟乎？""守孰为大？守身为大"而证之。应当承认，王艮对《大学》首句的理解的确超出阳明，更符合本义。这涉及德性与幸福的关系问题，"明明德"是德性，"止于至善"是幸福。我们知道，康德的幸福论认为，幸福，亦即对自己的状态的满足，只要人们确信幸福的持存，期望幸福和寻求幸福就是人的本性；但正因为如此，它也不是一个同时是义务的目的。① 意思是说，幸福是对自然所赐的满足，诸如"富裕、强大、健康和一般而言的福祉"②。人是有限的理性存在者，主体的道德性才是目的，幸福不能是德性的根据；同时人是有限的，自然有欲望。作为理性存在者，人能够按照道德法则为自然立法，造就一个"以福配德"的理想社会。但现实是，德性与幸福经常不一致。因此，上帝存在和灵魂不朽就成为必要的公设。但由此批评康德的道德哲学是完全的神学论无疑是曲解。自由法则不仅包括道德法则，还包括法律的法则，后者是指人的（外在的）实践活动合乎法则性，即合法性。自由不是任性，为保证每个人的自由，权利是必要的：根据权利，"任何人的有意识的行为，按照一条普遍的自由法则，确实能够与其他人的有意识的行为相协调"。对王艮保身论最大的曲解就是将之归为自私的自保行为。王艮并不反对"杀身成仁"，"杀身成仁"也是成就仁的一种方式，但这是"应变之权固有之，非教人家法也"。即，不能把"杀身成仁"当作教条。"杀身成仁"是贤人之仁。况且，如何成就仁还需要与社会制度联系起来考量：

  天下无道，以身殉道；必不以道殉人。有王者作，必来取法学焉，而后臣之，然后不劳而王。如或不可，则去。仕止久速，精义入神，见机而作，避世、避地、避言、避色，如神龙变化，莫之能测。若以道殉人，妾妇之道也。己不能尊信，又岂能使人尊信焉？③

显然，王艮更尊崇孔子的"危邦不入，乱邦不居"的"圣人之仁"成仁策略。一旦掩盖"天下无道"的不正义的专制社会，其结果只能是"平时静坐谈心性，临危一死报君王"的愚忠思想，即不能使"道""己"委身于他人。与之相反，王

---

① ［德］康德：《道德形而上学》，张荣、李秋零译，中国人民大学出版社2013年版，第172页。
② ［德］康德：《道德形而上学》，第173页。
③ 王艮：《王心斋全集》，第97页。

艮提倡,"修身为本,然后师道立,而善人多也"。进而言之,王艮走的是"修身讲学以见于世"的觉民行道路线。

四 安身工夫

成仁成圣是儒学共同的人格诉求,程朱理学与陆王心学莫不如此。为实现这一理想人格,理学或心学从各自的本体论出发,形成不同的工夫路径。工夫可以说是宋明儒学特有的哲学范畴,其一开始仅指为完成一件事务所消耗的时间、精力,或者说指为完成一个行为所做的准备工作,后来经过佛教的影响才被吸收到宋明儒学中,成为与本体相对的具体的修养活动及其方法。概而论之,理学与心学遵守共同的工夫论框架,即本体—工夫。换句话说,朱子穷理工夫是理本体的逻辑结果,阳明致良知工夫是良知本体的逻辑结果。穷理工夫的结果是"心具众理",从结果上看,与"良知即天理"意义差别不大,因为无论是穷理工夫还是致良知工夫都预设了本体—工夫框架。王艮则说:"体用不一,只是工夫生。"[①] 也就是说,本体与工夫的关系不是两者之间的简单呼应,工夫不仅指向本体还指向实践发用,本体也是如此。王艮的安身工夫从"明哲保身"这个当下具足的"良知良能"本体出发,"以日用见在指点良知",从而形成独特的安身工夫。王艮身本儒学的工夫内容主要分为内圣工夫论和外王工夫论,内圣工夫是指如何"物格而知本","诚意、正心、修身、立本"的安身工夫;外王工夫主要是"亲民""成物"工夫。内圣工夫与外王工夫的共同目标是"万物一体"而"止于至善",用王艮的话说就是"人人君子,比屋可封"的理想社会。

王艮说他的工夫论是:"王公论良知,艮谈格物。"格物在这里既不是格物之理,也不是致良知于事物,而是"以身为本"正己正物。"身"在王艮思想中涵盖生命、生生不已、生机勃勃、良知良能等含义,是"身心一体"的个体。既然身心一体,在王艮语境中,安身工夫自然是"安其身而安其心"[②]。

致良知是下工夫复其本体良知,而"良知致"则是说良知在日常生活中随时

[①] 王艮:《王心斋全集》,第8页。
[②] 王艮:《王心斋全集》,第17页。

随处发用。与王龙溪的"见在良知"比较，王艮更凸显日常生活中良知的表现，"良知天性，往来古今人人具足，人伦日用间举措之耳"①。"良知现成"除日用含义外，还有无须刻意致知的含义。王艮在《次先师答人问良知》一诗中写道："知得良知却是谁，良知原有不须知。而今只有良知在，没有良知之外知。"良知原本自有自足，所以不须另立一个心去知，"良知在人，信天然自足之性，不须人为立意做作"。又如在《与俞纯夫》书信中："只心有所向便是欲，有所见便是妄；既无所向又无所见便是无极而太极。良知一点分分明明，亭亭当当，不用安排思索。"良知之所以不须思索、能辨是非，在王艮看来是因为良知真实无妄，"予谓良知者，真实无妄之谓也，自能辨是与非"。不过，王艮似乎在良知现成的基础上也主张穷理："故正诸先觉、考诸古训，多识前言往行而求以明之，此致良知之道也。"② 良知自身虽然能够辨明是非，但是非与否有己我之分。从《奉绪山先生书》全文来看，王艮应该是针对阳明的致良知而发。王艮发问道："一念之动，自以为是，而人又以为非者，将从人乎？将从己乎？"③ 因此，王艮所谓良知的"真实无妄"应该是对本体良知的经验补充，"充其是非之心，则知不可胜用，而达诸多识前言往行，以畜德矣"。可见，王艮是在良知现成的前提下主张多格物穷理以畜德，以达到尽善尽美的境界。

王艮对"格物"做出全新的解释。其一，紧扣"物有本末"，提出"身与天下国家一物也，唯一物，而有'本末'之谓"，"身也者，天地万物之本也，天地万物末也"④；其二，训"格"为"絜度""絜矩"，"'格'，絜度也，度于本末之间"；其三，修身是立本，立本是安身，安身才是"止于至善"。可见，王艮的格物论不同于理学与心学的解释思路，格物即安身，如《易》曰："身安而天下国家可保也。"王艮格物论又称"淮南格物"。刘宗周对王艮的格物说评价甚高："后儒格物之说，当以淮南为正。"⑤

"物有本末"是淮南格物论的第一前提，而且天下万物实为一物。钱穆认为，

---

① 王艮：《王心斋全集》，第10页。
② 王艮：《王心斋全集》，第62页。
③ 王艮：《王心斋全集》，第63页。
④ 王艮：《王心斋全集》，第101页。
⑤ 黄宗羲：《明儒学案》，中华书局2008年版，第710页。

宋儒之间虽意见分歧，但"万物一体"则是"全体一致的见解"。①

格物之"物"，即"物有本末"之"物"，"其本乱而末未治者否矣，其所厚者薄而其所薄者厚，未之有也"，此即"格物"也。②

王阳明认为"明德为本，亲民为末"。这就漏掉了"止于至善"。而王艮认为要紧处就在于"止于至善"，《大学》是经世完书，吃紧处，只在于"止于至善"。"格物"，却正是"止于至善"③。"安身"即"止于至善"，"身安而天下国家可保也"。"安身"归根结底是要修身治国平天下，所以，安身也可以看作是后续伦理实践的工夫。"身"的本源意义是作为生命存在之"身"，"身"与"天下国家"相对，所以确切地说是生命存在的个体；并且应当注意，当身与天下国家相对时，它指的是身心统一的个体。因为，安身是良知良能，人皆有之，圣人与我同也。④其实，王阳明晚年亦发出感慨："身在而后道可弘，皮之不存，毛将焉附？"⑤

"身是天下国家之本"，"本"还有价值标准、衡量的意思，此即"格"也：

> "格"如"格式"之格，即后"絜矩"之谓。吾身是个"矩"，天下国家是个"方"，（絜）矩则知方之不正，由矩之不正也，是以只去正矩，却不在方上求。矩正则方正矣。方正则成格矣。故曰"格物"。吾身对上下、前后、左右是"物"。"矩"是格也。⑥

这段话表明，对王艮来说，"格物"即以"身"度量天下国家。前面已证明，"身"是生命存在的个体，这个个体是天下国家的价值尺度。个体之身本与天下国家是一件事物，"故立吾身以为天下国家之本"。修身在立本，立本在安身，安身以安家而家齐，安身以安国而国治，安身以安天下而天下平。如果说王阳明的良知树立起道德向度的个体，那么王艮则树立起政治价值向度的个体。个体价值优先于

---

① 钱穆：《阳明学述要》，中正书局1957年版，第2页。
② 王艮：《王心斋全集》，第1页。
③ 王艮：《王心斋全集》，第1页。
④ 王艮：《王心斋全集》，第29页。
⑤ 王守仁：《王阳明全集》，吴光、钱明、董平、姚延福编校，上海古籍出版社2011年版，第917页。
⑥ 王艮：《王心斋全集》，第34页。

天下国家,"天地万物依于己,不以己依于天地万物"①。王艮用"尊身"来强调"个体人身权利的优先性"这一思想创见,要求尊重社会成员的人身权利,承认他们的自由与尊严。②"安身"既是"立天下之大本",又是个体安身立命所归,"止于至善"。不同于福柯的生命是政治治理对象的生命权力观,"安身"更是一种基于生命自治的生命政治。将个体与家国天下在政治空间的顺序颠倒,在现实生活中表现为大丈夫的担当精神,而这种精神由于宣扬个体价值优先,因而在传统价值观念里必然引起非议。

阳明主张工夫以诚意为主,"大学之要,诚意而已矣";又如,"君子之学以诚意为主,格物致知者,诚意之功也"。王艮则从诚意转向格物:若要"诚意",却先须知个"本在吾身",然后做不差了,又不是"致知"了,便是"诚意"。在阳明那里,"物"指事,是客观事物"着意"后的主观事物,所以逻辑结构是"心—物";而王艮则以"身"作为"本",作为价值评价标准,衡量挈度天下国家,其逻辑结构是"身—物"。从逻辑上说,身本论的"身"其实是心学之"心"的具身、具形,也就是良知的现身。当然王艮有意识地在政治视域这样表达,而进入自身内,"安其身而安其心者,上也"。

依王艮所言,天下与国家、国家与身、身与心的关系不能等同于心与意、意与知的关系。可以说,家齐而国之仪形具,身修而家之仪形具;但不能说诚意为正心,致知是诚意,因为,诚意是有所戒慎恐惧,而"心之本体,原着不得纤毫意思,才着意思便有所恐惧"③。"意"是已发,已经是对某物某事有所戒慎恐惧,不足以正心。同理,"又不是'致知'了,便是'诚意'",因为,无论穷理致知或致良知皆是本体工夫,而事物属于流行发用,简单地以为致知便是诚意工夫会导致遇事便乱。这里的"乱"不是心猿意马,而是缺乏知本,即"不知安身立本便去干天下国家事,是之谓'失本'"。所以,王艮说:"须'物格知至'然后好去'诚意'。"④

安身面临最大的挑战就是安身与安心之间的张力。儒家传统素来主张"杀身

---

① 王艮:《王心斋全集》,第6页。
② 宣朝庆:《个人观的突破与界限:论王艮的"淮南格物"》,《历史教学》2006年第12期。
③ 王艮:《王心斋全集》,第36页。
④ 王艮:《王心斋全集》,第36页。

成仁""舍生取义","存天理灭人欲""不从躯壳上起念"。当安身与安心对立起来时,"身"作为感性生命的含义凸显,自然与其"心"产生冲突。王艮的身本论受到时人的质疑:

> 有疑先生安身之说者,问焉,曰:"夷、齐虽不安其身,然而安其心矣。"先生曰:"安其身而安其心者,上也;不安其身而安其心者,次之;不安其身又不安其心者,斯其为下矣。"①

所谓"安其身而安其心者"是"圣人之仁";所谓"不安其身而安其心者"是"贤人之仁";所谓"不安其身又不安其心者",王艮并没有明确指认,而且从逻辑上,还应有一类即"安其身而不安其心者"。其实后者应该指的是"隐者",隐者是"洁其身于天地万物者"②,这不同于孔子所说的"天下无道则隐",因为孔子"修身讲学以'见'于世,未尝一日'隐'"③。而"不安其身又不安其心者"应该是"小人","小人喻于利",自私自利的个人主义者先是"不安其心",最终导致"不安其身"。从关于"众人之仁""贤人之仁"和"圣人之仁"的价值序列看,王艮并非反对"杀身成仁",而只是认为"杀身成仁"不若"安其身而安其心"。从王艮及其泰州学派的行迹看,恰恰表现出"仁以为己任"的大丈夫精神。儒家倡导"杀身成仁",然并非教条,而应该根据所处的政治生态自我权衡。王艮引孔子语"危邦不入,乱邦不居"(《论语·泰伯》),并为"殷有三仁"做出创造性诠释:"微子之去,知几保身,上也;箕子之为奴,庶几免死,故次也;比干执死以自决,故又次之。孔子以其心皆无私,故同谓之'仁',而优劣则于记者次序见之矣。"④ 最后,"杀身成仁"是一条特殊情况下的道德要求,而"明哲保身"则是道德基础之上的政治要求。

从本体—工夫框架来看,工夫的目的是复其本体,在阳明心学上当是"致良知"。然这就形成一个逻辑闭路,即从本体到工夫又回到本体。质言之,内圣没有

---

① 王艮:《王心斋全集》,第17页。
② 王艮:《王心斋全集》,第4页。
③ 王艮:《王心斋全集》,第7页。
④ 王艮:《王心斋全集》,第12页。

显现为外王，甚至外王成为内圣的工具。王艮从"良知现成"前提出发，自然会得出"百姓日用即道"的工夫论。良知现成，即良知当下具足，当下发用，离开当下发用致良知是归寂。从良知现成的本体出发，相应的工夫论即有当下工夫之义。

而且，从身本论出发，心斋得出"身外无觉"的经验主义式的论断，以此而推，顺理而得，"穿衣吃饭即是人伦物理，除却穿衣吃饭，无伦物矣"。这段语录出自《布政徐波石先生樾》的引言部分，《王心斋全集》并未完全收入，未得到学界关注。依王艮之见，从意念处识知，乃是分知与用为二，即"良知即用"，这是"心外无事"的自然延伸。由此可知，良知现成即承认良知的当下现实生活，离开当下生活的良知只能是悬空的。

由"良知现成"顺理推出"日用处指点良知"，致良知工夫逐渐生活化，是谓日用工夫。日用工夫是具体的生活实践，非是一种追求"光景"的脱离生活的精致的士大夫工夫。我们无意评判致良知工夫的优劣，因为这基于个体的生活经验。聂双江之归寂说得到罗洪先的支持，而念庵亦有自觉其工夫的自身性："予闻良知最久，而从事不力，固尝苦于身病，非敢药人之病也。"念庵所说"身病，非敢药人之病"实是明觉之语。念庵深知自身病痛非他人病痛，这即是说不能把自身的工夫强加给他人，因为，每个人的病痛不同，工夫自然不同。念庵根据自身"欲根不断"，从而采取"深求隐微"的工夫理路与聂双江相同，以寂然不动的形上心体与经验世界保持隔越、不为欲根知觉所混淆的主宰性，来保证道德实践的稳固可靠。① 其实，就着意而言，王艮与念庵理解几无差别，即着意已经是心体之感应；但在工夫理路上，却分化为返回本体与本体发用的两种工夫理路。念庵之工夫理路在于，既然意欲是"心有所向"，属于已发，所以，其工夫下手处在"当下此心微微觉处"。这其实是阳明所谓省察克治的工夫，以保持本体寂静。所以，念庵才会说："自打坐后，亦觉为力稍易。""打坐"显然是指静坐工夫，甚至在念庵看来就是"独处"。是以不难理解，念庵于嘉靖二十五年（1546）在石莲洞精修长达十八年。可以说，静坐工夫就是念庵的生活日用。

王艮提倡一种源于生命自身的乐学工夫。生命是自足的，其道德之心也本自

---

① 张卫红：《由凡而圣：阳明心学工夫散论》，生活·读书·新知三联书店2016年版，第38页。

乐。虽然"百姓日用即道"①，但百姓日用而不知，故须"先觉者觉知"，"觉"即是"学"。圣人之学也简易快乐。王艮说："天下之学，惟有圣人之学好学，不费些子气力，有无边快乐。若费些子气力，便不是圣人之学，便不乐。"②《论语》首言"学而时习之，不亦说乎"，王艮诠释，"说"（悦）是心之本体。既然"学"是"乐"，则"学"不讲天分，"人之天分有不同，论学则不必分天分"③。王艮的乐学工夫应该是应阳明"痛加刮磨"的省察克治工夫而发：

> 一友持功太严，先生觉之曰："是学为子累矣。"因指旁斫木之匠，示之曰："彼却不曾用功，然亦何尝废事。"④
>
> 须见得自家一个真乐，直与天地万物为一体，然后能宰万物而主经纶，所谓乐则天，天则神。学者不见真乐，则安能超脱而闻圣人之道。⑤

由此梁漱溟评价说："宋明理学中，唯独泰州王氏父子心斋先生东厓先生为最合我意，心斋先生以乐为教，而作事出处甚有圣人的样子；皆可注意处也。"⑥学是依人本身的良知而学，学作为人的活动其实是自发的，与生俱来的。

五 余 论

从阳明的"良知自知"到"身是天下国家之本"，儒学的个体性终于突破道德主体的限度进入权利主体的领域。在王艮看来，身与天地万物一体，且身为其本。这里的"身"指的就是与家国相对的"个体"。而且，从王艮文本的行文中来看，"身"与"己"经常互换，如："其身正而天下归之，正己而格物"；"大人者，正己而物正者也"；"故立吾身以为天下国家之本"；"知修身是天下国家之本，则天地万物依于己，不以己依于天地万物"；"能爱身，则不敢不爱人。……能敬身，

---

① 王艮：《王心斋全集》，第90页。
② 王艮：《王心斋全集》，第5页。
③ 王艮：《王心斋全集》，第9页。
④ 王艮：《王心斋全集》，第9页。
⑤ 王艮：《王心斋全集》，第32页。
⑥ 梁漱溟：《梁漱溟全集》第一卷，山东人民出版社2005年版，第465页。

则不敢慢人";等等。王艮的"身"亦有感性的生命的意蕴。王艮之所以把"身"视为本体,是因为身是连接己心与家国天下的临界点。"身"是个体存在得以"(是)这个"的根基,身不自由或身役于他人或物则人就不是独立自足的存在。人的价值和属性也正是因为有这个"身"才统一、具体,成为现实。儒学在现代社会应当且可以个体化:一方面儒学自身蕴含着个体性;另一方面儒学自身同样蕴含着现代性因素,而现代价值诸如自由、平等、权利等统一在个体身上。这正是个体儒学得以可能的历史和现代根源。

从良知到德行：泰州学派德性伦理的乡贤特色

——以王艮思想为中心的研究

王文东*

摘　要： 泰州学派是源自心学的一个具有平民特色或乡贤特点的儒学派别，其德性伦理是由先儒"下学而上达"之语变出的，属于"下达"伦理，其意主要是指良知（德性）依赖于一切人的实践从而自然真实地呈现于日用人伦（德行）。泰州学派开创者王艮及其弟子们反思正统道学，忧思天下，心怀百姓，希望通过圣学伦理"下达"，推广教化以维护平民利益，进而实现社会人伦和谐与安定有序。王艮思想从良知实践主体的下移、圣凡一致的平等、日用器物人伦诸方面体现出其"好学"（"格物""身本""反己"）、"弘道"（"尊道""尊身""立德"）、"保身"（"爱身""爱人""爱我"）、"下达"（"百姓之道"与"圣人之道"）之伦理思想特点。泰州学派的乡贤伦理是来自传统儒学先贤伦理文化之德性伦理的具体展开，它强调经传只是印证吾心，肯定圣贤与平民生存欲望的一致性，拓宽了正统伦理的理论意域，代表了当时儒学伦理的一种自我改造和思想转向。

关键词： 泰州学派　德性伦理　乡贤　下达　日用人伦

德性是宋明儒学乃至整个儒学的一个核心议题，而宋明儒学特别是心学在此问题上的一个明显倾向是认为人有不学而能、不虑而知的良知，在其原初意义上人是

---

* 王文东，中央民族大学哲学与宗教学学院教授、博士生导师。

一德性主体，德性根源不必外寻而只需内求，而且德性优于知识，由此构造出特有的返归心性、重德求善、明体达用、精英主导的正统德性论。明代中期王守仁心学的德性论即是如此，不过随着心学的传播及其分化，其中产生了既有承接与继续其传统的后继者，更有批判心学以至于开宗立派、注重乡贤伦理的开新者。黄宗羲已注意到了，他曾论及："阳明先生之学，有泰州、龙溪而风行天下，亦因泰州、龙溪而渐失其传。泰州、龙溪时时不满其师说，益启瞿昙之秘而归之师，盖跻阳明而为禅矣。然龙溪之后，力量无过于龙溪者，又得江右为之救正，故不至十分决裂。泰州之后，其人多能以赤手搏龙蛇，传至颜山农、何心隐一派，遂复非明教之所能羁络矣。"① 这里提到的"泰州"指王艮，"龙溪"指王畿，两人曾深受心学之影响，因有不赞同王守仁观点的一面，从而把心学引入禅学（王畿）或创立了新学派（王艮）。也有学者指出："王艮以后，泰州学派分成了几个不同的派别，有些人程度不等地继承并发扬了王艮的'异端'思想，成为公开的封建叛逆者和有影响的思想家，有些人则只是单纯地承受王艮类似一种异端的宗教形式，而流为比较保守的学者。"② 本文不讨论王艮后继者们的派别划分，而专注于王艮对精英主导的儒学德性论之反省，把心学心性德性与乡村社会、风习教化、乡里乡贤教育结合起来，以崇实黜虚、匡济天下为要务，使德性的关注由良知（德性）为重转向以日用实践（德行）为重，即德性重在"行为"而非"心性"，展现了浙学务实求真、重视日用、经世济民之乡贤伦理特色。这应是泰州学派与阳明心学在德性论上的一个不同，也是正统儒学转向时期泰州学派对儒学先贤文化建设的一个突出贡献。

一 "好学"："格物""身本""反己"

儒学流向自孔子至唐宋大致主要在所谓的精英文化层中涌动，儒学"下学上达"的功能由此得以实现，而"上学下达"的行为流向社会民间生活则由于学与仕的凝固而几被隔绝，而至理学则儒家僵硬、固执、拘囚的一面便暴露出来。阳明

---

① 黄宗羲：《泰州学案一》，《明儒学案》（修订本）卷32，沈芝盈点校，中华书局2008年版，第703页。
② 侯外庐：《中国思想史纲》下册，中国青年出版社1980年版，第17页。

心学由此兴起，其良知论主张德性根源不必外寻而只需内求，给当时沉闷的思想界吹来一股清风，然而主流儒学深处仍潜存着层级有别的秩序观念，以此向初来求学的王艮做了某种暗示。

泰州学派开创者王艮［1483—1541，初名银，字汝止，号心斋，泰州安丰场（今江苏东台）人］于心学之外尝试将儒学下移，儒学的基础德性"好学"之德由此也在另一思想天地中开出了一番新意。《论语》开篇置"学"为首要德性，这合于孔子以"好学"自居之事实。"好学"之德对宋明正统德性论影响甚大。王艮二十五岁那年在山东经商之时拜谒了孔庙，《年谱》记载其"奉守庵命商游四方，先生以山东阙里所在，径趋山东"。王艮在山东除从事和研究经商之外，还表达了自己对孔子和儒学的仰慕之情。耿定向撰写的《王心斋传》云："同里人商贩东鲁，间经孔林，先生入谒夫子庙，低徊久之。愤然奋曰：'此亦人耳，胡万世师之称圣耶？'当取《论语》《孝经》诵习。"王艮从经商至勤奋向学，坚持独立思考，王守仁在会见王艮后对其弟子说："吾擒宸濠，一无所动，今却为斯人动。"又说："此真学圣人者，疑即疑，信即信，一毫不苟，诸君莫及也。"[①] 入王门后，王守仁曾说："吾党今乃得一狂者。"[②] 王艮的"好学"，使他"时时不满其师说"[③]，而且"往往驾师说上之"[④]。

王艮著述今日所传多由其子和门下学生收集编订，学生张峰初刻《遗录》，收有《年谱》《语录》《遗闻》《祭文》等。明代曾有相关记载史料六刻本，但逐渐消失。清末民初，东台袁承业在《淮南王氏三贤全书》的基础上，编成目前现存相对完整的文献《明儒王心斋先生遗集》。文献共五卷，附录六卷，《年谱》为卷三，其中记载："先生五十五岁。是岁先生玩《大学》，因悟格物之旨。"王艮在发挥"致良知"的基础上提出"格物论"，是其"好学"之德的首要表现。东汉郑玄最早解说"格物"一词云："格，来也。物，犹事也。其知于善深，则来善物，其知于恶深，则来恶物。言事缘所好来也。"宋明理学家对"格物"也有诸多理解和解释，而无论哪一种解释，"格物"的目的都在于求知，

---

① 《年谱》，《王阳明全集》卷2，浙江古籍出版社2010年版。
② 欧阳德：《奠文》，载《王阳明全集》卷5，浙江古籍出版社2010年版。
③ 黄宗羲：《泰州学案·王艮传》，《明儒学案》（修订本）卷32，中华书局2008年版。
④ 张廷玉等：《明史》卷283《王艮传》，中华书局1974年版。

并且是其德性的基础。"格物"作为《大学》的"八条目"之一,被视为"修身"的理论前提。由于王艮商业活动的经历和他对平民日用人伦的关注,以及对个人价值和个人利益的重视,因此他对于"格物"的认识与前人也有所不同。理学多主张通过"即物"去"穷理"或求"理"于"心",而王艮对于"格物"则做出了新的个人解释。他说:

> 身与天下国家一物也,唯一物而有本末之谓。"格",絜度也。度于本末之间,而知"本乱而末治者否矣",此格物也。物格,知本;知本,知之至也。故曰:"自天子以至于庶人,壹是皆以修身为本"也。修身,立本也;立本,安身也。①
>
> 格,如格式之格,即后絜矩之谓。吾身是个矩,天下国家是个方,絜矩则知方之不正,由矩之不正也。是以只去正矩,却不在方上求,矩正则方正矣,方正则成格矣,故曰物格。吾身对上下左右前后,是物,絜矩是格也。②
>
> 吾身犹矩,天下国家犹方,天下国家不方,还是吾身不方。③

"格"就是"絜度","絜度"是衡量、区别之意,即是说"格物"是要区分"一物"的主要矛盾和次要矛盾。"物有本末"原出《大学》,本意说做事要有轻重缓急,王艮则用来说明个人与国家的关系。他认为"吾身以为天下国家之本"④,"离却反己谓之失本,离却天下国家谓之遗末"⑤。他通过个人与国家关系的比较衡量,一反只关注国家利益而舍弃忽略个人利益的观点,提出"身本"思想,同时他利用《大学》中的"絜矩之道"说明个人的价值。王艮将"吾身"比作是"矩",将"国家天下"比作为"方"。他认为"方"取决于"矩",即天下国家是否可以发展得比较好,在很大程度上是由个人的主观努力决定的。王艮坚持"身本"的观点,认为"吾身"是根本,以国家为末。修身是齐家治国平天下的基础。

---

① 《答问补遗》,《王心斋全集》(卷一),陈祝生等校点,江苏教育出版社2001年版,第34页。
② 王艮撰,袁承业编校:《明儒王心斋先生遗集》卷1《答问补遗》,清宣统二年(1909)四月东台袁氏据原刻本重编校排印。
③ 《明儒王心斋先生遗集》卷1《答问补遗》。
④ 《明儒王心斋先生遗集》卷1《语录》。
⑤ 《明儒王心斋先生遗集》卷3《年谱》。

他强调要看到人的价值,发挥人的主观能动性,以约束自己的行为,在此基础上才可为国家做贡献。

王艮的"格物"观有"反己"的意识。他认为人要首先充分地认识自我,才能发挥主观能动性,为国家社会做出贡献,从而实现个人的价值。他曾反复提到"反己是格物的功夫"。个人作为社会国家的一部分,在享受社会国家所赋予的权益的同时,要充分认识到自己的责任和义务,对自己充分了解,在为国家做出自己的贡献的过程中实现个体价值。

王艮的"淮南格物"论认为个人要加强德性修养以实现自我约束,同时还要"反己"充分认识自己,去"真真实实"①地实现"真实"的自我,从思想认识进到实践以体现个体的真切价值。这一"身本论"对于德性的塑造具有重要的作用,具有一定的品德首先要学习,通过学习获得知识,知道如何权衡本末轻重,加之以自省、自我认识、躬行实践,才能成为有德之人。

二 "弘道":"尊道""尊身""立德"

志道据德、依仁游艺是始于孔子确立的儒家德性论之纲领,寓意在于德性的基础建立于"道"(体)、德性的表现在于"仁"(相)、德性的实践在于"艺"(用)。王艮依循传统德性论之纲,反省心学德性论,提出"尊道""尊身""立德"的思想。他说:"圣人以道济天下,是至尊者道也;人能弘道,是至尊者身也。道尊则身尊,身尊则道尊。"②可见,"弘道立德"与"尊道重身"乃是德性的目标与始点。

王艮对于孔子思想深有感悟,他借用孔子"人能弘道,非道弘人"③表达"道"不仅需依靠人来弘扬,而且其所弘扬的程度取决于人。人的价值体现了"道"的价值,"道"的价值取决于人的价值。所以,身与道原是一件,至尊者此道,至尊者此身。他说:"尊身不尊道,不谓之尊身;尊道不尊身,不谓之尊道,

---

① 《明儒王心斋先生遗集》卷1《答问补遗》。
② 《明儒王心斋先生遗集》卷3《年谱》。
③ 《论语·卫灵公》,《十三经注疏·论语注疏》,中华书局1980年版。

须道尊身尊才是至善。"① 这里意在强调"尊身"与"尊道"的统一，要把身与道结合起来，通过个人价值的实现推动社会理想的完成，同时他告诫人们要尊重自己、发掘自身价值、追求自身理想，而不做"以道殉人，妾妇之道也"的小人之为。

"尊身"与"尊道"固然紧密联系，不可须臾分离，而当"尊身"与"尊道"发生冲突时如何抉择，则是对德性实践方法的考验。王艮主张关注合理的自身价值和利益，灵活变通，善于保存自身，进而理性解决。殷有三仁即殷纣王臣子微子、箕子和比干，微子是纣王同父异母的兄弟；箕子是纣王的叔父，掌管军队；比干则是纣王的叔父、太子的老师。纣王无道，统治腐朽，虽然三人屡次劝谏，但纣王依然一意孤行，于是"微子去之，箕子为之奴，比干谏而死"。孔子认为三人的行为都是忠君爱君的表现，即便有所区别。孔子主张"杀身以成仁"②，孟子主张"舍生而取义"③，这些传统的观念一直影响着人们的价值选择。

王艮主张学习"三仁"中的微子，尊重自身，灵活变通，保全自身，进而实现"道"。孔子对于"殷有三仁"④ 赞赏有加，而王艮则与孔子持不同意见，他认为："微子之去，知几保身，上也；箕子之为奴，庶几免死，故次之；比干执死谏以自决，故又次之。孔子以其心皆无私，故同谓之仁，而优劣则于记者次序见之矣。"⑤ 王艮对于三人不计个人安危的劝谏弘道行为表示赞赏，但他认同微子的保全自身，而对于箕子和比干的行为有所质疑。孔子讲求"修己以安人""修己以安百姓"⑥，王艮秉承此传统而提出"保身"与"爱人""齐家""治国""平天下"一体相关，如其论"明哲保身"云：

> 明哲者，良知也。明哲保身者，良知良能也，所谓不虑而知，不学而能者也，人皆有之，圣人与我同也。
>
> 知保身者，则必爱身如宝。能爱身，则不敢不爱人。能爱人，则人必爱

---

① 《明儒王心斋先生遗集》卷1《答问补遗》。
② 《论语·卫灵公》，《十三经注疏·论语注疏》。
③ 《孟子·告子上》，《十三经注疏·孟子注疏》，中华书局1980年版。
④ 《论语·微子》，《十三经注疏·论语注疏》。
⑤ 《明儒王心斋先生遗集》卷1《语录》。
⑥ 《论语·宪问》，《十三经注疏·论语注疏》。

我。人爱我，则吾身保矣。能爱人，则不敢恶人。不恶人，则人不恶我。人不恶我，则吾身保矣。……此仁也，万物一体之道也。以之齐家，则能爱一家矣。能爱一家，则一家者必爱我矣。一家者爱我，则吾身保矣。吾身保，然后能保一家矣。以之治国，则能爱一国矣。能爱一国，则一国者必爱我。一国者必爱我，则吾身保矣。吾身保，然后能保一国矣。以之平天下，则能爱天下矣。能爱天下，则天下凡有血气者，莫不尊亲。莫不尊亲，则吾身保矣。……学之如何？明哲保身而已矣。

……

吾身不能保，又何以保天下国家哉？此自私之辈，不知本末一贯者也。若夫知爱人而不知爱身，必至于烹身割股，舍生杀身，则吾身不能保矣。吾身不能保，又何以保君父哉？此忘本逐末之徒，其本乱而末治者否矣。故君子之学，以己度人。己之所欲，则知人之所欲；己之所恶，则知人之所恶。故曰：有诸己而后求诸人，无诸己而后非诸人。必至于内不失己，外不失人，成己成物而后已。此恕也，所谓致曲也，忠恕之道也。故孔子曰：敬身为大。孟子曰：守身为大。曾子启手启足，皆此意也。①

这里提出引起后人较多讨论争辩的"身不能保，又何以保天下"的观点，王艮认为："如保身而不知爱人，必至于适己自便，利己害人。人将报我，则吾身不能保矣。"② 吾身不能保，则不能保天下国家，不能保君父。人作为社会的重要组成部分，从个人利益的保全尊重进而组成社会国家利益的实现。视特定的条件处理好个人利益与集体、社会、国家利益之间的关系。

由"尊道"而"尊身"，而"尊身"之要在于"立德"。在"立德"问题上，王艮推崇"仁义"，他注重"义"的伦理性，认为"义"在道德方面是做人的基本准则，视"仁"为"义"的前提，主张仁、义结合；在群己问题上，重视个体的价值和利益，处理好个体与群体之间的关系，处理好权利与义务的关系；在理欲问题上，主张先让人民养之有道，进而通过道德仁义教育使民知"德行为重，六

---

① 《明儒王心斋先生遗集》卷1《明哲保身论》。
② 《明儒王心斋先生遗集》卷1《明哲保身论》。

艺为轻",最终达到"人欲自遏,天理必见"之自觉。

"仁"成于保自身与保天下之统一。王艮说:"吾身保,然后能保天下矣。……此仁也,所谓至诚不息也,一贯之道也。人之所以不能者,为气禀物欲之偏。气禀物欲之偏,所以与圣人异也。与圣人异,然后有学也。"① "仁"或"仁义"盖指德性之全,《礼记·曲礼上》云:"道德仁义,非礼不成。"本意为仁爱与正义代表道德之全体,成于礼义。孟子着重解释"仁义",董仲舒继承发展之以之阐述成"春秋仁义法",以仁爱人、以义正我,将"仁义"作为传统道德的最高原则。宋代理学家进一步推崇"五常"(仁、义、礼、智、信)之德。王艮秉承《孟子·离娄章句上》中关于"仁义"的观点,他讲道:"夫圣人之德,仁、义、理、智、信而已矣。故孟子曰:仁之实,事亲是也;义之实,从兄是也;乐之实,乐斯二者是也。故曰:尧舜之道,孝弟而已矣。"② 将仁与义相结合,将"义"作为人的立身之本,将仁视为义的前提。"仁者安处于仁而不为物所动;智者顺乎仁而不为物所陷。"同时讲到"仁者"与"智者"的选择,认为有道德仁义的人入朝为官是一种"义"的行为选择,可以上效国家下安百姓。他视"仁"为"义"的前提,并非单纯的"舍生取义",而是尊重珍爱个体生命,视具体情境做出正确的选择。有人问曰:"孔孟何以言'成仁''取义'?"王艮答曰:"应变之权固有之,非教人家法也。"③ 在不得已的情况下牺牲生命保全集体或国家利益是大义之为,仁并非绝对的杀身成仁,而是"尊身爱身保身"。尊重个体价值,进而为社会做贡献实现"义"。

道德上处理好"仁义"关系不论是在经济活动当中还是在一般人际关系相处当中都有重要意义。明中后期,资本主义萌发发展,小商品经济繁荣,在市场经济活动中,"仁义"的观点可以启发商品经营者关注自身的社会责任,诚信合法经营,同时有利于个人道德的完善,人际关系和谐,促进社会利益得到最大化实现。

---

① 《明儒王心斋先生遗集》卷1《明哲保身论》。
② 朱熹:《孟子集注》,《四书章句集注》,中华书局2012年版。
③ 王艮:《王心斋全集》,王栋编纂,江苏教育出版社2001年版。

三 "保身"："爱身""爱人""爱我"

明中后期经济上"重本抑末"，文化上"八股取士""文字狱"，政治上专制统治、横征暴敛，使得百姓苦不堪言。在这种历史背景之下，保全自身显得尤为重要。王艮的"明哲保身论"就以宣扬人己价值平等，实现爱人与爱己相统一为目的。他说：

> 能爱身，则不敢不爱人；能爱人，则人必爱我；人爱我，则吾身保矣。能爱人，则不敢恶人；不恶人，则人不恶我；人不恶我，则吾身保矣。能爱我，则必敬身如宝；能敬身，则不敢不敬人；能敬人，则人必敬我；人敬我，则吾身保矣。能敬身，则不敢慢人；不慢人，则人不慢我；人不慢我，则吾身保矣。此仁也，万物一体之道也。①
>
> 故爱人者，人恒爱之，信人者，人恒信之，此感应之道也。②
>
> 爱人直到人亦爱，敬人直到人亦敬，信任直到人亦信。③

个人作为社会成员的一部分，不应仅考虑个人需求，还应考虑他人和社会。王艮在《答问补遗》中云："吾修身之本之学，足以起人君敬信，王者之取法，修身见世而非独善其身也，斯处也不遗末也。"人不仅要考虑自己，还要学会关爱他人，为社会服务贡献。譬如学习，王艮认为学习的目的并不只是增长自己的知识，而是掌握更多的本领进而为社会做出自己的贡献。王艮的思想既肯定"利己"也强调"利人"，协调好两者之间的关系，才能促进社会和国家的发展。

王艮强调爱人、爱己相统一，反对建立在"利己害人"基础上的"保身"。他身经明孝宗、武宗、世宗三朝，亲眼看见了统治者的骄奢淫逸和百姓的苦不堪言，损人利己的强取豪夺式的"保身"是"自私"的。他说："知保身而不

---

① 《明儒王心斋先生遗集》卷1《明哲保身论》。
② 《明儒王心斋先生遗集》卷1《勉仁方示诸生》。
③ 《明儒王心斋先生遗集》卷1《语录》。

知爱人，必至于适己自便，利己害人，人将报我，则吾身不能保矣。吾身不能保，又何以保天下国家哉？此自私之辈，不知本末一贯者也。若夫知爱人而不知爱身，必至于烹身、割股、舍生、杀身，则吾身不能保矣。吾身不能保，又何以保君父哉？此忘本逐末之徒，其本乱而末治者否矣。"①"自私自利"之人以牺牲他人利益为代价的，必然招致祸患。若统治者这样，则必招致灭身灭国的后果。

传统孝道有"自残伤身"式的"愚孝"之极端，如烹身、割股等孝顺方式。王艮提倡爱身、保身、全体，因此对于这种自残式的孝道是反对的。他的"身本"思想强调身是国家之本，个体的价值和利益组成了国家的利益，不知安身便不知如何去尽责去保护守卫国家。国家尊重和保护个人的价值和利益，个人对于国家也应尽忠尽责。如同现代社会个人的权利与义务。这种"明哲保身"的思想反映了明中叶时期小商品经济繁荣，富民阶层和市民阶层的出现使得儒学开始立足于新兴阶层，开始关注平民利益、个人权益和价值，进而实现社会人伦和谐与安定有序。

四 "下达"："百姓之道"与"圣人之道"

"下达"之说出自孔子针对子贡"何为莫知子"之问的回答，孔子云："不怨天，不尤人，下学而上达，知我者其天乎！"②朱熹集注云："不得于天而不怨天，不合于人而不怨尤人，但知下学而自然上达。此但自言其反己自修，循序渐进耳，无以甚异于人而致其知也。"③此注后朱熹又引程子之言"盖凡下学人事，便是上达天理"之语，由此可以看出"下学"的内容当是"人事"，"上达"的目标应为"达及对天理的认识"。王阳明于此亦有一说："夫目可得见，耳可得闻，口可得言，心可得思者，皆下学也；目不可得见，耳不可得闻，口不可得言，心不可得思者，上达也。如木之栽培灌溉，是下学也；至于日夜之所息，条达畅茂，乃是上

---

① 《明儒王心斋先生遗集》卷1《语录》。
② 《论语·宪问》，《十三经注疏·论语注疏》。
③ 朱熹：《四书章句集注》，中华书局2012年版，第158—159页。

达,人安能预其力哉?"① 这里的"下学"指具体可感的经验性生活事务,"上达"指的则是不能用感官感知的先验道德原则。朱、王都是把"下学"视为形下器事,将"上达"看作形上道德。在泰州学派这里,"下达"之要义在于明晰地理解道德实践的下移,关注于"百姓日用",肯定圣贤与平民生存欲望的一致性,凸显广大市民阶层和乡野民众的要求,把此前不被注意的、被遗忘的人群纳入到历史视野,并赋予他们崭新的社会意义。

先儒关于"下达"的直接表述是"君子上达,小人下达"②,钱穆认为此章有两解:一是"上达达于道,下达达于器。如为农工商贾,虽小人之事,亦可各随其业,有守有达。若夫为恶与不义,此乃败类之小人,无所谓达也";二是"君子日进乎高明,小人日究乎污下,一念之歧,日分日远也。前解君子小人指位言,后解君子小人指德言"。③ 前解从"器"、从"位"言,正与泰州学派行事之"器"与所在之"位"有契合处;同时既所谓"达",则在形下之器上也是有所得,为恶与不义之"小人",无所谓"达"。君子与小人之"达"并举,只是言其程度不同,不是对后者的完全否定。

"百姓日用"不仅包括平民的生产劳动、吃饭穿衣等日常生活,也包含乡村社会、风习教化、乡里乡贤的教育和文化生活。《易·系辞上》云:"一阴一阳之谓道,继之者善也,成之者性也。仁者见之谓之仁,知者见之谓之知。百姓日用而不知,故君子之道鲜矣。""百姓日用"思想在心学中也有发展,如王守仁讲:"日用间何莫非天理流行,但此心常存不放,则义理自熟。"④ 而王艮则从人的价值和主体意识出发,坚持"民为贵"的社会政治思想,提出"百姓日用是道"的观点。他说:

圣人之道,无异于百姓日用。凡有异者,皆是异端。⑤

百姓日用条理处,即是圣人之条理处,圣人知便不失,百姓不知便

---

① 陈荣捷:《王阳明传习录详注集评》,台湾学生书局1983年版,第62页。
② 《论语·宪问》,《十三经注疏·论语注疏》,中华书局1980年版。
③ 钱穆:《论语新解》,生活·读书·新知三联书店2002年版,第387页。
④ 《答徐成之》,《王阳明全集》卷4,浙江古籍出版社2010年版。
⑤ 《明儒王心斋先生遗集》卷1《语录》。

为失。①

　　愚夫愚妇，与知能行，便是道，与鸢飞鱼跃同一活泼泼地，则知性矣。②
百姓日用即道。③

　　总之，"圣人经世，只是家常事"，这是以崇实黜虚、匡济天下为要务，使德性的关注由良知（德性）为重转向以日用实践（德行）为重，即德性重在"行为"而非"心性"，展现了浙学务实求真、重视日用、经世济民之乡贤伦理特色。

　　王艮的"身本论"和"明哲保身论"既肯定了个体的价值，也肯定了人们的合理的物质要求所具有的经济价值和社会价值。当时的时代背景和王艮的生活经历使其较多地关注于普通平民百姓的需求，并在帮助官府关于田地的分配方面从百姓的利益出发，提出了一些有利于百姓的建设性意见。王艮主张"百姓日用即道"是建立在"天地万物为一体，为天地立心，为民立命"的基础之上。他肯定人们对于正当的物质需要的追求，提高了百姓追求个人利益和价值的积极性，促进了商品经济的发展。之前一直倡导"道"是"君王之道"；而王艮将"道"置于普通百姓的日常生活之间，赋予了"道"新的概念和含义，丰富了"道"的精神。

　　"下达"伦理在德性实践上体现为拯救苦难，广泛传道。为拯救苦难的人民，王艮认为真正的儒者必须"下达"于民间，流向社会生活，即"周流四方"，进行传道活动。王艮北行讲学，曾与王阳明争论：

　　一日，（王艮）入告阳明公曰："千载绝学，天启吾师倡之，可使天下有不及闻此学乎？"因问孔子当时周流天下，车制何如？阳明公笑而不答。既辞归，制一蒲轮（蒲轮，又名轻车，亦名招摇车——引者），标题其上曰："天下一个，万物一体。入山林求会隐逸，过市井启发愚蒙。遵圣道，天地弗违；致良知，鬼神莫测。欲同天下人为善，无此招遥做不通，知我者其惟此行乎？

---

① 《明儒王心斋先生遗集》卷1《年谱》。
② 《明儒王心斋先生遗集》卷1《语录》。
③ 《明儒王心斋先生遗集》卷1《语录》。

罪我者其惟此行乎！"作《鳅鳝赋》……沿途聚讲，直抵京师。……比至都下，先夕，有老叟梦黄龙无首，行雨，至崇文门变为人立。晨起，先生适至。时阳明公论学与朱文公（即朱熹）异。诵习文公者，颇抵牾之。而先生复讲论勤恳，冠服车轮，悉古制度，人情大异。会南野（欧阳德）诸公在都下，劝先生归。阳明公亦移书守庵公（王艮父亲）遣人速先生。先生还会稽，见阳明公。公以先生意气太高，行事太奇，欲稍抑之，乃及门三日不得见。一日，阳明公送客出，先生长跪曰："某知过矣！"阳明公不顾。先生随入至庭事，复厉声曰："仲尼不为已甚！"于是，阳明公揖先生起。时同志在侧，亦莫不叹先生勇于改过。①

王艮表面上似乎热衷于倡导"绝学"，伸张师说，实际上他是借此传道，汲汲于"周流天下"。《鳅鳝赋》一文中如此云："'吾与同类并育于天地之间，得非若鳅鳝之同育于此石冈乎！吾闻大丈夫以天地万物为一体，为天地立心，为生民立命，几不在兹乎！'遂思整车束装，慨然有周流四方之志。"② 王艮以"复压缠绕，奄奄然若死之状"的石冈鳝来形容遭受压迫的人民，又以"若神龙然"的泥鳅来形容自己这样的"道人"，其"下达"伦理的实践精神正在于行事之"器"与所在之"位"之合若符契，同时亦表明当时的中国社会里，推行乡村社会、风习教化、乡里教育之乡贤伦理建设任重道远。

在宋明儒学总体上思想深处仍潜存着社会层级有别的秩序观念的前提下，王艮以自处的生活环境作为道德实践的背景，明确提出"百姓日用即道"的观点，揭开儒学的厚重面纱而给予其新的面貌特征。泰州后学虽然包括樵夫、瓦匠、耕者，但是这无碍于他们成就圣贤的事业，他们承继并掺入新的因素后将王艮思想铺向大众生活，从而在儒学史上形成一个很有影响的泰州学派。他们在重视个体价值、处理个人与集体关系、关注平民百姓等方面对当时的传统思想产生了一定的冲击，发挥了思想启蒙的作用。《明史·儒林传》说："王氏（指王守仁）弟子遍天下，率都爵位有气势。（王）艮以布衣抗其间，声名反出诸弟子上。"③ 翦伯赞（1898—

---

① 《年谱》，《王阳明全集》卷2。
② 《鳅鳝赋》，《王阳明全集》卷4。
③ 张廷玉等：《明史》卷283《王传艮》，中华书局1974年版。

1968）在《中国史纲要》中说："以王艮……为代表的王学左派，不仅对程说……甚至对朱理学更加反对，而且对君主专制政体和封建理教也给予尖锐的抨击……他的学说被统治者目为'异端之尤'。"[①] 这些评论在不同意义上都说明泰州学派的伦理思想特点之所在，事实上泰州学派的乡贤伦理是来自传统儒学先贤伦理文化之德性伦理的具体展开，它强调经传只是印证吾心，否认道学造成的人性先天差别论，反对品级存在的虚构及现实的等级论，肯定圣贤与平民生存欲望的一致性，凸显了广大市民阶层和乡野民众的要求，拓宽了正统伦理的理论意域，由此代表了当时儒学伦理的一种自我改造和思想转向。

---

① 翦伯赞：《中国史纲要》（增订本），北京大学出版社2006年版，第591—592页。

"原日身体"与身的形上化

——罗汝芳身心之学的现象学诠释*

刘增光**

摘　要：身体观是近年来哲学研究的一个重要主题。宋明理学是中国哲学发展的高峰，理学家之身体观值得重视，而阳明学派的罗汝芳之身体观尤富创造性，并可与西方的身体现象学互相鉴照。第一，罗汝芳扭转了传统的"心灵身拙"观念，回到人的生命整体去思考身心关系，提出"身心灵妙"说，此不同于身心二元论；第二，罗氏提出"原日身体"或"初生身体"，揭示了身的形上之维以及身与世界之间的意向性结构，此相当于梅洛-庞蒂的"身体意向性"或舒斯特曼的"身体意识"；第三，"原日身体"所具有的源初意识就是赤子之心所具的孝、弟，世界就是一个孝弟慈的世界，这与现象学在宏大范围内谈论世界不同，而构成了儒家道统的重要内容。

关键词：身体　罗汝芳　阳明学　现象学

近年来，"身体"哲学、"身体"观，成为哲学研究的一个重要主题，不仅国内学界呈现出重新发掘和解释中国哲学的"身学转向"[①]，乃至美国现在活跃的哲学家也认为"身体"是中国古典"哲学传统的中心"。[②] 正如学者们已指出的，

---

* 本文原载《学术月刊》2019年第5期。
** 刘增光，中国人民大学哲学院副教授。
[①] 如张再林、杨儒宾、陈立胜等学者的著作。
[②] ［美］舒斯特曼：《身体意识与身体美学》，程相占译，商务印书馆2014年版，第11页。

"儒家身体观的典范在先秦时期已告奠定"。① 不过典范的奠定并不意味着在后来的发展中就不会有偏差。就宋明理学的发展而言，在程朱理学之后，阳明学确乎发生了一种"身学转向"，其中尤以泰州学派王艮、罗汝芳一脉为典型。本文即以罗汝芳为对象，在吸收前人成果的基础上，适当借用现象学之方法对其身心之学进行诠释和申论，以在中西比较的视野中凸显阳明学派身体观的重要价值和意义。

一 "身心二端乐于会合"

罗汝芳在王阳明、王艮的基础上，将心学视域中的身学或身观念向前大大推进了。就对前人的继承而言，他认同阳明所言"无身则无心，无心则无身"，以身心一如为心之本体、真己的观点，他说："心为身主，身为神舍，身心二端，原乐于会合，苦于支离。"② 他也承接了王艮以身为本、身与天下为一物的观点。如他说："天下国家，从我身发端，我身却以家、国、天下为完成。"③ "身与天下，原是一物。"④ 我们知道，宋明理学强调学以成圣，因此真正的圣学必然是身心之学，故"体之于身，验之于心"的内省观念和工夫深入人心，成为士人君子的普遍追求。但是，内圣和外王、天德和王道本即是一体，故身心之学的另一面向即是《中庸》所言"君子之道，本诸身，徵诸庶民"。二者正对应于孔子所言"修己以敬""修己以安人"（《论语·宪问》）。当然，这也就是《大学》的主旨所在。罗汝芳正是将身心之学的这两个面向都聚焦于对"身"的理解。

在此基础上，罗汝芳提出了更富新意的观点，其一是以阴阳解释身心关系：

> 吾人之生，原阴阳两端合体而成。其一则父母精气，妙凝有质，所谓"精气为物"者也；其一则宿世灵魂，知识变化，所谓"游魂为变"者也。精气之质，涵灵魂而能运动，是则吾人之身也，显现易见而属之于阳；游魂之灵，依精气而归知识，是则吾人之心也，晦藏难见而属之于阴。交媾之时，一

---

① 杨儒宾：《儒家身体观》，"中国"文哲研究所1996年版，"序言"第1页。
② 《罗汝芳集》，方祖猷、梁一群、李庆龙等编校整理，凤凰出版社2007年版，第37页。
③ 《罗汝芳集》，第117页。
④ 《罗汝芳集》，第119页。

齐俱到,胎完十月,出生世间。①

这段话正如王阳明的身心一如说一样,体现了阳明学派整体性的人的观念,故他强调精气之质是涵灵魂的,而游魂之灵又是依着精气的,二者是相即相依的,这就是将人的生命视作整体,而非将精神和身体分裂,成为"一人两体"的异化之人,甚至在精神和身体间分别高下,成为"上下两体"——形而上与形而下,如程朱对天理和气质、人心和道心的区分。②"交媾之时,一齐俱到"一语,正如上引"身心二端乐于会合"一样,从生命发生的角度论证了身心拥有同样的本源性,不能以本末前后区分。需要注意的是,此处的"身"并非是指血肉躯体而言,而是指"能运动"——能视听言动的身;"心"也并不是指阳明心学的良知或者心体,而是指"知识",即人的知觉或意识。

但罗汝芳之论未免与前人大异,因为他将身视为阳,而将心视为阴,这与传统的贵心贱身、以身为牵累,批评心为形役的论述有很大差距,难怪罗汝芳弟子会疑惑:"先生之论,是以身为阳而在所先,以心为阴而在所后,乃古圣贤则谓:身止是形,心乃是神,形不可与神并,况可以先之乎?"③ 面对此疑惑,罗汝芳首先是区分了"心""身""神",指出"心"不就是"神",然后进一步说:"精气载心而为身,是身也,固身也,固耳目口鼻、四肢百骸而具备焉者也;灵知宰身而为心,是心也,亦身也,亦耳目目鼻、四肢百骸而具备焉者也。"④ 也就是说,不仅视听言动的耳目四肢是身,心也是身。他将前者称为"精气之身",后者称为"心知之身"。⑤ 据此可见,他所言"身"并不是指躯体、肉体之身,而是身心浑一的"身"。很明显,罗汝芳在有意识地提高"身"的哲学或思想位格,或者说他对传统的身心观念不满意,他并不认为可以在人的生命整体中截然地为身和心划分疆界。传统观点以为"心"是不可见的,但罗汝芳所言"身"也是不可见的,是

---

① 《罗汝芳集》,第287页。
② 舒斯特曼指出:在传统西方哲学中,"身体缺陷是一种普遍经验"。见氏著《身体意识与身体美学》,第80页。
③ 《罗汝芳集》,第288页。
④ 《罗汝芳集》,第288页。
⑤ 这正相当于马克斯·舍勒所区分的"身体躯体"和"身体心灵"。见其所著《伦理学中的形式主义与质料的价值伦理学》,生活·读书·新知三联书店2004年版,第490页。

"不可见之身心"。这恰似梅洛-庞蒂所说:"我在我的身体中,更确切地说,我是我的身体。"① 既然如此,"我"如何能清晰地知道我之身与心的边界呢! 罗汝芳接着以"阴阳不测之谓神"解释身心的浑融和灵妙:

> 分之固阴阳互异,合则一神所为,所以属阴者则曰"阴神",属阳者则曰"阳神"。是神也者,浑融乎阴阳之内,交际乎身心之间,而充溢弥漫乎宇宙乾坤之外,所谓无在而无不在者也。惟圣人与之合德,故身不徒身,而心以灵乎其身;心不徒心,而身以妙乎其心,是谓"阴阳不测",而为圣不可知之神人矣。②

据此,则在他看来,"神"才是心之本体,而"心""身"皆是现象,"身"是人的视听言动等现象,"心"是人的意识活动、心理活动或精神活动,阳明所言"无心则无身"的"心"也是指此,其实即是"心之所发谓之意"的"意"。③"无在无不在"正是形容"神"的绝对性、超越性和普遍性,罗汝芳在他处称此本体为"知体""生机""生理"或"神理",此不已之生机即是《周易》"生生之谓易"。由此,他就在继承张载"一故神,两故化"思想的基础上,赋予了《周易》"阴阳不测之谓神"和"神也者,妙万物而为言者也"以新的解释,"身不徒身,而心以灵乎其身;心不徒心,而身以妙乎其心",身心不仅仅是"一齐俱到",而且身心俱灵妙,不可认为心灵而身拙,也不可分先后。西方哲学自笛卡尔主张"我思故我在"以来,确立了身心二元对立的认知模式,这一模式直到现象学诞生之后才获得彻底的反思,深受胡塞尔现象学影响的马克斯·舍勒在其陈述哲学人类学的重要著作《人在宇宙中的地位》一书中就以"身心同一"批判笛卡尔的身心二元,他指出:

> 从本体论来看,生理的和心理的生命过程是严格地同一的,如同康德已经

---

① [法]梅洛-庞蒂:《知觉现象学》,商务印书馆2001年版,第196页。
② 《罗汝芳集》,第288页。
③ 学界研究者往往忽视了这两种"心",混淆了"本体之心"和"意识之心",类似于"真心"和"习心"的区分,由此造成诸多分析上的不当。

猜测到了的那样。二者只是在现象上有所不同,而在结构规则和它们流逝的节拍中,从现象看却是完全同一的。这两个过程,生理的和心理的,都是非机械论的;二者都是有目的的并以整体性为目的。……"生理的"和"心理的",只不过是对同一个生命过程进行观察的两个方面。①

他不仅批评了笛卡尔,也批评了以生命为机械的庸俗唯物主义。耳目四肢、行住坐卧的生理和喜怒哀乐、好恶是非的心理都是现象,是生命本体的发用过程。梅洛-庞蒂也对笛卡尔有类似批评,认为"身体不是一个物体",不能视作主客对立的那个作为客体的物体,"我"对身体无法形成"清晰的观念",因为"我就是我的身体",也就是说,身体和灵魂并不是截然分割的。②罗汝芳以身心浑一的"身"来指称"生命",而他所言"神"或"生机"即是生命本体。

二 "原日身体"与"赤子之心"

王阳明龙场悟道的一个内容是"格物之功,只在身心上做"③,泰州学派创始者王艮淮南格物说中以"身"为工夫论中的"本",这二者都主要是在工夫论的意义上说"身"。罗汝芳虽然继承了这一理路,但他更侧重从身心浑一的存有论意义上提高"身"的哲学思想地位。这就要说到他提出的"原日身体"或"初生身体",正是这一命题与"赤子之心"共同构成了他对身心之学的核心理解。先看罗汝芳的两段文字:

> 知人,即知心矣。子观《洪范》,说人有视、听、言、动、思,盖大体、小体兼备,方是全人。视、听、言、动、思兼举,方是全心。但人初生,则视、听、言、动、思浑而为一;人而既长,则视、听、言、动、思分而为二。故要存今日既长时的心,须先知原日初生时的心。子观人之初生,目虽能视,而所视只在爹娘哥哥;耳虽能听,而所听只在爹娘哥哥;口虽能啼,手足虽能

---

① [德]马克斯·舍勒:《人在宇宙中的地位》,李伯杰译,贵州人民出版社2015年版,第42页。
② [法]梅洛-庞蒂:《知觉现象学》,第257页。
③ 王阳明:《传习录下》,《王阳明全集》,上海古籍出版社1992年版,第120页。

摸索，而所啼所摸，也只在爹娘哥哥。据他认得爹娘哥哥，虽是有个心思，而心思显露，只在耳、目、视、听、身、口、动、叫也。于此看心，方见浑然无二之真体，方识纯然至善之天机。吾子敢说汝今身体，不是原日初生的身体？既是初生身体，敢说汝今身中，即无浑纯合一之良心？渐渐凑泊将来可见，知得人真，便知得心真，知得心真，便存得心真。虽汝初学，不免要着力点检、操持，然较之窍路不明而粗蛮执滞者，自是天渊不类矣。①

赤子提孩欣欣，长是欢笑，盖其时身心犹相凝聚，而少少长成，心思杂乱，便愁苦难当了。世人于此随俗习非，往往驰求外物，以图得遂安乐……方信大道只在此身，此身浑是赤子，又信赤子原解知能，知能本非虑学，至是，精神自来贴体，方寸顿觉虚明。②

第一段话中的"思"即是指人的心理活动或意识活动，《洪范》五事"视听言动思"兼备即意味着身心浑一、生命整体，这才是"全人"。"全心"意味着心身是不离的，大体、小体是不离的。上节言及，罗汝芳说到心也是身，此处说"全心"，正是因为身心本就是一，身心二名也仅仅是人的认识从生理和心理现象两方面对生命本体的观察。如果将身看作身、心看作心，这恰恰是将身心割裂，由此便是主客二分的身心二元论，现象学正是鉴于此而反对将身、心实体化。身、心是相对而言的，故心也是身，身也是心，浑一言之，可称作"全心"，也可称作"大身"。不仅身、心是相对而言，身心一如之人与物、物与鬼魅也是相对而言。"安知我体之非物，而物体之非我耶？"③"生人之初，如赤子时，与天甚是相近。奈何天生而静后，却感物而动，动则欲已随之，少为欲闻，则天不能不变而为人，久为欲引，则人不能不化而为物，甚而为欲所迷且蔽焉，则物不能不终而为鬼魅妖孽矣。"④ 人之欲望无节，则"人化物"，乃至化为鬼魅。这是等而下之地说。若等而上之地说，则可以言："盖人叫做天地的心，则天地当叫做人的身。"⑤ 由此可见，

---

① 《罗汝芳集》，第43页。
② 《罗汝芳集》，第37页。
③ 《罗汝芳集》，第111页。
④ 《罗汝芳集》，第124页。
⑤ 《罗汝芳集》，第179页。

"人者，天地之心"，在阳明心学一派的解释中所包含的决非人类中心主义，反而包含了对人类中心主义的批判。

"浑纯合一之良心"实即王阳明所言良知本体，而用罗汝芳自己的话说就是"浑然无二之真体""纯然至善之天机"，也即上节提到的"神理"。罗汝芳一再说"原日初生时的心""原日初生的身体"的重要，体认"原日初生"，正是要去除后天习性的杂染，相当于现象学所说悬置反思性的意识，而回到前反思的纯粹意识本身，也就是要体认心之本体。不过在罗汝芳看来，既然身心浑一，那么纯粹意识就不仅仅是就心理而言，而是纯粹身心，也即他所说原初的身心，这正是为何罗汝芳极为重视孟子的"赤子之心"说。

赤子之心，不虑而知、不学而能，王阳明常以此阐说良知，而罗近溪看到的则是人之为赤子时的身心浑一凝聚状态。故与阳明言"心之灵明"或良知虚灵明觉不同，罗汝芳则往往说"身心灵明"①，"身心灵妙"②，或者受孟子"形色天性"的启发而言"形性之妙"③。这意味着王阳明所言"心之所发谓之意，意之所在便是物"中意识与事物之间的感应关系或意向结构，对于"身"也同样适用，身体的感知与心理的感受同样都是源初的，此相当于梅洛－庞蒂所言"身体意向性"④，舒斯特曼称之为"身体意识"：

> 身体化是人类生活的普遍特征，身体意识也是如此。我所理解的"身体意识"不仅是心灵对于作为对象的身体的意识，而且也包括"身体化的意识"：活生生的身体直接与世界接触、在世界之内体验它。通过这种意识，身体能够将它自身同时体验为主体和客体。⑤

在舒斯特曼看来，正如人的意识可以意识到心理活动而同时又有自我意识一样，身体也是如此。身体是"活生生的、感知敏锐的、动态的"。⑥ 此恰似罗汝芳

---

① 《罗汝芳集》，第195页。
② 《罗汝芳集》，第319页。
③ 《罗汝芳集》，第360页。
④ ［法］梅洛－庞蒂：《知觉现象学》，第150页。
⑤ ［美］舒斯特曼：《身体意识与身体美学》，第7页。
⑥ ［美］舒斯特曼：《身体意识与身体美学》，第11页。

强调浑一之身心皆是生生不已之天机的显露。据上引罗汝芳第二段文字所述，大道生机之离身或身心之分离，是因人长大后"心思杂乱"所致，这似乎是说，即使人之意识杂乱，身与世界万物的感应关系仍然是坚固的，保持着其源初性，这正是在突出身体意识相对于心灵意识的优越性。不论是朱熹以"气之灵"[①]说心，还是阳明以"虚明灵觉"说心，都显露出心优于身、灵于身的态度，罗汝芳之说则直指身本亦是灵妙的，非如朱熹所论"形体之动，自是心使他动"[②]。因此，罗汝芳认为，对于每个人而言，不论是年少还是年长，"形体如故"，现在的形体就是初生的形体，唯不同者在于年长后人的心思会为欲望习染所遮蔽，"运用则专心思"，由此就失却了赤子身心的活泼开爽。[③] 在这样的情况下，若要复归身心浑一的生机状态，人就需要反之于身，以形体妙用其心知，而不是辗转于见闻之知——"理每从于见得，几多涉于力为"，这样才能成为圣人。[④] 这就说明了"初生身体"的感知敏感性的稳定性、基础性，而"心"反而不如"身"。那么，为何会这样？罗汝芳在解释孟子"形色天性"时指出，孩提初生思虑未起时，就知爱念父母，孝、弟、慈就是身体意识之敏感性的证明。他说："若孩提初生，思虑未起，人也教不得他，他也学不得人，却浑然只靠他耳目知能，便自爱念父母，顷刻难离，何等的善良，又何等的吻合！圣人只从此识破，此个形体，即原日形体也。"[⑤] 圣凡之别并"不是形性不如圣人，只是圣人知形性之妙，肯安心定志，以反求吾身。吾人却信不过自己，更驰逐见闻……故圣人教颜子'克己复礼'，象山先生解作'能身复礼'，而复即一阳初复之'复'，谓用全力之能于自己身中，便天机生发而礼自中复也"。[⑥] 在罗汝芳看来，后起的思虑与见闻，也就是"年长习坏"、习染，并非源初的意识内容，故必须复归于"原日身体"，这正是他为何屡屡道及"反求诸身"这一命题的缘由所在。他已然赋予这一先秦儒学命题以全新的内涵，随之，程朱理学所重视的作为孔颜传道证据的"克己复礼"命题，在他这里也获得了全新的内含。根据罗汝芳的看法，圣凡之别并不在于"形性"，圣人的身体和凡人的

---

① 黎靖德编：《朱子语类》，岳麓书社1997年版，第79页。相对来说，身即是"气之塞"。
② 黎靖德编：《朱子语类》，第78页。
③ 《罗汝芳集》，第287页。
④ 《罗汝芳集》，第287页。
⑤ 《罗汝芳集》，第360页。
⑥ 《罗汝芳集》，第360页。

身体并没有任何差别。差别仅仅在于人是否"真知"自己的"原日身体",是否相信自己"原日身体"与圣人一般。所以,他常说"信"是学问紧要关头。这就与朱熹从所禀受气质的清浊厚薄划定圣凡之别的路径截然不同。"克己复礼"不是朱子理解的克去己身私欲,也非王阳明所说回复心之本体,而是"身自能复礼",是反求诸身,是归心原日身体。原日身体本就是天道生机,后者才是礼之根源。此说真正扭转了唐末李翱性善情恶的复性说,其理论意义不言而喻。

罗汝芳对"原日身体"的强调,还有更为重要的意义。在现象学中,梅洛-庞蒂批评胡塞尔的先验意识还原得不够彻底,因为"我们认识到的每一个意识都是通过作为它们的透视外表的一个身体而呈现出来的"。[①] 所以,从先验意识进一步还原至身体知觉或身体意识,是将现象学的还原贯彻到底,这意味着,意识要回到身体性的在世存在中,这就显示出了生存论的结构,"世界"的一维就显露了出来,身体与世界有某种意向关系,具有先天的统一性,"我与世界是原始的是共属一体的"。[②] 其实在王阳明那里,已经有了身体意向性的端倪,此即其所言"目无体,以万物之色为体;耳无体,以万物之声为体;鼻无体,以万物之臭为体;口无体,以万物之味为体;心无体,以天地万物感应之是非为体"。[③] 从身体现象学的观念来看,可以说王阳明不仅仅描述了意识与世界万物的感应关系,而且也描述了人的身体与世界万物的感应关系,注意到了身体的意向性、自发性、主体性。[④] 身体与世界是不可分离的,有一种同构关系。世界通过我的身体而视听言动,我就是世界的眼睛、耳朵和意识。"我与世界的关系就如身体和精神的关系。精神并非寓于身体之一隅,而是整个地弥透于机体之全身,身体并非外在地被添加了一个叫精神的东西,而是整个地充满灵气,富有精神。"[⑤] 王阳明在论述万物一体时曾指出"人只为形体自间隔了"[⑥],但是仁人之心则未失却本体,故能"以天地万物为一体,欣合和畅,厚无间隔"[⑦]。相较于王阳明的万物一体论,罗近溪对万物一体的

[①] Merleau-Ponty, *The Structure of Behavior*, trans. Alden L. Fisher, Beacon Press, 1963, p.216.
[②] 张尧均:《隐喻的身体:梅洛-庞蒂身体现象学研究》,中国美术学院出版社2017年版,第42页。
[③] 《传习录下》,《王阳明全集》,第108页。这段话中言及目耳鼻口似乎仅是为"心无体"一语作铺垫。
[④] 关于身体的自发性、主体性,可参见[美]舒斯特曼《身体意识与身体美学》,第93页。
[⑤] 张尧均:《隐喻的身体:梅洛-庞蒂身体现象学研究》,第42页。
[⑥] 《王阳明全集》,第124页。
[⑦] 《王阳明全集》,第194页。

论述重心已经从心或意识转移到身体。"人者，天地之心"，亦可说是"人者，天地之身"，其实张载《西铭》早已说过"天地之塞，吾其体"。当然，在罗汝芳这里，正如前文所论，身心浑一，可以称作"身"，也可以称作"心"，并无差别。

不过与现象学在宏大范围内谈论世界不同，在罗汝芳思想中，当还原至"原日身体"即赤子之心时，显露出的"世界"有着实质性内容，此即是包蕴着孝弟慈三件大道理的家庭。这与梅洛－庞蒂不同，后者并不认为孝弟具有源初性，反而说："即使人类团体中固有的情感，如父子关系，实际上也是由制度决定的。"① 罗汝芳说："我此人身，从何所出？岂不根着父母，连着兄弟，而带着妻子也耶？"② 这意味着，每个人都是孝弟慈的存在，换言之，世界就是孝、弟、慈洋溢充满的世界，"世界所以为世界者，不过君臣、父子、长幼、朋友、夫妇"③。这就是"天则"，就是世界的原初条理。故孟子所言"尧舜之道，孝弟而已"就成了罗汝芳的学问要旨，他也正是由此形成了对儒家道统的独特理解。

三　身体与道统

罗汝芳对"原日身体"的强调，还意味着：他在本体论的建构上更加圆融，较王阳明的"心之所发谓之意"的理论更进一步。正如有学者所指出的，王阳明的良知更适合于指称价值本体，而非存在本体，阳明直到后期才用"灵明"来指称存在本体。由此"心之本体"就有了两层含义，一是作为价值本体的良知，二是作为存在本体的灵明。④ 儒家本重道德实践，从孔孟开始就是以价值论和实践论为中心，而不涉及存在论。阳明前期所论正与此相合。但问题在于，若仅止于此，儒学就无法回应佛老二家将现实生活世界归于"虚空"本体的问题。阳明后期对存在本体的建构正回应了此问题。但即便如此，"灵明""良知"也往往被明代学人批评为是对佛教"心生则种种法生，心灭则种种法灭"之心的拟仿。罗汝芳一方面使用"生机""神理"等名称指称本体，恰可避免"良知""心之本体"过重

---

① ［法］梅洛－庞蒂：《知觉现象学》，第246页。
② 《罗汝芳集》，第65页。
③ 《罗汝芳集》，第94页。
④ 参见陈清春《七情之理——王阳明道德哲学的现象学诠释》，人民出版社2016年版，第167—170页。

的价值论意味，从而将存在和价值观合一；另一方面使用"原日身体"或"初生身体"增强了对人的现实存在和身体感知的肯定，由此也可见"赤子之心"在罗汝芳思想中无与伦比的重要性。也就是说，赤子之心呈现出孝、弟、慈等价值的同时，与此心浑然为一的赤子之身①正呈现出的是"吾身从何而来"，吾身从父母而生，这就是人生活的孝弟慈的人伦世界。而父母生我之生，就是"生生不息"之"生"，就是仁生，正如他所说"孝仁无别"一样：

问："孝弟也者，其为仁之本与！"仁与孝，又何分别？

罗子曰：亦无分别。孔子云："仁者人也。"盖仁是天地生生的大德，而吾人从父母一体而分，亦只是一团生意。故曰："形色天性。"惟圣人而后能践形，即目明耳聪，手恭足重，色温口止，便性机不拂，充长条畅。人固以仁而成，人既成，则孝无不全矣。故生理本直，枉则逆，逆非孝也；生理本活，滞则死，死非孝也；生理本公，私则小，小亦非孝也。②

仁是生生之德，孝也是生生之德，"人能默识得此心此身，生生化化，皆是天机天理，发越充周"③。心之能作能知，身体之动容周旋中礼，都是"生生"本体的体现。《易传》"乾以易知，坤以简能"，正对应于孟子"不学而能，不虑而知"，乾坤并建，正是身心一如。而《易传》"天地之大德曰生""生生之谓易"所说正是本体。故他说："夫惟好生为天命之性，故太和絪缊，凝结此身，其始之生也，以孝、弟、慈而生，是以其终之成也，必以孝、弟、慈而成也。"④

罗汝芳一再强调孔门之学以"求仁"为宗，而他截然肯定地认为仁孝无别，正表明他对"仁"的理解已与程朱不同。程朱以性体情用分说仁孝，仁是性、理，孝是情、事，"有是仁，后有是孝弟"。⑤ 故仁孝的分别是形上和形下的质的分别。朱熹以喜怒哀乐为已发，孝弟处在情的层次，自然也是已发。而罗汝芳则指出，人

---

① 在罗汝芳这里，赤子之心是"全心"，所指称的是身心浑一的身或心。
② 《罗汝芳集》，第15页。
③ 《罗汝芳集》，第5页。
④ 《罗汝芳集》，第134页。
⑤ 黎靖德编：《朱子语类》，第415页。

与人之相通，并非是通过心对天理的认识，而就是通过日用常行的"性情喜怒"，喜怒并不就是"恶"、就是私欲：

> 吾人此身，与天下万世原是一个，其料理自身处，便是料理天下万世处。故圣贤最初用功，便须在日用常行，日用常行只是性情喜怒，我可以通于人，人可以通于物，一家可通于天下，天下可通于万世。故曰：人情者，圣王之田也。①

心在阳明学提高到了本体的地位，而在程朱那里作为本体的性在罗汝芳这里则下降了，或者说相对于心来说下降了。程朱认为"性中只有仁义礼智"②，性即理，是主宰，而罗汝芳则言神明不测之心之本体才是仁义礼智信之性背后的主宰。③弟子追问"心性分别"，他直言："孟子云：'仁、义、礼、智根于心。'则心之为心，视仁、义、礼、智而深且宏也，具见矣；学之求心，视仁、义、礼、智而犹先且急也，亦具见矣。是故超然而神于万感之先，湛然而灵于百虑之表。渊渊乎其渊，浩浩乎其天，盖言心之深且宏者，从古则为然矣。"④既然超然而神感、湛然而灵虑的"心"才是形而上的本体，仁、义、礼、智就落在了现象的层面，仁也是爱，与孝弟一样。不仅如此，仁、义只是"虚名"，而孝弟才是"实"，唯此方可了结孔子公案。⑤赤子不学不虑的孝弟才是尧舜以至孔孟相传道统的内容，身心一如，就身而言的宗法，也即是就心而言的心法：

> 夫赤子孩提，其真体去天不远，世上一切智巧心力，都来着不得分毫。然其爱亲敬长之意，自然而生，自然而切，浓浓蔼蔼，子母浑是一个。其四海九州岛岛，谁无子女？谁无父母？四海九州岛岛之子母，谁不浓浓蔼蔼浑是一个也哉！夫尽四海九州岛岛之千人万人，而其心性浑然只是一个天命，虽欲离之

---

① 《罗汝芳集》，第11页。
② 黎靖德编：《朱子语类》，第95页。
③ 《罗汝芳集》，第94页。
④ 《罗汝芳集》，第96页。
⑤ 《罗汝芳集》，第135页。

· 166 ·

而不可离，虽欲分之而不能分。如木之许多枝叶而贯以一本，如水之许多流派而出自一源。其与人家宗法，正是一样规矩，亦是一样意思。人家立宗法意思是，欲知千身万身只是一身。圣贤明宗旨意思，是欲后世学者知得，千心万心只是一心。既是一心，则说天即是人可也，说人即天亦可也；说圣即凡可也，说凡即是圣亦可也；说天下即一宗可也，说一宗即天下亦可也；说万古即一息可也，说一息即万古亦可也。①

千身万身只是一身，联属天下以成一身。心心相传的世界，也就是身身相通的世界，"生生不息"，生生世世，人所生存于其中的历史世界和当下世界都在此挺立起来。相应地，他解释十六字心传"允执厥中"时即说："中即此身，身即此中。"② "中即人，人即中，人与中固无二体。"③ 尧舜禹亲相授受不仅仅是"心传"，也是"身传"。仁不是朱熹所说的"心之德，爱之理"，"须是先理会得一个'心'字"④，而是"体仁于身"，是"仁者人也，亲亲为大"。这就彻底扭转了自唐末以至程朱理学占据主流的"对仁的心学式解读"⑤，罗汝芳之说可谓对仁的"身学式解读"。这也意味着，儒门的道德实践不单是率循个体良知的绝对律令，更是世代传承的孝悌家风和示范性⑥的言传身教。

四　余论：身的形上化

在罗汝芳以身为核心阐述道统时，已将身的形而上维度揭示了出来，故他有"吾人此身……原与乾元合体"⑦，"我既心天之心……天将身吾之身"⑧ 等说法，身不仅仅是气质和欲望的载体，更是乾元、生机的化身。故有学者将其概括为

---

① 《罗汝芳集》，第205—206页。
② 《罗汝芳集》，第47页。
③ 《罗汝芳集》，第48页。
④ 黎靖德编：《朱子语类》，第415页。
⑤ 语出张再林《中国古代身道研究》，生活·读书·新知三联书店2015年版，第165页。
⑥ 王庆节教授便将儒家伦理称为"示范伦理"，以对应于"规范伦理"。见氏著《道德感动与儒家示范伦理学》，北京大学出版社2016年版，第71—90页。
⑦ 《罗汝芳集》，第28页。
⑧ 《罗汝芳集》，第320页。

"身体即天体"①。实则,罗汝芳对弟子所说"身皆是天"的说法非常警惕,认为若仅仅体认到此是"作汝狂药"。② 否则就不需要体仁于身、反求诸身的修身工夫了。在阳明后学中,指出"身"之形而上维度者,并非泰州学派罗汝芳一人,与他并称"二溪"的王畿也说:"吾人此身,自顶至踵,皆道体之所寓,真我不离躯壳。"③ 耿定向更是本《易传》"形而上者谓之道,形而下者谓之器"而直接提出了身即形而上之道的说法。④

将身视作生机之化身、道体之所寓或者形上之道,无疑具有重要的思想意义,此点前文已详述。而其社会政治意义亦十分显著,身体是权力运作的场所,国家或共同体往往被设想为一种注重总体利益却忽视个体权利的政治权力,因此,总体性是政治权力结构的显著特征。与之相应的便是一种注重普遍性的哲学。中西方哲学传统占主流地位的思想都强调心灵或智识的重要性,唯有心灵方能接近真实的本体,寻找到真知,而身体的感受则被贬低为虚假和残缺。心、身的二元区分就转化为劳心者和劳身者的阶层划分,后者成了受统治和屈服的阶层。程朱的"理一分殊"、王阳明的"万物一体"都蕴含着普遍性因素。虽然王阳明主张良知是人人具有、个个圆成,以此挺立道德主体,但由于他仍然是以"心"作为沟通不同阶层以实现万物一体的引子,而否认身与身的相通,故而有忽视现实生活中人与人之差异的色彩。罗汝芳提高"身"的思想地位,乃至确立"身"相对于"心"的可靠性、稳定性,就打消了劳心与劳身阶层划分的理论基础,不论何种阶层的人都具有同样的"原日身体",个体尊严的本源性即在此奠基,身身相通就包含了确立现实生活中每个个体最基本的生存权的政治意涵;以孝弟慈为历圣相传的道统,意味着普遍的仁爱共同体要以具体的家庭生活为根基,显然,在总体性的国家权力的管制下,确立家庭生活的基础地位是十分必要的。

---

① 此为陈立胜教授《身不自身——罗近溪身体论发微》(《西北大学学报》2012年第1期)一文中的概括。
② 《罗汝芳集》,第107页。
③ 王畿:《王畿集》,吴震编校,凤凰出版社2007年版,第101页。
④ 耿定向:《耿定向集》,傅秋涛点校,华东师范大学出版社2015年版,第338页。

泰州学派的工夫修养与实践

——以颜钧的体仁工夫论为中心

马晓英[*]

摘 要：作为泰州学派的重要代表人物，颜钧在工夫论上有其特出之处。他主张"制欲非体仁""体仁之妙，即在放心"，力图在"存理灭欲"的理学正统之外，提供一种新的价值路向和修养途径。它的提出体现了一种顺任心性自然的倾向，这是晚明社会市民意识提升、个性欲望张扬在儒学价值领域内的一个诉求和表达。但与此同时，颜钧又主张"知及仁守，庄莅动礼"的戒惧工夫，作为放心体仁的修正和补充。这表明他在一定程度上又认可儒学传统的内在修养工夫，并不想完全背离儒家之道。这就在方法上造成了一个无法解决的矛盾，使得本当圆融一贯的"体仁"工夫被截成"放心"与"戒慎"两段，割裂了其本身的整体性和连续性。这种工夫论上的矛盾反映了包括颜钧在内的一些泰州派学者思想上依违于新旧之间、正统与"异端"之间的矛盾。

关键词：颜钧 体仁工夫 放心 泰州学派

颜钧是明代泰州学派的重要代表人物。泰州学派以其突出的平民意识和对工夫实践的特重而独树一帜。在工夫修养方面，泰州派学者提出了诸多富有理论特色和价值的工夫论主张。比如王艮的"淮南格物"说认为，个体之身与天下国家都是"物"，身为本，天下国家是末，将身与天下国家相比，而知修身为本。修身即是

---

[*] 马晓英，中国社会科学院哲学研究所副研究员。

安身，尊身即是尊道，因此安身保身就是阳明所谓的致良知，将工夫修养落实在个体的身躯性命上。王艮次子王襞和弟子徐樾同样主张良知现成，工夫修养的最佳途径莫若顺任良知心体自然，率性而行。从安身保命到率性而行，泰州学派在工夫修养上形成一种注重个体自然生命和心性的倾向。这一倾向在包括颜钧在内的泰州后学身上得到了进一步的发展。颜钧在工夫修养方面最为后世所知的是他的"放心体仁"工夫论和"七日闭关"修养法。

颜钧的体仁工夫论与他对孔子思想的理解密切相关。具体来说，他将孔子"从心所欲不逾矩"说化为自己的"体仁之方"，但在进路上将之分作"从心所欲"与"不逾矩"两个层次：以"制欲非体仁""体仁之妙即在放心"以及"从心、从性、从情"诸说解释从心所欲，主张顺任心性自然流行，此即所谓"放心体仁"；以"知及仁守，庄莅动礼"来诠解"不逾矩"，教人在顺任、放逸之后及时纠偏补正，诉诸知性见闻，并以道德规范约束自己，这是儒学中一贯的"戒慎涵养"工夫。然而从"放心体仁"到"戒慎涵养"这一路径呈现出的阶段性恰恰割裂了工夫的连续性和整体性，与阳明心学一贯追求的一体圆融大异其趣，显示出他工夫论中矛盾的一面。以下试就颜钧的体仁工夫论做一分析，就教于方家。

一　制欲非体仁说

"制欲非体仁"一说，出自黄宗羲《明儒学案》卷34《泰州学案三·罗近溪传》：

> （罗汝芳）少时读薛文清语，谓："万起万灭之私，乱吾心久矣，今当一切决去，以全吾澄然湛然之体。"决志行之。闭关临田寺，置水镜几上，对之默坐，使心与水镜无二。久之而病心火。偶过僧寺，见有榜急救心火者，以为名医，访之，则聚而讲学者也。先生从众中听良久，喜曰："此真能救我心火。"问之，为颜山农。山农者，名钧，吉安人也。得泰州心斋之传。先生自述其不动心于生死得失之故，山农曰："是制欲，非体仁也。"先生曰："克去己私，复还天理。非制欲，安能体仁？"山农曰："子不观孟子之论四端乎？

知皆扩而充之，如火之始燃，泉之始达，如此体仁，何等直截！子患当下日用而不知，勿妄疑天性之生生或息也。"先生时如大梦得醒。明日五鼓，即往纳拜称弟子，尽受其学。山农谓先生曰："此后子病当自愈，举业当自工，科第当自致。不然者，非吾弟子也。"①

此说或是来自贺贻孙《颜山农先生传》，后者中更详细的记述：

> 始罗（引注：罗汝芳）为诸生，慕道极笃，以习静婴病，遇先生在豫章，往谒之。先生一见即斥之曰："子死矣，子有一物，据子心，为大病，除之益甚，幸遇吾，尚可活也。"罗公曰："弟子习澄湛数年，每日取明镜止水，相对无二，今于死生得失不复动念矣。"先生复斥曰："是乃子之所以大病也，子所为者，乃制欲，非体仁也。欲之病在肢体，制欲之病乃在心矣。心病不治，死矣。子不闻放心之说乎？人有沉疴者，心怔怔焉，求秦越人决脉，即诊，曰：'放心，尔无事矣。'其人素信越人之神也，闻言不待针砭而病霍然。已，有负官帑千金者，入狱，遽甚。其子忽自商持千金归，示父曰：'千金在，可放心矣'。父信其子之有千金，虽荷校负铰铛，不觉其身之轻也。夫人心有所系则不得放，有所系而强解之又不得放。夫何故？见不足以破之也。蛇师不畏蛇，信咒术足辟蛇也。幻师不畏水火，信幻术足辟水火也。子惟不敢自信其心，则心不放矣。不能自见其心，则不敢自信，而心不放矣。孔子谓：'朝闻道，夕死可矣，'放心之谓也。孟子曰：'学问之道无他，求其放心而已矣。'但放心则萧然若无事人矣。观子之心，其有不自信者耶！其有不得放者耶！子如放心，则火燃而泉达矣。体仁之妙，即在放心。初未尝有病子者，又安得以死子者耶？"罗公跃然，如脱疆锁，病遂愈。②

从上述两段引文可见，为后世所熟知的"制欲非体仁"说显系根据"……是制欲，非体仁也"的句式推论而出。但此说确为颜钧所创，且在当时产生了相当

---

① 黄宗羲：《明儒学案》下，中华书局1985年版，第760—761页。
② 贺贻孙：《颜山农先生传》，载颜钧《颜钧集》卷9，黄宣民点校，中国社会科学出版社1993年版，第82—83页。

的影响。此说提出的时间,当在嘉靖十九年庚子(1540)秋天。其时颜钧刚刚从泰州游学归来,在豫章(今南昌)同仁祠张榜"急救心火",聚集江西士子会讲泰州思想。就在这次会讲中,泰州学派另一位著名学者罗汝芳投师颜钧门下。在讨论当时风行的静坐工夫时,颜钧提出了"制欲非体仁"。

"仁"是颜钧思想中最重要的概念,构成其全部理论和实践的基础与核心,他的整个工夫论就是围绕如何体验和实践"仁"展开的,因此可以归结为"体仁之学"。这里的"欲",指缘物而生的自然欲望,如名利货色等欲望。"制欲非体仁"意思是说克服自然欲望,强制不起意念,并非体验和实践仁道的方法。在颜钧看来,过度的嗜欲固然害身,所以他也提倡超形骸、洗嗜欲,但不主张否弃一切合理欲望,遏抑一切欲念的产生。在他看来,即使人之自然欲望可以构成疾病,也只能谓之"肢体之病",因为欲望是源自感官并通过肢体行为表达出来的。肢体之病害身,故可以救治;但若苦苦强制自己不起念虑、扼杀心中一切欲望,无疑是一种心病。心病难治,不但害心,亦且伤害身家性命。

这个问题涉及理学中所谓理欲关系之辨。我们知道,宋明朱子学者在价值论和工夫实践上的总体取向是"存天理、灭人欲",即使是以良知心体立教的阳明心学也是如此。阳明就认为"致良知"即是存理去欲的工夫,教人要在"静时念念去人欲存天理,动时念念去人欲存天理"[①]。"灭人欲"或"去人欲"就是克制或遏止人性中非道德的情感和欲望,也即名利货色等自然情欲,使其符合天理或良知的道德理性要求,其中就含有强制不起欲念的意思。在理学存理去欲之功中,去欲往往是存理的前提,正如罗汝芳上述答言所说,只有"克去己私",才能"复还天理",所以关键的还是断灭人欲,去除心中"万起万灭之私"。如何"克去己私"呢?理学中有一种重要的方法:默坐澄心,反观自我。认为通过静坐,不断地反躬自省,就可以克制并断灭心中各种纷杂的念虑想头,保持心体澄澈无染,使纯粹的道德理性充盈心间。这种默坐澄心之法是从程朱学者到王学学者都广泛采用的修行方法。

罗汝芳在临田寺取明镜止水、相对无二之法,无疑是受明初朱学大家薛瑄《读书录》的启示所致。但在颜钧看来,这种静坐澄心的实践只是强行克制人欲,

---

① 王阳明:《传习录上》,《王阳明全集》卷1,上海古籍出版社1992年版。

而非体验仁道的良方。他认为,强制心中的自然欲望,不但达不到去除私意、澄澈心体的作用,还会构成"心火"。因此,在体仁实践中,他不同意理学通过"制欲"来"体仁"的一般方法。在他看来,制欲是对害心的外在利诱做一消极的禁防,而体仁则是以人本来的赤子之心做积极的运用。只要促使心体积极发用,"鼓之以快乐,舞之以尽神",便能洗嗜欲、超形骸,这就是"体仁"。体仁的过程即是心体觉悟的过程,原不必用"制欲"的方法实现。①

从王阳明的"良知"心体说到王艮的"乐"为心之本体说,再到颜钧的"仁"为心之本体说,对于心之本体、心性及性命等关系的讨论和规定愈益丰富和深入。"制欲非体仁说"的提出,在理学"灭欲"或"制欲"论之外,重辟一条"体仁"的路径,确乎是对心学工夫论的丰富和补充。

"制欲非体仁"说是颜钧思想中最富有理论创新意义的观点,在整个理学发展史上亦有其重要地位。陈来先生对此也做了颇高评价。② 它的提出既是阳明后学向自然主义和感性主义方向发展的一个结果,也是当时市民社会取向自然功利、反对压抑人性的要求在平民知识分子思想中的相应体现。就前者而言,阳明心学的核心是"良知"说,但他所谓"良知"不像"天理"那样是纯然至善的心体,它还具有感知经验的内容和生生不已、不安不忍之性。③ 另外,阳明"四民异业而同道""作买卖不妨害成圣贤"的新四民论也表明,他对于合理的人情欲望是持肯定态度的。阳明对欲利的肯认和良知中所蕴含的这种感性因素在王艮那里得到极大的发挥与张扬。王艮强调良知心体活跃自然,以百姓日用为道,主张人欲就是天理,充分肯定人的欲利要求,表现出鲜明的自然主义倾向。颜钧则进一步提出"制欲非体仁"说,反对抑制个体欲望,注重个体之心的自我觉悟。这一主张一方面使泰州学派所固有的感性主义、自然主义和功利主义倾向外化为工夫实践,增强了其理论的实践品格和可操作性,另一方面对于程朱理学"存理灭欲"的主流价值传统无疑是一次重大的颠覆,直接为泰州后学顺情任性、乖违名教的行事作风张本。赵士

---

① 钟彩钧:《泰州学者颜山农的思想与讲学——儒学的民间化与宗教化》,《中国哲学》第十九辑,岳麓书社1998年版,第30—32页。
② 陈来:《明代的民间儒学与民间宗教——颜山农思想的特色》,《中国近世思想史研究》,商务印书馆2003年版,第477页。
③ 李泽厚:《中国古代思想史论·宋明理学片论》,安徽文艺出版社1994年版,第249页。

林在讨论晚明高扬的"自然人性"时,对此也颇多肯定,认为颜钧的思想具有弘扬近代功利主义的启蒙意义。他说:"颜钧等提出的制欲非体仁说,尽管还属道德工夫论的探讨,但也毋庸置疑地表现了对一味压抑人的自然感性欲求的怀疑、不满、否定。"①

就后者来说,颜钧提出此说的嘉靖年间,正值明王朝商品经济繁荣、新兴市民阶层和市民社会兴起之时。与士大夫阶层"重义轻利"的价值观不同,市民阶层更注重现实的功利。另外,随着经济实力的增加,市民阶层尤其是商人阶级在社会中的地位在逐渐上升,这使得他们对利欲的追求成为社会竞逐的目标,在很大程度上影响着社会的价值取向。从总体上看,对欲利的肯定和追求是当时民间社会一种普遍的价值准则。作为一个出身于民间又活跃在民间的平民知识分子,颜钧有这样一种打破理学桎梏、尊重个体欲望的观念意识,就是可以理解的了。

二 体仁之妙,即在放心

有学者指出,颜钧"制欲非体仁"说反对苦苦强制心不起意,实即主张正面开发人内在的道德滋养。② 那么颜钧是如何从正面开发主体内在的道德滋养,实现体仁之道呢?他提出了"放心说",说"体仁之妙,即在放心",这是"制欲非体仁"说在工夫上推向深入的逻辑结果。

"放心"之说,源自《孟子·告子上》:"仁,人心也;义,人路也。舍其路而弗由,放其心而不知求,哀哉!人有鸡犬放,则知求之;有放心而不知求。学问之道无他,求其放心而已矣。"这里所谓"放心",是指"遗失或失落的本心"。孟子认为人人都先天地具有恻隐之心、羞恶之心、辞让之心、是非之心这四种道德意识的萌芽,谓之"四端","四端"发于外则表现为仁义礼智四种道德理性。在孟子思想中,人的先天道德意识又称作"良知"。他认为"良知"在后天容易遗失或受到蒙蔽,从而有所谓善恶之别,所以主张"求放心"——寻求遗失的"本心"。求放心的过程是个不断反观内省的过程,而反观内省本身就含有克制个体欲望、使心

---

① 赵士林:《心学与美学》,中国社会科学出版社1992年版,第94页。
② 张学智:《明代哲学史》,北京大学出版社2000年版,第240页。

思向内收敛之意，意在恢复先天的良知，使道德理性能够完全主宰主体的行为活动。在宋明儒学中，这种向内用功的内敛方法得到极大发挥。周敦颐"主静无欲"、程颐"主一无适"、陆九渊"收拾精神、自做主宰"以及朱熹"主敬涵养"说等，虽具体操养方式不同，但其趋于内敛的特点却是相同的，从而造就了理学极为显著的内在性品格。

颜钧"放心说"虽从孟子"求放心"说而来，但他所谓"放心"与孟子"放心"的含义却全然不同，"放"有顺从、放任的意思，"心"则同样指"本心"或"本性"。在颜钧的心性论中，"心"与"性"常常是合一的，混同使用，所以"放心"即指顺任本心或本性行事。陈来认为"放心"就是"将名利之心，一切放下"，与笔者之意稍别，但都强调颜钧所谓"心"的自然随适性。从意念知觉上讲，是随心所欲；从行为要求上讲，是率性而行。它包含了两个层面的意思：一是"自信其心"和"自见其心"，二是"心无所系"或"心无所向"。

"自信其心"，就是要相信心本自然、生生不息，不妄生疑虑；而"自见其心"则是认识到心体发用流行而为日用，日用自然就是道。颜钧认为，自信是放心的前提，而自信其心又是以自见其心为前提的："不敢自信其心，则心不放矣。不能自见其心，则不敢自信，而心不放矣。"只有认识并且相信自己日用所为是道，才会放下心来，顺自然行事，也才会去除心病。由前引《颜山农先生传》知，颜钧在指点罗汝芳时举了两个例子：一是病者信神医能治其病而病自愈，一是负千金者信有还贷之金而身心释然。他还以蛇师不畏蛇、幻师不畏水火为喻，强调自信其心和自见其心的必要性。抛开这几个例子的牵强之处不谈，我们可以说，颜钧如此指点，张大和突出了人的主体能动意识。

"心无所系"或"心无所向"，就是使"心"在发用流行中不受任何拘束，既不系念于具体事物，也不专注于特定的目标或方向，始终处于一种自由和自然的状态。颜钧认为，"人心有所系则不得放，有所系而强解之又不得放"，这说明有所系念的心是不自由的，心的不自由有两种形式：一是专注于某种事物或目标；一是意识到自己为物所牵制，努力从这种牵系中解脱出来。这两种情况都是执着。比如求名求利，以及求为圣贤，本身都是人心之自然趋向，但若执定意念，过于执着，便会"病入心火"。所以他提倡"放心"，目的就是要去除外物或意念对人心的牵绊，率任本心而行。而其具体方法则是打破知识见闻、拟议格套、习惯规范等约束。他说:"凡儒先见闻、道理格式,皆足以障道。"① 这里的"道"即指仁道,"儒先见闻、道理格式"则指外于身心的一切知识经验和既定价值规范,在颜钧的时代,则特指流行于世的朱子学知识体系和道德价值。

主张直心而动、率性而行,反对拟议安排和心有所向,这是泰州学派在修行工夫上的一贯特点。王艮曾说:"天理者,天然自有之理也;才欲安排如何,便是人欲。"② 又谓:"只心有所向,便是欲。有所见,便是妄。既无所向,又无所见,便是无极而太极。"王艮弟子徐樾认为率性就是"不入意必、不落固我、不自欺:圣学惟无欺天性,聪明学者,率其性而行之,是不自欺也。率性者,率此明德而已。父慈子孝,耳聪目明,天然良知,不待思虑以养之,是明其明德。一入思拟,一落意必,则即非本然矣,是曰自欺也"。③

但无论如何,他们都没有完全否定传统知识经验和道德价值理念。只是到了颜钧,这一切都遭到了激烈震荡。从知识论的角度来看,颜钧对传统知识经验的排除,含有强烈的反智识主义倾向。虽说反智因素并非仅存于颜钧个人思想之中,而是整个泰州学派乃至王学都存在的问题。陈来认为,颜钧对《大学》的随意性解释表明他对辨析理义甚为反感,体现出反智主义的特点,这种反智主义是颜钧思想中宗教性格的一个表现。④

较为彻底地否定外在知识见闻在求道中的积极作用,确是颜钧思想的一大特色。从道德价值观的角度来看,颜钧力主心无所系,认为"儒先见闻、道理格式"都足以害道,这样的见解不仅有否定程朱理学价值观的意义,也蕴含着颠覆既有社会道德规范的可能。因为,在实际修行中,脱离了道德约束的心灵,难免会指向名利货色而难以回转,而终流于"纵情""肆欲"。这也是颜钧思想之所以受到正统派士人攻击的原因之一。

颜钧心无所系的主张,与佛教"破执"(破除对人、对物、对意念的执着乃至对成佛境界的追求)之说,颇有类似之处。一些程朱学者或王学内正统派人士攻

---

① 黄宗羲:《泰州学案一》,《明儒学案》卷32,第703页。
② 王艮:《语录》,《王心斋全集》卷1,江苏教育出版社2001年版,第10页。
③ 黄宗羲:《泰州学案一》,《明儒学案》卷32,第728页。
④ 陈来:《明代的民间儒学与民间宗教——颜山农思想的特色》,《中国近世思想史研究》,第471页。

击颜钧思想近禅,说"其学归释氏"①,即常以此作一理由。但是,和佛教之间有关联,是整个宋明理学发展中不争的事实。"援佛入儒"是宋明理学得以产生和发展的重要理论条件,以"良知"心体立教的王学,对佛学更是多所资用。其良知现成、注重了悟以及"即本体即工夫"等观点,就有很浓厚的佛教化色彩。阳明后学中趋禅的倾向尤为明显。儒佛互为援奥是整个明后期思想界的基本现实。Araki Kengo 在"Confucianism and Buddhism in the Late Ming"(《晚明的儒学与佛学》)一文中就王学与佛教尤其是禅宗心学的关系有深入探讨,认为从王阳明的"无善无恶"说到李贽"童心说",无不受禅宗影响,并在此基础上指出王学与禅宗的相互融会是可能的。② 因此,与其说颜钧学归释氏,倒不如说他的思想与工夫实践,是承袭了王学乃至宋明儒学发展的一贯传统。从这个意义上讲,他的放心说终究未超出儒学钜镬。

与放心说紧密相连的还有"洗心说"。有关洗心的说法,在《颜钧集》中数见,如诗《古体》"如此洗心密,寿跻舜尧羲"、《谢永宁太守》"烹茶扫花屑,洗心透微几"、《示友》"洗心藏于密,神凝莫可测"③。所谓"洗心",就是洗除盘梗在人心中种种嗜欲名利的要求,使心体归于自然单纯的状态。这看起来似乎与放心说所要求的随心顺欲相乖违,但实际上"洗心"所要洗除的并不是心中自然生发的情感欲念,而是指过度的嗜欲要求。在《急救心火榜文》中,颜钧说他学问和实践的宗旨就是洗除心头盘结的嗜欲,涤尽本性中违反自然的欲念:"农之学,自授(受)承于东海,单洗思虑嗜欲之盘结,鼓之以快乐,而除却心头炎火。农之道,传衣钵于西江,专辟形骸凡套之缰锁,舞之以尽神而尽涤性上逆障。"④ 他认为,只有洗除心头层层盘结的嗜欲,才会使心归于纯净专一之境。

值得注意的是,颜钧"放心"说所致力的是如何向外扩充、释放意念或欲望,这是一个向外用力、对主体欲望不加限制的过程,与孟子乃至理学正统要求反求诸己、向内收敛的趋向正好相反。孟子所谓"四端之心"或"良知"的扩充流布,

---

① 张廷玉等:《明史》卷283《儒林二》,中华书局1974年版。
② William Theodore de Bary ed., *The Unfolding of Neo Confucianism*, New York: Columbia University Press, 1970, pp. 39–66.
③ 《颜钧集》,第59、70页。
④ 《颜钧集》卷1,第3页。

正是恢复本心之良、使人心归于道德本性的过程，是个内向用力、主体自然欲望不断消解而道德良知逐渐占据主宰地位的过程。所以颜钧将其"放心说"比附为孟子"良知扩充说"，至少在理论上是不严谨的。

三　从心、从性与从情

颜钧曾说："吾门人中，与罗汝芳言从性，与陈一泉言从心，余子所言，只从情耳。"① 邓元锡《陈一泉先生墓志铭》亦记载说："颜钧先生喟然谓门徒曰：'吾与若辈言从情耳，与惟德言从性，与本洁言从心。'本洁，先生字。惟德，则大参罗先生字也。盖其学以纵心所欲为极致，故高标许如此。"

从心、从性与从情，这是颜钧接引弟子的三种方法，也是他之"制欲非体仁"说和"放心"说在实践工夫中所体现出的三种不同境界和层次。在颜钧思想中，作为本体的"心"是虚灵明觉的，但又是浑沦肫仁的，它能妙化万物却隐微无征，具有生生不息的能力。所以"从心"就是体贴心之自然，保持心体浑沦肫仁的状态。"性"是心体的发用流行，是心体生生不息的状态或过程，其中既蕴含着道德理性，也包括了自然欲望，是道德性和自然性的合一。"从性"即是顺心之自然流行，率性而行。"情"则指恻隐、羞恶、辞让、是非四种道德情感和喜、怒、哀、乐、爱、欲、恶七种自然情感，它是心体发用流行所产生的结果和外在表现。"从情"即是不遏止情感尤其是自然情绪的生发。尽管颜钧思想在总体上有心性合一的倾向，而且从心、从性、从情从本质上来讲都是要人率任自然行事。但是，心、性、情之间还是有着很明显的不同，是一种由内到外、由源到流的关系。所以从心、从性与从情，实即放心的实践工夫从内到外的逐步展开，有层次高下之别：上者从心，率性次之，下者从情。而颜钧分别以之许陈源、罗汝芳和普通来学者，这样的区别待遇，恐怕与弟子中个人气质和行道倾向的差异不无关系。

陈源，号一泉，嘉靖二十五年师事颜钧。颜钧对陈源期许颇高，与之言从心，大概因为后者"悟固高，而人本忠实不自欺"，既具有当下领会的颖悟能力，又具

---

① 黄宗羲：《泰州学案一》，《明儒学案》卷32，第703—704页。

有诚实无欺的仁厚品德，为人处世"以心不以迹"①。这正符合他之大成仁道在心之"知"（知觉思维）和"性"（道德本性和自然本性）方面所做的要求。只是陈源并没有追随颜钧始终，而因服膺刘邦采"无欲真体"说，中途改换门庭，在颜钧弟子中没有留下太大影响。

罗汝芳，字惟德，号近溪。少慕程朱性理之学，依循薛瑄静坐止欲之功。年二十六从学颜钧门下，始受泰州心学之传。罗汝芳十分注重对心性问题的深入探讨，所以颜钧教之"从性"之说。而他在颜门弟子中也比较广泛而忠实地接受了师说，并将之发挥光大，"以赤子良心、不学不虑为的，以天地万物同体、彻形骸、忘物我为大"，认为当下即是工夫，反对有所依持，有所着意，主张顺心性之自然行事。罗汝芳的这些观点在当时产生了较颜钧更大的影响。泰州学派思想在他这里可以说是集其大成，更因此而风行天下。②

根据门徒个人的学习解悟能力以及气质等的差异来施以不同的教育，是儒学的一贯传统。孔子主张"因材施教"，王阳明在接引学生时亦常依据其"根器"的不同而授以不同的学问。但是这种教法所遗留的后果是容易造成学派内部的分歧、矛盾，严重者引起分化，无论是孔子死后的"儒分为八"，还是王阳明身后本体主义与工夫主义的对立，都说明了这一点。颜钧"放心说"所指示的不同层次在实践中也造成了类似的困境。"从心"与"从性"的不同，形成了陈源和罗汝芳两位弟子在最终思想取向和立场上的不同。"从情"之说虽然由于其直截性和简易性，容易为普通士人和平民所接受，使颜钧思想在当时社会产生了重大影响，但同时也无法避免它在实行中对思想本身及其传播力的减蚀作用。因为"从情"的方法，要求完全放任人情之自然，很容易导致事实上的纵情肆欲，对既定的道德法则和道德规范具有消解的作用。正因如此，他遭到了来自正统人士的一致质疑和严厉批评，后者反过来又削弱了他的学说在社会中的影响。

四　知及仁守，庄莅动礼

如前所述，放心说的一个重要含义即是率性而行，不受任何见闻知识和道德规

---

① 邓元锡：《陈一泉先生墓志铭》，《四库全书总目提要》卷124。
② 黄宗羲：《泰州学案三》，《明儒学案》卷34，第762页。

范的影响和约束，用理学中常用的一个话语来说即是"不睹不闻"。不睹、不闻，出自《中庸》："道也者，不可须臾离也，可离非道也。是故君子戒慎乎其所不睹，恐惧乎其所不闻。"这句话表明："道"即存在于人们的日用常行（包括目之所睹、耳之所闻）中，没有离开人的日用行为而独立存在的"道"。要做君子，就要常存敬畏之心，对其所不知不能、无闻无见的事物多加体察、认识。只有"戒慎恐惧"，常加睹闻，才能认识并把握日用事物中所蕴含的"道"。理学十分强调戒慎恐惧的工夫，以此作为修道体道的一个重要途径。戒慎恐惧在道德上的表现就是要内心敬畏、外表庄重严肃；在知识方面的要求则是要格物穷理，不废"睹""闻"，对外在知识经验多加认识和体察。就此看来，戒慎恐惧的工夫是与不睹不闻的工夫相对立的。

尽管颜钧反对遏制自然念虑，意欲突破传统道理格式的约束和障碍，主张随心任性而行，但他并不反对儒学关于戒慎恐惧的修道要求，相反地，倒常常以之作为放心说的补充形式。比如他提倡"求心放失"，但又对心之流行多加规约限制，强调要去除心火，平服种种"异端之心"，即过度的名利货色之心，这就是戒慎恐惧的表现。从《颜钧集》中有关内容看来，他所理解的戒惧，就是孔子所说的"知及仁守"和"庄莅动礼"。《论语·卫灵公》："子曰：知及之，仁不能守之，虽得之，必失之。知及之，仁能守之，不庄以莅之，则民小敬。知及之，仁能守之，庄以莅之，动之不以礼，未善也。"与一般理学从认知和道德两个层面都做相应要求的理解没什么太大差别。具体来说，"知及"是在认知层面要求学习和积累知识经验；"仁守"是对内心道德的要求，要求持守仁的天性本体；"庄莅动礼"则是要求外在的言行举止庄重不苟，符合一般道德规范。总之，就是要做到"内而凝一，外而庄修，不驰眩于多学，不素隐于行怪"①，这是他的修道准则之一。在《晰大学中庸》中，他说自己一生精神心思都在实践"知及仁守""庄莅动礼"的原则："耕樵一生，即竭精神心思，知及仁守，庄莅动礼成乐之极至深涵，如是严造脱颖，如是乐止自神，不二息也。"②

在颜钧所谓戒惧工夫中，我们看到他比较强调"知"的作用。所谓"知"，有

---

① 《告天下同志书》，《颜钧集》卷1，第6页。
② 《耕樵问答·晰大学中庸》，《颜钧集》卷6，第50页。

两层含义，其一是指我们通常所说的知识经验及对它的学习；其二是指心之知觉灵明的本性及学习知识的能力，这是心体的一个内在特性。心体的另一本质规定性即是"仁"。在颜钧思想中，"知"常常与"仁"连用，故有所谓"仁胚知灵"以及"知及仁守"之说。在二者关系中，"知"是"仁"的基础，"仁"是"知"的本质内容。颜钧认为，人们对仁道的体验往往是以对知识见闻的学习和经验为前提的，"仁者，人也，知为先"①，只有知以及之，才能仁以守之。颜钧对于"知"的注重，还表现在他常常强调"默识知及"，肯定《大学》所提出的格、致、诚、正的进学次第，主张以致知为进学的初阶。他说："是故人豪应真元而出海岳，以有为也。必先致知以入门，格物以为柄，则诚意以实格致之功，正心以载诚致之固，修身以成立本之学。"②

可以看出，颜钧虽在"放心说"中提倡不睹不闻，有明显的反智倾向，但这里对"知"的作用的强调又适度地纠正了这种偏向，使他的思想没有滑向彻底的反智主义和宗教神秘主义，而始终在儒学的范围内。

颜钧以"知及仁守、庄莅动礼"为戒慎恐惧说的内容，注重见闻经验在体道中的作用，强调以敬畏的态度和合于礼的原则来进行工夫涵养。从形式上看，这与一般理学家包括心学学者的做法没什么两样，但二者间在具体方法进路上还是有实质性的差别：理学家所谓"戒惧"是在体道的同时发生作用的，戒惧本身即是体仁；而颜钧所谓"戒惧"则是在从心率性而出现问题（比如放纵情欲等）时施行，通常是作为放心的补充形式。他是这样主张，也是这样实践的。《明儒学案》说他"平时只是率性所行，不睹不闻，及时有放逸，然后戒慎恐惧以修之"③。我们知道，宋明儒学发展的一个基本倾向是越来越强调工夫涵养的一体圆融。然而从颜钧的主张和实践来看，体仁的工夫很明显地被分为两段，从"放心体仁"到"戒慎涵养"，二者间在时间上是先后顺序的关系。但这样将工夫分作两段来做，正如湛若水弟子洪垣在《答颜钧》中所批评的那样，容易造成工夫之整体性与连续性被割裂的结果，从而最终影响工夫的效用："果如此说，非惟工夫间断不续，待放逸不睹不闻而后修其几，亦缓矣。知及仁守、庄莅动礼，此夫子自内达外，示人以性

---

① 《论三教》，《颜钧集》卷2，第16页。
② 《新城会罢过金溪县宿疏山游记》，《颜钧集》卷1，第8页。
③ 黄宗羲：《甘泉学案三》，《明儒学案》卷39，第928页。

道全体，合下便是合一用功，非谓有知及仁守而又有庄莅动礼也。"①

颜钧在其思想体系的建构及表达过程中，往往表现出追求一体圆融的倾向。比如在心性论中他就十分强调心与性、性与情体用不二、圆融无间的关系。但是在体仁工夫论中，却没能贯彻这一原则，放心体仁与戒慎涵养之间相须相即的一体关系并没有体现出来。这是颜钧工夫论所内含的一个矛盾。

五 小结

综上所述，颜钧在工夫论上主张"制欲非体仁""体仁在放心"，力图在"存理灭欲"的理学正统之外，提供一种新的价值路向和修养途径。这一思想是他在理论上对儒学理欲观进行自觉反省和修正的结果。它的提出体现了一种顺任心性自然的倾向，这是泰州学派自王艮以来的一个基本倾向，也是晚明社会市民意识提升、个性欲望张扬在儒学价值领域内的一个诉求和表达，具有某种前近代启蒙的色彩。但与此同时，他又主张"知及仁守、庄莅动礼"的戒惧工夫，作为放心体仁的修正和补充。这表明他在一定程度上又是认可儒学传统的内在修养工夫的，并不想完全背离儒家之道。然而这种思想上弥合新旧（自己之新与传统之旧）的努力，在方法上却造成了一个无法解决的矛盾：本当圆融一贯的"体仁"工夫被截成"放心"与"戒慎"两段，从而破坏了其整体性和连续性。这体现了颜钧思想中相对疏陋的一面，也反映了泰州学派在发展中务求简易平实，从而导致理论建构粗疏有余、细密不足的现实与倾向。而这也正是泰州派学者及其思想在相当长时间内不受研究者重视的重要原因。

---

① 黄宗羲：《甘泉学案三·洪垣传》，《明儒学案》卷39，第940页。

何心隐"友伦"诠释的哲学维度及其现代意义

赵金刚

摘　要：何心隐抬升"友伦"在五伦中的地位，认为经由"友伦"成立"孔氏家"可以促进五伦的整体实现。何心隐对友伦的论述，不能仅从实践意义上来看，还要看到其背后的形上学向度。一方面，他从"拟天地之交"的角度来诠释"友伦"的重要性；另一方面，其对"友伦"的诠释内在于阳明学乃至泰州学派"万物一体"的思想结构当中，"万物一体"才是何心隐乃至整个泰州学派对朋友关系论述的理论根基。特别是，只有注意到了"万物一体"与"友伦"的关联，才能将何心隐的论述与从绝对的个体出发而建立的朋友关系区分开来。何心隐的"友伦"叙述关切到晚明人与人之间由于流动性增强而出现的陌生化倾向，基于"万物一体"的哲学前提，为陌生人之间交往的"再伦理化"以及从中开显出当代儒家解决陌生人伦理提供可能。

关键词：朋友　孔氏家　天地之交　万物一体　陌生人

晚明以降，随着商品经济的发展，社会流动性增强，原有的人伦结构发生变化，特别是在阳明及阳明后学那里，出现了一些关于人伦诠释的新态势，如亲亲压倒尊尊——阳明归本儒学正由"亲亲一念"，又如朋友一伦的抬升与强化。其中，关于朋友一伦抬升的重要意义，得到了当代学者的普遍重视，这与儒学面对当今人

---

* 本文原载《哲学动态》2022年第4期。
　基金资助：国家社会科学基金青年项目"朱熹理学中'气'的思想研究"（编号18CZX028）的阶段性成果。
** 赵金刚，清华大学哲学系副教授。

伦重建的时代课题密切相关。① 在传统儒家人伦结构中，"朋友并非构成社会秩序的奠基性伦理"②，吴根友先生分析一般意义上的五伦排序时指出，在儒学传统中"是父子、兄弟的血缘关系优先，夫妇关系次之，一般性的长幼关系又次之，君臣之间的政治关系居末"③。这一论述当然不能完全涵盖历史上所有经典与儒者的论述，但也可以反映一般性的看法。而到了阳明学那里，情况发生了许多微妙的变化，特别是到了泰州学派、到了何心隐那里，朋友一伦变得越来越重。④ 吕妙芬详细考察了明代以降抬高"友伦"地位的现象，她认为："如果说传统儒家以日常生活中的三纲五常来体现圣学，那么在心学讲会高涨的明代，对许多人而言，在朋友间淬炼其心志言行是比普通的家庭生活更崇高、深刻，且必要的行为。"⑤ 对泰州学派，尤其是对何心隐而言正是如此。

黄宗羲评价颜山农、何心隐，认为其"复非名教之所能羁格"，而在何心隐的"五伦"论述中，与传统名教最不同的就是其对"朋友"一伦的强调。李贽在《何心隐论》中讲："人伦有五，公舍其四，而独置身于师友贤圣之间。"⑥ 可见在何心隐的五伦叙述中，表现出与传统排序极大的差异。关于何心隐的人伦叙述，任文利指出："如果说何心隐讲的'出身''出家'有打破家庭本位社会的一面的意义，有两个范畴似乎可以取代'身''家'，一为'友'，一为'会'。"⑦ 这其实也就指出了"友伦"在何心隐思想中的结构性意义。

现代学者对阳明学、泰州学派的"友伦"叙述十分重视，但往往强调其背后的现实意义，研究多侧重泰州学派"友伦"的实践性，如何心隐等人的交游与讲

---

① 朋友一伦的抬升，宋代已见端倪，如黄榦讲，"朋友者，列于人伦而又所以纲纪人伦者也"（《性理会通·人伦》）。但是，宋儒的论述，依旧没有打破传统五伦的根源性结构，这就与阳明学，特别是泰州学派有根本不同。
② 刘伟：《〈论语〉中的朋友观及其流衍》，载刘小枫主编《古典学研究》第7辑，华东师范大学出版社2021年版，第31页。
③ 吴根友、崔海亮：《"五伦"与"新五伦"之探索》，《南京师大学报》（社会科学版）2020年第2期。
④ 刘伟指出，"朋友之间的交游有赖于人的流动，此与传统农业社会定居这一基本原则相悖"，先秦以来的朋友观，"到了明代中后期发生了根本性的转变"，阳明对朋友之道的理解，基于一种全新的生活方式，即朋友交往频繁，成为日常生活的重要组成部分（《〈论语〉中的朋友观及其流衍》，载刘小枫主编《古典学研究》第7辑，第38页）。
⑤ 吕妙芬：《阳明学士人社群——历史、思想与实践》，新星出版社2006年版，第265页。
⑥ 李贽：《焚书》卷3，第90页。
⑦ 任文利：《何心隐的思想及其定位》，《中国哲学史》2002年第3期。

学，重视思想史意义，而忽视何心隐等人"友伦"叙述的哲学性诠释，特别是"友伦"的形上学向度，并未完全打开。本文从何心隐出发，挖掘何心隐"友伦"诠释的哲学维度，并辅以阳明、泰州学派的观点，呈现友伦挺立的思想史意涵，并进一步揭示其时代意义。

一　讲学与朋友

何心隐五伦中特别突出了君臣和朋友的意义。《与艾冷溪书》言："大道始属于君臣……终属于朋友。"① 但如若在君臣和朋友之间再做一比较，则可以看到，何心隐更重视朋友一伦：其尊君展示了其立场与当时主流价值的一致性②，但何心隐亦展示出其在君臣之外，"主朋友之大道"的立场。何心隐以"讲学"为生命③，特重讲学的意义，其晚年在为自我辩白的各书信中，将《原学原讲》视作最为重要的一篇文献。陈来先生指出，"与王艮、颜山农一样，何心隐也充满师道的自负"④，而此种师道之自负，则与何心隐乃至整个泰州推尊、极尊孔子的立场密不可分。任文利指出，"'孔子之贤于尧舜'是一个比较典型的泰州话题"⑤，"泰州自乃祖心斋始，极力推尊孔子，至何心隐，孔子已非如传统儒家所言，仅仅作为'道统'之宗了，孔子直可视为一'教'主。他在此基础上，针对传统之'五伦'，提出新的伦理关系"⑥。在何心隐那里，孔子能成为"教主"而贤于尧舜，重要处就在于讲学，而讲学则突出了"朋友"一伦的重要意义。《原学原讲》认为，孔子"以仁统而以仁传，以统以传于一世，而统而传之万世"，仁统仁传，关键就在于"讲学"，道统至孔子"始有学名以名其所学，始有讲名以名其所讲"，"孔子与颜、与曾、与二三子自无一事而无有乎不学不讲也"⑦，孔子正是通过讲学活动与讲学共同体"仁其所仁"，后世若要传承此仁学，也必然依靠讲学与讲学共同体。

---

① 《何心隐集》卷3，容肇祖整理，中华书局1960年版，第66页。
② 参见陈来《何心隐的社会活动与思想特质》，《文史》2012年第3辑，第449页。
③ 参见吴震《泰州学派研究》，中国人民大学出版社2009年版，第303页。
④ 陈来：《何心隐的社会活动与思想特质》，第452页。
⑤ 任文利：《儒教改制者何心隐及其所殉孔子之教》，《政治思想史》2012年第3期。
⑥ 任文利：《儒教改制者何心隐及其所殉孔子之教》，《政治思想史》2012年第3期。
⑦ 《何心隐集》卷1，第8页。

可以看到，在何心隐看来，学和讲"是人之为人的根本要求和必然表现"①，而处在这样讲学关系中的人，便不可能是孤绝的个体，讲学必然发生在有差异的个体之间——无差异也就无所谓讲学，同时，将讲学视作人的根本要求与必然表现，也即将人置身于经验的历史共同体之中。

在何心隐那里，友伦可以"以仁设教"，他讲："惟友朋可以聚天下之英才，以仁设教，而天下自归仁矣。天下非统于友朋而何？故《春秋》以道统统于仲尼。……此友朋之道，天启仲尼，以止至善也。古谓仲尼贤于尧舜，谓非贤于此乎！"② 只有聚天下之英才，方可让仁教最广泛地遍布，而聚英才，就需要友朋。孔子发明此道，贤于尧舜。在何心隐看来，友伦的贯彻可以保证父子、君臣的充分实现，故他在《发兄弟怡怡》一文中讲：

> 乃朋乃友，乃兄弟其朋友，以尊仲尼于有亲，乃不至于无父，以朋以友，以士也，乃士也。乃兄乃弟，乃朋友其兄弟，以亲仲尼于有尊，乃不至于无君，以兄以弟，以士也，乃士也。③

朋友之间贵在"友其德"，而在何心隐看来，此德的纽带就是孔子，孔子立教，充分阐发此德，朋友之间"切切"此德，故而通过朋友的相互砥砺，亲亲、尊尊均可得到保证。

耿定向对何心隐观点的记述，更充分地展现了何心隐那里孔子、朋友、成德的关系：

> 隆庆壬申，程学博氏挈之来，我仲子诘之曰："子毁家忘躯，意欲如何？"曰："姚江始阐良知，知眼开矣，未有身也。泰州阐立本旨，知尊身矣，而未有家也。兹欲聚友，以成孔氏家"。④

---

① 吴震：《泰州学派研究》，中国人民大学出版社2009年版，第309页。
② 《何心隐集》卷3，第66页。
③ 《何心隐集》卷2，第46页。
④ 耿定向：《耿天台先生文集》卷16，《四库全书存目丛书》集131，齐鲁书社1997年版，第404—405页。

陈来先生指出，何心隐"此时的主张是'聚友为家'，实际上是以讲会为家，要把明代中后期的讲会，变为一种'家'化的朋友组织"，"可以看作是一种强化当时流行的讲会的一种社会构想"①。何心隐"把讲学的载体主要放在朋友一伦，故特别予以重视"，"讲会的会是模拟家的"②，在何心隐看来孔子通过讲学奠定"孔氏家"，"身家于生民以来未有之身之家"③，这反而成为奠定一切伦理的基础，保证了其他形态的伦理关系合宜的实现。何心隐的思想分析方式特别强调"显与藏"，"为仁就是要通过具体有形的实践，来有其无、显其藏，使无成为有，使藏变为显"④。而在何心隐那里，交友的实践，无疑是最广泛的"显"的可能，因为朋友超越确定的血缘关系，使人与人最广泛地连接在了一起，这种最广泛的德性连接，是一切特殊连接的保证。

可见，何心隐通过对孔子地位的诠释，确立了讲学的独特意义，进而赋予了讲学共同体以独特的价值地位，抬升了友伦在人伦中的重要性。

二 拟天地之交

以上可以说是何心隐"阐道统以立友伦"的思想，不特如此，何心隐对友伦的叙述还有其形上学的向度，这一向度与何心隐对《周易》的诠释有关，也与整个阳明学形上学的取向有关。首先来看何心隐从《周易》诠释来论说友伦的重要性。

明代之前对五常的形上学论证，主要采取五伦、五常、五行相互对应的模式。现存何心隐文章似未从这一角度发挥。现在留存的何心隐作品主要收录在容肇祖先生点校的《何心隐集》，就这个集子来看，其中的"形上学"或"本体论"论述并不多，但不能说何心隐思想完全排斥形上的阐发。从他对《周易》的重视来看，何心隐注重从"易理"阐发"人道"。如其《辩无父无君非弑父弑君》一文，就特别重视从"《易》有太极"确立人道的根本原则：

---

① 陈来：《何心隐的社会活动与思想特质》，第444页。
② 陈来：《何心隐的社会活动与思想特质》，第444页。
③ 《何心隐集》卷3，第48页。
④ 陈来：《何心隐的社会活动与思想特质》，第447页。

> 必易有太极，乃不堕于弑父弑君，乃不流于无父无君，乃乾坤其君臣，乃乾坤其父子也，乃凡有血气其尊亲也。①

可以看出，"易道"是何心隐人伦阐发的根基，他并不否认为人伦寻找形上的可能性。陈来先生指出，在何心隐看来"只有牢固树立'易有太极'之说，君臣父子的大纲大常才能得到保证"②。关于朋友的重要性，何心隐同样从《周易》出发予以阐释。《论友》讲：

> 天地交曰泰，交尽于友也。友秉交也，道而学尽于友之交也。③

这里何心隐从"泰卦"出发阐发"友"的意涵，可以说"友"是拟天地之交而有。天地有相交之道，那么从天道到人事，就有交友之道。在传统的"泰卦"诠释中，多从《周易·泰·彖传》"天地交而万物通，上下交而其志同"出发，这里"志同"的不是"友"，而是"君臣"，主流的《周易》解释均是立足君臣来诠释。何心隐则特别从"友"来诠释，把天地之交与交友联系起来看，这可以说是他的独到之处。何以"友"可以拟天地之交？在何心隐看来，其他人伦在人与人的交往上都会存在一些问题，不能"拟天地之交"：

> 昆弟非不交也，交而比也，未可以拟天地之交也。能不骄而泰乎？
> 夫妇也，父子也，君臣也，非不交也，或交而匹，或交而昵，或交而陵、而援。八口之天地也，百姓之天地也，非不交也，小乎其交者也。能不骄而泰乎？
> 骄，几泰也。均之气充盈也。充盈，几也；几，小大也。法象莫大乎天地，法心象心也。夫子其从心也，心率道而学也，学空空也。不落比也，自可以交昆弟；不落匹也，自可以交夫妇；不落昵也，自可以交父子；不落陵也，

---

① 《何心隐集》卷3，第52页。
② 陈来：《何心隐的社会活动与思想特质》，第445页。
③ 《何心隐集》卷2，第28页。

不落援也，自可以交君臣。天地此法象也，交也，交尽于友也。友秉交也。夫子贤于尧舜，尧舜一天地也，夫子一天地也。一天一地，一交也，友其几乎？①

所有人伦关系都体现了"交"之道，但是兄弟会"比"，夫妇会"匹"，父子会"昵"，君臣会"陵""援"，甚至其他人与人的交际，都会存在问题，都有所偏蔽②，不能体现天地之交的"大"，能体现天地之交之大的，就是朋友之道，其关键就在于"学"。刘伟教授指出，"朋友一伦很特殊，与其他四伦有所不同。朋友是相互的，你是我的朋友，同样我也是你的朋友；但其他四伦中不论哪一伦，伦理角色及相应的义务都是单向的"③。可以认为，在何心隐这里，正是此种"相互性"保证了朋友之交可以超越单向的"弊"，在相互性中，实现双方关系的充分展现，进而实现人的敞开。当然，在何心隐这里，"相互"必然以"学"为枢纽。朋友交往在何心隐看来，正是通过讲学"从心""率道而学"，孔子正是如此，友道的关键在"学"，通过这样的友伦，就可以使其他人伦关系的实现合宜。"交尽于友"，友可以说是天地相交之道最完全的体现。这是何心隐从"法象"天地的角度，对"友"做出的说明。

三 万物一体与友爱

当然，何心隐的友伦阐释不仅从"天地相交"的角度立论，他的论述也内含"万物一体"的向度。何心隐没有专门的文章阐发"万物一体"，但我们却可以从其文章中读出万物一体的气息。更为重要的是，我们需要看到，整个泰州学派对万物一体的强调。如王艮有"天下一个，万物一体"之说，其《鳅鳝赋》更是阐发了"大丈夫以天地万物为一体""为生民立命"的精神。罗近溪更是从"天命生生不已"的角度讲人伦关系：

---

① 《何心隐集》卷2，第28页。
② 在何心隐的叙述中，始终强调其他人伦交往的"小"与"弊"，如《发兄弟怡怡》就指出，"兄弟而武周，其势易以忤也"（《何心隐集》卷2，第45页）。
③ 刘伟：《〈论语〉中的朋友观及其流衍》，载刘小枫主编《古典学研究》第7辑，第34页。

> 父母兄弟子孙,是替天命生生不已显现个皮肤;天命生生不已,是替孝父母、弟兄长、慈子孙,通透个骨髓,直竖起来,便成上下古今,横亘将去,便作家国天下。①

在近溪看来,一些人伦关系,都是"天命生生不已"的展现,天命生生不已的实体,是人伦的根底。

陈荣捷先生指出,"万物一体之理论,为宋明理学之中心"②。如果我们说"万物一体"是泰州学派的立言基调,似乎也并不为过。

"万物一体"学说的确立,为儒学言说人伦,提供了一种形上学论证的方向,朱承教授指出,"在阳明后学心目中,合乎道德的社会生活建立在'万物一体'的秩序观上"③。陈来先生特别指出了王阳明晚年以"万物同体"规定良知,进而由智归仁。④ 从伦理角度来说,仁与亲亲密切相关,而同样从"万物一体"出发,何心隐则强调了"友伦"的重要性。当然,我们也需要指出,阳明对"万物一体"的强调,自然会与讲学、交友相关。陈立胜教授指出,在阳明那里"讲习不仅是出于一体之仁的'仁人悯物'之心,而且也与良知见证、共修的需要密切相关"⑤。王淑琴教授更直接指出,"何心隐的学说与王阳明的思想也有相似之处。王阳明提出'视天下至人,无外内远近,凡有血气,皆其昆弟赤子之亲'",何心隐的论证思路与阳明学、泰州学派的论述基调有高度的一致性。⑥

何心隐在《仁义》一文中讲:

> 仁无有不亲也,惟亲亲之为大,非徒父子之亲亲已也,亦惟亲其所可亲,以至凡有血气之莫不亲,则亲又莫大于斯。亲斯足以广其居,以覆天下之居,

---

① 《罗汝若集》,凤凰出版社2007年版,第65页。
② 陈荣捷:《王阳明与禅》,台湾学生书局1984年版,第12页。
③ 朱承:《阳明后学的道德信念与伦理实践》,《伦理学术》2019年第1期。
④ 陈来:《王阳明的万物一体思想》,《中共宁波市委党校学报》2019年第2期。
⑤ 陈立胜:《王阳明"万物一体"论:从"身—体"的立场看(修订本)》,燕山出版社2018年版,第225页。
⑥ 王淑琴:《"君臣友朋,相为表里":何心隐友朋思想论析》,《管子学刊》2016年第4期。

斯足以象仁也。

义无有不尊也,惟尊贤之为大,非徒君臣之尊贤已也,亦惟尊其所可尊,以至凡有血气之莫不尊,则尊又莫大于斯。尊斯足以正其路,以达天下之路,斯足以象义也。

亲与贤,莫非物也。亲亲而尊贤,以致凡有血气之莫不亲莫不尊,莫非体物也。①

这里"凡有血气"也就是从"一气相通"的角度去讲"万物一体"。从万物一体的角度出发,要实现仁道,就不能只"亲其亲",而是要做到"凡有血气莫不尊亲",有血气者何以能尊能亲?就在于从天地的根源来看,有血气者本身就是关联一体的。陈寒鸣先生特别对何心隐此文分析道:

> 何心隐从"万物一体"的命题出发,认为人与人之间不应过分强调亲疏贵贱之分或上下尊卑之别……在他看来,"亲亲""尊贤"固然重要,但"亲亲"不能只限于亲自己的亲人,而应亲所有的人,才"足以象仁";"尊贤"也不能只限于君臣,而应尊敬所有的人……以"亲亲""尊贤"为起点,达到彼我无间、人己一体,这就是何心隐的最高道德境界。依据这种思想,何心隐对传统"五伦"关系进行了新的排列。他认为人与人之间应该是"相交而友""相友而师",故而"五伦"中唯有师友一伦符合平等之义,是最高层次的社会道德关系。②

这里,有几点需要进一步说明。首先,陈寒鸣先生和不少学者都把"万物一体"视为道德境界,而交友是达到这一境界的手段,如单虹泽讲,"实现'万物一体'之仁正是明代学者修身成德的终极理想,而这一理想往往通过交友、结社等活动来实现"③。但我们需要进一步指出,对于阳明、泰州来讲,万物一体不仅是理想境界,更是本体性的根据,故而"交友"不是手段,而本身就是应然,内在

---

① 《何心隐集》卷2,第27页。
② 陈寒鸣:《王艮、何心隐世俗化的儒学政治思想》,《晋阳学刊》1995年第3期。
③ 单虹泽:《以友辅仁:论儒家的友伦与政治传统》,《理论与现代化》2018年第6期。

地含有"目的性"。其次，何心隐的朋友是否是绝对的平等？如果我们认为何心隐的朋友论述与讲学有关，内含师友关系，那么就不能将之理解为彻底的关系平等，平等只是在"学"或"孔氏家"面前的平等，是"朋友切切"意义上的平等。再次，有学者认为，"友伦与自然伦理不同，其完全依赖于主体间的平等交往"①，如若把"自然"仅仅理解为"血亲"或直接性的生养，此种观点可以成立，但如果我们从万物一体的角度看问题，把万物一体也视为自然，那朋友之间的关系就不能仅仅视为主体间，甚至孤独个体的连接。

最后，我们还需要指出，正是由于何心隐的朋友叙述与万物一体这一命题密切相关，我们就不能以某种现代的视角去理解其"友伦"叙述的意义。张琏在《何心隐的社会思想论析》一文中认为：何心隐强调朋友一伦，乃是根植于他视人为独立个体的观点上，他以人为社会的中心，而社会是人的集合体，社会关系则是以个体为基础所展开的关系，因此个体与个体之间皆为朋友，彼此平等而互相尊重，人际关系应高于人伦关系的藩篱限制，即不致落于偏狭的关系中。②

这其实错会了何心隐的立论前提，何心隐强调朋友一伦，前提是"天地之公""万物一体"，他针对的是明末以来人的陌生化倾向，而不是要完全顺应此趋势，他对朋友的强调恰是要去个体化，不能将何心隐的立论基础理解为"个体"或"个人主义"。"万物一体"才是何心隐乃至整个泰州学派对朋友论述的理论根基。人的基本存在状态是万物一体，而交友则是最可以使人达到这一体境界的人伦生活。

以往的泰州学派研究，特别是持明末清初启蒙立场的研究，往往认为泰州有打破传统、个人解放的观念，但我们从何心隐乃至泰州学派身上却可以看到，一方面是所谓的"个体觉醒"，而另一方面却是"万物一体"。这其实提示我们，泰州学派的思想形态决不能以西方式的"启蒙""个人主义"来衡量。何心隐和其他泰州学者，其实是在新儒学提倡的"万物一体"的根基上，安顿"个体"，既承认个体欲望的适当合理性，又避免导向绝对的欲望主体。李海超在评价阳明学时指出，阳明心学具有维护前现代观念与敞开现代性可能性之两面性。③ 这一论断同样适用于

---

① 单虹泽：《以友辅仁：论儒家的友伦与政治传统》，《理论与现代化》2018 年第 6 期。
② 张琏：《何心隐的社会思想论析》，《史学集刊》1998 年第 1 期。
③ 李海超：《阳明心学与儒家现代性观念的开展》，博士学位论文，山东大学，2017 年。

泰州学派。

四　友伦的现代意义

在传统社会，儒家内部对友伦的重要性看法并不一致，甚至有认为当取消友伦与其他四伦并列者①，但到了现代在对儒学进行创造性转化与思考当代伦理道德重建问题时，友伦的重要性则愈加凸显。如何从何心隐以及泰州学派对友伦的论述中吸收合理的思想资源来解决当代伦理问题，值得我们深思。

在五伦结构中，"朋友是同类人，朋友'同类'，特指心志相类"②，朋友以志相合，超越了天生的血缘关系，此种超越，恰有面向"陌生人"的可能。同时，"志"内涵于"友伦"，就说明朋友相交，是内含道德理想的，而绝非"无目的性"的交往。王阳明讲："夫友也者，以道也，以德也。天下莫大于道，莫贵于德。道德之所在，齿与位不得而干焉。"沟口雄三认为，阳明学促进了道德的民众化、礼教的渗透化，道德共同体的成员扩大了互助和社会参与。③ 而此一道德共同体的成立，离不开成员之间的参与性活动。何心隐特别将讲学与友伦连接在一起，为非血缘关系的人的道德生活，指出了一种可能性，即非血缘关系的人与人可以通过讲学确定某种共同性，而此种共同性，是天地之道的呈现，内在具有崇高的目的性。

"朋友关系一直就存在，但在今天的社会里变得极其复杂，不仅有远近、熟悉与陌生等不同的距离关系，还有因为职业、兴趣爱好、性向的关系而组成不同类型的朋友关系。"④ 在今天，随着家庭的单子化，复杂化的朋友关系以及由朋友而成立的共同体、圈子，对当代人的生活意义也就更加凸显。今天朋友的交往，是要剥离其道德属性，去崇高性，还是可以在朋友交往之间融入某种道德性指向，这也值得我们思考。何心隐的"友伦"叙述关切到了晚明人与人之间由于流动性增强而

---

① 参见王硕《儒家友伦的道德意涵新辨》，《道德与文明》2016 年第 2 期。
② 刘伟：《〈论语〉中的朋友观及其流衍》，载刘小枫主编《古典学研究》第 7 辑，第 34 页。
③ [日]沟口雄三：《中国思想史：宋代至近代》，龚颖、赵士林等译，生活·读书·新知三联书店 2014 年版，第 64—87 页。
④ 吴根友、崔海亮：《"五伦"与"新五伦"之探索》，《南京师大学报》（社会科学版）2020 年第 2 期。

出现的陌生化倾向，但却通过万物一体的哲学前提，为陌生人之间交往的"再伦理化"提供可能。更为重要的是，今天对朋友的理解，往往是从两个孤绝的个体出发，建构"外在性"的关系，人与人内在关联的可能性却被忽视了。如此的交往，就只可能去情感化，最终使人与人的关系变得愈加不稳定，尤其是彻底的平等完全可能导致彻底的无情感。① 个体内在存在的焦虑，不会在共同体生活中得以化解。

廖申白先生认为："五伦中可以推导与陌生人的关系的是朋友一伦。但是朋友是属于私人交往的范畴，把一个人与朋友相互联系起来的是友情。儒家说，弟子'入则孝，出则悌'，在家中的孝与在朋友中的悌是可相通的。爱有差等，情有亲疏，在家与友人中人们总要问亲问情。然而，'疏不问亲'，人们对陌生人不问亲与情，所以从情的理路上说，从朋友一伦推导在公共生活中与陌生人的关系的伦理终是不通。"② 廖申白先生对儒家朋友关系的理解，还是蕴含了某种现代性的前提。人与人之间的陌生化，按照宋明儒家的讲法，即使是陌生人，其原本也在"万物一体"的生生不息结构中，人与人原本就是关联的，"关联"是本然，"陌生"反而是"异化"。在儒家看来，我们面对的陌生人不可能是绝对抽象的陌生人，一旦陌生人进入我们的视域，必定以某种方式与我们发生关系，并具备了去陌生化的可能。真正的陌异性的产生，反而依赖于人与人关联性的"观察"关系，而陌异性产生的同时，也即意味着陌异性的"褪去"。一旦陌异性有了褪去的可能，人与人之间也就有了"交友"的可能（虽然不必然实现此种可能性）。

从何心隐的讲法出发，朋友之间可以通过讲学活动，成立一种新的家（今天的讲学内容可以超越何心隐的规定，家也不一定是"孔氏家"），但此新家的成立，却非要代替血缘家庭，与血缘家庭对立，或者让人脱离血缘家庭，走入新家（今天的确有此种倾向，基督教在中国某些地区的传播，即是此种倾向的一个证明），而是在此新家中重新理解血缘家庭，并促进以血缘家庭为代表的人伦关系得以恰当实现。当然，如何在当代生活中重思这些关系，仍旧值得进一步思索。

---

① ［法］卢梭：《社会契约论》，何兆武译，商务印书馆2005年版，第175—177页。
② 廖申白：《儒家伦理与今日之公共生活问题》，《中州学刊》2005年第3期。

殊途而同归：论焦竑对王阳明"三教一道"思想的发展与转变

米文科[*]

摘 要："三教一道"是阳明学三教关系上的一个重要问题。但不同于王阳明认为三教在实际中存在着见道偏全的不同，焦竑则主张"道一教三"、殊途而同归，认为儒佛道三教尽管在具体的教法上不同，不能相混，但都可以根据各自的教法而达到"道"的境界。焦竑对"三教一道"的认识不仅反映了阳明学"三教一道"思想的发展与演变，同时也体现了晚明三教融合的进一步深入，因此具有重要的思想史意义。

关键词：王阳明 焦竑 阳明学 三教一道 三教融合

"三教一道"是王阳明三教思想中的一个重要观点，也是被其众多弟子后学所认同的一个观念。但如果仔细考察王阳明与其后学的"三教一道"论，就会发现阳明后学的认识与王阳明并不完全相同，而是对其进行了诸多创新。其中，晚明泰州学派学者焦竑（字弱侯，1540—1620）的"三教一道"论具有转折性的意义，体现了阳明学三教关系的发展与演变。[①]

---

[*] 米文科，宝鸡文理学院马克思主义学院副教授。

[①] 目前学界关于焦竑的三教思想有不少研究成果，如郑宗义《明末王学的三教合一论及其现代回响》，载吴根友主编《多元范式下的明清思想研究》，生活·读书·新知三联书店 2011 年版，第 203—212 页；钱新祖《焦竑与晚明新儒思想的重构》，东方出版中心 2017 年版。而本文主要是以阳明学的"三教一道"思想的发展演变为问题意识，以此来探讨焦竑在这一问题上对王阳明学说的发展及其在阳明学儒佛之辨上所具有的意义。

一　三教一道

自北宋初道教学者张伯端（987—1082）明确提出"教虽分三，道乃归一"①之后，"三教一道"的观点很快就流行开来。与此同时，理学正值创立初期，张载与二程等人虽然在理论上吸收和借鉴了不少佛道二教的思想，但同时他们又严辨儒佛，批评佛老之学。其中，在"道"的问题上，二程一方面认为佛氏于"道"不能说无所见，而另一方面又认为，佛氏只见"道"之一边，而不及其余，如同以管窥天。程颢说："释氏说道，譬之以管窥天，只务直上去，惟见一偏，不见四旁，故皆不能处事。圣人之道，则如在平野之中，四方莫不见也。"② 程颐也说："佛亦是西方贤者，方外山林之士，但为爱挟持人说利害，其实为利耳。其学譬如以管窥天，谓他不见天不得，只是不广大。"③ 与二程略有不同，朱子则明确指出，儒家与佛老是各道其道，绝不相同，儒家以仁义礼智为道，而佛氏则以清净寂灭为道。他说："吾之所谓道者，固非彼之所谓道矣……吾之所谓道者，君臣、父子、夫妇、昆弟、朋友当然之实理也。彼之所谓道，则以此为幻为妄而绝灭之，以求其所谓清净寂灭者也。"④

然而，与程、朱相比，陆九渊（号象山，1139—1192）对儒佛之道的认识有着明显不同。他说：

> 儒者以人生天地之间，灵于万物，贵于万物，与天地并而为三极。天有天道，地有地道，人有人道。人而不尽人道，不足与天地并。人有五官，官有其事，于是有是非得失，于是有教有学。其教之所从立者如此，故曰义、曰公。释氏以人生天地间，有生死，有轮回，有烦恼，以为甚苦，而求所以免之。其有得道明悟者，则知本无生死，本无轮回，本无烦恼。故其言曰："生死事大。"……其教之所从立者如此，故曰利、曰私。惟义惟公，故经世；惟利惟

---

① 张伯端：《悟真篇》，中华书局1990年版，第1—2页。
② 程颢、程颐：《二程集》，中华书局2004年版，第149页。
③ 程颢、程颐：《二程集》，第292页。
④ 朱熹：《朱子全书》，上海古籍出版社、安徽教育出版社2010年版，第6册，第684页。

私，故出世。①

在陆象山看来，儒家以尽人道为"一大事"，佛教则以出离生死为"一大事"，故二者立教不同，于是也就有了公私、义利之分，亦即经世与出世的区别。可见，在陆象山眼中，儒佛之别并不是在"道"上有何不同，而是在"教"上存在差异，故陆象山说："唯其教之所从起者如此，故其道之所极亦如此。故某尝谓儒为大中，释为大偏。以释与其他百家论，则百家为不及，释为过之。"② 又说："佛老高一世人，只是道偏，不是。"③ 可见，儒家与佛老在"道"上只有"中"与"偏"之分，而不存在三教三道的划分。正因为如此，朱子批评陆象山之说是一种"本同末异"论，其曰："向来见子静与王顺伯论佛云，释氏与吾儒所见亦同，只是义利、公私之间不同。此说不然。如此，却是吾儒与释氏同一个道理。若是同时，何缘得有义利不同？只被源头便不同：吾儒万理皆实，释氏万理皆空。"④ 朱子指出，如果只从公私、义利来区分儒佛，那就是承认儒家与佛氏在根本上是"同一个道理"，只不过作用有所不同而已。朱子认为，这种观点并没有真正看到儒佛之间的差别所在，事实上，儒佛从源头上即从作为本体之道上就已经不同了，"吾儒万理皆实，释氏万理皆空"，儒家以仁义礼智为性，而释氏则以空寂为性。从这里可以看到，在儒佛之辨上程朱理学与陆氏心学便已存在较大分歧。

陆象山对儒佛之道异同的认识后来被王阳明所继承，王阳明明确指出，"道一而已"，儒佛道三教都根源于同一个"道"。他说："道一而已，仁者见之谓之仁，知者见之谓之知。释氏之所以为释，老氏之所以为老，百姓日用而不知，皆是道也，宁有二乎。"⑤ 又说：

> 道大无名，若曰各道其道，是小其道矣。心学纯明之时，天下同风，各求自尽。就如此厅室，元是统成一间，其后子孙分居，便有中有傍。又传，渐设

---

① 陆九渊：《陆九渊集》，中华书局1980年版，第16页。
② 陆九渊：《陆九渊集》，第20页。
③ 陆九渊：《陆九渊集》，第467页。
④ 黎靖德编：《朱子语类》，中华书局1986年版，第2976页。
⑤ 王守仁：《王阳明全集》，上海古籍出版社2014年版，第229页。

藩篱，犹能往来相助。再久来，渐有相较相争，甚而至于相敌。其初只是一家，去其藩篱，仍旧是一家。三教之分，亦只似此。①

在王阳明看来，儒佛道三教之学都是世间那个最高本体之道的反映，只不过三教所见不同而已，但"皆是道也"。王阳明关于"三教一道"的认识后来被他的一些弟子所继承，如王龙溪（名畿，1498—1583）说："时有盛衰，所见亦因以异，非道有大小也。谓孔子之道大于佛，固不识佛；谓佛之道大于孔子，尤不识孔子。"② 董沄（号萝石，1459—1534）也说："道一而已，儒者见之谓之儒，释者见之谓之释。"③ 焦竑亦曰：

> 道一也，达者契之，众人宗之。在中国者曰孔、孟、老、庄，其至自西域者曰释氏。由此推之，八荒之表，万古之上，莫不有先达者为之师，非止此数人而已。昧者见迹而不见道，往往瓜分之而又株守之。④
> 道是吾自有之物，只烦宣尼与瞿昙道破耳，非圣人一道，佛又一道也。大抵为儒佛辨者，如童子与邻人之子，各诧其家之月曰："尔之月不如我之月也。"不知家有尔我，天无二月。⑤

在焦竑看来，正如天无二月，儒家圣人之道与佛老二氏之道并无不同，在中国曰孔、孟、老、庄，在西域则曰释氏，只不过是名称不同而已，但"道一也"，而那些汲汲于三教异同之辨的人，则是"见迹而不见道"，将"道"人为地割裂为三而又"株守"之。

二 殊途同归

虽然王阳明主张"三教一道"，但他并不认为儒佛道三教就是殊途同归，亦即

---

① 黄宗羲：《明儒学案》（修订本），中华书局2008年版，第587页。
② 王畿：《王畿集》，凤凰出版社2007年版，第762—763页。
③ 徐爱、钱德洪、董沄：《徐爱钱德洪董沄集》，钱明编校整理，凤凰出版社2007年版，第264页。
④ 焦竑：《澹园集》，中华书局1999年版，第195页。
⑤ 焦竑：《澹园集》，第745页。

所谓的"道一教三"。因为在王阳明看来,尽管儒佛道同出一道,但在现实中却存在着"见道"偏全的不同,而这就决定了三教是不可能殊途同归的,"道一教三"的说法也就不成立。王阳明说:

> 圣人尽性至命,何物不具,何待兼取?二氏之用,皆我之用:即吾尽性至命中完养此身谓之仙,即吾尽性至命中不染世累谓之佛。但后世儒者不见圣学之全,故与二氏成二见耳。譬之厅堂三间共为一厅,儒者不知皆吾所用,见佛氏,则割左边一间与之;见老氏,则割右边一间与之;而己则自处中间,皆举一而废百也。①

在上面的"厅堂三间"这个比喻中,王阳明既说明了三教同源,同时又说明了儒家之学原是大中至正的,彻上彻下,"何物不具",不需要兼取佛老之说来补充和完善自己,反倒是佛道二教因为只是各得厅堂"一间",从而造成其道之小。故针对"仙佛到极处,与儒者略同,但有了上一截,遗了下一截,终不似圣人之全","后世儒者,又只得圣人下一截,分裂失真,流而为记诵词章、功利训诂"的看法,王阳明指出:"但谓上一截、下一截,亦是人见偏了如此……'一阴一阳之谓道',但仁者见之便谓之仁,知者见之便谓之智,百姓又日用而不知,故君子之道鲜矣。仁、智岂可不谓之道?但见得偏了,便有弊病。"② 可见对王阳明来说,儒家与佛老虽然不是三种不同的道,不是各道其道,但在所见上却有不同,儒家见道之全,佛老则"见得偏了"。如三教都是以心为学,所谓"心即道,道即天,知心则知道、知天"③,但儒家以心为理,故其学以天地万物为一体,裁成辅相、成己成物,而佛老则分心与理为二,故其离开人伦物理来"明心见性",从而遗伦弃物,不能治家国天下。可见在王阳明那里,虽然儒佛道三教都是同一个"道"的表现,但却存在"见道"或"见心"的不同。

王阳明的三教见道(见心)不同的思想后来发展到焦竑那里,发生了根本性的变化。在焦竑看来,儒家与佛道二教并不存在见道偏全的不同,在心性方面,也

---

① 王守仁:《王阳明全集》,第1423页。
② 王守仁:《王阳明全集》,第21页。
③ 王守仁:《王阳明全集》,第24页。

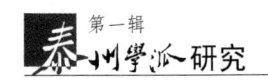

不存在认识上的不同。他说：

> 孔、老、释迦之出，为众生也……后世源远流分，三教鼎立，非圣人意也。今日王纯甫、穆伯潜、薛君采辈始明目张胆，欲合三教而一之。自以为甚伟矣，不知道无三也，三之未尝三；道无一也，一之未尝一。如人以手分擘虚空，又有恶分擘之妄者，随而以手一之，可不可也？梦中占梦，重重成妄。①

焦竑指出，孔子与老子、释迦的出现并不是偶然的，而是"为众生也"，"以振群蒙"，这就是《法华经》中所说的"一大事"。从这一角度来说，儒佛道三教不可能存在见道有偏全、大小的不同，所以焦竑说，"三教鼎立，非圣人意也"，而是人为地将"道"分成三个，认为三教三道，却不知"道无三也，三之未尝三"，儒家之道与佛老之道其实只是同一个道。另外，对当时学者提倡的"三教合一"论，焦竑也指出，这种说法其实是预设了三教三道，只不过现在要把三道合为一道，却不知"道无一也，一之未尝一"。在焦竑看来，把"道"割裂为三已经是虚妄了，现在又以为"道"是三而要合而为一，更是"梦中占梦，重重成妄"。因此，对焦竑来说，儒家与佛老不仅同为一道，而且也不存在见道有偏全、大小的不同。

在心性论上，焦竑也不认为佛老与吾儒有所不同。

> 孔孟之学，尽性至命之学也。顾其言简指微，未尽阐析。释氏诸经所发明，皆其理也。苟能发明此理，为吾性命之指南，则释氏诸经，即孔孟之义疏也，又何病焉？夫释氏之所疏，孔孟之精也，汉宋诸儒之所疏，其糟粕也。今疏其糟粕则俎豆之，疏其精则斥之，其亦不通于理矣。②

首先，焦竑指出，儒家之学与佛道二教之学都是关于心性的学问，只不过对于性命之理，孔子是罕言之，孟子虽有论说，却"言简指微，未尽阐析"，老子与后世道教是"累言"之，释氏则"极言"之，"释氏诸经所发明，皆其理也"。而孔

---

① 焦竑：《焦氏笔乘》续集卷2《支谈上》，中华书局2008年版，第286页。
② 焦竑：《焦氏笔乘》续集卷2《支谈上》，第286页。

子之所以罕言性命之理，是因为"待其人也"，即"中人以下，不可以语上也"，所以不能因佛老极言心性，就因噎废食而不讲心性，把心性之学归于佛老。焦竑说："尝谓此性命，我之家宝也，我有无尽藏之宝，埋没已久，贫不自聊矣。得一贾胡焉，指而示之，岂以其非中国人也，拒其言哉？彼人虽贾胡，而宝则我故物。人有裔夏，宝无裔夏也。况裔夏无定名，由人自相指射。"① 可见，儒学即是心性之学，根本不存在儒家与佛道二教之分，因此世人所认为的佛老得"形而上一截"，儒家得"形而下一截"，佛老言心性，儒家言辞章注疏、考据穷理其实是对儒家之学的误解。

其次，焦竑认为，儒佛道三教不仅都以心性为学，而且所说性命之理也相同，所谓"释氏之典一通，孔子之言立悟，无二理也"，"释氏诸经，即孔孟之义疏也"。可见，对焦竑来说，儒佛道三教在心性上并不存在王阳明和王龙溪说的"见心"有偏全不同，三教心性之理是相互贯通的。

最后，既然三教所说心性之理并无不同，那么三教之间的区别是什么？对此，焦竑指出，儒佛道三教是理同而教异，所不同的是"教"。

> 佛言心性，与孔、孟何异？其不同者教也。文中子有言："佛，圣人也，其教西方之教也。中国则泥。轩车不可以适越，冠冕不可以之胡，古之道也。"古今论佛者，惟此为至当。今辟佛者，欲尽废其理，佞佛者又兼取其迹，总是此中未透脱故耳。②

> 圣人之教不同也，至于修道以复性，则一而已。古之博大真人澹然独与神明俱，与圣人洗心退藏于密，而吉凶与民同患者，固不同也。况大慈氏梦幻其身，尘垢其心，倜然高举于天人之表，独示万世以妙湛元明、真如自性，与中国圣人之教，岂必其尽合哉！③

在焦竑看来，佛老所言心性之理与儒家圣人并无不同，"其不同者教也"，即三教各自的教法不同，而且在教上既不必也不能强求一致。儒家之学讲求的是本末

---

① 焦竑：《焦氏笔乘》续集卷2《支谈上》，第284页。
② 焦竑：《澹园集》，第719页。
③ 焦竑：《澹园集》，第182页。

一贯、内外合一，既要内以修心，又要外以治世，本体作用、天德王道是一以贯之的，而佛老之教一是"澹然独与神明俱"，一是"梦幻其身，尘垢其心"，三者绝然不同。不过，焦竑又认为，虽然三教的教法不同，但学者只要各循其教，都能达到"道"的境界，了悟性命之理，这就是说儒佛道三教在根本之理上是殊途同归的。他说：

> 晚而读《华严》，乃知古圣人殊途同归，而向者之疑可涣然冰释已。何者？《华严》圆教，性无自性，无性而非法；法无异法，无法而非性。非吐弃世故，栖心无寄之谓也。故于有为界，见示无为；示无为法，不坏有为。此与夫洗心退藏而与民同患者，岂有异乎哉！……余以谓能读此经，然后知"六经语孟无非禅，尧舜周孔即为佛"，可以破沉空之妄见，纠执相之谬心。[1]

总之，对焦竑来说，三教殊途同归，三教之教不同，三教的学者应该按各自的教法来修道以复性，从而达致那个共同的"道"，这样也就不会出现辟佛与佞佛的现象了。

三　会通三教

王阳明虽然主张"三教一道"，但其落脚点却是"三教归儒"。在他看来，儒家既能存心养性，又能治国平天下，故其学大中至正，而佛道二教只是要"明心见性"和"修心炼性"，故其学偏于"空寂"。因此，王阳明的"三教一道"说强调的是三教在"道一"的前提下会归于儒，即"二氏之用，皆我之用"，学者不必去学习佛老之学，也不用兼取佛老之说来弥补吾儒之"不足"。对于王阳明的"三教归儒"宗旨，王龙溪有着深入的理解，其"良知为范围三教之宗"的说法便明确表达了这一思想。

但在焦竑那里，王阳明的"三教归儒"则变成了三教义理相通、殊途同归，所谓"释氏之典一通，孔子之言立悟"，"释氏诸经，即孔孟之义疏也"。至于王阳

---

[1] 焦竑：《澹园集》，第183页。

明所说的儒佛经世与出世之分,在焦竑看来,也绝非不可逾越的鸿沟。

首先,针对儒家学者批评佛氏只"明心见性"而屏弃物理、灭绝人伦,焦竑指出,把心性之理与人伦事物分割开来,乃是二乘断灭之见,并非释迦本意,而是其徒之不善学者之过,所谓"佛氏有三千威仪,八万细行,未尝屏物理也。以净饭王为父,以罗睺罗为子,未尝灭人伦也。若学之者,如二乘断灭之见,则其徒往往有之,非释迦之罪也"①。

其次,焦竑对那种认为佛氏蔑弃礼仪的观点以及学佛者动辄称"无碍"的言行进行了批评。他说:

> 释之有律,犹儒之有礼也。佛以六度示人,禅那特其一耳。而不知者至欲以一而废五,则其所为一者可知已。何者?仁义以礼而立,无礼则仁义坏;定慧以律而持,无律则定慧丧。是故戒生定,定生慧,慧生八万四千法门,人之所知也,而慧复能生戒,生定,迭相为用,展转不穷,人所未知也。夫世道之交丧久矣,在凡庸既不知"道"为何物,其稍有闻者一知半解,曾未涉其崖略,辄欲举古圣人之礼与律而蔑弃之,曰"法固无碍也"。彼其以多欲之心,假道于"无碍"之语,而不知其不可假也。②

焦竑指出,"释之有律,犹儒之有礼也",说明不仅儒家有礼,而且佛氏亦有戒律,正如"仁义以礼而立,无礼则仁义坏",戒律对佛氏来说也是非常重要、不可或缺的,"定慧以律而持,无律则定慧丧"、"戒生定,定生慧,慧生八万四千法门",而慧又能生戒、生定,可见,戒、定、慧三学是迭相为用的。至于那种蔑弃礼仪和戒律而动辄称"无碍"的人,在焦竑看来,其实是借"无碍"来掩盖其多欲之心,事实上,真正懂得大道或对心性有所体悟的人是不会废弃礼仪、戒律的,正如私欲克尽,则视听言动无之而非礼,心若能空,则三千威仪、八万细行无不具足,那种析礼于道、离戒求慧的做法是有悖于儒家与佛氏之学的。

再次,焦竑又将佛老之"空""无"与儒家的"未发之中"进行了会通。"空

---

① 焦竑:《澹园集》,第87页。
② 焦竑:《澹园集》,第196页。

无""虚寂"原是理学家对佛老之学的最主要的看法，它主要指的是本体上的"理"之无和道德伦理上的出世行为。针对学者将"空"和"无"视为是佛老之学，焦竑指出：

> 佛虽晚出，其旨与尧、舜、周、孔无以异者，其大都儒书具之矣。所言"本来无物"者，即《中庸》"未发之中"之意也。"未发"云者，非拨去喜怒哀乐而后为未发也，当喜怒无喜怒，当哀乐无哀乐之谓也。故孔子论"憧憧往来，朋从尔思"，而曰："天下何思何虑。"于憧憧往来之中，而直指何思何虑之体，此非佛法何以当之？顾学者不察，而猥以微言奥理，独归之梵学，是可叹也！①

焦竑指出，佛氏所说的"本来无物"即是《中庸》讲的"未发之中"，二者之意相同。当然，作为诸法实相的"空"与儒家的"未发之中"绝非相同。焦竑这样说，是因为他把"空"和"中"都看作是一种心灵境界，即心体的无累和无执无著，而不是本体论上的"理"之有无和道德伦理上的经世与出世。焦竑认为，"未发"并不是指喜怒哀乐还没有显现、发作出来，而是指当喜怒时而不执于喜怒，当哀乐时而不执于哀乐。"本来无一物"也是如此。如傲惰、忧患、恐惧、哀矜、忿懥、好乐这些情感对于人来说，是胶胶扰扰、循环不穷的，因此学者必先"于一物不立之先着眼，令空空洞洞之体了然现前"，则各种情累"自然无处安脚"，而"胸中孝弟慈滚滚流出，不待安排，皆成妙用"②，这就是佛氏所说的"本来无一物"之意。可见，"一物不立之先"和"本来无一物"并不是指心体空无，而是强调心体本身所具有的一种无执无著的虚灵境界。换言之，在焦竑看来，儒家和佛老所说的"空"或"无"，无的是各种情累而不是心体本身。可见，意义的转换，是焦竑之所以能够会通儒佛道三教的一个基本方法。

最后，焦竑对佛老所说的"生死"与"长生"也进行了新的理解。他指出，佛言出离生死，道言长生久视，并不是真的就把这当作是学问之究竟，而是借此

---

① 焦竑：《澹园集》，第81页。
② 焦竑：《澹园集》，第730页。

来引人入道，换言之，出离生死和长生之说只是一种引导世人学道的方法或途径。

> 出离者，人法俱空，能所双遣，何以言加？古云"黄老悲世人贪著，以长生之说渐次引之入道"，余谓佛言出离生死，亦犹此也。盖世人因贪生乃修玄，玄修既彻，即知我自长生；因怖死乃学佛，佛慧既成，即知我本无死：此生人之极情，入道之径路也。儒者或谓出离生死为利心，岂其绝无生死之念耶？抑未隐诸心，而漫言此以相欺耶？使果毫无悦生恶死之念，则释氏之书正可束之高阁，第恐未悟生死，终不能不为死生所动。虽曰不动，直强言耳，岂其情乎！又当知超生死者，在佛学特其余事，非以生死挟持人也。①

焦竑强调，悦生恶死是人之极情，是每个人都有的，在没有真正彻悟生死之前，任何人都难免被其所动，不可能无生死之念，而如果有人说能不为生死所动，那也只是强制不动而已。因此，世人会因贪生而修玄，也会因畏死而学佛，而佛道二教则因情利导，借生死问题来引人入道。如焦竑指出，生死即是生灭心，亦即《大乘起信论》中说的"生灭门"，而出离生死则是"真如门"。佛氏以生死为教，就是要人即生灭而证真如，从而超越生死，不以生死为念。② 而道教以长生久视为教，也是让人通过养生来养性，养性即是长生，即能同乎天道而不亡。焦竑说："夫方士言长生者，往往穿凿于性命之外，不知养性之即为长生；世儒言性命而斥养生，不知养其性者同乎天道而不亡。"③ 可见，佛老之言生死、长生并不是只以肉体生命来论，其最终目的乃是要人修道悟性，"玄修既彻，即知我自长生"，"佛慧既成，即知我本无死"。这样，焦竑就从心性论的角度把佛教的出离生死说和道教的养生说以及与儒家的尽心至命之学融合起来。

当然，从"三教归儒"走向"三教会通"，焦竑并不是主张学者去学佛老，他只是想要说明儒佛道三教在义理上是相通的，三教学者可以通过各自的教法而达到那个共同的"道"，把握性命之理，从而破除沉空之妄见、执相之谬心。

---

① 焦竑：《澹园集》，第90页。
② 焦竑：《澹园集》，第82页。
③ 焦竑：《澹园集》，第182页。

四　结语

从"三教一道"到"道一教三",从见道有偏全到殊途同归,可以看到阳明学"三教一道"思想的发展演变,也可以看到焦竑在这一发展过程中所起的转折性作用。焦竑关于"三教一道"的认识可以说代表了晚明阳明后学中一部分学者的看法,如周汝登(号海门,1547—1629)就说:"教虽有三,心则惟一。心一是实,名三皆虚。不究其实而泥其虚,则此是彼非,力肆其攻击,或彼歆此厌,不胜其驰求,纷纷多事,而真教湮矣。"[1] 杨起元(号复所,1547—1599)不仅主张"三教一道"、殊途而同归,甚至认为佛道二教对于儒家有"暗理之功"[2],经世与出世其实是相通的。他说:"出世者,佛学之名也,尽其所以出世之实,恰与经世法类焉;经世者,亦儒学之名也,尽其所以经世之实,亦恰与出世法通矣。天地间宁有二道乎哉?"[3] 此外,管志道(号东溟,1536—1608)也认为,儒佛道三教"其见性之宗同,其尽性之学亦同也,所不同者应机之教耳"[4],并以"理圆矩方""敦化川流"来说明三教在心性之理上是圆融无碍的,而在实践上则应该严格遵守各自的教法,"孔不滥释,释不滥孔"[5]。尽管"一身不可以兼三教之事",没有"既冠章甫而为孔子,复披袈裟而为释迦者"[6],但管志道强调,三教学者通过各自的教法都可以达到"道"的境界。他说:"愚以乾元为我心,以三教为乾元所分之路径。分于乾元,亦必合于乾元。乾元之外,更无别路。"[7]

这些阳明学者不仅生活年代相近,而且又都是闻名一时的学者,他们对王阳明"三教一道"思想的进一步诠释和大力宣扬,无疑在很大程度上推动了晚明"三教合一"说的流行以及三教融合的深入发展。

---

[1] 周汝登:《周汝登集》,浙江古籍出版社2015年版,第974页。
[2] 杨起元:《证学编》,上海古籍出版社2016年版,第15页。
[3] 杨起元:《证学编》,第89页。
[4] 管志道:《答周符卿二鲁丈书》,《问辨牍》,《四库全书存目存书》,明万历刻本,子部,第87册,第689页。
[5] 管志道:《答周符卿二鲁丈书》,第688页。
[6] 管志道:《答周符卿二鲁丈书》,第685页。
[7] 管志道:《续答南皋丈书》,《问辨牍》,《四库全书存目存书》,明万历刻本,子部,第87册,第722页。

论"知行合一"的四重向度

董 平

摘 要：本文对王阳明的"知行合一"说进行了全面论述。"知行合一"的完整内涵呈现为四重向度：知为"知觉"、为"感知"、为"知识"、为"良知"。"知觉"是心体的本原能力，也是心体对其自身存在的自我证明，在不受任何其他因素所干扰（遮蔽、隔断）的情况下，心体的"知觉"确保了个体自我心身的完整性与统一性，心身原是一元。这一点成为王阳明"知行合一"论的全部基础，被他称为"知行本体"。"感知"既是"知觉"的对外运用，又是把作为交往对象的"外物"纳入于自我心身结构的必要环节，但正是"感知"的可能错误造成了心体的"遮蔽"或心身的"隔断"，从而失却"本体"，所以必以"诚意"为心身一元的保证。"知识"则就特定的认知交往关系情境中的事物实在状况的还原而论，实现出事物存在的本然真实，即是"知识"。"良知"即是"心体"，"心体"的本然真实状态的如实体现即是"致良知"，所以"致良知"在理论上是"知行合一"之固有内涵的进一步深化或终极约括。"知行合一"的理解不能脱离人的现实生存，它实际上是一个生存论命题，而"知行合一"的根本义乃是"知行同一"，其终极意义则是还归心身一元，由此而建构起个体生存的意义世界。

关键词：王阳明　知行合一　良知　对象性交往关系情境　生存论

---

[*] 本文原载《社会科学战线》2019年第2期。
[**] 董平，浙江大学求是特聘教授、浙江大学中国思想文化研究所所长，中华孔子学会副会长，中国哲学史学会副会长。

就王阳明心学体系的完整结构而言，众所周知，"心即理"乃其理论基础，也为其哲学体系建构的逻辑起点。但在王阳明那里，"心即理"实质上是关于人的存在的形上预设，是作为"真己"的生命存在之本然实在状态。把这一"先验真实"通过人的现实生存活动体现出来，使之成为"经验真实"，便既是人的存在的本原性真实的实现，也是存在之现实意义与价值的实现。"知行合一"作为阳明心学体系的一个理论环节，即是"心即理"之落实于生存世界的经验方式。换句话说，"知行合一"即是"心即理"的实践工夫。就此而言，则"知行合一"不只是一个关乎道德或知识的实践论（工夫论）命题，更是一个关乎人的现实存在的生存论命题。

一 "知行合一"的二重关切

王阳明提出"知行合一"说，实有其现实与存在的双重关切。就前者而言，随着朱熹"知先行后"观点的普遍流行，人们长期浸润其中，已然深陷于知行两相分离之弊病。王阳明说：

> 今人却就将知行分作两件去做，以为必先知了，然后能行。我如今且去讲习讨论，做知的工夫，待知得真了，方去做行的工夫，故遂终身不行，亦遂终身不知。此不是小病痛，其来已非一日矣。某今说个知行合一，正是对病的药。①

在王阳明看来，把"知行分作两件"的"知先行后"之说，事实上必然会导致知识与实践的两相分离，而终究陷入"终身不行，亦遂终身不知"的重大弊病。"某今说个知行合一，正是对病的药"，则表明他的"知行合一"之说是有其现实的针对性的，是为惩"知先行后"之弊而发，是所谓"因病发药"。显而易见，这一现实关切体现了"知行合一"说的显著的批判性，而其批判性所指向的理论目的则相当清晰，是要在学理上解构朱熹的知行观念。正因此故，我们需要先来了解

---

① 王阳明：《传习录》（上），《王阳明全集》卷1，上海古籍出版社2011年版，第5页。

一下朱熹知行观的基本表述。朱熹说：

> 知、行常相须。如目无足不行，足无目不见。论先后，知为先；论轻重，行为重。
>
> 致知、力行，用功不可偏。偏过一边，则一边受病。如程子云："涵养须用敬，进学则在致知。"分明自作两脚说。但只要分先后、轻重。论先后，当以致知为先；论轻重，当以力行为重。
>
> 问："南轩云：'致知、力行互相发。'"曰："未须理会相发。且各项做将去，若知有未至，则就知上理会；行有未至，则就行上理会。少间自是互相发。今人知不得，便推说我行未到；行得不是，便说我知未至。只管相推，没长进。"[①]

基于以上引述，我们可以把朱熹的知行观大致概括为三点：第一，知、行的确是不同的两件事，不能相混，"分明自作两脚说"。第二，正因是"两脚"，所以就存在着相互间的关系，就时间上（或逻辑上）的先后而言，知先行后；就其重要性而言，行重知轻。第三，知、行不可偏废，"偏过一边，则一边受病"，所以"知、行常相须"。

显而易见，朱熹关于知、行的完整观点是建立在知、行为"两脚"的基础之上的，这一点在他那里不仅是相当显著，并且是为他所坚持的。他对张栻（1133—1180，字敬夫，号南轩，四川绵竹人）"致知、力行互相发"的评论表明，在他看来，先不必去"理会相发"，只要"各项做将去"，分别"理会"，到时"自是互相发"。那么也就是说，知、行"互相发"是基于知、行分别"理会"而达到的一种工夫熟练境界。这一意思从朱熹以下一段对话中仍然显著地体现出来：

> 或问："南轩云：'行之至，则知益明；知既明，则行益至。'此意如何？"
> 曰："道理固是如此。学者工夫当并进，不可推泥牵连，下梢成两下担阁。然

[①] 黎靖德编：《朱子语类》卷9，中华书局1986年版，第148页。

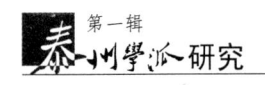

二者都要用工,则成就时,二者自相资益矣。"①

从这段对话中,我们大抵可以了解张栻"致知、力行互相发"的意思。"行之至,则知益明;知既明,则行益至",知、行是一个相互促发并渐次深化的互动过程。但朱熹认为只是"道理固是如此",在实践上,"二者都要用工,则成就时,二者自相资益矣"。显然可见,知、行的"互相发"或"相资益",在朱熹看来是"成就时"的一种状态。但不管如何,基于知、行之二分,朱熹已经把二者的相互关系讲得十分清晰而全面。知、行虽是二分,但"工夫当并进",则是确然无可怀疑的。

基于对朱熹知行观的基本了解,用以反观时下人们关于王阳明"知行合一"的理解或解释,我们就大抵可以肯定,以下诸种观点基本上都是误解:

第一,认为"知行合一"就是强调"知识与实践不可偏废",齐头并进。上面已经表明,这其实是朱熹的观点,用来解释王阳明的"知行合一",并不恰当。

第二,认为"知行合一"就是"知识"与"实践"相结合,或者把"知识"运用于"实践"。显然,即便如此,"知识"与"实践"仍然是"两脚",还是朱熹的观点。

第三,认为"知行合一"的"知"不是指"良知",而是指"知识"。若指"知识",则"知行合一"是讲不通的,或"不究竟"的,只有在"良知"意义上讲"知行合一"才合乎阳明本意。因此"知行合一"不是就非规范性知识而论,而是就规范性知识而言,强调的是德性实践。我自己在三十年前也持这种观点②,但这一观点事实上并不可取。一个最为显著的理由是,如果朱熹的知行观中的"知"是包含知识意义的,那么王阳明的"知行合一"就必然包含知识意义,否则如何可能成为"对病的药"?

以上几种关于王阳明"知行合一"的理解,大抵都是"善意的误解"。但在过去的研究之中,还存在着某种"恶意的误解",那就是认为"知行合一"就是"以知代行",是取消了行动或者实践在认知过程中的作用,因此是"主观唯心主义"。

---

① 黎靖德编:《朱子语类》卷103,第2605页。
② 见拙文《王阳明主体哲学论要》,《浙江学刊》1988年第5期,收入拙论集《宋明儒学与浙东学术》,孔学堂书局2016年版。

不过我相信，基于对王阳明"知行合一"的真实了解，"善意的误解"会消除，"恶意的误解"也会烟散。

基于朱熹观点影响之下而造成的"终身不行，亦遂终身不知"这一现实弊病的洞察，王阳明提出"知行合一"以为"对病的药"，是为"补偏救弊"而设，就此而言，则"知行合一"乃"权宜方便"；但另一方面，王阳明多次强调，"知行合一"也并不只是为"补偏救弊"，而是"知行本体"原是如此，就此而论，则"知行合一"实为"究竟"。事实上，"知行合一"正是开权显实、发迹显本、权实兼摄之论。如果在朱熹那里，知行问题主要是在知识论义域中来加以关注并予以论述的，那么在王阳明那里，他事实上已经将它转变为一个生存论命题。正是这一关于人的生命存在的本原性关切，才使"知行合一"的内涵获得了极大的丰富，它的全部意义是在个体生存的现实过程中才得以充分呈现的。

二 "知行合一"即是"知行同一"

在"补偏救弊"的意义上，为对治朱熹分知、行为"两脚"的基本观点，王阳明提出"知行合一"，强调知、行不是"两脚"，而是"一件"。《传习录》记载：

> （徐）爱曰："古人说知、行做两个，亦是要人见个分晓，一行做知的工夫，一行做行的工夫，即功夫始有下落。"先生曰："此却失了古人宗旨也。某尝说知是行的主意，行是知的功夫；知是行之始，行是知之成。若会得时，只说一个知，已自有行在；只说一个行，已自有知在……若见得这个意时，即一言而足。"[①]

> （阳明）曰："知、行原是两个字说一个工夫。这一个工夫，须着此两个字方说得完全无弊病。若头脑处见得分明，见得原是一个头脑，则虽把知行分作两个说，毕竟将来做那一个工夫，则始或未便融会，终所谓百虑而一致矣。若头脑见得不分明，原看做两个了，则虽把知行合作一个说，亦恐终未有凑泊

[①] 王阳明：《传习录》（上），《王阳明全集》卷1，第5页。

处，况又分作两截去做，则是从头至尾，更没讨下落处也。"①

这里的核心要义是：知、行是"两个字说一个工夫"，所以"若会得时，只说一个知，已自有行在；只说一个行，已自有知在"，可"一言而足"。因此可以确定无疑的是，所谓"知行合一"，并不是把"知""行"两件东西"合"为一件，而是"知""行"原本就是"一件"。既是"一件"而又要说"合一"，则是因为这一件事须借"知""行"二字"方说得完全无弊病"。由此可见，在王阳明那里，所谓"知行合一"，实质上是"知行同一"。所谓"知""行"，不过是同一个工夫在其展开的过程性上所呈现出来的两个面向，所以是两个字说"一个工夫"。既然"知""行"原本是一件，则显然并无"先后""轻重"之分别。在逻辑上，只要破除"知""行"为"两脚"，则其"先后""轻重"之说便一齐皆破。

然而知、行之间的同一性是如何可能的？既然知行只是一个"工夫"，我们就应当在"工夫"的意义上来对这一点做出阐释，而避免诉诸概念上的纯粹理论辨析。"知是行的主意，行是知的功夫"，在日常生活中，人们之所以去做这件事并且以某种特定的方式去做这件事，按照王阳明的观点，是必定以"知"为其"主意"的，也即是以"知"作为其行动的"主导意识"的。在这里，"主意"本身在行为主体那里是作为一种"知"而存在的，并且正是这一"知"实际"主导"了行为的发生及以何种方式发生。因此，行为的全部过程就成为"知"的体现过程，所以说"知是行的主意"。另外，正因为行为的全部过程即是"知"的现实表达，是把"知"实现出来的现实手段，所以说"行是知的功夫"。由于"知是行的主意"，因而"知"即为行动或实践的一种内源性动力，是在它的主导之下才有行为的展开的，所以"知是行之始"，是行为活动的开端；而行动或实践不过是"知"的外向呈现形态，既是"知的功夫"，也是"知"得以完整实现出来的经验方式，所以说"行是知之成"，是"知"的完成或实现形态。不论是"知"还是"行"，在王阳明所阐明的意义上，任何一方，当它被作为一个完整过程来呈现的时候，必然是同时涵摄另一方的，它们在过程性上是同时共在的。因此，王阳明又

---

① 王阳明：《答友人问》，《王阳明全集》卷6，第233页。

· 212 ·

强调:"知之真切笃实处即是行,行之明觉精察处即是知。知行工夫,本不可离。"① 人们对某事的"知",如要达到"真切笃实"的地步,也即是真真切切、实实在在、略无虚妄,那么使"知"达于"真切笃实"的过程,即是"行";人们对某事的"行",如要做到"明觉精察"的地步,也即是明白清晰、微细不乱,那么就必有"知"为之主导,"行"之至于"明觉精察",即是"知"的实现。

王阳明既然是在"工夫"的意义上来阐释"知行合一"的,那么毫无疑问的是,我们需要将它还原到行为实践中去。在宋明理学的一般语境中,"工夫"总是关乎人们在经验状态下的行为或实践活动的。而需要强调指出的是,作为实践活动,"工夫"必然呈现出过程性。正是在"工夫"的过程性意义上,"知""行"是作为过程性本身的统一性而呈现出来的两个面向,它们是相互涵摄的一体两面,所以说"本不可离"。正因此故,我们遂为此下一断语:"知行合一"实质乃是"知行同一"。

以上是总说"知行合一"的基本意义。需要指明的是,"知行合一"在王阳明那里原本就是"工夫",是把"心即理"这一人的本原性实在付诸实践,使之"真切笃实""明觉精察"地呈现于现实人生之全部过程的必要方式。因此"知行合一"是充分体现了王阳明哲学的实践品格的。但是,仅有这一关于"知行合一"之本原意义的总体提挈仍然不够。要进一步阐明"知行同一"之所以可能的本原性根据,则需要切入"知行本体"的层面。为此,我们便基于总说而"分别说",切入"知"的四重向度。

三 "知"的多重内涵及其与"行"的同一性

王阳明曾一再表示,他之所以提出"知行合一",一方面固然是为了"补偏救弊",因病发药,而另一方面,"知行本体"也原本如此。如说:

(知行合一)不是某凿空杜撰,知行本体原是如此。今若知得宗旨时,即

---

① 王阳明:《传习录》(中),《王阳明全集》卷2,第47页。

说两个亦不妨，亦只是一个。若不会宗旨，便说一个，亦济得甚事？只是闲说话。①

此（知行合一）虽吃紧救弊而发，然知行之体，本来如是。非以已意抑扬其间姑为是说，以苟一时之效者也。②

某今说知行合一，虽亦是就今时补偏救弊说，然知行体段，亦本来如是。③

非常清楚，"知行合一"的揭示，不只是为了补偏救弊以匡正时风之缺陷，更是因为"知行本体"原是如此。此既为权宜，亦为究竟。然则什么是"知行本体"？今人见"本体"二字，便往往作哲学上的"玄想"。其实在王阳明那里，所谓"本体"，就是"本来体段"之意。所谓"体段"，在理学基本语境中，也只是"模样"之意。如《朱子语类》载："问：李先生谓颜子'圣人体段已具'。'体段'二字，莫只是言个模样否？曰：'然。'"④ 故所谓"知行本体"或"知行体段"，即是指知行的本来样子、本原状态。"知行本体原是如此"，即是就知行的本原状态而言，它们原本就是同一的。毋庸置疑的是，知行是人的活动，因此王阳明对知行之本原意义上的同一性之追寻，是以人作为生命存在自身的完整性与统一性为开端的，并由此而揭示了四重向度上的"知行合一"之义。

（一）"知"为"知觉"义而言"知行合一"

在王阳明那里，人心原是个"灵明"，原本是"虚灵明觉"的，是具有自我觉知的本原能力的。换言之，"知觉"即是心体自身之存在的自我证明，是它之所以为"虚灵明觉"的自我体现，故"知觉便是心"。王阳明说："心不是一块血肉，凡知觉处便是心。如耳目之知视听、手足之知痛痒，此知觉便是心也。"⑤ 这里的"知觉"，是专就人对于自我身体的某种感觉、某种需要的自我觉知而言的。比如

---

① 王阳明：《传习录》（上），《王阳明全集》卷1，第5页。
② 王阳明：《传习录》（中），《王阳明全集》卷2，第48页。
③ 王阳明：《答友人问》，《王阳明全集》卷6，第232页。
④ 黎靖德编：《朱子语类》卷24，第569页。
⑤ 王阳明：《传习录》（下），《王阳明全集》卷3，第138页。

"我口渴",其实也就是说:我"知觉"到了自己口渴,或心灵对于"口渴"这一身体状态有了一种"知觉"。尽管这种"知觉"是不为他人所知的,但对于一个正常的、心身健全的人来说,如果这一"口渴"的"知觉"是千真万确的,那么他一定会去找水喝;如果他只是说"口渴",可水在眼前却不喝,那么我们也可以判断:此人并不是真的"口渴"。在这一例子中,"知口渴"即是"知",喝水即是"行";喝水是口渴的真实体现,因此"行"是"知"的现实表达,所以"知行合一"。王阳明又说:

> 又如知痛,必已自痛了,方知痛;知寒,必已自寒了;知饥,必已自饥了。知、行如何分得开?此便是知行的本体,不曾有私意隔断的。[①]

心体自身的"知觉"必然导致相应的外在行为,知渴则必饮,知饥则必食,知寒则必衣,正常的健全生命自有其由内向外、内外一致的本然秩序,这一"不曾有私意隔断的"生命本然秩序,"便是知行的本体"。由此可见,所谓"知行本体",正是指内在之知觉必见之于外在之行为这一生命存在的本然真实状态。人的存在,在其心身健全统一的意义上,正如《中庸》所谓"诚则形,形则著","诚于中,形于外",凡实有诸内,则必体现于外,心身内外原是一致。这一"知行本体"或知行"本来体段"的揭示,表明王阳明是十分清楚明白地把生命存在的本原性真实状态确立为"知行合一"的根本基础的,也正因此,"知行合一"遂成为一个生存论命题,是与人的现实生存及其存在性的真实表达直接相联系的。

就心体的"知觉"而言"知行合一",这一意义往往被今天的研究者所忽视,而实际上,正是这一"知行本体"的揭示,才使"知行合一"建立于生命存在的本原性基础之上,并同时揭橥这样一种基本事实:一个人的外在行为活动是取决于其内在的心灵状态、精神状态、意识状态、知觉状态的,作为外观而显现出来的行为活动之整体(包括语言、行动、态度、方式等等),总是其内在精神状态的体现。正因此故,从一个人的行为外观来对其内心的真实状态做出判断是可能的。孔

[①] 王阳明:《传习录》(上),《王阳明全集》卷1,第4页。

子谓"听其言而观其行",又谓"视其所以,观其所由,察其所安,人焉廋哉?"又谓"先行其言而后从之","古者言之不出,耻躬之不逮也",等等,实际上都已经在强调心身活动的本原性同一。只有"诚于中,形于外"的心身内外活动的同一性,才合乎生命存在的本原秩序,才标志了人自身存在的本然真实。王阳明以"知觉"言"心",以"知觉"之真实言"行",虽其言似"形下",而实则充分强调了心对于身的主宰作用,强调了心身统一的生命秩序,体现了对于人的存在的本原性关切。在这一意义上,"知行合一"不仅体现了生命存在的本然实在状态,并且是实现这一真实生命的必要途径或方式。

(二)"知"为"感知"义而言"知行合一"

如上述,"知觉"意义上的"知行合一",在王阳明所预设的意义上,主要是就个体自我之本原的心身秩序而言的。"知是心之本体,心自然会知","知觉"是心体自身的本原能力,是确认其自体实在的本原方式。正因心有"知觉",便必有"感知"。"感知"是"知觉"的对外运用,是心体把自己与外在对象连通为整体的经验方式。自我心身与世界对象的交往,既是心在特定情境中的对象性"发散",也是对象的向内"收敛",此"发散"与"收敛"之际,既是"感知",也是"感通"。这实际上是人实现其现实生存的基本方式。

就日常生存而言,我们实际上无时不处于各种各样的"对象性交往关系情境"之中。与人的交往、与事物世界的交往、与形而上的"超越性"对象的交往、与内在"真己"的交往……只要自觉的生命活动存在,"对象性交往关系情境"就必然存在。人的现实生存,只能是在各种各样的"对象性交往关系情境"中来实现的。"对象性交往关系情境"既是"我"得以呈现、表达、实现的基本经验场域,也是"我"的存在性及其存在的意义与价值得以实现的基本经验场域。正是在这一场域中,"感"使"我"的恰当表达成为可能。

"感"是感官的自觉运用。在特定的"对象性交往关系情境"中,人们既通过感官活动把外在世界中的交往对象摄入内心,使之成为意识世界的构成部分,同时也通过感官活动把自己向交往对象开放。交往关系的实现,必以感官与对象的交感过程为基本途径。这一交感过程,从"我"的方面来说,感官活动在特定的"对象性交往关系情境"中的自觉运用,即是"行";交往对象因被感官所摄入而成为意识的部分,即是"知";"感知"作为一个过程的整体,是"寂感神应",瞬间而同时实现的,因此是"知行合一"。王阳明举例说:

> 《大学》指个真知行与人看,说"如好好色,如恶恶臭"。见好色属知,好好色属行;只见那好色时,已自好了,不是见了后又立个心去好。闻恶臭属知,恶恶臭属行;只闻那恶臭时,已自恶了,不是闻了后别立个心去恶。如鼻塞人,虽见恶臭在前,鼻中不曾闻得,便亦不甚恶,亦只是不曾知臭。就如称某人知孝、某人知弟,必是其人已曾行孝行弟,方可称他知孝知弟。不成只是晓得说些孝弟的话,便可称为知孝弟?[①]

《大学》说"如好好色,如恶恶臭",王阳明在这里对它做了"情境还原",将它放置到人的"对象性交往关系情境"中去加以解释,认为是"指个真知行与人看"。所谓"真知行",也即是"真实的知行状态",即是知行"本体"。"见好色"而"知好色",乃是即感即知;"知好色"而"好好色",乃是即知即行,故谓"知行合一"。我想进一步稍做补充的是,"见""闻"作为感官活动,在特定的对象性交往关系情境之中,是"我"的心体本然之知的对象性运用。在这一意义上,作为"心之本体"的"知"即被体现为"感"的现实活动,也即是"行";"感"之"行"即是心体本然之"知"的表达方式,故为"知行合一"。另外,就对象而言,因它成为"我"的"感"的对象,则其自身的存在状态便即刻转变为"我"的"知",是为即"感"而"知",故"感知"的过程,正是"知行合一"的过程。应"感"而"知",即"感"即"知",虽然仍然可能存在着所谓"逻辑上的"先后关系,但就其在"对象性交往关系情境"中得以实现的实际情况而言,的确是"寂感神应",无前无后无中间,知行的存在是具有共时性的。我顺便指出,在"感知"意义上讲"知行合一",其实儒学中有其丰富的固有思想资源。如《易》说"感而遂通天下之故",如果我们把"感"理解为"行",那么"通天下之故"无疑便是由"感"而实现出来的"知"。故"感通"之际即是"知行合一"。

[①] 王阳明:《传习录》(上),《王阳明全集》卷1,第4页。

"知觉"与"感知"之呈现为"知行合一",在王阳明那里,是被阐释为生命存在的本原状态的,是生命实现其存在性之真实表达的一种原在秩序。正因此故,按照王阳明的理解,人的生命存在既然原本是"知行合一"的,那么只要人们在"感知"之际,不以任何私意、私心、私欲去"隔断"心体自身的本然秩序,知行的本原性同一就会作为生命存在的真实状态而得到体现,对象性存在的真实状态就能得到真实还原,而生存的意义与价值才可能因此而真实地建立起来。缘于此故,"知行合一"便需要被扩充到底,体现于现实人生的全部对象性交往关系情境,从而实现出存在的本原性真实。王阳明说:

> 知是心之本体,心自然会知。见父自然知孝,见兄自然知弟,见孺子入井自然知恻隐,此便是良知不假外求。若良知之发更无私意障碍,即所谓充其恻隐之心而仁不可胜用矣。然在常人,不能无私意障碍,所以须用致知格物之功,胜私复理,即心之良知更无障碍,得以充塞流行,便是致其知,知致则意诚。①

基于心体之"知"的本原能力,"见父自然知孝,见兄自然知弟,见孺子入井自然知恻隐",都是特定的对象性交往关系情境中由"感"而"知"的"知行合一"之例证,其情形与"好好色""恶恶臭"是一致的,尽管其"知"的实际内容可有差别。这里表明,"感"是良知(心体)本然之"知"的对象性运用,在这一运用过程中,若"无私意障碍",而使心体之"良知"能以其本身原在的状态来如实表达与体现,那么其呈现的方式便必是"知行合一"的,正因如此,在这一特定的对象性交往关系情境之中,人自身的存在、对象的存在、交往关系的存在等等,就都能依其本然的真实状态来获得表达,则心—身—意—知—物的完整统一性就会作为一个事实而呈现于主体的心灵世界。但在常人,因难保其"无私意障碍",所以须用"诚意"工夫。因此在王阳明看来,正是私意、私欲的介入,事实上造成了心体(良知)自身之真实表达的"障碍"与"隔断",从而无法确保"知行合一"的"充塞流行"。

---

① 王阳明:《传习录》(上),《王阳明全集》卷1,第7页。

值得特别指出的是，在王阳明那里，"知行合一"是心体自身的本然实在性在经验的"对象性交往关系情境"中得以如实体现的本然方式，也即实现生命之真实存在的方式。私意的介入而"障碍""隔断"了心体自身之"知"的真实表达，实际上也就破坏了心身统一的本然秩序，造成了心身的二重分裂，或谓之"心身灭裂"，然则也就谈不上生存的意义与价值了。因此，以"感知"义而揭示"知行合一"，便不只是揭示了生命活动的自身真实状态，更是以此为个体之现实的生存世界与价值世界的建构方式。心—身—意—知—物的一体化，本质上即是"知行合一"所建构的个体的生存世界，也是其意义世界与价值世界。正因此故，"诚意"与否决定了知行"合一"与否，知行"合一"与否，决定了个体自身的存在性及其存在的意义与价值能否得以真实体现。正是在这一意义上，"知行合一"之说是充分体现了王阳明对于人的存在的生存论关切的。

（三）"知"为"知识"义而言"知行合一"及"行"的隐显二维

"感知"是人置身于对象性交往关系情境之中，心体实现其自身表达的一般方式。把一般的对象性交往关系情境限定于"认知交往关系情境"，则"感知"即转变为知识过程。因此"知行合一"不仅原本就包含"知识论"意义，而且正是在"知识论"意义上，"知行合一"在对治朱熹"知先行后"而分知、行为"两脚"之弊病的同时，发展了中国古代的知识论。

"知行"本来就是作为一个知识问题而呈现于中国古代思想史的。作为一对范畴的最早出现，应是《尚书·说命》的"非知之艰，行之惟艰"。二程、朱熹所论，也多涉及此二句。仅就此二句而论，既以"知""行"对举，显然是分"知""行"为二。但也正因"知""行"为二，所以须明其相互关系。"知"先"行"后、"行"重"知"轻，程、朱关于知行之基本关系的论断，正可以从《尚书》的这两句话中直接引导出来。程颐在谈到这一问题时曾说：

> 故人力行，先须要知。非特行难，知亦难也。《书》曰"知之非艰，行之惟艰"，此固是也，然知之亦自艰。譬如人欲往京师，必知是出那门、行那路，然后可往。如不知，虽有欲往之心，其将何之？自古非无美材能力行者，

然鲜能明道。以此见知之亦难矣。①

　　这里显然是在讨论"知识"问题。按程颐之意,"知"之必先在于"行",原是生活事实,如"欲往京师",关于出哪个门、走哪条路这些"知识"是必须先具备的,否则"其将何之"?故谓"知"也不易。王阳明提出"知行合一"之后,人们议论纷纷,多所怀疑。如顾璘(1476—1545,字华玉,号东桥,江苏长洲人)也曾以"知路乃行"为例,对"知行合一"提出质疑。王阳明回答道:"必有欲行之心,然后知路。欲行之心即是意,即是行之始矣。路歧之险夷,必待身亲履历而后知。岂有不待身亲履历,而已先知路歧之险夷者邪?"②"必待身亲履历而后知路歧之险夷。"那么意思非常清楚,关于"路歧之险夷"的具体知识的获得,与"身亲履历"这一行动的过程,全然是相互同一的;而在"身亲履历"之前的关于"路歧之险夷"的知识,皆非"真知",所以说"真知即所以为行,不行不足谓之知"。对于这一"行路"的问题,王承裕(1465—1538,字天宇,陕西三原人)也曾对王阳明提出过质疑,同样认为关于目的地的"知识"先须具备,如往大都,"使斯人不识大都所在而泛焉欲往,其不南走越而北走吴,几希矣",然王阳明说:

　　夫不辞险阻艰难,决意向前,此正是诚意之意。审如是,则其所以问道途、具资斧、戒舟车,皆有不容已者。不然,又安在其为决意向前,而亦安所前乎?夫不识大都所在而泛焉欲往,则亦欲往而已,未尝真往也。惟其欲往而未尝真往,是以道途之不问、资斧之不具、舟车之不戒,若决意向前,则真往矣,真往者能如是乎?③

　　在王阳明看来,如"真往"而不只是"欲往"大都,"斯人"就必然会通过一系列的行动来获得关于大都的知识,"问道途""具资斧""戒舟车"之类的实际之"行"便"皆有不容已者",而此一系列的"行",就正是获得关于大都之

---

① 《河南程氏遗书》卷18,《二程集》,中华书局1981年版,第187页。
② 王阳明:《答顾东桥书》,《传习录》(中),《王阳明全集》卷2,第47页。
③ 王阳明:《答天宇书》(二),《王阳明全集》卷4,第184页。

"知"的确切的实践过程。"如人走路一般,走得一段,方认得一段;走到歧路处,有疑便问,问了又走,方渐能到得欲到之处。"①

以上例子至少表明"知行合一"原是具有知识论意义的。从理论上说,只有把知识论义域涵摄在内,"知行合一"作为一个命题才可能获得逻辑上周延的自洽性,否则就不可能具有理论上的普遍有效性。就"知行合一"的知识论义域而言,王阳明的特出之处,正在他基于人自身生命活动之本然真实状态的揭示,而重新考察了知识活动,从而进一步揭示了知识与实践在过程上的同一性,把知识转化为实践,把实践统一于知识。知识—实践的过程性同一,既是合乎生命活动的本然真实状态的,它就成为知识—实践之双向互动的"应当"。正是由于"应当"的导出是基于生命之本然真实的,"应当"的实施便即成为生命自身真实存在性的实现方式。② 因此,作为命题的"知行合一",实际上便蕴含了本体与工夫的统一、实然与应然的统一、知识与实践的统一、存在与价值的统一。知识—实践互动的整体过程,则正因其成为生命本然实性的体现而获得其整全意义。

"真知"概念的提出,窃以为最能体现"知行合一"之于中国知识论的价值。东汉王充在《论衡》中曾提出"知实"与"实知",强调知识活动以获得关于事实认知的"实知"为目的,但"实知"的获得必以"知实"为前提,而"知实"则是受到各种知识条件的制约的。王充"疾虚妄"的精神,使他能够在知识论域中突破前人,但对后世影响不大。王阳明的"知行合一",在作为知识活动的意义上,则充分强调了人的实践活动与"真知"的相互促成关系:"真知"既是实践活动的内源性动力,须借行为实践来表达其自身,而实践在表达"真知"的同时,又使"真知"得以进一步扩充。无"真知"为之主导的行为活动,只是"冥行";不能付诸实践的知识,只是"妄知"。正是在知、行为一体两面且作为实践过程的同一性意义上,"知行合一"便是实现"真知"的根本道路,"真知"则是"知行合一"的必然结果。就此而言,则"知行合一"之说,实为王阳明关于"真理"观念的典范性表述;"知行合一"工夫,便是求取真理之途。

王阳明那里"知行合一"的知识论内涵,窃以为前文所述已然清晰。这里我

---

① 王阳明:《传习录上》,《王阳明全集》卷1,第23页。
② 这里涉及所谓"休谟问题",但本文此处不做展开。

想表明，王阳明的"知行合一"之说，其实是充分吸取了不同的思想资源而予以重新整合的结果，也可以说是关于中国不同思想体系中的知行观念的理论总结，是有其充分理据的。

中国古典文化十分关注人的现实存在及其情感表达的真实性。《尧典》谓"诗言志"，已经突出人的内在之"志"与"诗"之间的本原性同一关系。历来对于"志"的解释是"心之所之"，不过我主张改一个字："心之所在"谓之志。心之所在之"志"，显然是一种"自知"状态，"诗"作为语言行为，即是内在之"志"（知）的表达或体现。诚如南宋蔡沈所说："心之所之谓之志。心有所之，必形于言，故曰'诗言志'。"[1]"心有所之"而"必形于言"，即已然包含"真知之必出之以行"的意思。虽曰"非知之艰，行之惟艰"，然在孔子那里，其试图统一"知""行"的思想倾向是显著的，尽管他并未揭示"知行合一"。《论语》"学而时习之"为开篇首句，窃以为实有统领全书之意。"学"无疑是求取知识的活动，孔子"学无常师""不耻下问""学而不厌"，向文本学（"文武之政布在方策"）、向他人学（"三人行必有我师"）、向历史学（"温故而知新"）、向现实学（"我欲观夏道，是故之杞"云云），所有这些"学"，我们的确无法想象是不体现为实际的行为活动的。因此，"学"的确既是一种行为活动，同时也是一种知识活动。由"学"而"知"，即是行为与知识的统一；而所谓"习"，原是"实习""实践"之意，是"知"的实际运用，即是知识与行为的统一。因此，在"学而时习之"一句之中，已然内含"知行合一"之意。且如"温故而知新"，"温故"即是"行"，"知新"则是"温故"的结果，"温故"的行为活动与"知新"的结果实现，两者无疑呈现为过程上的同一性。王阳明曾经解释道："惟夫'知新'必由于'温故'，而'温故'乃所以'知新'，则亦可以验知行之非两节矣。"[2]孔子曰："盖有不知而作之者，我无是也。""作"即是"行"。"不知而作"，只是妄行；既是妄行，焉有真知？"我无是也"，即无"不知而作"之弊，则孔子之所行，无非真知的体现，是"真知即所以为行"也。

以上略举二三例，以明在孔子那里是有丰富的"知行合一"的思想资源的。

---

[1] 蔡沈：《书经集传》卷1，《景印文渊阁四库全书》，台北商务印书馆1986年版，第58册，第13页上。
[2] 王阳明：《答顾东桥书》，《传习录》（中），《王阳明全集》卷2，第58页。

司马迁记孔子之言曰:"我欲载之空言,不如见之于行事之深切著明也。"① 孔子重行,"行事"较之于"空言"是尤为"深切著明"的,所以他也倡导"先行其言而后从之"。重视心身统一、内外一如,是儒家最为核心的根本教义之一,故孔孟无不以"反思"为确保心身一如的日常工夫。凡言"三省""内自省""求诸己""反求诸己""内自讼""反身而诚"等等,所强调的只是一个意思:要确保自我的全部行为活动契合于内心的真实状态,心身合一。在孟子那里,心身合一即是"诚",所以他说"反身而诚,乐莫大焉"。若经由心灵对于自我全部身体活动的反思,结果发现行为与心灵本身契合无间、原为一体,则"乐莫大焉"。而在王阳明那里,"知行合一"正是"诚意"的工夫。

若稍广而言之,则佛教中也有丰富的"知行合一"的思想资源。稍举一二例以明之。天台宗有"止观双修"之说②,以"止观二法"为入于涅槃的最为急要之途径。智者大师曾说:"止乃伏结之初门,观是断惑之正要;止则爱养心识之善资,观则策发神解之妙术;止是禅定之胜因,观是智慧之由藉。"所以止观二法,"如车之双轮,鸟之两翼,若偏修习,即堕邪倒"③。止是禅定,观是般若;禅定是行,般若是智;由定发智,行即是智;智由定生,智即是行。在智者大师那里,当他特别强调"由定发慧"之时,实质便已然强调了禅定之行与般若之智在过程上的同一性,是定慧合一。唐朝梁肃(753—793,字敬之,一字宽中,甘肃泾川人)在《删定止观》中说:"夫非知之难,行之惟难。若知而不行,如蛇怀珠,虽有光耀,于蛇何益!""知而不行",虽有光耀,终归无益,则知之必行之意已然明显。北宋知礼(960—1028,俗姓金,字约言,宁波人)弟子自仁说:"智为行本,则行藉智生;行能成智,则智藉行成。行解相资,缺一不可矣。"④ 此虽在概念上仍以智、行为二,但强调"行藉智生""智藉行成",实已经把智、行视为一体。就其表述而言,则与王阳明"知行合一"之说已是难分轩轾。

当然,唐代之后,佛教影响最大的是禅宗。慧能所说,其核心要义,确在乎

---

① 司马迁:《太史公自序》,《史记》卷130,中华书局1982年版,第3297页。
② 感兴趣的朋友可参考拙著《天台宗研究》,上海古籍出版社2002年版。
③ 智顗:《童蒙止观》,李安校释,中华书局1988年版,第1页。
④ 宗晓编:《教门杂问答》,《四明尊者教行录》卷3,《大正藏》第46册。

"明心见性，见性成佛"而已。禅宗最重"工夫"，"明心"即是工夫，"见性"也是工夫。天台宗的"定慧均等修止观"，到慧能那里，便被直接转化为"定慧一体"。学佛之人，若既已自明本心，则便自现本性，如此即佛。若"不识本心，学法无益"①。能识心见性，便自成佛道。然明心之要，在于定慧，所以慧能说："我此法门，以定惠（慧）为本"，"定惠体一不二。即定是惠体，即惠是定用；即惠之时定在惠，即定之时惠在定。善知识！此义即是定惠等。"② "定是慧体"，即行为知本；"慧是定用"，即知由行成；"定慧一体不是二"，即知行同一。

知行问题在宋儒那里的讨论，较前人更为突出。前引张栻"知行相互发"之说，虽为朱熹所批评，但当时持此论者并非只张栻一人。吕祖谦（1137—1181，字伯恭，金华人）也说过："致知、力行不是两事，力行亦所以致其知，磨镜所以镜明。"③ 既谓知行"不是两事"，则便是"一事"；力行的同时即是致知，好比磨镜的同时即是镜明。吕祖谦此说，"知行合一"之意已是十分显著。

到了明代，王祎（1322—1374，字子充，义乌人）基于朱熹的知行观而有所发明，他说：

> 既明于心，复征于身；知之行之，如车两轮；进而无息，乃底成德。厥德克成，圣贤为一。④

王祎是明初的重要学者，也熟知佛学。知行如"车两轮"之说，原是来自天台宗的观点，但王祎已经把它阐释为知行工夫了。生活时代早于王阳明的陈真晟（1411—1474，字晦德，后改字剩夫，泉州人）则说："人于此学，若真知之，则行在其中矣。"周汝登（1547—1629，字继元，号海门，嵊县人）曾评论说："布衣（即陈剩夫）谓真知则行在其中，知行合一之旨已萌芽于此矣。"⑤ 清初李颙

---

① 郭朋：《坛经校释》，中华书局1983年版，第15页。
② 郭朋：《坛经校释》，第26页。
③ 吕祖谦：《丽泽论说集录》卷10，《吕祖谦全集》，浙江古籍出版社2008年版，第2册，第260页。
④ 王祎：《思学斋箴》，《王忠文公文集》卷15，北京图书馆古籍珍本丛刊，书目文献出版社1998年版，第98册，第278页。
⑤ 周汝登：《圣学宗传·陈真晟》，《周汝登集》，浙江古籍出版社2015年版，第777页。

（1627—1705，字中孚，号二曲，周至人）也认为陈剩夫的这一观点，乃"为后儒知行合一之倡，卓哉！"① 周海门与李二曲把"知行合一"的首倡归为陈剩夫，其实也失之偏颇。

由上述可知，中国思想史上原本就存在着"知行合一"的丰富资源，但只有到了王阳明那里，"知行合一"才成为一个哲学命题，其内涵才得到了充分显化。

但知行的过程性同一、"知行是一个"、是"两个字说一个工夫"，这些一般性解释似乎并未完全尽了"知行合一"之义。《传习录》载：

> 问"知行合一"。先生曰："此须识我立言宗旨。今人学问只因知行分作两件，故有一念发动虽是不善，然却未曾行，便不去禁止。我今说个知行合一，正要人晓得：一念发动处，便即是行了。发动处有不善，就将这不善的念克倒了，须要彻根彻底，不使那一念不善潜伏在胸中。此是我立言宗旨。"②

这段对话的重要性，在王阳明确断了"一念发动处便即是行"，从而揭示了"行"的另一种内涵。凡通过眼耳鼻舌身诸身体活动所呈现出来的行，也即是我们通常意义上所说的行为、行动，因它是显著的、外向呈现的，所以是"行"的显性维度，或显性之行；"一念发动处"，也即是人的意识、念虑、思维、情感等内在的精神活动，因它是隐性的、尚未显现的，所以是"行"的隐性维度，或隐性之行。我曾将隐性之行称为显性之行的"前形态"。③ 但在这里，我并不打算就这句话做细致分析，而只是指出，在王阳明那里，心身内外的一致性是作为生命存在的本原性真实而予以确认，并要求把这一生命自体的本然实性贯彻到底的，否则便谈不上人的真实存在。正因此故，他在理论上必然坚持隐显一体、显密不二。在他那里，可经验的外在行为，不过是"一念发动"之"行"，或"行"的隐性维度的外向发越或其实现形态，实不外乎"行"的存在状态发生了场域迁移而已。不论内外、隐显，知行在过程上的同一性则全然略无二致。

---

① 李颙：《观感录·剩夫陈先生》，《二曲集》，中华书局1996年版，第284页。
② 王阳明：《传习录》（下），《王阳明全集》卷3，第109—110页。
③ 见拙文《王阳明哲学的实践本质》，《烟台大学学报》2013年第1期，也收入拙论集《宋明儒学与浙东学术》，孔学堂书局2016年版。

(四)"知"为"良知"义而言"知行合一"

"知行合一"的知识论向度,实际上是把"对象性交往关系情境"限定于"认知交往关系情境"来审察"感知"过程的真实状态,因而对象的实在状态在心体本身被还原为"知识"。在这一意义上,"知识"即是对象在特定的交往关系情境之中向主体开显的实在本身。由于人的存在所处的对象性交往关系情境具有共性,因此"知识"尽管无不经由"经验"产生,但可以被他人在相同或类似情境中加以验证,从而获得共享性,并形成"积累"与"传递"。纯粹"经验"尽管相对于特定情境中的个体是"真实"的,但不具有共享性,因而也无法形成"积累"与"传递"。但人的现实生活情境,显然不只是"认知交往关系情境",还有如伦理(道德)的、情感的、审美的、宗教的等等,都构成日常生活中的对象性交往关系情境。人的现实生存全然是在各种各样的对象性交往关系情境中来实现的。然不论处于何种情境,要求于当下情境中将心体自身之本然实在状态通过眼耳鼻舌身的行为活动如实地呈现出来,则是全然没有差别的。心体自身之本然实在状态的如实呈现,即是"知行合一";在将心体自身之本然实在状态领会为"良知"的意义上,"知行合一"即转为"致良知"。因此在王阳明那里,"知行合一"被贯彻于人的现实生存的全部场域之最后的终穷究竟极说,是为"致良知"。

良知即是天道,即是天理,即是本心,即是自性,是真正的"天人之际"的现实关捩,因此是人作为生命存在的本原性实在。一切知识、情感、理性、道德、审美等等,皆由此出。作为本原性实在,良知本体只是个"未发之中",它总是以其"常惺惺"的"自知"来确认其如实的在自的。凡个体在经验的对象性交往关系情境中确保其良知的真实呈现,则现实性上即是"和"的实现。因此,良知本体即是大中至正之体,是为"中体"。"致良知"即是"致中和"。良知本体不是"知",却无知无不知;良知本体"无善无恶",却是知善知恶、善善恶恶;良知本体无是无非,却是知是知非、是是非非,而成为现实性上一切知识之真妄、情感之虚实、道德之善恶的终极尺度。故良知即是"至善"。"致良知"的实地践履,既是个体之本原生命的实现,是人道价值的实现,同时也是天道的本原实在性及其价值的实现。"致良知"之极致,是"人与天下万物为一体""天地万物一体之仁"

的实现，而这也即是"心即理"这一关于人的存在的原初预设在现实性上的终极境界。个体的生存只因其良知的实现而达成其存在的本原性真实，并因此而实现其生存境界的超越性转进。

上论"知行合一"的四重向度，是基于"知行合一"即为"知行同一"之总说而予以分别说，实则四重向度本原上只是一重向度，只是个心身一元而已。虽所述详略不同，如"致良知"只是提及而未做展开，但"知行合一"需要贯彻于个体现实生存的全部场域，此义已然显著。在王阳明那里，"心即理"或"圣人之道吾性具足"的洞达，在理论上成为他关于人的存在之本真状态的原初预设，是为生命之实相；因此在现实性上，这是首先需要个体在其主体世界加以自觉肯认的"先验真实"，是即为"立志"。在经验世界的诸多对象性交往关系情境之中将此"先验真实"转化为"经验事实"，即是人的使命；实现这一使命的唯一手段或方式，即是"知行合一"；"知行合一"之通达于人生全部场域的终极原理，则是"致良知"。在王阳明的自身语境之中，"知行合一"的完整内含，实质上是关于人作为生命存在之整体的完整性、统一性、一元性在经验世界中得以实现的根本原理，是人的存在及其意义与价值之自我证明与实现的唯一有效的经验方式。正因此故，"知行合一"实质上是一个生存论命题，是充分体现了对于人的现实生存之免于"心身灭裂"的本原性关切的。

道德·价值·信仰

——当代文化语境中王阳明良知图式的三重向度

陆永胜

摘　要：王阳明"良知"思想的新向度诠释是新时代文化自信建设的重要价值观念资源之一，道德、价值与信仰是当代文化语境中王阳明良知图式的三重向度，三者各有侧重地分别呈现于学术、政治和生活话语语境中而又相互关联，构成了当代文化以阳明学为视阈的内在认知结构。道德向度的良知作为一种道德理性是理想之善和现实之善的统一，也是对人的本质的确证，其中内含着价值确认。良知的价值属性以道德属性为基础，表现为道德向度的"善""恶"向价值向度的"好""坏"与"是（对）""非（错）"的转化。良知的信仰向度基于对人之德性与价值的肯定，追求超越层面的自我实现，并在"幸福感"上找到道德满足与价值关怀、个体追求与社会认同的交汇点。当代文化语境中良知意蕴的新阐释，是对传统文化创新性发展的体现，有助于新时代的文化建设。

关键词：王阳明　良知　道德　价值　信仰

阳明学的诠释永远是一个"当下"诠释。当代话语言说中的阳明学就是广义的当代文化语境中的"新阳明学"，这自然涉及文化语境和文化生成的问题。从文化语境的角度而言，根据文化在现实生活中的呈现样态，当代文化语境可以概分为

---

* 本文原载《江苏行政学院学报》2021年第3期。
** 陆永胜，东南大学马克思主义学院教授。

学术话语语境、政治话语语境和生活话语语境三个领域。从文化生成的角度而言，每一种语境对文化的塑造是具有倾向性的，抑或说，语境对文化的生成是有诉求的，这是从语境的角度看文化生成。如果从文化自身的角度出发，文化生成即是文化的意义言说，它要表达的正是语境的诉求。在此意义上，文化语境和文化生成具有相互建构的作用，文化语境形塑了具有特定特征的文化，文化的特性强化了特定领域的文化语境。阳明学在当代不同领域语境的诠释中呈现出不同的意义言说，在学术话语语境、政治话语语境和生活话语语境中分别呈现出道德、价值、信仰三个向度，这三个向度正是中国当代文化建设中不可或缺，然而又隐而不显，亟待探讨的理论内含。从阳明学的内含出发，这三个向度具体呈现为三种良知话语结构图式。

一 道德向度：学术话语语境中的良知图式

学术话语语境是个宽泛的概念，它有相对的内涵和外延。这里主要讨论哲学学术话语语境，即学术界以文本为基础、以形上哲理思辨研究为内容、以历史上的思想理论为资源的研究语境。作为泛称的"学术界"在具体存在样态中是有空间界限的，这就造成了学术话语语境具有一般普遍性和区域个体性的特征。当代中国哲学学术话语的言说方式受到中国传统哲学和西方哲学的双重影响，因此，良知的话语结构图式是不同于古代传统哲学的，但也不完全等同于西学的哲学范畴。在孟子看来，良知是不学而知的，故它不属于认识论、知识论的范畴，而是属于修养论的范畴，具有内在的价值属性。这种内在的价值属性体现为价值观念或价值原则，它是道德意识的最为核心的内容。因此，在中国哲学的学术话语语境中，良知话语结构图式是侧重于道德向度的。

一般认为，中国哲学整体上呈现为伦理学形态，其实，"伦理"一词在中国是西学东渐以后才出现的。而"道德"一词则是中国哲学中古已有之的，如老子的《道德经》，"道"与"德"本是两个概念，"道"指普遍的法则或存在的根据，如"天道"等，具有本体论或形上的意味；"德"指"道"在现实中的具体化，即道所指的普遍原则或存在根据在实践中得到了具体的规范或规定性。因此，"道"与"德"虽具有形上与形下之别，但在本质上二者是一致的。故在后世的中国哲学中,"道"与"德"是连用的,体现了中国传统"体用不二"的逻辑思维。如"道德仁义,非礼不成"(《礼记·曲礼上》),"故学至乎礼而止矣,夫是之谓道德之极"(《荀子·劝学》)。道德关于礼,一般而言,礼是道德规范的体现,但严格说,礼是德的体现,其本质是道。可见,在中国传统哲学中,"道德"一词的内涵是很丰富的,那么,"伦理"一词与其相契之处在哪里呢?在西方哲学的语境中,道德与伦理是具有不同含义的概念,代表性的哲学家有康德、黑格尔等。二者之异表现在两个方面:第一,道德的内涵包括权利学说和德性学说,而伦理学的讨论对象仅为德性学说;第二,在康德那里,道德所包含的权利和德性都指向应然,具有形上意义,而在黑格尔那里,伦理学所讨论的德性更多地关注现实之维。

可以看到,中西方哲学语境虽有不同,但道德一词包含着形上(理想之维、应然)和形下(现实之维、实然)两个层面是一致的,当代语境中的伦理在一定程度上契合了中国传统哲学中"道德"之"德"的一面。同时,在内在观念上,中西方语境中的"道德"也有一定的一致性。中国传统哲学的"道德"之"道"具有生而有之的天赋意义,所谓天赋,具有两方面的内涵,一方面,既然是天赋,无论其内涵,落实于人,就是具有形上根据的价值或权利;另一方面,作为形上的天道,其内涵是至善的,所以落实于人的德性也是善的。前者和康德之道德的权利观念是具有一定的一致性的,在某种意义上,这种天赋的权利肯定了每一个人都有内在的存在价值,表现为一种价值原则。后者和西方哲学语境中道德的德性学说具有某种程度的相似性,"理"的理想之善和"德"的现实之善及二者的统一与西方语境中德性的理想之维与现实之维及二者的统一可以做到一定的呼应。在当代中西方哲学融合的话语语境中,这体现为一种相对一致的道德观念,即人之为人和人应得到尊重的根据。道德的价值原则由个人走向社会整体,最终体现为政治、制度、法律等的内在根据,这一点后文另有论述,资不赘述。德性指向人的存在,道德之至善则与人的本真意义上的存在相关,因此,道德在本质上是人存在的一种方式。这种存在方式与价值、境界(信仰)密切相关。

我们这里对中西方哲学语境中的"道德"内涵进行论析有两方面的目的:第一,厘清中西语境中道德的内涵和外延,为良知图式的论析做铺垫;第二,厘清中西语境中道德与伦理概念的差异,为概念的准确使用做铺垫。综合以上论述,我们主张更多地使用道德的概念,在内涵上,王阳明的良知与道德的内涵更趋于相近。

良知是阳明学的核心概念,在阳明心学哲学中,良知体现为多个层面的意涵。首先,良知体现为一种本体,这是确立良知的"至善"性质的重要前提。良知在阳明心学中,具有本体意义,即良知与"心"与"理"是一。所以,"良知"当有本体涵意。阳明说:

> 性无不善,故知无不良,良知即是未发之中,即是廓然大公,寂然不动之本体,人人所同具者也。但不能不昏蔽于物欲,故须学以去其昏蔽,然于良知之本体,初不能有加损于毫末也。①

"性无不善,故知无不良","不能加损于毫末"显然肯定了良知的先验道德性。而"人人所同具"则肯定了良知作为人人具有的圣性的永恒不变和普遍性。由此王阳明才说"个个人心有仲尼""满街都是圣人"。这种提法肯定了良知是每个人成圣的内在根据,同时也突出了人的道德的主体性和道德主体的内在完满性。

其次,良知是先验的,但又离不开经验,这担保了良知的理想之善和现实之善及二者的统一。阳明继承了孟子先验良知说,认为良知是先验地植于人心的。阳明说:

> 良知不由见闻而有,而见闻莫非良知之用,故良知不滞于见闻,而亦不离于见闻。②

"不由见闻而有"说明良知先于见闻而有,具有先验性;但良知和见闻并非没有关系,阳明认为感性认识是良知的发用,"见闻莫非良知之用",也就是说,"良知"与"见闻"是体用的关系。良知不会因为见闻受到滞碍,但又离不开见闻。不过,值得注意的是,阳明讨论良知与感性认识的关系,是在道德范畴内的感性和良知问题。

再次,良知是一种道德理性,具有认知和评判的能力,这是形上之道与形下之

---

① 《传习录》中,《王阳明全集》,上海古籍出版社1992年版,第62—63页。
② 《传习录》中,《王阳明全集》,第71页。

德相统一的重要体现。作为形上之道，良知具有普遍性品格，这在一定程度上可以转化为具有普遍价值的道德标准。同时，良知的先验性和本体性提供了这种道德标准的永恒性保证。作为形下之德，良知具有个体性品格，体现为个体的能动性，它可以知善知恶、为善去恶。王阳明说：

> 尔那一点良知，是尔自家底准则，尔意念着处，他是便知是，非便知非，更瞒他一些不得。尔只不要欺他，实实落落依着他做去，善便存，恶便去。①

在阳明这里，良知是一种判断准则，具有判断的能力，是一种道德理性。这种理性是先天的，即每个人内在于心的，想欺瞒都欺瞒不了的。同时，在阳明看来，良知的能动性也主要是在道德之域展开：

> 知是心之本体，心自然会知。见父自然知孝，见兄自然知弟，见孺子入井自然知恻隐，此便是良知，不假外求。若良知之发，便无私意障碍，即所谓充实恻隐之心而仁不可胜用矣。②

良知之知是自然而然的，良知之用即是仁之发用。所以，在阳明这里，良知的理论效力及实践能力范围都是在道德领域内被言说的，这和阳明一贯的圣人立场和圣人之德的标准是一致的。阳明在《咏良知四首示诸生》之一中云："个个人心有仲尼，自将闻见苦遮迷。而今指与真头面，只是良知更莫疑。问君何事日憧憧？烦恼场中错用功。莫道圣门无口诀，良知两字是参同。人人自有定盘针，万化根源总在心。却笑从前颠倒见，枝枝叶叶外头寻。无声无臭独知时，此是乾坤万有基。抛却自家无尽藏，沿门持钵效贫儿。"阳明认为，良知是人人具有的，不可更移的，它是人成圣的根据。当良知成为每个人成己、成圣的根据之时，其道德的维度便是很明显了。

可见，在哲学语境中，良知在阳明心学体系内的地位与性质决定了其道德的维

---

① 《传习录》下，《王阳明全集》，第92页。
② 《传习录》上，《王阳明全集》卷1，第7页。

度，从道德的视阈出发，良知的道德内涵是什么呢？王阳明在"四句教"中讲道：

> 无善无恶是心之体，有善有恶是意之动，知善知恶的是良知，为善去恶是格物。①

在王阳明看来："心者身之主也，而心之虚灵明觉，即所谓本然之良知也。"② "良知者，心之本体，即前所谓恒照者也。"③ 心即良知，心体无善无恶，即是良知无善无恶。对于良知的"无善无恶"的具体内涵，阳明认为："无善无恶者理之静，有善有恶者气之动。不动于气，即无善无恶，是谓至善。"④ "至善者，心之本体。"⑤ "吾心乃至善所止之地。"⑥ 从而肯定了无善无恶的至善内涵。同时，阳明也为良知至善内涵提供了形上担保，那就是"理"，"良知是天理之昭明灵觉处，故良知即是天理"。"良知即天命之性、粹然至善。"良知之谓至善，在于其为天理。从"天理"的形上意义来讲，良知的至善内涵可谓是其形上之维，是理想之善，是其内涵的究竟义，故曰"无善无恶者理之静"。同时，阳明并不否定良知的现实之善，"性之本体原是无善无恶的，发用上也原是可以为善，可以为不善的，其流弊也，原是一定善一定恶的"。伴随着良知之发用，良知之理想之善亦落实于实践中。在实践中，理想之善呈现出来，便是现实之善，理想之善没有呈现出来，便是恶，便是不善。在阳明看来，善与恶并不是一对相对的道德范畴，恶之根源在于良知被遮蔽，"至善者，心之本体。本体上才过当些子，便是恶了。不是有一个善，却又有一个恶来相对也。故善恶只是一物"。所以，恶并不"否定"善，更不"否定"良知。相反，恶是从反面对良知的现实之善的肯定，以及对良知的理想之善的本质确认。因此，良知不但在形上层面是至善的，在形下层面也是唯善无恶的。从体用一源的角度言，良知的理想之善和现实之善就可以较好地对应并统一起来。

---

① 王阳明：《王阳明全集》卷3《传习录》下，载吴光、钱明、董平、姚延福编校《王阳明全集（新编本）》第1册，第129页。
② 《传习录》中，《王阳明全集》卷2，第52页。
③ 《传习录》中，《王阳明全集》卷2，第67页。
④ 《传习录》上，《王阳明全集》卷1，第32页。
⑤ 《传习录》下，《王阳明全集》卷3，第107页。
⑥ 《传习录》上，《王阳明全集》卷1，第28页。

在此意义上，主张良知既有善也有恶或良知既无善也无恶都是不恰当的，对此，上文的论证已有辨析。不过，我们还可对此做一些思考性的追问：对于"无善无恶"有学者将其字面化理解为良知既没有善也没有恶，那么问题在于：第一，良知如果没有善也没有恶，那么，良知与天理沟通的依据在哪里？如何从良知的角度理解天理的普遍性？如果没有"善性"之良知的普遍性，良知"人人具有"及其存在的根据是什么？第二，良知如果没有善也没有恶，那么作为传统儒学一部分的心学（良知学）的伦理价值如何体现和落实？第三，良知如果没有善也没有恶，就像镜子一样，妍媸自照，一过而化，那么良知的"知善知恶"的评判功能及标准如何存有？即是说良知如何分辨善恶？如果良知就是一面镜子，那么良知的能动性如何体现和落实？第四，回到当下，如果良知既没有善也没有恶，那么，我们当下提倡良知学的价值与意义何在？显然，在当代中国哲学话语语境中，道德向度是良知话语结构图式的应有之义。

二　价值向度：政治话语语境中的良知图式

政治话语语境在古代主要体现于政统观的表达，在当代则体现于政治意识形态的表达，二者既有联系，亦有区别。当代政治话语语境中的良知图式和观念文化的政治倾向性、导向性密切相关。"无善无恶是良知"，良知的"至善无恶"性质是本有的、不可移除的，这担保了良知之善是一种正面价值。当良知与当代观念文化的政治倾向性、导向性遭遇时，在某种意义上对这种倾向性、导向性具有正面价值的规范性。这种规范性是一种内在的规范，它在道德向度为良好政治提供保障。因此，从价值形态看，政治的价值诉求是基于道德之善的正面价值诉求，而不是负面的价值诉求。这其实是在有意识地提醒我们，我们讨论的是观念形态的政治，而不是现实政治。观念形态的政治可以超越现实政治，跨越国家、种族、制度、区域的界限，其价值诉求也因此具有普遍性。

良知的道德属性内含着价值确认，因此，其也具有价值属性。良知的价值属性体现为两个方面：第一，作为规范与制度的道德基础；第二，作为个体和社会认同的价值观念和行为的价值标准。良知的道德向度的"善""恶"内涵在这两个方面发生了意义引申，于前者，良知之"善""恶"与价值规定的"好""坏"相联系，进而体现为符合道德应然要求的规范、制度则为"好"的，反之，则为"坏"的。于后者，良知之"善""恶"与价值评判标准的"是（对）""非（错）"相联系，从而体现为符合价值评判标准的观念与行为则是"是（对）"的，反之，则是"非（错）"的。由此可见，政治话语语境中的良知图式的价值属性是建立在道德向度的基础之上的。

良知之为规范与制度的道德基础是以其普遍性品格为担保的。在现实中，规范与制度的确立有两种目的性：功利目的和德性目的。前者以利益为评判标准，后者以人与社会的道德发展为评判标准。在中国文化的视阈内，后者显然是第一义的，也是终极目的。良知与规范、制度的关系有两方面的规定性：首先，良知对规范与制度的局限性规定，即一种"度"的规定性。王阳明说：

> 圣人于礼乐名物不必尽知，然他知得一个天理，便自有许多节文度数出来。[1]

节文度数显然不是客观的礼乐名物，而是观念形态的规范与制度，它以天理良知为前提和基础。良知对规范与制度的局限性规定，就是要把规范与制度限定在一定的界限内，保证它的合理性，以及它是被道德所允许的。当规范与制度在道德的界限内，从价值规定的角度判断，它就是"好"的规范与制度，反之，规范与制度超出了道德的界限，就是"坏"的规范与制度。

其次，良知对规范与制度的应然发展的方向性引导。良知的发用与生活世界密切相关，规范与制度的展开亦是如此。在现实生活中，规范与制度的展开呈现为运作的过程，只有在运作过程中，良知的基础作用才能够发挥。如果规范与制度只是作为文本存放起来，则无所谓"好"与"坏"。运作过程在表面上呈现为规范与制度的使用，实质是良知的道德属性在生活世界的发用，抑或说，是良知由本然良知向显在良知的转化过程，这一过程既可以体现为个体行为过程，也可以是社会整体行为过程。从积极的意义上讲，符合价值规定的规范与制度有利于个体和社会形成"好"的习惯，并演化为相对自觉的过程，进而积淀为文化，如王阳明一贯主张的

---

[1]《传习录》下，《王阳明全集》卷3，第106页。

"亲亲""仁民""爱物"等,以及"遵守交通秩序""中小学生日常行为规范"等当代文化。从消极的意义上讲,不符合价值规定的规范与制度则容易导致个体与社会行为的失范与越轨,甚或价值观念的混乱。道德是人的本质的确认,生活世界离不开人的参与,体现为运作过程的规范与制度的运用自然也离不开道德的作用。在阳明学的视阈中,良知不但重新建构了意义信仰本体,而且重新确立了价值主体,良知因此而具有本体—主体地位。在此意义上,良知既是对人的内在价值的确认;也是对人的社会价值的确认,既肯定人的自我实现的意愿,也肯定人与人之间坦诚认可的存在意义。所以,以良知为视阈,社会规范与制度的良性发展必将是符合人的发展的,也是符合道德价值规定的。只有以良知为价值导向,才能消解规范与制度对人而言的异己性。因此,在现实生活世界中,"好"的规范与制度必然以良知的应然要求为导向,从实践层面看,良知之于规范和制度不仅仅是内在的道德基础,而且是一种评价的价值标准。

在阳明学的视阈中,良知是一个既存有又活动的范畴,言良知即包含着致良知。王阳明说:

> 知之真切笃实处,即是行;行之明觉精察处,即是知。①
> 知是行的主意,行是知的工夫;知是行之始,行是知之成。若会得时,只说一个知,已有行在;只说一个行,已自有知在。②
> 知者行之始,行者知之成:圣学只一个工夫,知行不可分作两事。③

因此,阳明晚年只说良知,而少讲致良知。知行合一是阳明良知思想的内在维度。良知的这种特性同样也体现在其价值向度中,从"知"的角度言,良知的价值体现为内在的价值观念;从"行"的角度言,良知的价值体现为事事为为的外在价值标准。在王阳明那里,价值观念和价值标准是良知的一体两面,内外合一的。

从价值形态看,作为价值观念和价值标准的良知内涵与良知作为道德基础的

---

① 《传习录》中,《王阳明全集》卷2,第46页。
② 《传习录》上,《王阳明全集》卷1,第5页。
③ 《传习录》上,《王阳明全集》卷1,第14页。

"好""坏"内涵是不同的。"好""坏"并不等同于"善""恶",原因在于:第一,"善""恶"是良知本具的性质判断,"好""坏"是良知所发之"用"的评价判断;第二,良知之"善""恶"本是一事,良知之"用"之"好""坏"是对"用"是否符合德性要求的判断,抑或说,是对符合度的判断。那么,良知作为价值观念和价值标准同样是以"善"为基础的,但已经转化为具有普遍性的价值观念和价值标准,这种价值观念不管是个人还是社会群体都是认可的,这种价值标准不管是对个人还是社会群体的评价都是同样标准。因此,在某种意义上,作为价值观念和价值标准是对认可度的评价,得到认可的则是"是(对)"的,反之,则是"非(错)"的。由此,良知之"善""恶"引申为"是(对)""非(错)"。阳明心学是对当时知行不一、知而不行的社会弊病的针砭,救治的良方即是良知。王阳明站在圣人的高度对世人提出的致良知之方,其实是严格的道德主义。王阳明强调"一念发动处即是行了"①,即是以严格的道德主义严厉摒除有违真正道德的私欲恶念。所以,在阳明这里,当良知落实于社会生活现实,仅做"善""恶"的判断是不够的,还要进一步引申为"是(对)""非(错)"的判断。王阳明对此亦有论述:

> 良知只是个是非之心,是非只是个好恶,只好恶就尽了是非,只是非就尽了万事万变。②
> 这些子看得透彻,随他千言万语,是非诚伪,到前便明。合得的便是,合不得的便非。如佛家说心印相似,真是个试金石、指南针。③

在王阳明看来,好好色、恶恶臭是良知之自然,当是非等同于好恶,那么,对善恶之好与恶的道德情感评价就转化为是与非的价值判断。其实,从良知出发,是非基于善恶,二者具有一定的内在一致性,但从判断万事万变的角度出发,是非的标准就是绝对的,因此,"只是非就尽了万事万变"。而判断是非的标准是良知,方法在于看是否合于良知,"合得的便是,合不得的便非",从此意义上言,"良知

---

① 《传习录》下,《王阳明全集》卷3,第106页。
② 《传习录》下,《王阳明全集》卷3,第121页。
③ 《传习录》下,《王阳明全集》卷3,第102页。

只是个是非之心"。王阳明在这里成功地以"是""非"判断取代了"善""恶"判断,从而由道德论域向价值论域转换,显示了其心学的绝对主义立场。而这种绝对主义在王阳明那里则体现为政治、伦理、学术的绝对主义。

良知作为个体和社会认同的价值观念和行为的价值标准体现在两个方面:个体领域和公共领域。在个体领域,良知首先构成个体认可的具有正面价值的观念,如正义、平等、自由、民主等,这些价值观念成为个体对所处社会形态、规范、制度、秩序等做出合理性和合法性判断的依据,进而指导个体行为协调,外化为个体交往原则。在公共领域,良知作为价值观念首先在社会历时发展中成为一种文化认同,其次在社会共时发展中成为各社会阶层、各民族的社会共识,如仁、义、礼、智、信、富强、和谐等。当文化认同和社会共识完美融合,不发生错位的现象,价值观念才外化为社会普遍认同的价值标准,并能够对社会整合产生积极的作用。

总之,在价值视阈内,良知的内涵得到了丰富和扩展。良知的价值向度是其与中国当代文化建设发生关联的又一重要联结点。

三 信仰向度:生活话语语境中的良知图式

良知作为价值观念内化于人的意识,构成人的基本价值认同。同时,良知作为价值标准外化为人的判断根据,具体化为个体原则和社会规范。价值观念和价值标准统一于以人为中心的生活世界中。从人的本质出发,生活世界不是客观的人、事、物的混合体,而是人的本质的对象化,是人的意义所及之处。在阳明学的视阈内,生活世界即是良知(人)的意义世界,也是德性的世界。因此,生活话语语境以对良知(德性)的确认为前提,以对人之价值的肯定为中心,以对人的终极关怀为目的。

人与生活世界的密切联系在某种意义上克服了生活的异己性、无序性,意义的绵延贯穿整个生活世界,因此,生活话语在一定意义上即是以人(良知)为中心的意义言说。生活话语语境是与学术话语语境、政治话语语境相对而言的,指的是二者之外的话语形态。当代生活话语语境呈现出多元化,如行业分工导致生活话语的群体差异、区域价值认同差异导致生活话语的地域差异等,但随着科技发展、世界一体化进程推进,生活话语语境日益趋同。生活话语语境在历时和共时方面具有特殊性，但在一般意义上，它关注的是人作为个体和类两个方面的生活状态。从文化的层面看，人的生活状态要摒弃物质的多样性，而注重精神与文化的层面，注重个体的整体性，具有一定的形上意义。因此，生活话语语境并不能截然划分为个体的或类的，从形上意义上来讲，它或可说是类的精神文化状态的个体表达。从中国文化的角度看，古今皆如此，如家国意识、忧患意识、道德追求、人生境界等等，都是通过个体化话语表达一个时代的追求或信仰。当代生活话语语境亦是如此。

在阳明学的视阈内，生活在本质上是意义的表达，而且体现为实践过程，可以说，生活是意义和实践过程的统一。良知是生活意义的赋予者，也是实践活动的主导者和评价者。王阳明说：

> 若鄙人所谓致知格物者，致吾心之良知于事事物物也。吾心之良知，即所谓天理也。致吾心良知之天理于事事物物，则事事物物皆得其理矣。致吾心之良知者，致知也。事事物物皆得其理者，格物也。是合心与理而为一者也。①

"事事物物"本是对象性的实践过程，"致吾心之良知于事事物物"即通过"赋义"的过程将外在之物涵化为心内之物，事事物物之理即是良知，故心与理一。心与理一是王阳明于此论述的重点，但"赋义"的过程让我们看到良知对意义和实践的主宰作用。由此，我们可以看到，良知在生活世界的重要性。因此之故，良知在生活话语语境中也起着重要的基础作用。但与良知的道德向度、价值向度不同，生活话语语境中的良知图式更多地体现出信仰向度。基于生活本身的浑融性，生活话语语境中良知图式的信仰向度主要体现为三个方面。

第一，对个体存在价值的确认，这主要体现在实践层面。生活本身即是一个实践的过程，人以自身的劳动能力参与并创造这一过程。人是实践过程的主体，离开了人，实践过程便不存在。在此意义上，实践过程不但是一个感性的过程，同时也是一个意识的过程。人在此过程中首先确认了人自身的存在，其次意识到人之为人。因此，生活话语便离不开对个体存在价值的确认和对个体生活的感受。在阳明学的视阈中，良知是不离于见闻的，良知对感性生活的肯定自然也包含了对人存在

---

① 《传习录》中，《王阳明全集》卷2，第49—50页。

价值的肯定。王阳明站在圣人的高度提出了"医世"的药方——致良知，但他并没有放弃普通人。

> 良知良能，愚夫愚妇与圣人同。①
> 与愚夫愚妇同的，是谓同德。与愚夫愚妇异的，是谓异端。②
> 你们拿一个圣人去与人讲学，人见圣人来，都怕走了，如何讲得行？须做得个愚夫愚妇，方可与人讲学。③

在王阳明看来，圣人与愚夫愚妇同具良知，而且愚夫愚妇作为普通人的社会群体，他们的认知还构成了判断"异端"的标准，甚至与人讲学，也须以普通人的身份方行得通。前者是在人的本质层面肯定愚夫愚妇的存在价值，后二者是在人的社会存在层面肯定愚夫愚妇的存在价值。甚至在致良知工夫方面，虽然王阳明认为"但惟圣人能致其良知，而愚夫愚妇不能致，此圣愚之所由分也"④，但在具体的工夫设计中，他还是为普通人保留了入圣之途。

> 我这里接人原有此二种。利根之人，直从本源上悟入。人心本体原是明莹无滞的，原是个未发之中。利根之人一悟本体，即是功夫，人己内外，一齐俱透了。其次不免有习心在，本体受蔽，故且教在意念上实落为善去恶。功夫熟后，渣滓去得尽时，本体亦明尽了。汝中之见，是我这里接利根人的；德洪之见，是我这里为其次立法的。二君相取为用，则中人上下皆可引入于道。若各执一边，眼前便有失人，便于道体各有未尽。⑤

"利根之人""其次""中人上下"，其实都是普通人，他们都需要不断做圣学工夫，方能成己成圣。唯有不同者，他们各自的功夫入手处有所差异。其实，在工

---

① 《传习录》中，《王阳明全集》卷2，第49页。
② 《传习录》下，《王阳明全集》卷3，第107页。
③ 《传习录》下，《王阳明全集》卷3，第116页。
④ 《传习录》中，《王阳明全集》卷2，第49页。
⑤ 《传习录》下，《王阳明全集》卷3，第117页。

夫差异的背后，王阳明仍然肯定了普通人本具的内在"圣性"——良知。所以，良知不但是人（普通人）之为人的根据，也是人之为圣的根据，抑或说，良知是人由此在走向超越的根据。

王阳明曾把理想的人格典范分为"谦谦君子""狂者胸次""圣人气象"三种：

> 乡愿以忠信廉洁见取于君子，以同流合污无忤于小人，故非之无举，刺之无刺。然究其心，乃知忠信廉洁所以媚君子也，同流合污所以媚小人也，其心已破坏矣，故不可与人尧、舜之道。狂者志存古人，一切纷嚣俗染，举不足以累其心，真有凤凰翔于千仞之意，一克念即圣人矣。①

> 我在南都以前，尚有些子乡愿的意思在。我今信得这良知真是真非，信手行去，更不着些覆藏。我今才做得个狂者的胸次，使天下之人都说我行不掩言也罢。②

> 吾亦只依良知行。③

"君子""狂者""圣人"是王阳明理想人格内涵的形象表达。这三种人格典范以具体的社会存在为基础，直面"乡愿"与"小人"的对应存在，从而具有更为现实的意义。同时，这三种人格典范的基础是"依良知行"，强调了三者的良知意蕴。所以，良知对于人的存在而言，不但具有本真义、现实义，而且具有超越义，这正是对人的存在价值的全面肯定。

第二，对真善美的追求，这主要体现在精神层面的追求。良知是至善的，在中国哲学中，真、美与善是统一的，对真善美的追求其实是一种境界形成和提升的过程。在这一过程中，人逐渐达到对自身的觉解和对世界的精神把握，展示出人所理解的世界图景，呈现出个体精神升华的不同层面，其中融入了人的道德理想和人生追求。

在阳明学视阈中，真并不是指知识论的真，在王阳明看来，知识和良知是不同范畴的。

---

① 《补录一》，《王阳明全集》卷39，第1545—1546页。
② 《传习录》下，《王阳明全集》卷3，第127页。
③ 《传习录》下，《王阳明全集》卷3，第127页。

后世不知作圣之本是纯乎天理,却专去知识才能上求圣人。以为圣人无所不知,无所不能,我须是将圣人许多知识才能逐一理会始得,故不务去天理上着工夫。①

若夫子与鄙夫言时,留得些子知识在,便是不能竭他的良知,道体即有二了。②

知识才能属于外物,成圣不能在知识才能上求,否则便是逐于外物。王阳明主张心即理,做工夫要内求心体,心中如有知识在,便是遮蔽心体良知,便导致心体有隔。良知非知识,这在阳明后学的记载中也是得到印证和认同的。

知乃德性之知,是为良知,而非知识也。③

先师谓致知存乎心悟,若认知识为良知,正是粗看了,未见所谓不学不虑,不系于人者,然非情无以见性,非知识意念,则亦无以见良知。④

王阳明肯定知识不同于良知,但同时也没有把良知与知识截然对立起来,犹如他对良知和见闻的关系的认识。从阳明学出发,良知之真显然和修养论、本体论更为契合。从修养论而言,良知之真侧重于自我在德性上的实有诸己;从本体论而言,良知之真侧重于本心之诚:前者关涉工夫,后者关涉本体。

工夫上的实有诸己强调工夫的真实切己,此已是心学实学的范围。王阳明强调"事上磨练""体究践履""实地用功"等已有明显的价值论导向,所以,工夫层面的良知之真和良知的价值向度密切相关。从价值的层面看,良知工夫之真一方面指向修身成圣,另一方面指向家国天下。在儒学视阈内,后者以前者为基础,是前者由己及人、向社会领域的延展,而前者是最根本的,这也是阳明良知学的本色。

在良知学的意义上,"真"主要不是指客观存在之"真",而侧重于意义价值

---

① 《传习录》上,《王阳明全集》卷1,第31页。
② 《传习录》下,《王阳明全集》卷3,第123页。
③ 王畿:《钱绪山行状》,《龙溪先生全集》卷20。
④ 《明儒学案·江右学案二·论学书》,欧阳南野语。

的"真",如"君子之诚身也,不惟其外,惟其中;其事亲也,不惟其文,惟其实"。这种"真"既是道德情感之真,同时也是主体人性之真,它更侧重于道德价值领域。作为本心之诚的"真"具有"真实存在"的意思,即人的存在本体——心的本来的存在状态,"诚是心之本体","诚是实理,只是一个良知"①。作为存在意义上的诚,它是天道之本然,能覆载万物,成就万物。

"诚"的实现是一个动态的过程。实现"诚"以达于至善、恢复良知本体为前提,"圣人之学,只是一诚而已",在王阳明那里,作为心之本体的"诚",要复其本体,要做"诚""明""思"的工夫。

> 是故不欺则良知无所伪而诚,诚则明矣;自信则良知无所惑而明,明则诚矣;明诚相生,是故良知常觉常照。常觉常照则明镜之悬,而物之来者自不能遁其妍媸矣。②
>
> 诚是心之本体,求复其本体,便是思诚的工夫。③

"明"和"诚"的工夫是达于圣人的境界不可缺少的。《中庸》说:"诚者不勉而中,不思而得,从容中道,圣人也;诚之者,择善而固执之者也。"可见"诚之"即"择善而固执之"的工夫,是实现"不思而得"的圣人境界的前提。这一圣人境界是"天道之诚"的自然呈现或自然显现。因为"诚者,天之道也;诚之者,人之道也"(《中庸》),"人道"的意义就在于通过"明"的工夫以达于天道,通过人的存在来体证天道的存在,从而达到"天人合一"的圣人境界。"求复其本体"表明"思诚"是一种"反身而诚"的直觉体验,也是一种内心修养。思诚是只思一个天理,"思是良知之发用。若是良知发用之思,则所思莫非天理矣"。④ 思作为一种具有理性作用的修养工夫,具有向内自思或逆觉体证的特征。"思诚"就是要使"诚"呈现或实现出来,从而获得一种自觉。这对于主体来说是一种"自我实现",也是一种"自我超越"。

---

① 《传习录》下,《王阳明全集》卷3,第120页。
② 《传习录》中,《王阳明全集》卷2,第80页。
③ 《传习录》上,《王阳明全集》卷1,第38页。
④ 《传习录》中,《王阳明全集》卷2,第78页。

"明""诚之""思"的工夫对于本体恢复所达到的状态即是"真"的状态或"真"的境界。处于诚境的人按其真性而呈现，故事亲则孝，事兄则悌，事君则忠，事友则信，呈现出一种德性之美。这种"外内若一，匪徒威仪"（《箴一首》），"洁其行不洁其名，有其实不宏其声"（《刘子青墓表》）之"诚"正是主体内心自觉的表现，也正因为有了这种心灵的自觉，境界才能由潜在的可能性转化为现实。这种以"诚"为最高原则的审美体验，它合道德感与美感为一，合道德意志与审美判断为一，体现出主体的自信和自觉。这种自信和自觉正是良知之真的价值意义所在，体现了"真"作为追求目标的信仰向度。

良知之"善"在性质上侧重德性之至善，在内容上指中国传统哲学的"仁"。"止于至善"是修养工夫的最高追求，修养内容则是"为仁"。为仁本身即是对善的追求。在中国哲学中，善是一个目的范畴，是目的理性的最高体现。特别是在儒学中，善和美是统一的。至善之境不仅仅是"君子"追求的最高道德境界、人生境界，也是一种审美境界。实现仁的境界，首要的即体现为对"至善"的追求。"至善是心之本体"，良知"无所亏欠"的呈现就是仁的境界。"至善"作为天理的规定，一种"宇宙力量"，它不仅仅是道德规范和道德力量的根源，而且也是一种必须服从这些规范的绝对命令。[1] 故王阳明认为真知必能行，"知而不行，非知也"，而且这种服从是一种内在的服从，一种心悦诚服的服从，故当人与天相感应的时候，他也就处于"天意所定"的状态，达于真正的仁境。

在宋明理学家看来，仁是"心之全德"（冯友兰语），"仁包四德"（朱熹语），因此，仁的意义就具有绝对普遍性，仁（善）与美、真一样来自主体与客体之间的关系，是心灵与物质的现实相合作而显现出来的。在王阳明看来，仁不能从外在事物中去求取，而应从"心"与"物"的自然相感中去求取，这种自然相感既表现为"心"的自由（宜），又表现为"物"的自然（无人伪）。只有在此前提下，仁的境界一旦由心灵中实现出来，则能使天下皆善、天下皆仁，从而出现一个和谐统一的世界。

---

[1] ［美］墨子刻：《摆脱困境——新儒学与中国政治文化的演进》，颜世安等译，江苏人民出版社1996年版，第84—85页。

可见，在阳明学视阈中，对善的追求不仅仅是个体的精神追求，而且体现为以良知为基础的意义世界的建构。这里不仅涉及心与身的关系，而且涉及心与物的关系，这正是我们在当代文化建设中要处理的人与己、人与人、人与社会、人与自然等的关系问题。

当真、善作为追求目标，臻于境界时，便和美密切相关。在中国哲学中，"美"不是一个简简单单的形容词，而是一种状态，尤其是和"善"统一的状态。"美"不是依纯逻辑推理获得的概念，而是契入主体精神之内的，是主体在审美心态下体验的过程和结果，它往往以境界的形态呈现出来。美的境界是一种自适自得的境界，它是合目的性与合规律性的统一。所谓合目的性即意味着对人的存在价值的确认，所谓合规律性即意味着对理的普遍性的尊重，这二者是阳明良知说的应有之义。所以，在阳明学的视阈中，美是以培养道德人格为出发点和目的而进入审美言说的，并反过来，又把审美视为建构道德人格的一条有效通道。从本质上说，道德与审美都是人的本质的对象化，二者在深层次上的人性、人格之解放与人的自我完善上，具有同构性和比邻性。如"万物静观皆自得"就是一种通过审美观照获致道德品格的方式。这种对理想道德人格的追求方式，要求通过审美的方式来体验生命，通过道德的方式来强化生命，这样不仅可以张扬人的生命自由价值，而且可以显示人类生命价值的自由理性精神。在阳明哲学中，其所强调的道德原则，同时也是一种审美原则，美是一种具有真的品格、善的性质的美。

真善美统一于以人为中心的日常生活之中，是日常生活的精神升华。在阳明学视阈中，生活内在于以良知为内涵的意义世界之中，人对真善美的追求，体现了良知在生活语境中的信仰向度。

第三，对自我实现的追求，这主要体现在超越层面。良知作为存在，不是抽象的、玄虚的，而是实实在在的，它是即本体即主体的存在，这一方面表现为良知作为精神实体的本体存在，它是道德、价值、信仰之所从出，另一方面表现为良知的自驱动能力，它的具体落实即体现为具有良知践行能力的个体和社会群体。前者表现出良知的至善性和自在完满性，良知的内在性本然地要求这种至善性和自在完满性外化出来，这种"本然要求"既可从致良知的工夫向度来理解，也可以从传统儒家"推仁"的伦理向度来获得理据。而"外化"的过程即是实践的过程——呈现为个体和社会对至善性和自在完满性的双重追求。至善性在内涵上包括真善美，从实质的意义上看，人对真善美的追求内含着道德情感的满足，即道德的幸福感。自在完满性体现为意义的充盈，对意义充盈的追求即是对人生最高价值的终极关怀。需要特别提及的是，至善性是自在完满性的基础，也是其一个向度，抑或说，人的自在完满性离不开道德的完满，但又不止于此，比如价值的实现等。意义的生成（赋义）过程即是生活实践的过程，个体和社会都将参与到这一过程中，并在此过程中追求自我的实现和超越。

生活实践过程在某种意义上是对当下存在境遇的不断评价和超越过程。在阳明学的视阈内，人生活在意义世界之中，人的良知对外物具有认知和评价功能，而评价的标准则是良知自身。基于良知的本体地位，良知在逻辑上又是评价标准的内在原则。抑或可以说，从良知出发，人对物的评价标准和评价原则是统一的，这是由良知的普遍性原则决定的。因此，在王阳明这里，符合评价标准，即是符合良知的原则，从良知的道德义出发，我们或可说道德规范与道德原则是统一的。在生活实践过程中，心与物相接，认识不止，则评价不断。当生活境遇（人所面对的人、事、物）符合主体的价值标准时，主体就会对其作出肯定性的评价，并产生幸福感，如身边充满着正能量的乐善好施、尊师重道、助人为乐、诚信经营等，这些和良知内蕴的仁、义、礼、智、信等德目是一致的。从王阳明的心物之辨出发，这种肯定性的评价在表面上是对物的评价，其实是对意义世界中的物的评价，在实质上是对人之为人的确证，抑或说，是对良知的自信。正是基于良知自信，这种幸福感才更有理性内涵，而不是基于感官的快乐。王阳明以"自慊"表示这种幸福感：

> 今焉于其良知所知之善者，即其意之所在之物而实为之，无有乎不尽。于其良知所知之恶者，即其意之所在之物而实去之，无有乎不尽。然后物无不格，而吾良知之所知者无有亏缺障蔽，而得以极其至矣。夫然后吾心快然无复余憾而自慊矣，夫然后意之所发者，始无自欺而可以谓之诚矣。[①]

---

① 王阳明：《大学问》，《王阳明全集（新编本）》卷26，第1019—1020页。

为善去恶要即物而为，依良知而行。物与良知所发之意相接，物之"善""恶"在于意之"善""恶"，这就是对物的评价。善与恶都是良知之知者，即物而致知，最终是要达到良知的圆满自足，无有亏缺障蔽，这样才能自慊而无余憾。物在致良知工夫中为意之所在之物，即是心涵摄之物，所以，在阳明这里，格物即是格心，诚意即是诚心，最终都是要达到良知的自足，"只此自知之明，便是良知。致此良知以求自慊，便是致知矣"①。这种"自慊"也就是阳明所讲的"心之安处，即是良知"。依良知而行内心便快乐满足，违良知而行则感到不安。显然，自慊就是人对自己履行道德义务而产生的满意和快乐的感受。需要指出的是，阳明学的道德情感满足是建立在自觉与自愿基础上的，是依良知行，而非行良知。如阳明讲君子的境界：

> 君子之酬酢万变，当行则行，当止则止，当生则生，当死则死，斟酌调停，无非是致其良知，以求自慊而已。②

"当行则行，当止则止，当生则生，当死则死"，亦即在把握当然之则后，自觉地以此规范自己，进而达到"自慊"的愉悦感和满足感，体现了自觉原则与自愿原则的结合。自愿原则突出了主体的自主能动性，一切出于真心，随心而为，而皆能得自然之妙，又达到了陶冶和涵养内在精神的大功利目的。自觉原则则从理性上对这种行为给予规范，在外部不使其流于动物性和狂滥，在内部则使其行为动机（意念）本身就是出于理性的范导。由此，可以说，阳明学视阈中的幸福感既有情感性，更有理性。在此意义上，幸福感不仅是个体的追求，也是社会群体的共同取向。

人对幸福的追求存在于整个生活实践过程中，呈现为良知由本然状态走向显在状态，这其中包含着人性的发展、自身的完善和自我的实现。从阳明学心物关系出发，这种自我实现过程即是人的本质力量的确证过程，它不但肯定当下，也指向未来，这是由幸福的理性维度决定的。以良知为基础的幸福（自慊）同时也内含着

---

① 王阳明：《与王公弼》，《王阳明全集（新编本）》卷5，第211页。
② 王阳明：《传习录》中，《王阳明全集（新编本）》卷2，第79页。

道德之维，这担保了幸福追求的正当性。基于此，人对幸福的追求是具有善的性质的，所以说，幸福中内含着道德规定，道德中内含着幸福诉求。人的完善与发展正是在道德规定与幸福诉求中实现的。道德与幸福的关系正如良知的普遍性品格和个体性品格的关系，二者既有紧张，亦有统一。过多强调道德理性可能会一定程度上消解幸福感，过多强调幸福感则可能导向道德的抽象化，只有扬弃道德与幸福关系中的片面性，人才能沿着良知之路走向全面发展。这正是阳明学乃至儒学对人的价值的终极关怀。

总之，生活话语语境中往往具有明显的道德情感性，良知的道德情感面向在生活实践中表现为对当下的不断超越和对自我完善的追求，这使其呈现出明显的信仰向度。

良知与责任：王阳明责任伦理思想再论

涂可国

摘　要：作为儒家心学的集大成者，王阳明以儒为主吸收了佛家的心学思想元素，形成了较为完整的、系统的心学体系。阳明虽然更多地使用"良知"范畴，创建了以"良知学"为核心、主线的心学体系，但是他使用过的"良知"本质上就是指"良心"。当今尚未有人从责任伦理角度对儒家良心良知说包括阳明良知说进行解读。王阳明诚然没有上升到自觉理性的层次思考良心与责任二者之间的关系，但是，其良知说也自发地触及二者的关联。因而，加强对阳明有关良心与责任关系思想的研究，既可以深化阳明心学的研究，拓展它的学术空间，激发它的生命活力，也能为当代儒家责任伦理学的构建提供思想资源。可以从隐含的、实质的维度分别从良心之学与责任伦理、良知本体论与责任伦理以及良知工夫论与责任伦理三个层面对阳明心学与责任的关系问题进行阐释。

关键词：王阳明　良知　责任　伦理

良知、良心与义务、责任密不可分，对此前人做了深刻的阐释。黑格尔在《法哲学》中设专章研究善与良心，不但根据道德与伦理的层次划分指明有"形式的良心"和"真实的良心"之别，而且阐明了良心与义务的内在关联："良心表示着主观自我意识绝对有权知道在自身中和根据它自身什么是权利和义务"[①]，"作为

---

* 本文原载《孔学堂》2020 年第 2 期。
** 涂可国，山东社会科学院国际儒学研究与交流中心主任、研究员。
① [德]黑格尔：《法哲学》，商务印书馆 1962 年版，第 140 页。

真实的东西，良心是希求自在自为的善和义务这种自我规定"①。良心"这一主观性作为抽象的自我规定和纯粹的自我确信，在自身中把权利、义务和定在等一切规定性都蒸发了"②。弗里德里希·包尔生在《伦理学体系》一书中也设专章一并讨论"义务与良心"问题。他把那种本性中反对爱好和在责任和义务的感情中表现自己的东西，称为良心。③

马克思主义伦理学同样高度肯定并阐述了良心责任问题。马克思、恩格斯、列宁、毛泽东等都提倡讲无产阶级的良心，苏联伦理学家A. H. 季塔连科主编的《马克思主义伦理学》指出："良心——这是人的行为的最古老和最隐蔽的个性调节器之一。它连同义务感、荣誉感和尊严感一起使人能够意识到自己对作为道德选择主体的自身和对别人、对整个社会所承担的道德责任。"④该书还讲："良心——这是人的自我评价的生动的机制，是人的道德责任心的直接的、心灵上的'神经'。良心的裁判、良心的谴责引起对道德过错的自我感觉，引起不可克服的自然而然的不协调，以及对人的本身存在价值的怀疑。"⑤新时期以来，良心与责任的关系问题也受到国内伦理学界的关注。唐凯麟主编的《简明马克思主义伦理学》不仅把义务和良心共同纳入"实践篇"加以考察，还对良心的本质及其与责任的辩证关系进行了精辟的阐释："良心是对存在于自我之中的是非、善恶认识的评价，是对自己行为负责的道德责任感。就其实质和内容来说，它是人的道德感情、情绪的总和在意识中的统一，是道德原则和道德规范体现为内心的动机、信念和感情的东西。"⑥并指明良心是个人行为的调节器，是个人心理生活的向导。郭金鸿较为详细地分析了良心与责任的关系，指出良心是自我意识中的一种强烈的道德责任感，是一种自觉调控自我行为的内在能力，是一种对责任的自我评价机制。⑦董莉从义务伦理学维度对良心与义务之间的关系做了思考，指出良心是人对义务的自觉意识，良心既不是对利益的选择，也不是对外在力量的顺应，而是对义务的履行，是

---

① ［德］黑格尔：《法哲学》，第141页。
② ［德］黑格尔：《法哲学》，第141页。
③ ［德］弗里德里希·包尔生：《伦理学体系》，中国社会科学出版社1988年版，第423页。
④ ［苏联］A. H. 季塔连科主编：《马克思主义伦理学》，上海译文出版社1981年版，第122页。
⑤ ［苏联］A. H. 季塔连科主编：《马克思主义伦理学》，第123页。
⑥ 参见唐凯麟主编《简明马克思主义伦理学》，湖北人民出版社1983年版，第251页。
⑦ 参见郭金鸿《道德责任论》，人民出版社2008年版，第236—241页。

外在力量的自我同化。① 张恒山认为法律义务与道德义务同源,同样来自人们的良知意识。②

笔者认为,良心是确立道德责任的心理根基和伦理意识,只有当一个人还有良心时才能跟他谈义务,而对良心丧失的人讲道德义务只会是空谈,一个不愿承担责任的人必定是缺乏良知的人;反过来,一个良知泯灭的人,不但不会承担道义责任,有时还会伤害他人、伤害社会;在一个人秉持良心履行道德责任的过程中,良心能够起到控制、督促、指导作用,为完成道德义务提供强有力的精神支撑,当别人出于良心尽到为我服务、帮助我的义务时,就会怀有感恩、感念之心;一旦一个人不去承担应当承担的责任,道德上不作为,或者是出现了道德过失,基于良心的驱动,就会受到良心的谴责。

作为儒家心学的集大成者,王阳明以儒为主吸收了佛家的心学思想元素,形成了较为完整的、系统的心学体系。阳明心学大约包含这样一些内容:其一是关于心的内涵,包括心与知、情、意之间关系的认识;其二是心与性、事、物、理、行之间关系的思考,由此发展出他的心性论、心事论、心物论、心理论和知行论;其三是心的功能论,重点阐述了心体论以及知和良知的地位、作用和意义;其四是心的工夫论或修养论以及境界论,基本要义是正心、养心。这些心学层面的理论都与责任伦理不无关系。阳明虽然更多地使用"良知"范畴,创建了以"良知学"为核心、主线的心学体系,但是他也使用过"良心"范畴——尽管不太经常,而且他所说的"良知"本质上就是指"良心"。自孟子开始,经过历代儒家的精心努力,建构了世界上独一无二的良心良知学,迄今学界对阳明心学的研究成果可谓数不胜数,但令人遗憾的是,据笔者陋见,当今尚未有人从责任伦理角度对儒家良心良知说包括阳明良知说进行解读。王阳明诚然没有上升到自觉理性的层次思考良心与责任二者之间的关系,但是,其良知说也自发地触及二者的关联,因而,加强对阳明有关良心与责任关系思想的研究,既可以深化阳明心学的研究,拓展它的学术空间,激发它的生命活力,也可以为当代儒家责任伦理学的构建提供思想资源。笔者曾经立足于明言的角度从"责任"的概念、己任的观念、责志的理念、责人的规

---

① 参见董莉《良心是对义务的自觉意识——对良心与义务的哲学思考》,《理论月刊》2000年第12期。
② 参见张恒山《良知义务与理性"应当"之别——评自然法学义务与凯尔森实证法学的"义务"的分野》,《法学家》2007年第1期。

整和责过的要求五个方面探究了王阳明责任伦理思想①，本文试图从隐含的、实质的维度分别从良心之学与责任伦理、良知本体论与责任伦理以及良知工夫论与责任伦理三个层面就阳明心学与责任的关系问题进行专门阐释。

一　良心之学与责任伦理

阳明心学不仅阐发了心的内涵，还着重探究了心与性、事、物、理、行之间的关系，由此发展出他的心性论、心事论、心物论、心理论和知行论，这些心学层面的理论都与责任伦理不无关系。

（一）自己分上事：心性论与责任

阳明认为心、性与理为一体，当弟子问如何理解朱子说的"人之所以为学者，心与理而已"时，他讲："心即性，性即理。下一'与'字，恐未免为二。此在学者善观之。"② 阳明不仅把程朱的"性即理"转换为"心即理"，还提出了"见性"以"明理"的观念，强调性为一体的，认为性主于身就是心，而仁、义、礼、知是性之性，聪、明、睿、知是性之质，喜、怒、哀、乐是性之情，私欲、客气是性之蔽，它们不过是统一的性的不同表现形态。他反对宋明理学家把性分为"天命之性"和"气质之性"的人性二元论，因此创建了两方面的以尽心知性和尊德性为主要内容的心性责任论。

其一是尽心知性。在回答徐爱如何理解《大学》的"止至善"与"格物"、《尚书》的"精一"与《论语》的"博约"以及《孟子》的"尽心知性"等训条时，王阳明指出：

> 尽心知性知天，是生知安行事。存心养性事天，是学知利行事。夭寿不贰，修身以俟，是困知勉行事。朱子错训格物，只为倒看了此意，以"尽心知性"为"物格知至"，要初学便去做生知安行事，如何做得？③

---

① 涂可国：《王阳明责任伦理思想管窥》，《中共宁波市委党校学报》2018年第6期。
② 《王阳明全集·传习录下》上册，吴光等编，上海古籍出版社2011年版，第6页。
③ 《王阳明全集·传习录下》上册，第6页。

本来，尽心、知性、知天、存心、养性、事天、修身等按照平等性原则，是每个人都应承担的道德责任，但是，阳明根据人的天赋、觉悟程度不同，分别把尽心知性知天、存心养性事天、夭寿不贰、修身以俟确定为"生知安行"的人、"学知利行"的人和"困知勉行"的人所能够和应该做的事，这虽然有所偏颇，却也在一定程度上具有合理性，它毕竟体现了能力与责任相匹配的责任伦理学原则。

阳明进一步指出：

> 性是心之体，天是性之原，尽心即是尽性。"惟天下至诚为能尽其性，知天地之化育"，存心者，心有未尽也。知天如知州、知县之知，是自己分上事，已与天为一；事天如子之事父，臣之事君，须是恭敬奉承，然后能无失，尚与天为二，此便是圣贤之别。①

对阳明来讲，尽心与存心境界有着高低之别，由于心与性本源相通，因而尽心就是尽性，而存心意味着心有未尽处，还不纯粹；同样，知天与事天不同，前者达到了天人一体，是人分内的责任，而后者说明人心与天尚未实现有机统一，必须有恭敬奉承之心，才能没有过失。

其二是尊德性。朱熹和陆九渊曾经围绕《中庸》"故君子尊德性而道问学，致广大而尽精微，极高明而道中庸"展开过辩论，阳明沿袭了陆九渊重"尊德性"的思想路线，主张用"尊德性"统摄"道问学"，认为两者是统一的，都旨在"存此心，不失其德性"；同时认为"尽精微"和"致广大"、"道中庸"和"极高明"也是相互为用、内在一致的，这是因为"心之本体自是广大底"②；阳明多次强调从知善知恶到为善止恶的转换，主张化知识为德性③，譬如他说："'道问学'即所以'尊德性'也。晦翁言子静以'尊德性'诲人，某教人岂不是'道问学'处多了些子，是分尊德性、道问学作两件。且如今讲习讨论下许多工夫，无非只是存此

---

① 《王阳明全集·传习录下》上册，第6页。
② 《王阳明全集·传习录下》上册，第138页。
③ 参见杨国荣《心学之思：王阳明哲学的阐释》，中国人民大学出版社2009年版，第87页。

心，不失其德性而已。"①

客观地讲，阳明批评朱熹分"尊德性"与"道问学"为两件事实在不够周正、有点冤枉。殊不知，如同阳明一样，朱熹亦是把"尊德性"与"道问学"纳入心学体系之中，均视为修德凝道的根本，视为无私和存心的表现："尊德性，所以存心而极乎道体之大也。道问学，所以致知而尽乎道体之细也。二者修德凝道之大端也。不以一毫私意自蔽，不以一毫私欲自累，涵泳乎其所已知，敦笃乎其所已能，此皆存心之属也。"② 笔者认为，"德性"与"问学"有时可以分离，如果说"问学"是为了求知的话，那么既有为善而知的"德性之知"，也有为知而知的"闻见之知"，于是求取"闻见之知"可以是纯认识责任却非道德责任，只有获取"德性之知"才是与"尽精微"和"致广大"、"道中庸"和"极高明"同质的融认知与德性为一的道德责任；至于"尊德性"，它作为普遍性的行为要求，毫无疑问是人注重德性修养、挖掘道德潜能的义不容辞的道德化义务；而且"道问学"可以转化为"尊德性"，可以化知识为德性；尤其是"德性"为由"德行"范畴表征的责任行为创造道德基础——犹如杨国荣所言德性规定着行为的方向与性质③，正因如此，阳明才将责任行动纳入"知行合一"的思维框架之中提倡推行"圣人之心""圣人之学"和"圣人之教"，注重人的道心培育，以促使人履行"父子有亲，君臣有义，夫妇有别，长幼有序，朋友有信"五常具体的道德义务，为此他赞誉"三代之世""下至闾井、田野、农、工、商、贾之贱，莫不皆有是学，而惟以成其德行为务"④。此处的"务"当作事务、任务、义务解。虽然阳明对"三代之治"有过誉之嫌，但他把"成德行"与"尊德性"一起看成所有人的伦理义务还是值得称道的。

（二）自有担当：心物论与担当

阳明不仅从人的感应、感知方面论证"心外无物"，还依据人的"灵明""血气相通""感应之几"等特质阐明"心与万物一体"。他虽然并不完全否定自然事

---

① 《王阳明全集·传习录下》上册，第138页。
② 朱熹：《四书章句集注·中庸集注》，中华书局2011年版，第36—37页。
③ 参见杨国荣《心学之思：王阳明哲学的阐释》，第88—89页。
④ 《王阳明全集·传习录下》上册，第61页。

物的客观存在，但更多地突出心的功能而强调事与物的为人性、为我性，同时更为凸显社会中的人伦事物。不仅如此，与儒家责任伦理密不可分的是，阳明出乎一贯的一体化（一元化）思维经常把物归结为事，他说：

> 先儒解格物为格天下之物，天下之物如何格得？且谓一草一木亦皆有理，今如何去格？纵格得草木来，如何反来诚得自家意？我解"格"作"正"字义，"物"作"事"字义。……致知在实事上格。如意在于为善，便就这件事上去为；意在于去恶，便就这件事上去不为。去恶固是格不正以归于正，为善则不善正了，亦是格不正以归于正也。如此，则吾心良知无私欲蔽了，得以致其极，而意之所发，好善去恶，无有不诚矣。诚意工夫实下手处在物也。若如此格物，人人便做得，"人皆可以为尧、舜"，正在此也。①

在对《大学》修身、正心、诚意、致知、格物等为己工夫进行解释中，阳明基于儒家的泛伦理主义把认识道德化，强调致知、诚意务必在实事上格，以使人做到有所为、有所不为，或者好善、去恶。一般说来，责任即是人分内应做的事（分内之事），因而阳明把天下之物统统归结为天下之事，并将各种责任之事内心化、主体化，显然是偏颇的。不过，这样做也有其合理之处，这就是把各种道德事务主体化、内在化，有助于由外而内地强化人对道德责任的了解、认识、接受和认同，有助于树立人的义务观念、确立人的责任心，并反过来由内而外地凸显了道德责任心对人的行动的制约、驱动作用。

阳明之所以反对朱熹对"格物"的诠解，最根本在于朱熹把"格物"看成一般性的认识，如此必然要求去"格"自然之物，而阳明认为"格物"应当是"格"人伦之物，如果去"格"竹子之类的自然之物，势必"早夜不得其理"以致"劳神致疾"，也影响人成圣成贤："及在夷中三年，颇见得此意思，方知天下之物本无可格者；其格物之功，只在身心上做；决然以圣人为人人可到，便自有担当了。"② 在阳明看来，格物只要反求诸己，从心上下工夫，就会自觉意识到人人

---

① 《王阳明全集·传习录下》上册，第137—138页。
② 《王阳明全集·传习录上》上册，第7页。

都可以成为圣人,尽管如此切换否定了人对自在的、客观的事物的存在的认知合理性,但是,它不但确认了人的"格物致知"责任,也确立起人自身成圣成贤的责任担当感。

阳明心学虽然区别了心与意,但经常借助于"意"论证心与理的同一性,论证身、心、意、知、物是一件事;而他所讲的"意"既具有意念的意涵(信念、观念),又具有意图的含义(心愿、愿望、目的、动机),同时还具有意欲的意思(本能、欲望)。他指出:"如意在于事亲,即事亲便是一物。意在于事君,即事君便是一物。意在于仁民爱物,即仁民爱物便是一物。意在于视听言动,即视听言动便是一物。所以某说无心外之理、无心外之物。"① 不论是事亲、事君,抑或是仁民爱物,实质上都是道德事务,或者说是道德义务,阳明一概将之视为"物",并且认为它们都是"意"发用的产物。"义务是同理想在'生活意图'中的体现紧密联系的,而'生活意图'正是个人所力图实现的。"② 阳明阐发了"意"的自觉性、自律性对"事"和"物"的制约功能,一定程度上建构了德国社会学家、伦理学家马克斯·韦伯提出的"意图伦理学";同时正是借助于外向性、指向性的"意"的中介,他突出了人的事关道德责任的主观意图、动机、目的对于人的行为的推动作用,从而把人心与物理、动机与行为、意图伦理与责任伦理统一起来。③

(三) 做得当理:心理论与当理

阳明批评朱熹"格物致知"和"即物穷理"说析心与理为二,不满于朱熹理主宰心的心性论,认为这会造成认识论与修养论的"支离",因此转向汲取陆九渊"心即理"观念而力主心理合一、心主宰理:"虚灵不昧,众理具而万事出。心外无理,心外无事。"④ "夫物理不外于吾心,外吾心而求物理,无物理矣;遗物理而求吾心,吾心又何物邪?心之体,性也,性即理也。故有孝亲之心,即有孝之理,

---

① 《王阳明全集·传习录上》上册,第7页。
② [苏联] A. H. 季塔连科主编:《马克思主义伦理学》,第127页。
③ 责任伦理与意图伦理是由马克斯·韦伯所提出来的两个相反相成的用以分析人的行为动机和结果的范畴,他强调把责任伦理与意图伦理结合起来判断善行的价值。林毓生认为中国文化基本上是一个意图伦理(信念伦理)为主导的文化,李明辉指出儒家主流思想基本上包含康德的"存心伦理学"与韦伯的"责任伦理学"两个伦理学面向。
④ 《王阳明全集·传习录上》上册,第17页。

无孝亲之心，即无孝之理矣。有忠君之心，即有忠之理，无忠君之心，即无忠之理矣。理岂外于吾心邪？"① 显然，阳明视心与理一体，断言心具有含万理、包万事的重要功能，强调心本理现，把性与孝亲、忠君等伦理规定为心之体；反过来，他又揭示了理的存在方式，这就是理不离心，因心而在，从而使心与理达到无差别的统一。

细究起来，阳明心理合一思想从责任伦理考察包含两方面指向：一则为道德责任认识论。阳明虽有"物理""事理""天理""万理"等多种关于"理"的提法，可他并未严格区分"理"的不同类型。他将心、知、意、事、物视为完全一致的，不仅明确指出"身之主宰便是心，心之所发便是意，意之本体便是知，意之所在便是物"②，还对《大学》中的"格物致知正心诚意"进行主观意志化的改造或颠倒——更为凸显意的所在："意之所用，有知而后有意，无知则无意矣。知非意之体乎？意之所用，必有其物，物即事也。如意用于事亲，既事亲为一物；意用于治民，即治民为一物；意用于读书，即读书为一物；意用于听讼，听讼为一物。凡意之所用，无有无物者：有是意即有是物，无是意即无是物矣。"③ 这里，知借助于意的中介而与事、物相连，不仅一反《大学》由外而内的格物、致知、正心、诚意认识论逻辑，由内而外地构造了知→意→事→物的链条，还呈现出由知意决定事物、由责任心决定履责行为的唯心主义倾向。而且他也没有仔细梳理"理"的多样含义——治理、规律、规则、规范、条理、道理、伦理、礼义等。从认识论来说，诸如"物理""事理""天理""万理"等具有主观性的一面，它们确实如同阳明反复申明的那样需要人的意识加以认识、理解和把握才能彰显出来。但是阳明心学的失误在于他忽视了这些不同类别的"理"也具有客观性的一面，具有不以人的意志为转移的属性，犹如徐爱所言"如事父之孝，事君之忠，交友之信，治民之仁，其间有许多理在，恐亦不可不察"④。而且，不仅物理、事理需要人借助于程朱理学宣扬的"格物致知"或"即物穷理"的外在感性工夫才能获得相关知识，即便是阳明更为凸显的"道理""伦理"知识也并非人先天就有，孝亲、忠君

---

① 《王阳明全集·传习录中》上册，第48页。
② 《王阳明全集·传习录上》上册，第6页。
③ 《王阳明全集·传习录上》上册，第17页。
④ 《王阳明全集·传习录上》上册，第2页。

的伦理也不是先天固有的，而必须借助于后天的学习才能掌握。人伦也好，道德规范也好，由其承载的责任伦理常常为社会意识所表征，它们固然需要如同阳明所讲的由个体内求、内省、直觉就能发现、流行，但往往也需要通过对象性的"外求"才能内化于心、外化于行，转化为人的责任心、责任感，进而体现在人的履责行为之中。

二则为道德责任修养论。相对而言，王阳明更为注重从道德工夫和道德境界角度阐释"心即理""心理合一"理念，甚至表现出用道德心统摄认知心的泛伦理主义倾向。讲到"知行合一"说时，阳明解释道：

> 先生曰："在物为理，在字上当添一心字：此心在物则为理，如此心在事父则为孝，在事君则为忠之类。"先生因谓之曰："诸君要识得我立言宗旨。我如今说个心即理是如何，只为世人分心与理为二，故便有许多病痛。如五伯攘夷狄，尊周室，都是一个私心，使不当理。人却说他做得当理，只心有未纯，往往悦慕其所为，要来外面做得好看，却与心全不相干。分心与理为二，其流至于伯道之伪而不自知。故我说个心即理，要使知心理是一个，便来心上做工夫，不去袭义于外，便是王道之真。此我立言宗旨。"①

这里，阳明表示他的"心即理"的立言宗旨是推动人注重内在的心性工夫，之所以如此，是因为如果分心与理为二，就会使人的私心冒出，使心与理不一——不当理。

从责任伦理学分析，上引阳明一段话表明了两点：第一点是导心合理。包含责任伦理之"理"是纯然善的、正当的，而"心"则如同程朱理学说的有"人心"（私心）和"道心"之别，这意味着"心"与"理"不一，而阳明出于"是"与"应当"、"事实"与"价值"不分的泛伦理主义，从应然的角度认定"心与理一"，因而要求人只管从"心上做工夫"，注重内在的忠孝之类的道德心、责任心修养，而不应外在地去追求人间道义——由仁义行，而非行仁义，以使之推动的行为当理。"当理"即是合理，即是符合由伦理纲常规定的义务要求。荀子讲过：

---

① 《王阳明全集·传习录下》上册，第137—138页。

"言必当理,事必当务,是然后君子之所长也。"(《荀子·儒效》)意谓君子言语一定要符合伦理,做事一定要合乎时务。而阳明此处讲的"做得当理",是指人的所作所为既要出乎纯洁的义务心又要合乎道德化的天理。

第二点是纯心入理。所谓从"心上做工夫",阳明实际上就是要求人力图像康德主张的那样根除人经验性的私心杂念,确立人超验性的纯粹"善良意志",使人的责任心理与伦理规范(义务戒律)相符,使人的行为纯粹出于义务心。众所周知,除为己的责任(己责)[①]外,人的为人、为社会的责任无论是确立还是实现,虽然不反对个人正当的爱好、欲望、利益,但也需要个人克制自己的某些私欲、冲动、爱好,需要去私就公、克己为人,需要抑制个人的私心杂念和虚伪之处,这就必须像王阳明说的那样注重个人内在心性修养,建构起超越感性欲求的道德化的本真自我。

二 良知本体论与责任伦理

阳明并非没有使用今天我们常说的"良心"范畴,例如,在讨论佛家"于不思善不思恶时认本来面目"理念与儒家"随物而格"工夫论的关系时,他指出:"孟子说'夜气',亦只是为失其良心之人指出个良心萌动处,使他从此培养将去。今已知得良知明白,常用致知之功,即已不消说'夜气'。"[②]虽然在阳明那里,"良心"就是"良知",但是,他更多地借用了先儒的"良知"说而发展出鲜明的良知本体论,充分揭示了良知的各种性能。正是由于良知具有至上性、完满性、本体性,使得它能够为包括致良知的各种责任提供深刻的心理基础。

阳明良知本体论建立在心体论基础上,故要把握它的真实义理,就必须首先探明阳明的心体论。

(一)用功于心:心体责任论

国内学界牟宗三、陈来、杨国荣等对阳明的心体论进行了深入研究,但是都没

---

① 参见涂可国《儒家责任伦理考辨》,《哲学研究》2017年第12期。
② 《王阳明全集·传习录上》上册,第75—76页。

有注意到它其实大致分为两个层面。

一方面是心的本体，也就是心本身蕴含和呈现的本体，可谓心的本然之体。与陆九渊、杨简重视"本心"概念有所不同，受朱熹影响，阳明常使用"心之本体"范畴，光《传习录》就达30多次。陈来指出，阳明"心之本体"包括"至善者心之本体""心之本体即是天理""诚是心之本体""乐是心之本体""知是心之本体""定是心之本体"等指向。① 其实，不仅如此，阳明关于"心之本体"的提法还有许多，譬如"良知心之本体""知是心之本体""心之本体即是性"，等等。

这些对"心之本体"的描述，无非为了确立心的道德神圣性、至上性，从儒家责任伦理学来说，它具有两点意义：一是心作为一个总体性的上位概念，善、诚、乐、知、定等不过是它的根本特质，一个人的诚意、求乐、致知、尽性、致良知诸多责任，就必须服从服务于履行"正心"的整体责任，注意涵养主体完整的心灵世界的自我道德意识，以为其奠定本体基础；二是与此相关联，"心之本体"要求自我如果要使心的发用为善的，就必须履行"复心""知心""廓然大公"等道德责任，用阳明的话说，就是在这些方面"用功"。进一步，"用功于心"的精神世界的塑造，必定为一个人责任的承担打下良好的道德心理根基。

另一方面是心作为本体，也就是说心是其他事物的本体，阳明有时简称为"心体"②。在阳明看来，心是一种决定性、功能性的道德根基或道德本源，是"身之主宰"，也是"汝之真己"。他从体用角度所言的心之为本体或"心体"主要体现为意之本体。阳明不但鲜明地指出知是意的本体："身之主宰便是心，心之所发便是意，意之本体便是知，意之所在便是物"③，还强调知先意后："意之所用，有知而后有意，无知则无意矣"④。由此说明了知对人的意图、意念和意欲的决定性作用。依照阳明的思想逻辑，由于心含知、知由心定，因而"意之本体便是知"归根到底意味着"意之本体便是心"。正是因为心为意的本体，阳明反复强调人的道德责任就是必须"于心体上用功"。⑤

---

① 参见陈来《有无之境——王阳明哲学的精神》，北京大学出版社2006年版，第68—74页。
② 仅《传习录上》使用"心体"概念就有30多处。
③ 《王阳明全集·传习录上》上册，第6页。
④ 《王阳明全集·传习录上》上册，第17页。
⑤ 《王阳明全集·传习录上》上册，第14页。

（二）良知本体：致良知责任的依据

要把握阳明良知的责任意涵，首先要了解他提出的知论。一般说来，阳明所讲的"知"是在与"行"相对应的关系范式中阐发的，但有时也在其他语境中使用。对他来说，知是心之本体，是心的认知功能，它大体具有三大特点：一是它虽然不乏感知的意涵，却主要指了解、懂得、晓得、明了等理性认知；二是它尽管不排除有中立的纯粹认识的认知心，但主要指价值性的伦理知识、道德意识或说"德性之知"；三是受孟子良知良能思想的影响，阳明把"知"归结为人先天赋予的、不学而能的道德思维与道德直觉。

阳明借用孟子心学的"良知"概念，把"知"特殊化，着重阐发了"良知"学说。他把良知提升到至高的地位，认为它是"造化的精灵"，可以"生天生地，成鬼成帝，与物无对"。在心体论、知体论基础上，阳明阐释了良知的功能、作用，从人的心理结构不同方面建构了道德责任的良知本体论。

第一，良知是一种可以知善知恶的道德认知本能。阳明指出：

> 知是心之本体。心自然会知：见父自然知孝，见兄自然知弟，见孺子入井自然知恻隐，此便是良知，不假外求。若良知之发，更无私意障碍。即所谓"充其恻隐之心，而仁不可胜用矣"。然在常人不能无私意障碍，所以须用致知格物之功。胜私复理，即心之良知更无障碍，得以充塞流行，便是致其知。知致则意诚。[①]

吾心良知固有"天理"，因此实现致良知责任的路径是完全不用外求，而应当反求诸心；只要它发之于事事物物之中，就可以获得事物之理；人心先天具有良知，它本身能够知孝、知弟、知恻隐，无须外求；只要它加以发动，就没有私意杂念可以障碍；由于常人心有私意障碍，因而其一项重要义务就是致知格物，也就是致良知。可见，正是由于良知是孝悌等伦理行为的道德根源和精神动力，也是一种有关知悉孝悌等责任的道德认识，它的这一功能特性决定了人被赋予了"致良知"

[①]《王阳明全集·传习录上》上册，第7页。

的责任伦理。

更为重要的是，与程朱侧重于彰显孟子"四心"中的"恻隐之心"（仁心）不同，阳明言说的"良知"虽容纳了如下所示的"真诚恻怛"，更凸显人的"尊德性"责任，可是他特别注重"四心"中的"是非之心"，多次把"良知"指认为人的知善知恶、知是知非的先天道德本能和道德直觉：

> 是非之心，不虑而知，不学而能，所谓良知也。良知之在人心，无间于圣愚，天下古今之所同也。世之君子惟务其良知，则自能公是非，同好恶，视人犹己，视国犹家，而以天地万物为一体，求天下无治，不可得矣。①
>
> 尔那一点良知，是尔自家底准则。尔意念著处，他是便知是，非便知非，更瞒他一些不得。尔只不要欺他，实实落落依著他做去，善便存，恶便去。②

儒家言传的"务"具有事情、从事、追求、必须、责任等义项。基于此，阳明这段话可以理解为，良知是不虑而知、不学而能、人人具有的知善知恶的道德意识（是非之心），如果像人间君子一样把"致良知"视为重要责任去履行（"世之君子惟务其良知"），自然就能达到"公是非，同好恶，视人犹己，视国犹家，而以天地万物为一体"的"天下一体之仁"境界。不但如此，良知同样是无法遮掩的评价善恶是非（价值事实的评价）的道德准则，也是判断意念对错的道德尺度，假如依照良知而行，切实按照它的指引去做，就会存善去恶，从而达到尽"致良知"和追求至善双重责任的效果。

由上可见，阳明的"心自然会知""不虑而知，不学而能，所谓良知也""良知，是尔自家底准则"等思想，深刻揭示了良心是对道德权利和道德义务的自我意识，是人追求道德之善和德行义务的自我规定和自我确信，特别是阐明了良心是根据内化后的社会道德准则、道德规范对自己应承担的道德责任进行的自我判断，及其对履行责任或不履行责任后行为所产生的后果造成的价值效应展开的自我评价；同时指明了良知是个人确定自己道德义务、道德意图、道德信念的内在准则、

---

① 《王阳明全集·传习录上》上册，第90页。
② 《王阳明全集·传习录上》上册，第90页。

尺度，是带有一定强制性的外在义务、责任规范要求能够在行动中得以落实并确保"善存恶去"的重要精神支撑。只是如同"知"一样，阳明把良知完全归结为人先天赋予的、不学而能的道德本能、道德意识与道德直觉，忽视了包含和维系道德责任的良心也需要后天的教化、培育。

第二，良知是一种影响情感的道德本体。在讨论良知与情感关系时，阳明指出良知与情感密切相关，认为良知虽然不会滞留于喜、怒、忧、惧等感情上，但喜、怒、忧、惧也不在良知之外。① 而在回答何以把戒慎恐惧称为良知时，阳明说能够让人戒慎恐惧的就是良知②，由此说明阳明肯定良知具有控制人的情感的作用。阳明还强调不能把做事情与致良知看作两件事，要知道，致良知的目的不过是内心情感满足（自慊）罢了。③

作为一种道德情感，良知鲜明地体现在它与真诚恻怛的关联上。在批评文蔚"有因药发病之患"时，阳明指出：

> 盖良知只是一个天理自然明觉发见处，只是一个真诚恻怛，便是他本体。故致此良知之真诚恻怛以事亲便是孝，致此良知之真诚恻怛以从兄便是悌，致此良知之真诚恻怛以事君便是忠。只是一个良知，一个真诚恻怛。④

由此可见，良知具有"真诚恻怛"的情感特征。"真诚"比较好理解，那么什么是"恻怛"呢？《礼记·问丧》中"恻怛之心，痛疾之意，悲哀志懑气盛，故袒而踊之"的"恻怛"当作"哀伤"解，叶适《乐清县学三贤祠堂记》中"贾公恻怛长者，惠贫恤孤"的"恻怛"当作"恻隐"解；有时"恻怛"也可以理解为"恳切"，如宋代罗大经《鹤林玉露》的"诗意与狄昌同，而其恻怛规戒，涵蓄不露，则大有迳庭矣"。阳明这段话的"恻怛"应当说既有"恻隐"之义又有"恳切"之意。他提示，只要把良知中的真诚恻怛情感推展开来，就可以做到孝亲、敬长、忠君。出于真诚又富于仁爱的道德责任情感，使良知为孝亲、敬长、忠君的

---

① 《王阳明全集·传习录上》上册，第 73 页。
② 《王阳明全集·传习录上》上册，第 74 页。
③ 《王阳明全集·传习录上》上册，第 82—83 页。
④ 《王阳明全集·传习录上》上册，第 95—96 页。

为他义务提供了深厚的精神保障。

即便阳明把"良知"界定为"是非之心",也彰显了某种道德情感的价值取向:"良知只是个是非之心,是非只是个好恶,只好恶就尽了是非,只是非就尽了万事万变。"① 好恶本是出于个人兴趣的情感体验,它包括好善恶恶的道德情感。如果说责任本质上是指人应做的分内的事,那么加以延伸解读,阳明所说的作为是非之心的良知能够把握一切事物变化的论断,意味着由良知蕴含的是非之心统摄着人的道德情感和道德责任。

综上所述,阳明认为良知不同于喜、怒、忧、惧但又具有一定的关联,良知能够使人产生戒慎恐惧的情感,出于真诚恻怛的致良知可以使人内心得到满足。良心良知作为人自我控制、自我决断的自律能力,诚然具有理性自觉的特质,但是它又融合了人的义务感、荣誉感和尊严感,是一种人的道德感情、道德情绪在自我意识中的有机统一。犹如阳明说的,心理道德健康的人的良知、良心往往建立在真诚恻怛的仁爱本源情感上,它容纳了孝亲、敬长、忠君等高尚义务感的实质性内容;它是人发自内心深处的为善去恶、惩恶扬善的"道德法庭",当一个人尽到了应尽的道德义务,就会心安理得——自慊,获得精神上的满足,反之,如果良心一时泯灭,见责任不为,或是履行了责任却造成不良后果,就会受到良心本体的谴责,造成精神的痛苦、煎熬。

第三,良知是决定意图伦理的本然道德意识。阳明不但如前所述从知意统一角度指明了意为知之用,而且,更进一步把意看成良知这一道德自我本体的发用:

> 彼顽空虚静之徒,正惟不能随事随物精察此心之天理,以致其本然之良知,而遗弃伦理、寂灭虚无以为常,是以要之不可以治家国天下。孰谓圣人穷理尽性之学,而亦有是弊哉?心者,身之主也,而心之虚灵明觉,即所谓本然之良知也。其虚灵明觉之良知应感而动者,谓之意。②

阳明批评一些人不能从事物中体察心的天理和良知,导致出现遗弃伦理而不能

---

① 《王阳明全集·传习录上》上册,第126页。
② 《王阳明全集·传习录上》上册,第53页。

尽到治理家国天下社会义务现象,就此他强调心是身的主宰,而心的虚灵明觉正是本然之良知,良知应感而动就构成了人的意念。犹如上述,人的意念发动,就会生成各种责任心。众所周知,《大学》提出了"欲正其心者,先诚其意;欲诚其意者,先致其知;致知在格物。物格而后知至,知至而后意诚,意诚而后心正,心正而后身修,身修而后家齐,家齐而后国治,国治而后天下平"的为人之道,显然,阳明并没有严格遵守这一思想逻辑,而是出于儒家的泛伦理主义把"知"改造为"良知"并同"正心"结合起来,凸显"心知"对意念的驱动、监督作用,这就是"致其知奉养之良知,而后奉养之意始诚"[1]。有了"良知"作保障,才能使温清之事、奉养之事(实为责任)出自诚意,才能使温清之事、奉养之事做到节宜,从而借此既提出了人的"致良知"的责任,又提出了人遵循纲常伦理的责任。

(三)践行"致良知"责任的路径

阳明不仅提出了"致良知"的普遍性责任,还揭示了践行"致良知"责任的路径、方法和实践工夫;他除了从"知行合一"维度强调必须把良知加以推行、转化为德行,并把"集义""格物""诚意""正心"均归结为"致良知",把"良知"充扩到极致[2]外,还从如下方面对如何实现"致良知"责任做了揭示。

一是注重致知之学。阳明认为,良知良能本是愚夫愚妇与圣贤共同具有的,圣人之所以能致其良知,而愚夫愚妇不能,就在于圣人不专以"节目时变"为学,而是精审"心之天理",在心的感应酬酢中精察义理。[3]

二是必定知晓存养良知。在阳明看来,良知是心之本体,无起无不起:"虽妄念之发,而良知未尝不在,但人不知存,则有时而或放耳。虽昏塞之极,而良知未尝不明,但人不知察,则有时而或蔽耳。"[4] 良知是无处不在、无所不明的内在本体,因此人应肩负起存养真知、发明良知的责任。

三是学以去其蔽。阳明讲,人的心知是未发之中,它寂然不动、廓然大公,因

---

[1] 阳明说:"今日良知见在如此,只随今日所知扩充到底,明日良知又有开悟,便从明日所知扩充到底。如此方是精一功夫。"见《王阳明全集·传习录上》上册,第109页。
[2] 《王阳明全集·传习录上》上册,第14页。
[3] 参见《王阳明全集·传习录上》上册,第55—56页。
[4] 参见《王阳明全集·传习录上》上册,第69页。

而无不善良；但由于受到物欲的诱惑而容易陷于昏蔽之中，故必须学以去其昏蔽①，以使良知充塞流行，得到本然呈现。

四是重视德性之知。前面讲到，相对来说阳明更为强调"尊德性"，而在对"致良知"责任的工夫论阐发过程中，他同样把"尊德性"当作重要向度，提出了"德性之知"的论说。尽管良知不等于德性，但它毕竟是德性的核心要义。欧阳崇一来信说"良知虽不由见闻而有，然学者之知，未常不由见闻而发"，阳明指出良知不是由见闻所产生的，但见闻都是良知的运用；良知虽不滞留于见闻，却也离不开见闻；进一步，除了良知，世界上就没有什么知识，因此必须把体现德性的"致良知"当作最关键的责任。②

五是致真知。"真知"是中国古代哲学常用的概念，《庄子·大宗师》云"有真人而后有真知"，谢灵运的《辨宗论》也讲："真知者照寂，故理常为用；用常在理，故永为真知"。阳明多次阐发了"真知"思想，而他的"真知"既指正确、透彻、确切的认识与理解，也指由内心生发出来的、先天的认识、智慧，同时还指道德情感与道德本能合一的良知。在回答欧阳崇一关于致良知过程中如何处理精力与事势之间的矛盾问题时，阳明解释说，凡学问的工夫应是出自真切之诚，如此就不会把迫于事势与困于精力看成相互矛盾、相互冲突的两件事；唯有像孟子提倡的那样"劳其筋骨，饿其体肤，空乏其身，行拂乱其所为，所以动心忍性，曾益其所不能"，并且无任何功利之心，才是致真知且求得自慊（良心安顿）；只有量力而行才为致真知，而"凡谋其力之所不及，而强其知之所不能者，皆不得为致良知"；真正的君子能够通权达变、与事随行，"君子之酬酢万变，当行则行，当止则止，当生则生，当死则死，斟酌调停，无非是致其良知，以求自慊而已"。故此君子才能"素其位而行""思不出其位"。③ 这里，阳明从致良知的责任伦理维度深刻阐释了责任与能力、精力相对应的道理，揭示了责任必须根据时势、事态加以确立的思想；并说明了一个人如果尽到了致真知责任，可以使人心安理得，获得内心的满足。

---

① 参见《王阳明全集·传习录上》上册，第70—71页。
② 参见《王阳明全集·传习录上》上册，第80—81页。
③ 参见《王阳明全集·传习录上》上册，第82—83页。

三 良心工夫论与责任伦理

依照阳明心学,如同"良知"一样,人人生来具有无内外、无动静的本体之心,它属于"天植灵根",但是,阳明认识到除了圣贤之外,愚夫愚妇一则有时不能也不愿觉察良知良心,二则有时良知良心放失或遮蔽,三则人心本就有带有私欲的人心(狭义的)和道心之别,因而心就有良与不良、正与不正、善与不善的问题,由此提出了良心责任伦理的工夫论。基于此,阳明立足于道德工夫论①,不仅阐释了如何实现"致良知"责任的途径、方法,还从本体与工夫合一的角度多方面地直接阐发了"致良心"的责任问题。

(一) 正心的责任

笔者曾经对儒家的正心说从正身与正心相对照的维度做了阐发②,其中涉及孟子的"正人心"说、《大学》的"正心"条目、董仲舒的"正心"责任论、朱熹的"正人主之心"观念等,除了《大学》之外,其他儒家学者和经典的"正心"思想语焉不详。本文将进一步以正心为主从心学视域研究王阳明的正心与诚意责任问题。

阳明把外在的"格物致知"责任转换为道德自我内在的反求诸己责任,把"正心"视为"格物"的目的,认为"格物"是去除心之不正:"'格物',如孟子'大人格君心'之'格',是去其心之不正,以全其本体之正。但意念所在,即要去其不正,以全其正。"③虽然一般说来,人心是正的、纯善的,但总有人心术不正,因而必须格物、诚意以使之不偏不倚,回归正道。阳明进一步指出"正心"是"修身"的价值指向,心是身之主宰,它决定着人的耳、目、口、鼻、四肢是否能够做到非礼勿视、非礼勿听、非礼勿言、非礼勿动,因而要修身,就必须体认

---

① "工夫"一词有时间、功夫、做事所费的人力、胜任工作的能力等义项,也有工作的意涵,而应做的"工作"即为责任、任务。
② 参见涂可国《儒家正论的五元结构》,《齐鲁学刊》2017年第2期。
③ 《王阳明全集·传习录上》上册,第7页。

自家心体，使之无所不正，"此便是修身在正其心"①。

那么，究竟应当怎样做才能完成正心与诚意责任呢？

第一，正心必须树立道心。阳明传承了程朱分心为道心和人心的传统，强调克尽正心义务就应确立道心。他认为弟子徐爱所讲的"道心常为一身之主，而人心每听命"实分心为"二心"，实际上，"心一也，未杂于人谓之道心，杂以人伪谓之人心。人心之得其正者即道心，道心之失其正者即人心，初非有二心也。程子谓'人心即人欲，道心即天理'，语若分析而意实得之"②。在阳明来说，心是一体的，所谓的人心、道心不过是心的不同形态而已；只有使人存天理，使带有人欲内容的人心恢复到正道，才能获取道心。从道德本体论来说，阳明心学实际上认为心是纯善的，无所谓正不正，由此可以得出结论说阳明根本上否定"正心"的责任。但是，他又没有完全摆脱程朱理学"存理去欲"观念和"人心私欲、道心天理"的二元论划分，因此他在一定程度上还是接受了"正心"和"正人心"的说法。譬如阳明指出，孔门家法表现为"圣人述六经，只是要正人心，只是要存天理、去人欲"，并批评世儒不知道许多阴谋诡计"纯是一片功利的心"。③

第二，正心务必格物、致知、诚意。阳明把《大学》的"格物致知"主观化、内在化，并训"格"为"正"，认定格物、致知尤其是诚意都可以促进"正心"责任的成全；同时立足于中和之道把"正心"和"修身"两种责任工夫区别开来："意既诚，大段心亦自正，身亦自修。但正心修身工夫，亦各有用力处，修身是已发边，正心是未发边。心正则中，身修则和。"④ 阳明正确揭示了诚意是一种不可或缺的自我责任，意诚是正心的门径，但他对"正心"和"修身"的责任区分并不周延，实际上，格物、致知、诚意、正心都不过是为了更好地完成修身责任。

（二）尽心的责任

自古以来，"尽心"就与"尽责"息息相关，并构成了"尽心尽责"的成语，它表示为别人、为社会、为国家尽到了自己的责任，意味着忠心耿耿、不遗余力、

---

① 《王阳明全集·传习录上》上册，第135页。
② 《王阳明全集·传习录上》上册，第8页。
③ 《王阳明全集·传习录上》上册，第10页。
④ 《王阳明全集·传习录上》上册，第29页。

竭尽心意。从孟子伊始，不同时代的儒家建构了独特的"尽心"说，体现了对内心、本心的责任关怀。阳明十分关注孟子的"尽心尽性"说并做了新的阐发。从"至善是心之本体""至善只求诸心"以及"心外无事、心外无理"等观念出发，他要求只在人心中"去人欲存天理"上用功。讨论"至善之教"时，阳明对孟子的"尽心"进行了层次分析：

> 尽心、知性、知天，是生知安行事；存心、养性、事天，是学知利行事；"夭寿不贰，修身以俟"，是困知勉行事。朱子错训"格物"，只为倒看了此意，以"尽心知性"为"物格知至"，要初学便去做生知安行事，如何做得？①

阳明把孔子的"生知、学知、困知"、《孟子》的"尽心知性知天"与《大学》"物格知至"三者混合在一块，把"尽心知性知天"与"存心养性事天"按照知识禀赋和修养水平的不同，分别看成"生知安行事"和"学知利行事"，显然较为武断、机械，也与他的"圣凡平等"观念相矛盾。实际上，"尽心知性知天"与"存心养性事天"都是每个人必须也可以承担的人生责任，用阳明的话说就是无论贤愚均是人应做的"自己分上事"。而且，他把"格物"解释为孟子所说的"大人格君心"之"格"，认为"格物"是"去其心之不正，以全其本体之正"②，也混淆了"格物"与"正心"的逻辑差别。殊不知，如同"诚意"一般，"格物"虽有助于"正心"，是"正心"的前提之一，但总归不是"正心"本身，"格物"和"正心"是一个人终其一生都必须履行的自我成长相对独立的两种责任类型。

何以做到"尽心"？阳明提示：一为"主一"。人要履行尽心的修身待人责任，务必下"主一之功"，不论是读书、接客，还是好色、好货，都不过是"格物"，真正的"主一"最根本的是立志存天理，常存天理之念，且注意存养扩充，一句话，就是"专主一个天理"③，就是专心致志。二为明心。明心可以见性，也可使心明。受佛家影响，阳明讲人心晶莹透明，能够朗照一切："圣人之心如明镜。只

---

① 《王阳明全集·传习录上》上册，第6页。
② 《王阳明全集·传习录上》上册，第7页。
③ 《王阳明全集·传习录上》上册，第12页。

是一个明，则随感而应，无物不照。"① 因而圣人才可以能所为、尽事变。据此，阳明心学认为人的忧患意识所在是"学者惟患此心之未能明，不患事变之不能尽"，因此"学者须先有个明的工夫"②。工夫即责任，明心当是为学之人实现尽心更大责任的具体责任或途径。

（三）存心

儒家心学所说的"存心"，既不是指专心、用心，也不是指居心、打算，更不是指蓄意、有意、故意，而主要意指保存善心不失。依孟子的看法，人自我完善的一项重要责任是，保持"良心"和善性不失，进而扩而充之，使自己发展成为圣贤、君子。对他来说，人之所以能存养，就在于人天生具有"四心""四德"，也就是具备天赋的善心和善性。而人存养的必要性则在于，人的善心善性可失（"放心"）。孟子阐述说君子之所以为君子，就在于他能保存良心不失："君子所以异于人者，以其存心也。"（《孟子·离娄下》）他还以牛山之木如果砍伐过度就会不美为例，对"存心"的重要与必要做了论证。为使善心善性不致丧失，抑或丧失了寻找回来，孟子要求人要"求放心"，这乃是"存心"的逻辑必然。

阳明传承发展了孟子的"存心"工夫论和责任观，建构了自身独特的"存心"责任观。

一则是注重"集义"。上面论及孟子的"不动心"，这一心法突出了心如止水的静止一面。作为深受佛学熏染的思想家，阳明不是不注重静坐、静修工夫，可是，他的动静观和"不动心"论却认为，不动心并不是像告子一样只在心上下工夫，也不是采用强制手段抑制人的活泼心灵，而是如同孟子所言不断去"集义"。③笔者分析过，儒家之"义"包含义务、责任的义项④，由此说明阳明提倡的"不动心"，不仅自身即为一种责任，意指人积善以使行事合乎道义，同时它也表示人必须不断积累、存养自己的义务之心。

二则是"存理"。阳明尤为重视"操存功夫"，他提示说，存心不论动静与否，

---

① 《王阳明全集·传习录上》上册，第13页。
② 《王阳明全集·传习录上》上册，第14页。
③ 《王阳明全集·传习录上》上册，第121页。
④ 参见涂可国《儒家之义的责任意蕴》，《孔子研究》2017年第5期。

也不能只是"定气",而必得"去人欲,存天理"。在回答弟子所问"宁静存心时,可为未发之中否"时,他讲如果像时人一样存心只是注重定气就不能算是未发之中:"今人存心,只定得气。当其宁静时,亦只是气宁静。不可以为未发之中。"①可以说,定气仅仅是外在工夫,而存心的责任实现必须借助于内在的德性、理性修养。虽然养气对存心并非毫无助益,但最根本的不存一毫私心,而只是循理,因此阳明才讲:"学者当务为急,算得此数熟,亦恐未有用,必须心中先具礼乐之本方可。"② 孟子说过:"知者无不知也,当务之为急。"(《孟子·尽心上》)"当务"即"时务",就是当前必须做、应该做的,也就是现今的责任。阳明认为,只是把确定快乐律的方法算得再熟也没用,最要紧的事务是心中确立礼乐的大本大源(天理)。

三则是"存真己"。"存心"又存的是什么呢?一方面当然存的是善心、良心,包括存公心。要存公心、致良知,就必须去私心。阳明反复指明,"存心"就必须学存天理,做到心地无私意。另一方面则是存为己之心。针对萧惠"己私难克"之问,阳明答道:"人须有为己之心,方能克己。能克己,方能成己。"③ 但为己之心不是为"得个躯壳的己",而是为了"真己",也就是为了存"天理"。

四则是不求先觉之心。孔孟均提出了"先觉"观念和道德责任思想,孔子说:"不逆诈,不亿不信,抑亦先觉者,是贤乎!"(《论语·宪问》)孟子更是彰显了"天之生此民也,使先知觉后知,使先觉觉后觉也"(《孟子·万章上》)的责任担当。对孔子的"不逆诈,不亿不信,抑亦先觉者,是贤乎"命题,阳明的解读是,孔子这样说不过是为了针砭时弊,并非教人要存"先觉之心"以发现别人的欺诈和不信任,只有既具有良知又先知先觉的人才算贤明:"非教人以是存心而专欲先觉人之诈与不信也。以是存心,即是后世猜忌险薄者之事,而只此一念,已不可与入尧、舜之道矣。不逆、不臆而为人所欺者,尚亦不先为善,但不如能致其良知而自然先觉者之尤为贤耳。"④ 由此可见,阳明主张的"存心"道德义务是"存良心",亦是"致良知"。

---

① 《王阳明全集·传习录上》上册,第15页。
② 《王阳明全集·传习录上》上册,第22页。
③ 《王阳明全集·传习录上》上册,第40页。
④ 《王阳明全集·传习录上》上册,第83页。

（四）养心

孟子不仅提出了养性之说，其"存心"论也包含着一定的"养心"成分，还从如何对待人的欲望角度在儒学发展史上第一次提出了"养心"范畴："养心莫善于寡欲。"（《孟子·离娄下》）

阳明同样重视"养心"，认为培育德性必须从养心做起："种树者必培其根，种德者必养其心。"① 他有时强调"居敬是存养工夫"，而存养即是存养心之天理，"养得此心纯是天理"；有时则把孟子的"养心"转换为"养心体"，他首先指明"心即是道，道即是天，知心就可以知道知天"，然后基于体用一体、未发已发一体观念强调"养得心体"："人只要成就自家心体，则用在其中。如养得心体果有未发之中，自然有发而中节之和。"②

究竟怎样"养心"？阳明的答案是诚以养心、诚以正心。针对有人批评荀子"养心莫善于诚"，他为之辩解："'诚'字有以工夫说者。诚是心之本体，求复其本体，便是思诚的工夫。明道说'以诚敬存之'，亦是此意。大学'欲正其心，先诚其意'。荀子之言固多病，然不可一例吹毛求疵。"③ 从诚是心之本体出发，阳明主张用它去养心、存心、正心。

四 结语

综上所述，阳明通过所阐发的心性论、心事论、心物论和心理论，揭示了责任伦理的心性论基础以及责任与意识的内在关联性，彰显了道德责任的主体性，凸显了道德责任心、义务观念对人的道德意图、道德动机和道德行为的制约、驱动作用。责任出自人的良知。阳明的良知本体论不仅确立了人的致良知责任，也为人的责任担当创构了深层的道德动力、道德准则和精神支撑，这在现实道德生活中可以极大地激励人"良心的发现"。而他的良知工夫论指明了人应当承担正心、尽心、存心、养心等多方面的心灵修养责任，阐述了道德主体精神塑造的丰富内涵和实践

---

① 《王阳明全集·传习录上》上册，第37页。
② 《王阳明全集·传习录上》上册，第24页。
③ 《王阳明全集·传习录上》上册，第40页。

路径。不过,阳明的良知责任思想也存在一些缺欠,它忽视甚至抹杀了道德责任的社会性、外在性,过于夸大了良心良知以及义务心、责任心在人履责中的作用。殊不知,义务心虽然某种意义上是出自人的"善良意志"或良心的无须外在强制、带有高度自觉性的内心命令,可是且不说它对人的责任实现的推动总是具有一定的限度,人的责任心的培育和激发并不是完全受先天良心良知的左右的,也需要后天的教化、熏陶和合理制度的安排。尤其是阳明虽然看到了人的心理系统中存在私心、私意,具有人心道心、善心恶心之别,窥见良心良知对复杂多样道德处境的普适性、超验性、纯粹性,但即便是良心本身,阳明没有认识到既有"纯洁的良心"也有"不纯洁的良心",人的良心有时会受到欺骗("人善被人欺"),也有过与不及的问题;良心、良知带有强烈的主观性,有时也会像黑格尔指出的"良心如果仅仅是形式的主观性,那简直就是处于转向作恶的待发点的东西"[①],因而光靠自律性的良心,并不能保证人的履责不会出现道德过失,而必须把良知的自律与社会的他律有机结合起来。

---

① [德]黑格尔:《法哲学》,商务印书馆1962年版,第141页。

侯外庐学派关于泰州学派的学术研究

张岂之[*]

摘　要：泰州学派根植于中华优秀传统文化，是中国思想文化史上一个重要的哲学学派。在思想史与社会史研究中，侯外庐学派高度关注和重视泰州学派，侯外庐、杜国庠、赵纪彬、匡亚明、龚杰等知名历史学家对泰州学派的代表人物、历史演变和思想特色都作了深入研究。作为一个具有平民观的思想流派，泰州学派有着重要的思想文化意义，其所倡导的万物一体、百姓日用、人心自然、崇尚实践等文化理念，推动和促进了思想文化的进步和发展。在整个江南文化版图中，泰州学派具有重要学术思想价值，在关注江南文化的同时，也要关注泰州学派学术研究。

关键词：侯外庐学派　泰州学派　思想特色　学术思想价值

泰州学派是我国思想文化史上一个重要的思想流派，也是明代中晚期阳明后学中具有重要启蒙意义的思想流派。

我国著名马克思主义历史学家侯外庐先生（1903—1987）毕生研究中国思想史，他与杜国庠先生（1889—1961）、赵纪彬先生（1905—1982）、邱汉生先生（1912—1992）等在长期的学术研究与合作中，形成了被人称道的侯外庐学派。这个学派重视思想史与社会史的有机结合，在发掘历史上的思想史家和文献方面，成就斐然。泰州学派引起侯外庐学派的关注和重视，不是偶然的。

---

[*] 张岂之，著名历史学家、思想史家、教育家，西北大学名誉校长。

一　侯外庐学派研究泰州学派的概况

　　侯外庐先生专门考察过近世启蒙思潮，对那些思想上勇于创新、对传统礼教进行反思和批评的思想家进行个案研究。后来在20世纪50年代末，侯先生主编《中国思想通史》第四卷为泰州学派设计专章，分别是第二十二章"泰州学派的思想及其阶级性与人民性"，第二十三章"泰州学派继承者何心隐的乌托邦社会思想"，第二十四章"李贽战斗的性格及其革命性的思想"。这些着重考察了泰州学派的代表人物王艮、何心隐和李贽，也勾勒了泰州学派的历史演变和思想特色。

　　后来，20世纪90年代，匡亚明先生主持"中国思想家评传丛书"，给多位泰州学派的代表人物写有单独的评传。其中《王艮评传》便是我所在的西北大学中国思想文化研究所龚杰教授所著。龚杰同志在撰写该书时，明确地说，他受到《中国思想通史》第四卷的影响。他在该书"后记"中说："早在30年前，当我还是一个涉足史学不深的年轻教师的时候，就曾受到侯外庐《中国思想通史》第四卷有关王艮论述的启迪，对王艮独特的学术生涯和朦胧的人权意识产生了研究兴趣，加之，浓烈的乡情责成我应该写一本有关王艮的书。"[①] 龚杰同志是江苏人，他所表达的这份可贵的家乡情谊，我也感同身受，分外亲切。同时，由此也可折射出，《中国思想通史》第四卷在泰州学派的界定、人物的选择、思想学派的划分方面对后来的学人启发良多，影响深远。

　　20世纪80年代中期，我们在编写《宋明理学史》（下卷）的时候，对泰州学派也下了功夫，试图在材料收集、考辨以及义理分析、思想定位方面做更多的工作，在章节设计上反复推敲，最后列了两章，即第十六章"王艮与泰州学派及其与王学的关系"、第十七章"泰州学派后学何心隐、罗汝芳、李贽的'异端'思想及其对理学的批判"。这个架构是得益于《中国思想通史》第四卷，但在文字表述上更加周密从容，关于罗汝芳的"赤子之心"的探讨则是新的尝试和补充。

---

① 龚杰：《王艮评传·后记》，南京大学出版社2001年版，第320页。

二 泰州学派的"异端"思想与特色

众所周知，因为特定的时代原因和自得的学术研究，侯外庐学派整理勾勒了历史上的"异端"思想流派和思想家，并作为思想观念发展演变的构成因素之一。

《中国思想通史》第四卷选择了泰州学派的三位代表人物，即王艮（1483—1541）、何心隐（1517—1579）、李贽（1527—1602）。《宋明理学史》（下卷）在泰州学派章节中，增加了对罗汝芳（1515—1588）的探讨。

明代泰州学派的"异端"思想具有广泛的群众基础，具有进步性和人民性。"理解泰州学派创始者王艮的思想，必须从其接近下层社会的史实出发。这不仅由于王艮本身出身于灶丁，而尤其重要的是由于泰州学派的传播，主要的对象是被压迫的劳动人民群众。"① 侯外庐先生指出王艮的思想"并非来自统治阶级的圣经贤传，而是以灶丁及与灶丁地位相似的农民'叛逆'思想为其深厚的源泉。所以他自称他的学说是'五经总义'，而非具体出于哪一经。从正宗思想看来，'五经总义'是非常可怪的'叛道'异端，跟'圣经贤传'对立"②。

侯外庐学派在梳理王艮"五经总义"与"章句之学"、"总经"与"五经"、"无所偏倚"与"无所乖戾"对立的过程中，没有仅仅停留在语词语汇的表层。"理解王艮的思想，理解其所袭用的王阳明学说的某些教条和范畴，必须透过其言语、文字的表达形式，来考察其思想实质。"③ 他们发现，王艮在借助陆王心学的形式，不断弘扬"六经皆我注脚"的传统，日益走向摒弃圣经贤传，独创"百姓日用"之道的思想，具有学术创新性。

王艮强调万物一体，重视人和物都有"天体之性"，蕴含着朴素的平等观念，他"肯定了饮食男女之性，认为这是人的天性的自然权利"④，王艮把王阳明的"致良知"颠倒过来，变成"良知致"⑤。王艮的思考在当时称得上振聋发聩，有启

---

① 侯外庐主编：《中国思想通史》第四卷下册，人民出版社1960年版，第974页。
② 侯外庐主编：《中国思想通史》第四卷下册，第974页。
③ 侯外庐主编：《中国思想通史》第四卷下册，第975页。
④ 侯外庐主编：《中国思想通史》第四卷下册，第977页。
⑤ 侯外庐主编：《中国思想通史》第四卷下册，第978页。

蒙意义。

侯外庐学派研究王艮的思想，指出："'百姓日用之学'是王艮思想的进步的命题"①，"具有首尾一贯的人民性"②，"王艮的'百姓日用'之学，在理论形式上继承了古代儒家的传统和王守仁的'良知'说，而在实际内容上又对正宗儒学进行了不同程度的改造，多少反映了平民的要求和特点"③。

王艮的《乐学歌》深受欢迎，其中说："人心本是乐，自将私欲缚。私欲一萌时，良知还自觉。一觉便消除，人心依旧乐。乐是乐此学，学是学此乐。"侯外庐学派认为这反映了王艮"人心自然论"的看法，"人心本体就是自然，自然就是快乐"④。把心的本体看作是生理的自然欲求，削弱了心学的神秘倾向。"在思想方法和修养方法方面，王艮和其他王学学者一样，重视心悟和内省，但他的特点是，往往以'日用见在指点良知'，更重视人的意识和心理活动。"⑤

泰州学派重视人的生理欲望，反对人为干扰，这个观点在下层劳动人民中传播较广。而其代表思想家往往命运坎坷，如颜山农、何心隐等都遭受过非人的待遇，但是他们体现了共同的特点，即"不屈的战斗性格"⑥，这是同其思想学说的叛逆性密切联系在一起的，也是泰州学派的一个传统。

何心隐是泰州学派的另一位代表。《中国思想史》第四卷重点研究了他的乌托邦社会思想。实际上，在王艮将自己的思想学说贯彻到社会治理层面时，已经带有了乌托邦的性质。何心隐曾被统治者视为"奸逆""妖逆"。"何心隐的思想，是泰州学派创始人王艮思想的继承和发展，也是王艮思想更具体的阐发。"⑦ 何心隐也认为人欲是天性的自然流露，要尽天性，就要寡欲或育欲，实际上是主张按照人的自然本有之性来活动，发展自然的人欲。这里隐藏着"鼓动劳动人民为自己利益而进行斗争的巨大作用"⑧。何心隐重视朋友的社会关系，将"均"和"群"作为"会"天下（或者说统天下）的原则，他不断扩大政治社团"会"的组织，努力

---

① 侯外庐主编：《中国思想通史》第四卷下册，第978页。
② 侯外庐主编：《中国思想通史》第四卷下册，第979页。
③ 侯外庐、邱汉生、张岂之主编：《宋明理学史》下卷，人民出版社1987年版，第434页。
④ 侯外庐主编：《中国思想通史》第四卷下册，第993页。
⑤ 侯外庐、邱汉生、张岂之主编：《宋明理学史》下卷，第432页。
⑥ 侯外庐主编：《中国思想通史》第四卷下册，第999页。
⑦ 侯外庐主编：《中国思想通史》第四卷下册，第1012页。
⑧ 侯外庐主编：《中国思想通史》第四卷下册，第1018页。

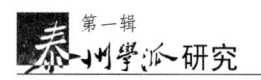

实验他的社会理想。

罗汝芳，是《宋明理学史》下卷中专门增加的一位泰州学派的思想家，在书中没有考察他的全部思想学说，而是抓住他比较突出的思想内容，即"赤子之心"以及刑狱方面的论述[①]。罗汝芳主张"天初生我，只是个赤子。赤子之心，浑然天理"（《近溪语录》），号召人们爱养赤子之心。但是，"罗汝芳寄希望于爱养人间的赤子之心，以转移'人情世习'，使'顽劣'者成为'善良'，使严峻者稍轻拷扑杀戮之威。这只是一种空想，没有现实的可能"[②]，其社会理想同样也带有乌托邦的性质。

泰州学派的另一位后学李贽更加具有"战斗的性格"和"革命性的思想"。他的代表作《焚书》，侯外庐学派认为："《焚书》是一面照妖镜，它折射出封建主义的社会矛盾，崇赞'匹夫无假'而拆散了封建主义的特权式的道德律令。"[③] 李贽"由于他对历史的批判实际上乃是对现实的批判，所以焚书就为封建统治者视为一部危险的书，几经毁版焚禁"[④]。李贽思想来源复杂，但是与泰州学派无疑是一脉相承的，并逐渐确立了反道学的思想体系，追求人道主义的平等观和个性说，在思想启蒙运动中做出了贡献。"李贽的思想，在道德论的范围内，充满了平等、自由和尊重个性的精神。"[⑤]"我们看到他的社会平等说、个性自由说、个性解放说和他的文学评论，很容易理解他的进步性，我们看到他的历史的人物评价的著作，也很容易理解他的破除迷信的独到的见解。"[⑥]

侯外庐学派发挥考辨史料的优良传统，在对李贽著作的研究中尤为显著。面对研究对象的思想冲突和矛盾，结合历史时代进行分析，往往能够入木三分，给人以新的体会。《中国思想通史》第四卷分析李贽的思想矛盾，就做了这样的考察和把握，认为："李贽思想中的矛盾，既反映了当时社会的新旧斗争，又反映了新旧矛盾中新的为旧的束缚的痛苦。"[⑦]"李氏著作，如何辨伪，是一个专门的问题，从思

---

① 侯外庐、邱汉生、张岂之主编：《宋明理学史》下卷，第460—465页。
② 侯外庐、邱汉生、张岂之主编：《宋明理学史》下卷，第465页。
③ 侯外庐主编：《中国思想通史》第四卷下册，第1042页。
④ 侯外庐主编：《中国思想通史》第四卷下册，第1045页。
⑤ 侯外庐主编：《中国思想通史》第四卷下册，第1062页。
⑥ 侯外庐主编：《中国思想通史》第四卷下册，第1061页。
⑦ 侯外庐主编：《中国思想通史》第四卷下册，第1057页。

想学术的内容来看，应着眼其最基本的著作；其他信者传信，疑者存疑；不甚重要者，暂存而勿论。"① 这里强调了人们既要对史料的主次真伪做细致缜密的考察，也要在必要时存疑待考，广泛地占有史料，并作缜密的审查和分析，"信者传信，疑者存疑"，这在今天依然具有学术价值和实践意义。

侯外庐学派在探讨泰州学派时，抓住泰州学派的论"道"核心，认为："泰州学派主张当下日用是道。所谓当下日用，就是穿衣吃饭那样的自然，穿衣吃饭，包举了世间所有的人伦物理。"② "满足人生最基本的自然要求，就是当下日用的道。这样，道是最平常的、毫无神秘之处的日常生活。这样就把道从天上拉回到人间，道不再是道学家所独占的神秘的东西。这种对道的规定，是异端的理论。"③

总之，泰州学派是一个具有战斗风格和平民观的思想流派，有重要的思想文化意义。在历史上，它发挥了思想启蒙的作用，推动和促进了思想文化的进步和发展。

---

① 侯外庐主编：《中国思想通史》第四卷下册，第1048页。
② 侯外庐主编：《中国思想通史》第四卷下册，第1066页。
③ 侯外庐主编：《中国思想通史》第四卷下册，第1067页。

早期启蒙思想抑或传统修身学说？

——泰州学派研究评述及儒学研究路径之探讨[*]

孙钦香[**]

摘　要：作为阳明后学八派之一的泰州学派在明末清初遭遇严肃的批判，但随着西方现代文化的传入，在现代思想脉络与问题意识的结构内，曾经的"异端"之学绽放出"早期启蒙思想或近代性思维"的光芒，与此同时，文化守成主义者在"传统修身学说"的脉络下，阐释泰州学派诸学人的工夫论。泰州学派研究的这两种不同脉络可以说是近代以来儒学研究"传统抑或现代"路径的典型体现，由此产生不同研究路径之相契与否、有效与否的诠释学问题，但现在仍没有到做高下之评判的时候，儒学研究乃至整个传统中国思想研究仍处在"路径或范式"不断生成和发展的过程中。

关键词：泰州学派　启蒙思想　传统修身　儒学研究路径

明末清初，三部理学史著作，周汝登《圣学宗传》、孙奇峰《理学宗传》以及黄宗羲《明儒学案》，其中《圣学宗传》录阳明门人14人（附录3人），《理学宗传》所记"王门弟子"25人（附录7人），但均未如《明儒学案》对王门弟子进行细致的学术派系划分。当然在阳明学的发展历程中，最早对阳明后学进行分派，是王畿在《抚州拟砚台会语》所提出六种不同的良知学说，具体为：归寂、修证、已发、无欲、主宰、终始。王畿认为这六种良知学说均为"异见"，"不容以不辩

---

[*] 本文原载《朱子学研究》2020年第1期。
[**] 孙钦香，江苏省社会科学院哲学与文化研究所副研究员。

者",但并未确切指明何人属哪派别。① 而黄宗羲《明儒学案》详细地将阳明后学分门别类,计浙中、江右、南中、楚中、北方、粤闽、止修、泰州八大流派。可以说,泰州学派的最早提法及其详细的学者名录出自《明儒学案》。

据《明儒学案》记载,泰州学派创始人王艮(字汝止,号心斋,1483—1541)出身灶丁,泰州后学也大都来自乡野,总计27人,黄宗羲对泰州后学有一著名的评价:"阳明先生之学,有泰州、龙溪而风行天下,亦因泰州、龙溪而渐失其传。"(《明儒学案》,第703页)可以说,黄氏的这一明显贬大于褒的评价是明末清初反思和批判阳明后学之弊端的典型体现。②

但进入20世纪,随着西方文艺复兴思想、启蒙思想、马克思主义思想的相继传入,泰州学派"掀翻天地,前不见有古人,后不见有来者"的学术风貌和言行气象却受到学者的高度赞扬,其学说之内涵不断被更新和发展,赋予越来越丰富的现代思想内涵。当然,这一阐释路径是在逐渐脱离传统儒学的意义世界和问题意识,就泰州学派本身思想来说,其"自由""启蒙""解放"等意义得到充分的彰显,但其思想中一个重要面向即"传统修身学说",却不得不由一批有着文化守成主义情怀的学者加以传承与解读。

一 早期启蒙思想:被高度更新和丰富的内容

20世纪,中国传统思想特别是儒学面对西方文化这一强大"他者",逐渐显出"衰落"之相,不得不面临众多知名学者的反思和批判。如郭沫若在1930年撰写《中国古代社会研究》时就提出:"儒家理论的系统,全体就是这样一个骗局。它是封建制度的极完整的支配理论,我们中国人受它的支配两千年,把中国的国民性差不多完全养成了一个折衷改良的机会主义的国民性。"③ 可以说,在现代社会,

---

① 王畿:《王畿集》,吴震编校整理,凤凰出版社2015年版,第26—27页。对此,唐君毅指出:归寂指江右聂豹、罗洪先;修证指江右刘邦采;已发指浙中钱德洪、江右欧阳德;无欲指北方王门孟秋;主宰流行、体用之分,则为浙中季本、江右刘文敏、江右刘邦采、江右王时槐;学有本末则指泰州等人。出自氏著《中国哲学原论·原教篇》,台湾学生书局1992年版,第363页。

② 吴震师就指出,16世纪中叶的明代万历年间,学术界对阳明心学之历史流变(包括阳明学及其后学)开始有所批评和总结,比如管志道对王畿、王艮、罗汝芳等颇有微词,认为王艮"以兼善万世树孔帜,不无张皇之过"(见氏著《罗汝芳评传》前言部分,南京大学出版社2005年版)。

③ 郭沫若:《中国古代社会研究》,河北教育出版社1996年版,第75页。

中国传统思想特别是作为主流的传统儒学的生命力何在？哪些内容须被抛弃？哪些内容可被更新、丰富和发展？这些事关中国传统思想和传统儒学存活的关键问题，在20世纪被反复追问和回答。

在20世纪传统儒家思想普遍受到质疑和批判的大背景下，明末清初曾被许多学者视为"洪水猛兽"的泰州学派，却吸引了学者们的高度重视和不断阐释。个中缘由，主要是以现代西方思想为参照系，发掘泰州学派含蕴的早期启蒙思想，是中国本土现代性意识的孕育者，目的是为"清末以降的中国'近代化进程'寻找中国本土的思想资源"①。

平心而论，泰州学派在学者"身份构成"（大多出自下层庶民阶层）、言行乖张荒诞、思想上"荡轶名教""非圣无法"等方面，与传统儒学之精神确有出入，甚至被视为"异端"遭到批判，而"狂放不羁"的学术风貌与言行气质却在20世纪内大放光彩。

1949年中华人民共和国成立之前，便有不少学者指出泰州学派思想中具有某些与西方自由主义、个人主义思想相应的学术观念，与个性解放以及启蒙主义思潮有着种种思想上的关联。如嵇文甫1944年出版《晚明思想史论》一书，将泰州学派放在晚明社会的思想解放背景下，指出王艮、王畿为"王学左派"，该派"把当时思想解放的潮流发展到极端"，在心学历史上具有"极高地位"。侯外庐《中国近代思想学说史》（出版于20世纪40年代初）指出，泰州学派是一个不同于阳明学诸流派的独立学派，其思想特质表现为"尊身""安身"等主张，肯定"私欲"的合理性，反映了庶民阶层的利益和要求，推动了晚明社会的思想解放。② 当然，在一路褒奖的研究框架之外，亦有学者延续明末清初刘宗周、黄宗羲之见，对泰州学派仍持激烈的批判态度，牟先生认为："心斋父子，特别着重此义，成为家风，成了泰州学派底特殊风格，遂演变而为旷荡一路，所谓狂禅，刘蕺山所谓'情识而肆。'"③ 劳思光言辞更为严厉："泰州学派日后有颜山农、何心隐之流，随利欲之念而横行无忌，皆心斋混乱不明之说所启也。黄黎州但谓诸'非名教所能羁

---

① 吴震：《罗汝芳评传》，南京大学出版社2005年版，第3页。
② 侯外庐：《中国早期启蒙思想史——十七世纪至十九世纪四十年代》，该书前身为20世纪40年代初完成出版的《中国近代思想学说史》，后编入《中国思想通史》第五卷。
③ 牟宗三：《从陆象山到刘蕺山》，上海古籍出版社2001年版，第302页。

络',尚属宽恕之词。实则颜、何诸人荒诞邪僻,但凭意气横行,全失儒学规矩。"①

1949年中华人民共和国成立以后,因现代新儒家基本在海外,在大陆对泰州学派义理内容的不断更新和发展继续在拓展。以侯外庐为代表的侯派学人,从"启蒙""个性解放"等方面继续深耕厚植,几乎成为泰州学派研究领域的主流声音,"泰州学派具有人民性、创新性和反封建性"。很多学者撰文论证泰州学派儒学平民化与世俗化,体现的就是追求人的个性解放和平等的思想启蒙。萧萐父、许苏民提出,中国早期启蒙可上溯到明嘉靖时期,而阳明心学充当了人文主义兴起的嚆矢。② 蒋国保在《儒学的民间化与世俗化——论泰州学派对"阳明学"的超越》一文中指出,泰州学派之特色在儒学民间化和世俗化,弘扬"人欲"的合法性。③ 赵士林认为,在泰州学派思想中,近代平民意识(追求政治平等、思想解放、个性自由的意识)已经出现并得到大力弘扬,把泰州学派的儒者比作薄伽丘、布鲁诺等西方文艺复兴运动中的代表人物。④

当然,也有学者不主张在平民化(世俗化)与启蒙思想之间画等号,如吴震师便不取"思想解放"说法,而采纳"平民化""社会化"的研究范式。吴震师曾指出"在阳明以及心斋门下,积极参与地方事务、推动区域社会的秩序重建工作,不乏其例。在某种意义上可以说,将思想付诸行动,这是心斋所开创的泰州学派的一个特殊风格"⑤。陈来亦曾对黄宗羲"复非名教之所能羁络"中"名教"二字提出新的解释,认为以"名教"一词指责颜山农、何心隐一系的泰州后学,正表明"正统儒家士大夫对世俗民间儒者的排斥",也就是说,即便是颜、何一系亦属于儒家正道,只是形态与黄宗羲所代表的士大夫儒学不同而已。⑥ 这代表了20世纪80年代以来,学界对"侯派"思想学说的某些反思以及泰州学派研究范式的更新和丰富。

---

① 劳思光:《新编中国哲学史》(三上),生活·读书·新知三联书店2015年版,第365—366页。
② 萧萐父、许苏民:《明清启蒙学术流变》,人民出版社2013年版,第2—3页。
③ 蒋国保:《儒学的民间化与世俗化——论泰州学派对"阳明学"的超越》,《南京大学学报》(哲学人文社科版)2007年第6期。
④ 赵士林:《心学与美学》,人民出版社2013年版,第159—172页。
⑤ 吴震:《泰州学派研究》,中国人民大学出版社2009年版,第432—438页。
⑥ 陈来:《中国近世思想史研究》,商务印书馆2003年版,第474页。

此外，国外汉学家也在晚明思想特别是泰州学派思想中寻找"中国本土的现代思想资源"。如美国汉学家狄百瑞就将泰州学派之思想视作明代思想史上提倡"个人主义"的典型。① 日本学者岛田虔次1949年出版《中国近代思维的挫折》一书，认为从王阳明经王心斋至李卓吾的思想脉络中可以发现"近代思维"的萌芽，该书还对李卓吾的思想进行了分析，认为其思想表现为良知的"成熟"，达到了"近代精神成年之后的童心"。② 冈田武彦在《王阳明与明末儒学》一书中亦指出明代中晚期的精神文化是可与西方的文艺复兴运动相比拟的，而阳明心学对明代中晚期重情主义的开展具有重要的影响。③ 中国台湾学者林聪舜亦认为："明清之际儒家思想最值得重视之处，尤在于它在很多层面表现出来突破儒学传统，并具有近代性格的成就。"④

21世纪以来，以启蒙或现代性解读泰州学派的杰出代表作品，中国香港学者郑宗义的《明清儒学转型探析：从刘蕺山到戴东原》指出，明清之际儒学的变动转型，从"道德形上学到达情遂欲哲学的步步演化的历程"⑤。内地方面，朱承指出，阳明时常教人们只依着自己的良知去行、以良知为师，包含着精神自由或意志自由的内涵。⑥ 李海超亦论证阳明心学具有维护前现代观念与敞开现代性可能性之两面性，认为阳明心学衍生出引领中国早期启蒙思想之学术流派的儒学，并指出这一儒学形态是为20世纪现代新儒学理论建构提供主要思想资源的儒学。特别是对泰州学派评价极高，点出泰州学派特点"惟情主义"，赞扬"泰州学派真正建构起彻底的主体性哲学，并对现代性观念的建构做了初步尝试。泰州学派提出了蕴含现代性个体、自由、平等观念的诉求"。同时指出，泰州学派用以建构现代性基本观念的基础只是情感，没有充分重视理性的作用，其诉求和见解的表达显得过于冲动和叛逆。⑦

以上泰州学派研究路径可以说是一直延续至今，虽时有兴衰，但不绝如缕，泰

---

① [美]狄百瑞：《晚明思想中的个人主义和人道主义》，载《中国哲学》第七辑，生活·读书·新知三联书店1982年版。
② [日]岛田虔次：《中国近代思维的挫折》，甘万萍译，江苏人民出版社2008年版。
③ [日]冈田武彦：《王阳明与明末儒学》，吴光等译，上海古籍出版社2000年版，第1—3页。
④ 林聪舜：《明清之际儒家思想的变迁与发展》"序"，台湾学生书局1990年版，第1页。
⑤ 郑宗义：《明清儒学转型探析：从刘蕺山到戴东原》，香港中文大学出版社2000年版，第13页。
⑥ 朱承：《治心与知世——王阳明哲学的政治向度》，上海人民出版社2008年版，第171—172页。
⑦ 李海超：《阳明心学与儒家现代性观念的开展》，博士学位论文，山东大学，2017年。

州学派特别是李贽、赵大吉等人的思想中突破传统儒学框架的一面得到充分的解读。再者,因着时代思想的因缘际会,通过挖掘和阐释泰州学派某些隐含解放、自由等思想的内容,传统儒学也正在积极参与到当代中国思想的建构过程中,也就是说,在现代思想框架内,通过泰州学派的"启蒙"思想的解释,在一定意义上,现代中国的思想世界内,儒学并未缺席,反而从一种"他者"的视角认识和把握到新的内容和意义,尽管有时这种研究路径给传统带来某些伤害或误读。

二 传统修身论(工夫论)——文化守成主义取向

传统儒家修身思想可谓源远流长,《大学》曾言:"自天子以至于庶人,壹是皆以修身为本。"专就泰州学派而言,泰州学派提倡"良知现成",是否意味着消解了传统修身论或工夫论?再者,近代以来,启蒙思想、个性解放的研究话语几乎占据了泰州学派研究领域。从修养论或工夫论视角来论述泰州学派的思想精神特别是王艮"安身"思想,近代以来,尽管寥寥,亦有学人为之。唐君毅就认为泰州学派之精神在于"直面对吾人一身之生活生命之事中讲学",而且心斋之学"重在心之向在此身上事,而非重心之向于其自己",这一点正与其他王门"直重在心上用工夫之学,有毫厘之差"[①]。

就大陆学界而言,20世纪80年代以来,泰州学派研究路径随着古今中西众多思想的引入和对话的开展,变得更为多元,对曾独领风骚的"侯派"学术研究路径有所批判和反思,较多地凸显泰州学派的"修身工夫"思想。船山在《俟解》题词中曾言:"虚其心,平其气,但察其与人之所为人者离合何如?"[②] 关于"人之所为人"学问确实是儒学之为儒学的基本规定,在此意义上,可以说"学以成人"是儒学的基本内容,或者说"从工夫的视角去理解和诠释中国传统思想",将儒学真正做成"指导人生的思想方法"[③]。

专就改革开放以来泰州学派研究而言,季芳桐曾指出"泰州学派的工夫论内

---

① 唐君毅:《中国哲学原论·原教篇》,台湾学生书局1984年版,第382页。
② 王船山:《俟解》,《王船山全书》,岳麓书社2011年版,第12册,第475页。
③ 倪培民:《中国哲学的功夫视角和功夫视角下的世界哲学》,《周易研究》2015年第3期。

容较为丰富,而王栋的'诚意说'和罗近溪'身心一致说',影响犹为显著"①。吴震师亦曾指出,泰州学派"在个人修养问题上,以求实现自我的生命意义、道德价值"②。而且对王艮"修身立本也,立本安身"做出细致的解读,认为修身与安身彼此关联,但又有层次不同。"修身"作为一种具体的工夫手段,其目的是达到"安身"。可以说,"安身"说也就是"淮南格物"说的实质内容。而"安身"之"身"字意义几乎等同于整体的"人"——一种整全意义上的人身,而不是与心处于另一极端的肉体存在。③ 吴震师的这一解释突破了劳思光对王艮"安身"说的批判④。阮春晖亦曾撰文论述泰州学派工夫论中的"逆觉工夫维度",他指出:"泰州学派的工夫路径,其突出特点是从'上达'之境进入,先确定道德本体的在先意义,再以此直贯多样化的道德实践。这种形式特征与逆觉工夫相符,具体表现为'信得及'、'悟得真'、'求诸己'三个维度。"⑤

当然,相比于泰州学派"启蒙"话语的研究系统,传统修身学说或工夫论研究路径相对薄弱,但多元开放的风气已开,当下,泰州学派研究不仅有启蒙思想或文艺复兴思想之话语,亦不断出现对泰州学人修身工夫的论述,如吴震师对王艮"淮南格物"、罗汝芳"静坐制欲"等工夫论的解读,便体现了目前学界关于泰州学派研究的多元与开放。

当然正如学界对两宋之际中国转向内在化的反思和批判⑥,与"心性之学"相伴而行的工夫论研究路径亦在一定意义上存在着某种限度,也就是说,"工夫论"思想学说固然追求的是"塑造个人的完美人格或品格",但如此来界定儒学"内圣外王之学"或者"明体达用之学"是否遗漏了儒学中重要的一部分?也就是说工夫论研究路径仅有伦理学意义,而儒学关于国家或社会的思考又当作何处理?而且还应进一步追问,在现代性的思想脉络中,"工夫论"或者说"传统修身学说"存在的空间究

---

① 季芳桐:《泰州学派新论》,巴蜀书社 2005 年版,第 197—200、202 页。
② 吴震:《泰州学派研究》,第 269 页。
③ 吴震:《罗汝芳评传》,第 18、22 页。
④ 劳思光认为:"其所谓'身'只能专指特殊'形骸'或'形驱'如黄氏所议。'身'字取此意义,则所谓'修身''安身''保身'诸语,皆下落至'利害层面'而丧失其德性层面之意义。"见氏著《新编中国哲学史》(三上),第 365 页。
⑤ 阮春晖:《论泰州学派逆觉工夫之维》,《湘潭大学学报》(哲学社会科学版)2017 年第 1 期。
⑥ 刘子健认为:"从 12 世纪起,中国文化在整体上转向了内向化。"有关论述和反思可参见氏著《中国转向内在——两宋之际的文化转向》,赵冬梅译,江苏人民出版社 2012 年版,第 10 页。

竟何在？其意义又何在？也就是说，在何种意义上，"工夫论"对现代文明的某些修正或补充是有效的合法的？再者还必须时刻保持一种开放与宽和的学术态度，不能以"文化身份的特殊性"来挑战或者消解人类文明的普遍价值和存在意义。

三　儒学研究路径（范式）仍在生成

综上而言，近代以来，学界关于泰州学派研究路径的选择、坚守或游离，正是20世纪以来儒学研究的一个生动的缩影。百年以来儒学研究也经历了，而且正在经历通过"以西释中"来重新获得思想生命力的历程。也就是说，20世纪以来，因应时代变化的现状和要求，中国甚至东亚文化圈内的儒学研究者自觉或不自觉地纷纷立足于现代的思想脉络与问题意识，开展儒学百年研究历程。对此中变化了的时代精神与现实要求，中国哲学史大家冯友兰曾指出："中国哲学的方法将来会变吗？这就是说，新的中国哲学将不再是把自己限于'用直觉得到的概念'吗？肯定地说，它会变的，它没有任何理由不该变。事实上，它已经在变。"[①] 也就是说，20世纪以来，儒学研究必须直面现代文明这一"他者"，无论是从儒学传统资源中挖掘顺应其现代性的发展理路还是探索对现代性有所补充的视角。

尽管在某种意义上，百年以来的儒学研究确实存在着过度诠释、诠释有效性或某些教条主义的问题，但诚如李承贵师所言，"以西释中"仍是中国哲学更新完善的基本途径之一。[②]

今天，儒学研究路径的重心或者说关注点确实应该从政治化、意识形态化的泥潭中走出来，须抱着"回归学术"的诉求，但也必须指出的是，在新的时代背景下，儒学能否重新焕发起"思想活力"，能否积极参与当代思想的建构与生长，理应成为首要的研究追求。简言之，当下有活力的儒学研究须立足当代的时代课题和现实需要进行创新解读和传承发展。正如杨立华在《中国哲学十五讲》序中所言："哲学史的工作如何才能更具当代性，如何让伟大的先哲们成为我们的同时代人，对我而言，是一个不容回避的问题。"立足当下的时代问题，才能真正显示出儒学

---

① 冯友兰：《中国哲学简史》，《三松堂全集》第6卷，河南人民出版社2001年版，第29页。
② 李承贵：《"以西释中"衡论》，《天津社会科学》2016年第6期。

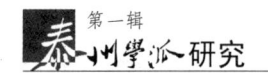

相对于当下的同在性和生命力。

也就是说，儒学本身须呼应时代精神或者说回答时代问题，从而进一步更新、丰富和发展，为儒学思想注入现实性和生命力。而当下中国正处于时代转型时期，儒学研究呈现丰富性和多向度自是题中应有之义，正如王中江所言对中国哲学研究的现状分析和未来期许一样，"在新的时代背景下，多元化的方法和范式在这一时期纷纷涌现了出来。无论是经典研究的视角、语文学的方法，还是比较哲学的视野、社会史或思想史的进路，抑或是新儒学的视角、生态主义的视点以及诸如民主、自由、人权、人文精神、终极关怀、超越（内在超越与外在超越）、经济伦理、和谐、天人合一、万物一体等等视点或方法，都在不断地扩展着中国哲学的理解和解释方式"。[①] 儒学研究的多元化取向，正表明儒学研究新的生长点还在不断浮现，进一步说明儒学研究乃至中国哲学研究仍处于研究路径或者研究范式的生成过程中，还未出现一种融汇诸家之异同，获得学界相对普遍认可的研究路径，犹如南宋朱子对唐宋以来的不同类型的儒学研究类型的综合和整理。

归结而言，当下泰州学派乃至儒学研究呈现不同维度的诠释面貌，一方面是思想学术自由的体现，另一方面也说明儒学研究路径或范式仍处于生成过程中，还未出现能够"定于一尊"的诠释路径。在此意义上，可以说，无论是从早期启蒙解释模式抑或从工夫论的视角来进入泰州学派乃至儒学的意义世界，仍处于生成过程中，仍处于需要不断丰富和深入拓展的过程中。

[①] 王中江：《曲折、转变与新进展——中国哲学70年研究历程回顾》，《社会科学战线》2019年第8期。

泰州学派研究的新进展

——以 2018、2019 年为中心的综述

张宏敏[*]

摘　要：学者众多、传承有绪、影响广泛的泰州学派研究一向是阳明后学研究的"显学"。通览 2018、2019 年阳明学界所涉泰州学派的文献整理与泰州学派专题研究、人物个案研究，足以说明，无论是研究的广度，还是研究的深度，包括研究的学术路径，都已经达到了当今阳明后学研究的顶尖水平。我们期待泰州学派中的学术菁华如"平民儒学""个性解放""思想自由"的人文精神，能够实现其在当代的创造性转化和创新性发展，经由今人的努力开创出新时代的"泰州学派"。同时，我们也期待《泰州学派全书》《泰州学派通史》《泰州学派人物传记丛书》的编撰与出版。

关键词：泰州学派　综合研究　个案研究　创造性转化和创新性发展

黄宗羲《明儒学案》卷三十二至三十六为《泰州学案》，因该学派创始人王艮系南直隶泰州人，故名曰"泰州学派"。主要指今天江苏泰州一带的阳明学者，但还包括与泰州王学所倡学术宗旨相近、有学脉传承的一批江西、四川、广东、浙江、湖北、福建、江苏籍的阳明学人。《泰州学案》所选阳明学者，即泰州王门学者有王艮、王襞（附朱恕、韩乐吾、夏叟）、徐樾、王栋、林春、赵贞吉、罗汝芳、杨起元、耿定向、耿定理、焦竑、潘士藻、方学渐、何祥、祝世禄、周汝登、

---

[*] 张宏敏（1982— ），男，哲学博士，浙江省社会科学院哲学研究所副所长、研究员，主要从事阳明学文献整理与研究。

陶望龄、刘塙21人。此外《泰州学案》"小序"录泰州学派学人颜钧、梁汝元（何心隐）、邓豁渠、方与时、程学颜、钱同文、管志道7人。此外，李贽也是泰州学派一系的阳明学者，因其思想属"异端"，黄宗羲不为其立"学案"。实则从师承、学脉上讲，汤显祖、徐光启（师从焦竑）、袁宗道、袁宏道、袁中道等，也属"泰州学派"中的阳明学者。

一 泰州学派综合研究

因泰州学派中多系"非名教之所能羁络"的"异端"学者，以颜钧、何心隐、李贽为代表，故在当代开展的阳明后学即阳明学派研究中，以泰州学派的研究起步较早。侯外庐的《中国早期启蒙思想史》（人民出版社1958年版）称泰州学派为"中国封建社会后期的第一个启蒙学派"，王艮为"早期启蒙思潮的先驱者"，开启了当代泰州学派研究的序幕。《何心隐集》（中华书局1960年版）、《颜钧集·韩贞集》（中国社会科学出版社1996年版）等得以标点出版。此外，日本学者沟口雄三对作为"异端"的李卓吾也有深度关注，《中国前近代思想的屈折与展开》（东京大学出版会1980年版）"上论"即对"生活在明末的李卓吾"予以关注[①]；并著有《李卓吾：一个正统的异端》（集英社1985年版），对李卓吾其人其思想进行深度挖掘。[②]

林子秋、马伯良、胡维定合著《王艮与泰州学派》[③]，黄宣民作序，指出：王艮开创的泰州学派是明代思想史乃至整个中国儒学史上的一个重要学派。后世学者多从师承关系、学术渊源着眼，将之归入王学统系；当今学术界也有所谓"王学左派""王学右派"之说。我们则认为，考察思想史上学派的分合异同，注重学派学问的师承关系、学术渊源当然是必要的，但更重要的应是注意作为学派代表者的思想家本身的思想内容、理论特点和社会影响。以此而言，泰州学派的开创者王艮

[①] [日]沟口雄三：《中国前近代思想的屈折与展开》，龚颖译，生活·读书·新知三联书店2014年版，第73—83、107—290页。

[②] [日]沟口雄三：《李卓吾·两种阳明学》，孙军悦译，生活·读书·新知三联书店2014年版，第1—197页。

[③] 林子秋、马伯良、胡维定：《王艮与泰州学派》，四川辞书出版社1999年版。

虽曾和王阳明有过师生关系,其学术思想(尤其是哲学思想)深受王学影响,但他的主体思想与王学很不相同,乃至违异。实际上,黄宗羲早已看到这一点。他在《明儒学案》中,将阳明的众多弟子按地区分别列入"王门"(如"浙中王门""江右王门"等等),却为王艮一脉另立"泰州学案",指出王艮及其后学的"异端"色彩。

吴震《泰州学派研究》[①],从《泰州学案》的重新厘定着手,暂时搁置了那些没有明确师承关系的所谓泰州学人,集中探讨了王艮、王襞、王栋、颜钧、何心隐、罗汝芳的思想学说。通过对其思想及行为的分析以略窥"泰州学派"的思想全貌,发现泰州学派的思想特征有浓厚的社会取向、政治取向以及宗教取向;其思想立场大多取于阳明心学的"现成良知"说,同时又有"回归孔孟"的思想诉求;他们的思想言行既是阳明心学的产物,同时又极大地推动了阳明心学运动向下层社会的迅速渗透以及儒学世俗化的整体进程。

改革开放以来,有关泰州学派专题的研究专著还有杨天石《泰州学派》(中华书局1980年版,初稿写于1973年)、胡维定《泰州学派的主体精神》(南京出版社2001年版)、张树俊《泰州学派的创新精神》(中国文联出版社2001年版)、蔡文锦《泰州学派通论》(江苏人民出版社2005年版)、季芳桐《泰州学派新论》(巴蜀书社2005年版)、姚文放主编《泰州学派美学思想史》(社会科学文献出版社2008年版)、徐春林《生命的圆融:泰州学派生命哲学研究》(光明日报出版社2009年版)、胡学春《真:泰州学派美学范畴》(社会科学文献出版社2009年版)、宣朝庆《泰州学派的精神世界与乡村建设》(中华书局2012年版)、卢佩民主编《泰州学派文化》(南京大学出版社2015年版)、张树俊《泰州学派》(江苏人民出版社2016年版)等。

2019年10月31日,由江南文脉论坛组委会、南京大学、江苏省社会科学院、泰州市人民政府共同主办的以"泰州学派的思想传承与现代转化"为主题的"江南文脉·泰州学派分论坛暨泰州学派学术研讨会"在江苏泰州召开。[②]江苏省委宣传部副部长赵金松致辞时指出,泰州学派作为江南文化版图的重要思想流派,给后

---

① 吴震:《泰州学派研究》,中国人民大学出版社2009年版。
② 《江南文脉·泰州学派分论坛暨泰州学派学术研讨会在泰州举办》,新华网,http://www.xinhuanet.com/local/2019-11/01/c_1125180877.htm,2019年10月31日。

世留下了丰富的思想遗产,"万物一体""百姓日用即道""人人君子"等思想在历史上曾经产生过重要影响,在当下仍然具有重要启示意义。清华大学国学院院长陈来、华东师范大学教授杨国荣、江苏省社科联党组书记刘德海、南京大学党委常务副书记杨忠、江苏省社会科学院副院长樊和平、浙江大学中国思想文化研究所所长董平、复旦大学哲学学院教授吴震、南京大学中国思想家研究中心教授周群、同济大学教授朱义禄、西安交通大学教授张再林、韩国霞谷学研究院院长李庆龙等众多专家学者齐聚泰州,共同挖掘泰州学派蕴含的哲学智慧、人文精神、道德规范,展示其历久弥新的现代价值和时代风采。

2018—2019 年,围绕泰州学派综合研究,也有不少论著。

贾乾初《主动的臣民:明代泰州学派平民儒学之政治文化研究》① 一书以明代极富特色的泰州学派平民儒学为研究对象,从政治文化立场予以研究,选取典型个案予以剖析,系统探讨其政治文化特征。氏著指出:泰州学派平民儒学的思想与实践表明,中晚明时代的平民阶层虽表现出某种主体觉醒,但在全新的社会阶层出现之前,它始终突破不了小农社会与王权专制政治的网罗。由于与士大夫儒学的高度同质性,最终平民儒学具有启蒙因子的思想萌芽风干、湮没于士大夫阶层主流政治文化中。"主动的臣民"成为平民儒者的宿命。

宣朝庆《泰州学派:儒家精神与乡村建设》② 一书从当代中国农村社会发展中的基本问题出发,考察 16 世纪的平民儒家学派泰州学派在参与乡村建设中的思想及实践活动,认为平民可以通过汲取儒学等文化资源,担当农村社会建设的主力。作为乡村建设实践,泰州学派形成家族建设与社会建设两翼,通过创造性转化,活跃在 20 世纪的各种乡村建设实验中。

李双龙《明代泰州学派"圣与凡同"的思想建构》③ 一文指出:明代泰州学派以对儒学的践行为其主要学术特征,而这一特征之前提是对传统儒学的圣凡二元对立的消解,从而从思想旨趣上构建了学术形而下的理论体系。泰州学派在观念解构与实践架构两方面给予了儒学实践品格以很好的尝试与实践。

---

① 贾乾初:《主动的臣民:明代泰州学派平民儒学之政治文化研究》,知识产权出版社 2018 年版。
② 宣朝庆:《泰州学派:儒家精神与乡村建设》,江苏人民出版社 2018 年版。
③ 李双龙:《明代泰州学派"圣与凡同"的思想建构》,《西部学刊》2018 年第 10 期。

黄思敏《泰州学派"狂"的审美归趋及其在文艺领域的延拓》[①]一文指出：泰州学派发扬光大了王学"狂"的本色。创始人王艮以"百姓日用是道"开拓主体自由的审美心意，颜钧的"制欲非体仁"大胆承认欲望之美，何心隐的"育欲"与"寡欲"则转向实践乌托邦社会理想的狂热情感。"狂"是情与欲的历史突围，是放纵感官享乐的欲望结构与渴求理想实现的情感结构之间生成的张力。泰州学派富有异端色彩的思想，冲击封建社会主流意识形态，在明代中晚期推动巨大的文艺思潮的来临，主要表现在以提倡俗文学表达了他们对平等的向往，以"至情说"表达了对个性自由的追求，是泰州之学在文艺领域的延拓。

邵晓舟《泰州学派"百姓日用"美学的当代审视》[②]一文指出：在泰州学派美学理论中，"百姓日用"这个极富平民色彩的范畴是美的本体。泰州学派认为，"百姓日用"生存生活本身可化为最宏大悠远的审美创造产物和审美欣赏对象，其审美境界恰恰也是伦理道德的最高境界，人们可通过"百姓日用"的生存生活实践塑造理想人格的典范，进而将整个世界改造成符合儒家审美理想的唐虞盛世。

宋文慧《明代的平民讲会及其对个体人格建构的影响——以泰州学派为例》[③]一文指出：泰州学派的讲学与面向读书人的讲学活动不同，它主要以日用指点为方法，致力于良知在实际生活中的落实，又因为它是随顺人之情性的，故而无论是教与学，都有"无边快乐"。讲会使人与人之间的关系超越血缘与地缘的限制，向一种开放式的社会关系发展，在个体人格建构方面产生了重要影响。

陈寒鸣、陆信礼《关于泰州学派的思想和著作》[④]一文认为，泰州学派所提倡的平民儒学在当时与后世产生了强烈影响，它不仅成为早期启蒙思想的先导，而且为儒学发展开出了新的路向。全面收集整理王艮与泰州学派的文献，对于泰州学派研究有重要的学术价值与现实意义。

刘芷玮《安定书院与泰州学派：尊崇胡瑗的泰州儒学传统及其与心学的离合》[⑤]一文从《泰州志》的文献着手，发现纪念胡瑗的安定书院与王艮的异时空交

[①] 黄思敏：《泰州学派"狂"的审美归趋及其在文艺领域的延拓》，《文学教育》2018年第9期。
[②] 邵晓舟：《泰州学派"百姓日用"美学的当代审视》，《沈阳工程学院学报》（社会科学版）2018年第1期。
[③] 宋文慧：《明代的平民讲会及其对个体人格建构的影响——以泰州学派为例》，《武陵学刊》2018年第1期。
[④] 陈寒鸣、陆信礼：《关于泰州学派的思想和著作》，《阳明学研究》（第四辑），人民出版社2019年版。
[⑤] 刘芷玮：《安定书院与泰州学派：尊崇胡瑗的泰州儒学传统及其与心学的离合》，《中国文化》2019年第2期。

会，分别对于明末泰州学派的诞生与宋代以来泰州儒学典范中的胡瑗，提供了新的解析与观点。先从地方史、书院史的角度剖析地方儒学，再分别从三次并祀现象说明胡瑗与王艮的事迹，最后从后现代史学的观点讨论了历史上两种泰州学派若即若离的关系与各自的发展。

唐东辉《"孝弟慈"：论泰州学派平民讲学的"实落处"》[①]一文指出：泰州学派的平民讲学活动以近溪的"孝弟慈"思想为"实落处"。王艮的身本孝道观为其"孝弟慈"思想奠定了理论基础，颜钧对"圣谕六条"的阐释为其"孝弟慈"思想奠定了实践基础。近溪在此基础上发展出泰州学派独树一帜的"孝弟慈"思想：在理论上，以本末观贯串"孝弟慈"，既以"孝弟慈"修己立本，又以"孝弟慈"率人达末；在实践上，则以乡约为载体，着力阐发"圣谕六条"。近溪的"孝弟慈"思想，最大的实践意义在于，为泰州学派的平民讲学找到了落脚点；理论意义在于，一方面为儒家的内圣外王之道提供了一种新的诠释方式，另一方面也为"四民异业而同道"找到了更加坚实的理论依据。

二 泰州学派学者个案研究

泰州学派的个案研究以王艮、林春、徐樾、颜钧、何心隐（梁汝元）、罗汝芳、杨起元、耿定向、李贽、焦竑、徐光启、管志道、汤显祖、周汝登、陶望龄、赵贞吉、邓豁渠等人为代表。

（一）王艮与王艮研究

王艮（1483—1541），字汝止，号心斋，人称"王泰州"，江苏泰州安丰场人。七岁受书乡塾，贫不能竟学。从父经商于山东，常衔《孝经》《论语》《大学》袖中，逢人质难。久而信口谈解，如或启之。此外，商场上的王艮因善经营，"家道日裕"。正德十五年（1520），王艮于寓居泰州学者黄文刚处，得知巡抚江西阳明的讲良知之学，遂启行至赣寻访之。对于王艮师从王阳明经过，《明儒学案》卷三

---

① 唐东辉：《"孝弟慈"：论泰州学派平民讲学的"实落处"》，《贵阳学院学报》（社会科学版）2019年第2期。

十二《泰州学案一·处士王心斋先生艮》有记载:"(王艮)以古服进见,至中门,举笏而立。阳明出迎于门外。始入,先生(王艮)据上坐,辩难久之,稍心折,移其坐于侧。论毕,乃叹曰:'简易直截,艮不及也。'下拜自称弟子。退而绎所闻,间有不合,悔曰:'吾轻易矣。'明日入见,且告之悔。阳明曰:'善哉!子之不轻信从也。'先生(王艮)复上坐,辩难久之,始大服,遂为弟子如初。阳明谓门人曰:'向者吾擒宸濠,一无所动,今却为斯人动矣!'"① 正德十六年(1521)秋,阳明归越,王艮从之,来学者多从王艮指授。嘉靖五年(1526),王艮应泰州知府王瑶湖之聘,主讲于安定书院,宣传"百姓日用即道",学者纷至沓来。嘉靖十九年(1540)王艮病逝。弥留之际,对儿子王襞说:"汝知学,吾复何忧!"王艮的著作,后人辑为《王心斋先生遗集》,今有陈祝生主编的《王心斋全集》(江苏教育出版社 2001 年版)。

王艮身后,将他创立的"泰州学派"光大传承的是其族弟王栋及其子王襞,时人谓王艮、王栋、王襞为"淮南王氏三贤"。《明儒学案》卷三十二《泰州学案一》有"王襞学案",并附录有樵夫朱恕、陶匠韩贞、田夫夏廷美的简介②。《明儒学案》卷三十二《泰州学案一》也有"王栋学案"③。

王艮门徒以平民百姓居多,"入山林求会隐逸,过市井启发愚蒙,沿途聚讲,直抵京师",但亦不乏著名学者如徐樾、颜钧、王栋、王襞、罗汝芳、何心隐等人,子弟至五传共有近五百人,罗汝芳为集大成者。关于王艮弟子门人及泰州学派传人名录可以参阅王传龙整理的《王艮门人弟子名录及配享列传》《明儒王心斋先生弟子师承表》。④

近二十年以来,关于王艮研究专著颇多,比如:林子秋等《王艮与泰州学派》(四川辞书出版社 2000 年版)⑤、龚杰《王艮评传》(南京大学出版社 2001 年版)、朱兆龙《王艮传》(南京出版社 2011 年版)、张树俊《王艮和谐思想研究》(作家出版社 2007 年版)以及王静、孙荣先《平民哲学家:王艮》(天津教育出版社

---

① 《黄宗羲全集》第 7 册,沈善洪主编,吴光执行主编,浙江古籍出版社 2005 年增订版,第 828—829 页。
② 《黄宗羲全集》第 7 册,第 839—842 页。
③ 《黄宗羲全集》第 7 册,第 855—870 页。
④ 王传龙:《阳明心学流衍考》,厦门大学出版社 2015 年版,第 321—369 页。
⑤ 1991 年是王艮逝世 450 周年,江苏省社会科学院、盐城市社科联、东台市社科联等单位联合召开了"纪念王艮逝世 450 周年学术讨论会",林子秋主编《纪念王艮逝世 450 周年学术研讨会论文集》(未刊稿,1991 年)。

2010年版)。

2018、2019年,王艮研究的论著也不少。

2018年11月,余蓓荷(Monika Übelhör,原德国马堡大学汉学系教授)著,邱黄海、李明辉译《王艮及其学说》,由台湾"中研院"中国文哲研究所出版,氏著对王艮生平学行进行了综合研究。

李春强《王艮〈论语〉诠释倾向论》[1] 一文指出:王艮不仅继承了贯通古今、广大精微的阳明心学,而且超越其围绕良知心性、知行合一开展教化活动的既有路径,体现出发明经义、经世致用的独特诠释倾向。这一"别有倾向"在王艮的《论语》诠释文本中由世俗化的理性思辨、万物一体的宗教意识与乐以贯之的经世理想三大层面构成。

杨普春《王艮"吾身是个矩"说的身体思想探析——兼论道教身本论思想对王艮的影响》[2] 一文指出:明末的平民学者王艮,有感于社会对身之压迫,旗帜鲜明地提出了"吾身是个矩"的哲学命题。围绕"吾身是个矩"这一核心命题,循着"道"—"身"—"生活"这一思想主线,阐发了一种极具平民主体意识的身体观思想。这三个思想层面,虽然视角各异,但是又一以贯之,是王艮即"身"即"道"的"身本论"思想在形上与形下两个层面的贯彻与运用。王艮的这种身体形而上学思想,受道教身本论思想影响颇深,可谓是对道教身本论思想的心学化改造。

童伟《早期现代的直言主体审美规划——以王艮与卢梭的"自然"范畴为例》[3] 一文指出:王艮与卢梭的"自然"范畴之间并不存在影响关系,但是在早期现代的核心问题直言主体建构上,体现出某种家族相似。

唐东辉《从程颐、王艮解〈易〉看儒家外王路线的转变》[4] 一文指出:儒家的"外王"理想就是实现尧舜、三代之治。从程颐和王艮对《周易》的解读看,儒家"外王"路线在宋明时期经历了从"得君行道"向"觉民行道"的转变。程颐走

---

[1] 李春强:《王艮〈论语〉诠释倾向论》,《中华文化论坛》2018年第8期。
[2] 杨普春:《王艮"吾身是个矩"说的身体思想探析——兼论道教身本论思想对王艮的影响》,《宝鸡文理学院学报》(社会科学版)2018年第4期。
[3] 童伟:《早期现代的直言主体审美规划——以王艮与卢梭的"自然"范畴为例》,《中国文学批评》2018年第3期。
[4] 唐东辉:《从程颐、王艮解〈易〉看儒家外王路线的转变》,《原道》第34辑,湖南大学出版社2018年版。

的是"得君行道"的传统路线。王艮走的则是"觉民行道"的新路线,在他看来,为政莫先于讲学,讲学是至易至简的致治之道。他提出出处为师与百姓日用即道的理论,开启了明代的民间讲学之风。王艮之所以要"觉民行道",既是明代恶化的政治生态使然,也是儒学社会化的需要,更是对孔子尤其是阳明觉民行道思想与实践的继承、发展。

高凯《王艮心学研究》① 一文指出:王艮继承阳明"心即理"的观点,提出"天理"即"良知",他解释"天理"为"天然自有之理",良知也就等同于天然自有之理,良知的自然天性被突出出来,并且以此为基础,王艮主张"百姓日用即道",将良知本体与生活经验融为一体,促进了心学向下层百姓的传播。同时,王艮强调从学问中获得的真乐,这种乐不同凡俗之乐,同良知本体一样自然而至,是体证万物一体的真乐。良知作为先验本体确立了心学的主体性原则,王艮在以这一原则为根本的同时,更进一步给予主体的感性经验与本体的道同等的地位。由此,王艮提出其著名的"淮南格物"论,将"身"确立为根本原则,"身"同时具有了感性生命与先验本体的双重意义。"身"成了衡量天地万物的根本标准,身为本,天下万物为末,因此王艮提倡修身为本,安身以立本。从阳明的"良知"到王艮的"身",其中所体现的是形上之本体与现实世界的距离不断拉近。王艮对"身"的强调,突出了主体的实践性,使得个体的感性生命得到尊重,而主体的心灵境界却淡化了。

霍云峰《社会建设视域下的泰州学派——以王艮为考察中心》② 一文指出:泰州学派的思想具有启蒙意义,对现代社会建设亦有借鉴作用。从地方社会建设的视角出发,审视泰州学派的思想价值与社会活动,能够发现泰州学派重视济世救民、扶危救困,强调个人的社会责任,通过平民讲习、倡导孝义、重建乡约等实践活动来改造社会风气,以此建立一个孝与义的和谐社会。

李承贵《王艮对王阳明心学的独特贡献——兼及若干相关问题》③ 一文指出:

---

① 高凯:《王艮心学研究》,硕士学位论文,河北大学,2018年。
② 霍云峰:《社会建设视域下的泰州学派——以王艮为考察中心》,《贵阳学院学报》(社会科学版)2018年第2期。
③ 李承贵:《王艮对王阳明心学的独特贡献——兼及若干相关问题》,《贵阳学院学报》(社会科学版)2019年第6期。

信奉阳明心学而感叹知之者甚少，于是身着异服，驾一蒲轮，由南而北讲说不倦，宁可遭人嘲讽，亦毫无惧色，此非"以身殉道"之境界？体恤阳明讲学及事务繁杂、劳累，于是设法旦夕陪侍阳明左右，勤勉启蒙学者而毫无怨言，此非"尊师重道"之品质？忧心同门及求学者不能安心切磋交流，于是致力阳明书院的筹建，周旋其中而乐此不疲，此非"学术乃公器"之胸怀？期待阳明之学快速生长于民心，于是四处布道，用心诠释阳明心学宗旨，通俗其内容，此非"以传道为业"之鸿志？惧怕学者自立门户、学术分裂，于是谨述"良知""天理"之同，协调湛、王以共倡圣人之学，此非"以公心辩"之气象？寄望阳明心学后继有人，于是广招弟子，培养学术新秀而不遗余力，创立泰州学派，从而成为阳明心学脉络中不可或缺而又最耀眼一环，此非"以道统自任"之担当？嗟嗟，心斋者，真人也，豪杰也，义人也，大儒也！环顾当世道场，鼓噪喧嚣者有之，多言乱语者有之，浑浑噩噩者有之，趋炎附势者有之，精致利己者有之，辱师废学者亦有之！独不见心斋也。此非谓心斋之于当世有似空谷之足音乎？

朱义禄《论王艮身本论及其对罗汝芳的影响》[①] 一文认为：王艮是王阳明的亲传弟子，其思想"多发明自得"。出身灶丁的经历，是他提出"身尊道尊"论与"仕禄害身""明哲保身"说为主要内容的身本论的原委。就中国哲学史发展历程而言，身本论有别于以往的气本论、理本论与心本论，为一种新的理论形态。罗汝芳在构建自身思想体系时，兼容了身本论与王阳明的"良知"说，提出了令人耳目一新的"赤子之心"作为自己学说的宗旨。宗旨各异的新哲学思想的出现，是在连续性与非连续性的矛盾统一中实现的。

姜子豪《王艮"淮南格物"身为尊思想探析》[②] 一文指出：王艮作为泰州学派开创者，在继承阳明心学基础上提出"以身为本"的本体论命题，以"身"为天地万物之本，天地万物为末，着重关注个人主导作用的发挥。其"安身立本"认识论揭示了个体生命价值的至上性，在"尊道"前须先保护自己生存权利不被威胁，再去实现个人社会理想。其"明哲保身"是其方法论以及处理人际关系原则，强调人己平等、爱人爱己、善待他人以及自己，从而达到保身目的。

---

① 朱义禄：《论王艮身本论及其对罗汝芳的影响》，《教育文化论坛》2019 年第 4 期。
② 姜子豪：《王艮"淮南格物"身为尊思想探析》，《重庆电子工程职业学院学报》2019 年第 3 期。

杨浩《"印证吾心"与"本义自足"——王艮对四书的理解》[①] 一文认为：王艮作为阳明后学泰州学派的开创者，由于其特异的出身与为学径路，其思想在阳明后学中具有鲜明的特色。王艮对四书的文本非常熟悉，但并不注重从历代的注释来理解文本，而是强调文本自身的"本义自足"，同时将四书文本的阅读作为"印证"自心的手段。王艮对《大学》最为重视，不仅表现在他颇为独特的"淮南格物"说上，同时也体现在对"止于至善""诚意"工夫的特别重视上。此外，王艮对《中庸》的"中"也很重视，对《论语》《孟子》的文本，也有一些自己的理解。

高正乐《王心斋晚年工夫论新探》[②] 一文指出：王艮根据古本《大学》，明确将"八条目"划分为三个次第：一是"格物致知"，即在以身格家国天下的过程中认识到吾身为本，并认识到吾身应当达到的至善境界；二是诚意，即躬身践履，把"格物致知"的内容实现出来；三是正心以及修齐治平，即在践履过程中自觉本心，使本心在吾身与世界的交接过程中真体存存，进而将本心推扩到一家、一国乃至天下，最终达到至善之境。王艮的工夫论特重践履，对阳明心学的发展具有重要意义。

张雨、武道房《人人皆圣：王艮对儒家"圣人说"的新解》[③] 一文指出：圣人一直是崇高伟大身居高位的，与普通的百姓有着云泥之差，因而千古留名，深受万世敬仰。对于儒家来说，成圣是儒者终其一生所追求的目标。而自阳明以来，理学家逐渐拉近圣人与常人的距离，泰州学派创始人王艮更是提出"人人皆圣""人人君子"的主张来弱化"圣人说"。他通过将"天理良知"改造成"日用良知"，使玄虚神秘的天道等同于老百姓的日用；又将一直备受推崇的君子之道——"舍生取义"新解为"立本安身"，关怀到百姓最基本的生存需求；最后又将"乐"与"学"结合起来，将晦涩深奥的"圣人之学"转换为"至简至易之学"，更是打破了精英阶层对于教育的垄断。这样，王艮就把原本高高在上的圣人拉下神坛，重新建立起一套常人成圣论，力图填平圣人与平民之间的鸿沟。

[①] 杨浩：《"印证吾心"与"本义自足"——王艮对四书的理解》，《儒家典籍与思想研究》2019年卷。
[②] 高正乐：《王心斋晚年工夫论新探》，《孔子研究》2019年第4期。
[③] 张雨、武道房：《人人皆圣：王艮对儒家"圣人说"的新解》，《安徽农业大学学报》（社会科学版）2019年第4期。

高金凤《构建"学为中心"的乐学教学体系：基于王艮教育思想》[①] 一文认为："学为中心"的乐学教学体系构建，根植于泰州学派创始人王艮倡导的教育思想的丰厚土壤。具体而言，围绕"学为中心"，更新教育理念，完善乐学课程，改进教学方式，提升学生的学习品质和学习境界。

（二）林春与林春研究

林春（1498—1541），字子仁，号东城，江苏泰州人。家贫，于王艮家做僮仆，王艮见其聪慧，因使与己子共学。嘉靖十一年（1532）举会试第一，登进士第。除户部主事，改礼部，又改吏部。久之，转员外郎，请告归。起补郎中，后卒于官。关于林春生平事迹可参阅《明儒学案》卷三十二《泰州学案一》有"林春小传"[②]、唐顺之《吏部郎中林东城墓志铭》[③]。林春师从王艮而与王畿交好，"始闻致良知之说，遂欲以躬践之"。自束发至盖棺，未尝一日不讲学。[④]

关于林春研究，目前所见论文仅1篇。

贾乾初、陈寒鸣《林东城心学思想初探——兼论泰州学派的分化》[⑤] 一文认为：王艮弟子林东城，"师心斋而友龙溪"，其心学思想主要内容有：良知无不真；即心是理，人己一体；政学相即，工夫不离日用；自心自信，以心养学；亲师取友，学门第一事等。

（三）徐樾与徐樾研究

徐樾（1501—1552），字子直，号波石，江西贵溪人。嘉靖十一年（1532）进士，任礼部侍郎。嘉靖十八年（1539），升任福建参议。嘉靖二十三年（1544），以副使督学贵州。嘉靖三十一年（1552），升为云南左布政使，因参与镇压少数民族叛乱，中土司诈降计，战死于沅江城下。后追赠为光禄寺卿。著有《日省仁学录》《徐子直集》。徐樾在嘉靖六年（1527）师从阳明先生穷究心学，"继而卒业心

---

① 高金凤：《构建"学为中心"的乐学教学体系：基于王艮教育思想》，《教育研究与评论（小学教育教学）》2019年第8期。
② 《黄宗羲全集》第7册，第870页。
③ 《唐顺之集》，马美信、黄毅点校，浙江古籍出版社2014年版，第622—627页。
④ 《〈明儒学案〉〈宋元学案〉黄宗羲之案语汇辑》，第121页。
⑤ 贾乾初、陈寒鸣：《林东城心学思想初探——兼论泰州学派的分化》，《阳明学刊》，巴蜀书社2011年版。

斋（王艮）之门"。《明儒学案》卷三十二《泰州学案一》有传。①《阳明先生年谱》录有徐樾在嘉靖六年（1527）十月阳明先生过境江西之时受教经过："先生（阳明）发舟广信，沿途诸生徐樾、张士贤、桂轺等请见，先生俱谢以兵事未暇，许回途相见。徐樾自贵溪追至余干，先生令登舟。樾方自白鹿洞打坐，有禅定意。先生目而得之，令举似。曰：'不是。'已而稍变前语。又曰：'不是。'已而更端。先生曰：'近之矣。此体岂有方所，譬之此烛，光无不在，不可以烛上为光。'因指舟中曰：'此亦是光，此亦是光。'直指出舟外水面曰：'此亦是光。'樾领谢而别。"②

由于文献不足征，目前学界尚无徐樾研究专论。

（四）颜钧与颜钧研究

颜钧（1504—1596），字子和，号山农，又号樵夫，晚年因避明神宗朱翊钧讳，改名铎。江西吉安府永新县人。二十五岁时，经仲兄颜钥引导，开始接触阳明学（手抄《传习录》），接受致良知之教。二十八岁，辞家出游，遍访吉安府内阳明弟子。三十三岁，再度外出访学，在北京得遇贵溪徐樾（王艮门人），从之学习三年，复由徐樾引荐赴泰州王艮门下。颜钧上承王艮，下启罗汝芳、何心隐，为泰州学派重要代表人物，被誉为"平民思想家"。传世著作有《颜山农先生遗集》，黄宣民整理为《颜钧集》（附《韩贞集》，中国社会科学出版社1996年版）。

2018年、2019年学界研究颜钧的论文有3篇。

邵晓舟《颜钧美学本体探析》③一文指出："心"是泰州学派代表人物颜钧的哲学本体和美学本体。在哲学层面，他大胆将人心道心合二为一，却持"心为人身之主"的观点而展现出身心二分的倾向。在美学层面，他不断引入"形躯""欲"等生理性、物质性、实践性因素，让"身"得以逐步介入，最终以"神莫"与"日用"不可斩断的关联来完成身心的合一。包蕴着"身"的"心"本体，完满呈现在"从心所欲不逾矩"的终极审美境界中。

---

① 《黄宗羲全集》第7册，第846—855页。
② 《王阳明全集》，第1076—1077页。
③ 邵晓舟：《颜钧美学本体探析》，《扬州大学学报》（人文社会科学版）2018年第5期。

李佳琳《颜钧仁学视域下的心学转型》① 一文指出：泰州学派是王门后学中最具影响力的学派之一，颜钧是泰州学派中具有划时代意义的代表人物，在整个泰州学派发展过程中具有承上启下的关键作用，独特的仁学思想一方面简化儒学理论，创新实践精神，真正实现了儒学平民化，另一方面他的思想已有跳出传统儒学的趋向，使泰州学派不断受到传统礼教的攻击，最终走向衰落。

衷鑫恣《宋以来道学人士的心疾问题》② 一文认为：宋以来道学人士罹患心疾的病发比率总体不高，史料中保存的若干病例多由个人原因造成。不过，由于程朱学重"思"，宋明道学家"因思致疾"的现象着实较多，连朱熹、王阳明这样的一派宗师也不能免。道学苦思道德心性与命理等议题，穷深极奥且概念纠缠、莫衷一是，由此造成了普遍性的精神压力，是乃哲学形上学运思的副产品。明代心学惩朱学流弊而起，于心疾防治有独特贡献。阳明良知学以"不学不虑"为教，号称简易直截，其用意之一就是解放义理思索之苦；泰州学派颜钧于南昌张榜"急救心火"，则已发展为专门的心疾（精神疾病）治疗活动。以此回观，可以发现：程颐、朱熹其实已明了心疾之非，认为心疾终非圣贤气象，程朱所谓"善其思"及澄怀静坐等操练法门，实际上已经是在针对难以放弃读书致知任务的道学人士，指点可常态化的心疾防范之道。

（五）何心隐（梁汝元）与何心隐研究

何心隐（1517—1579），原名梁汝元，字柱乾，号夫山。江西吉安永丰人。早年放弃科举，师从颜钧，学"心斋（王艮）立本之旨"，成为泰州学派的再传弟子。先后在北京、福建、浙江、四川、江西等地讲学。后在湖北孝感讲学，因反对当时的内阁首辅张居正，遭通缉。万历七年（1579）被湖广巡抚王之垣抓捕，遇害。著《何心隐先生爨桐集》。今有容肇祖整理的《何心隐集》（中华书局1960年版）。

2018、2019 年，何心隐研究论文有 6 篇。

宿明敏《何心隐与明中后期的平民儒学》③ 一文指出：何心隐是泰州学人中推

---

① 李佳琳：《颜钧仁学视域下的心学转型》，硕士学位论文，山东大学，2018 年。
② 衷鑫恣：《宋以来道学人士的心疾问题》，《文史哲》2019 年第 2 期。
③ 宿明敏：《何心隐与明中后期的平民儒学》，硕士学位论文，湖南大学，2018 年。

动儒学平民化的重要代表。他的平民儒学思想顺应时代潮流,在晚明思想史上具有一定影响力。何心隐的平民儒学思想的核心是"欲""仁义""友"。他对这三个概念的论述区别于一般儒学概念,"以命载性,性乘于欲""人则仁义,仁义则人""交尽于友,五伦友为尊"。他肯定人"欲"的自然性和积极性,并主张寡欲、养欲、育欲;他把道德原则"仁义"由圣人推向庶民,从而在理论上肯定了庶民的人格平等,通过"友"实现从自然人、道德人到社会人的建构。何心隐的平民儒学思想和践履推动了泰州学派的发展,对李贽和颜李学派有一定影响,对近代思想启蒙具有积极意义。

李锦威《泰州学派乡治实践的生态性研究——以梁汝元永丰实验为例》[1]一文指出:泰州学派梁汝元师从王艮之再传弟子颜钧,自散家财在家乡江西吉安府永丰县今梁坊村创办了泰州学派乡村建设史上最完整的涵盖政治、经济、教育、福利功能的乡里民间组织"聚和堂",在明朝中晚期政治衰败、矛盾丛生、经济变革、阶层动荡的时代环境下以一种与上层儒者、知识分子完全不同的"救世"视角投身"安老怀少"的理想社会建设,用实践来探讨其对天人关系、社会生态的哲学思考。

杨惠云《"我不杀伯仁"——何心隐死因探析》[2]一文指出:关于何心隐之死,其与张居正的思想冲突是一个不容忽视的重要因素,早已埋下了何心隐之死的伏笔,故张居正虽未杀何心隐,何心隐却因他而死。但究其根本,何心隐之死很大程度上应当归咎于其自身,迥异于时代的思想使其树敌较多,为人又不够"聪明",所作所为引起了封建统治集团的恐慌和反感,最终将自己推入死亡的深渊。

童伟《何心隐叙事观念与明代叙事美学的滥觞》[3]一文认为:何心隐叙事主张富有哲学与历史内涵,在突破传统叙事中凸显独特的审美意味。他以"心学"为基础唤醒百姓日用之"事",使"事"走进叙事的中心。并认为"心"在当下显现为"事",感性的"事"与"心"或"仁"相贯通。他援用《尚书》范畴提出"五其事而叙","事"借助形象的可感性经验当下敞开,确认了以人为中心的形象

---

[1] 李锦威:《泰州学派乡治实践的生态性研究——以梁汝元永丰实验为例》,硕士学位论文,浙江农林大学,2018年。
[2] 杨惠云:《"我不杀伯仁"——何心隐死因探析》,《四川职业技术学院学报》2018年第1期。
[3] 童伟:《何心隐叙事观念与明代叙事美学的滥觞》,《江苏社会科学》2019年第4期。

叙事的自主性，打开了叙事的自主空间。又从《周易》"穷而极""变而通"的哲理中，将"事"投射到阴阳卦象变易不居的超时空背景下，成为天道的显现。人物形象叙事的互动往来，尽显"理""事""心"合一之真，在虚实相生中超越了历史叙事与虚构叙事之分别，"经史一物"或"六经皆史"的思想雏形初具，在"史统散而小说兴"的历史变迁中助推了明代叙事美学的兴起。

陈诗师《何心隐理欲观论析》[1]一文认为：何心隐是明代中后期的思想家、哲学家、平民社会改革实践家，泰州学派的杰出代表。泰州学派是阳明后学中的一支，一方面它继承了阳明之学，另一方面也被批判为是一个与王学渐行渐远的学派，其主要原因在于理欲观的冲突。何心隐在继承泰州学派思想的基础上进一步对人欲进行了深刻的思考和较为全面的探讨，肯定"欲"存在的合理性，批判"无欲"，主张"寡欲""育欲""与百姓同欲"，启迪了人们长期被禁锢的思想，形成了其更具启蒙意义的理欲观。

齐悦《何心隐：明代"共产主义"讲学家的传奇人生》[2]一文认为：何心隐，本名梁汝元，江西吉安人，30岁那年取得江西乡试第一名。出人意料的是，在那个学而优则仕的年代里，他毅然放弃一片光明的仕途，师从儒学大师颜钧，深受其平民化、通俗化儒学理论的影响，从此以讲学作为人生理想。

（六）罗汝芳与罗汝芳研究

罗汝芳（1515—1588），字惟德，号近溪，学者称为近溪先生，江西南城人。十六岁赴南昌师从泰州学派代表人物颜钧，得泰州学派真传。嘉靖二十二年（1543）中举，翌年会试后，自认为"吾学未信，不可以仕"，不参加廷对，还乡讲学，达十年之久。嘉靖三十二年（1553），赴京参加殿试，赐同进士出身，授太湖知县。任上，立乡约，饬讲规，召集诸生讲学。两年后，升任刑部山东司主事。嘉靖四十一年（1562），出任宁国知府，为政重教化，以讲会、乡约为治，又主持修缮泾县、南陵、太平等县的城池，政绩斐然。嘉靖四十四年（1565），因父丧回乡守制。万历元年（1573），守制期满，复为朝廷起用，补东昌知府。不久，改官

---

[1] 陈诗师：《何心隐理欲观论析》，《哈尔滨学院学报》2019年第10期。
[2] 齐悦：《何心隐：明代"共产主义"讲学家的传奇人生》，《文史天地》2019年第5期。

云南道巡察副使，分守永昌。万历五年（1577），升任右参政。不久，因公进京，应邀至城外广慧寺讲学，引起了内阁首辅张居正不满，被罢官归里。《明儒学案》卷三十四《泰州学案三》有"罗汝芳学案"。①

方祖猷等编校整理《罗汝芳集》，由凤凰出版社2007年出版。2015年11月28日到29日，江西南城召开了"全国纪念罗汝芳诞辰500周年学术研讨会"，与会学者就罗汝芳生平研究、罗汝芳思想研究、罗汝芳与弟子汤显祖关系研究、罗汝芳与当代文化建设研究等主题展开研讨。学术研讨成果见《全国纪念罗汝芳诞辰500周年学术研讨会论文集》（江西高校出版社2016年版）。

2018年，罗汝芳研究论文有4篇。

朱义禄《论罗汝芳对汤显祖的影响》②一文指出：汤显祖的思想构成、人生哲理与戏曲创作，均烙上了其师罗汝芳学说的印记。汤显祖以"哀赤之心"去抨击官吏们"权利黑心"，其理论依据是罗汝芳的"赤子之心"；罗汝芳"向民所欲为"的民本思想，是汤显祖在遂昌期间实施"因百姓所欲去留"方针的指导原则。以"有情之天下"去否定"有法之天下"，是同罗汝芳重德轻刑的思想相关的；至于《南柯记》中对和谐乡村的描绘，有以遂昌县的实际经历为背景的，又与罗汝芳重视圣谕六条的教化是密不可分的。汤显祖把罗汝芳抽象的哲理，衍化为生动的艺术形象，表现形式不同，却是汤显祖接受罗汝芳的明证。

李松《破除光景：罗汝芳对良知学的承续发展》③一文指出：阳明后学对良知的阐释异见纷呈，流弊益甚，或是将良知引入虚玄，义理分解到极致，或是任取当下，导良知入情识，两者都将良知导入光景。罗汝芳补偏救弊，以赤子之心为宗，觉悟信从赤子之心的虚灵周遍，不再去空描画良知本体和做执持工夫，以此破除对良知的障蔽和遮掩，顺适此心，直下承当，使良知流行于人伦日用之间，为心学的发展指示出新的方向。

曾勇《"圣谕六言"之阐扬与社会治理——以明儒罗汝芳为中心》④一文指出：

---

① 《黄宗羲全集》第8册，第1—55页。
② 朱义禄：《论罗汝芳对汤显祖的影响》，《中共宁波市委党校学报》2018年第1期。
③ 李松：《破除光景：罗汝芳对良知学的承续发展》，《黑龙江工业学院学报》（综合版）2018年第2期。
④ 曾勇：《"圣谕六言"之阐扬与社会治理——以明儒罗汝芳为中心》，《湖北大学学报》（哲学社会科学版）2018年第1期。

朱元璋的"圣谕六言"是明代生命教化和社会治理的德治纲领。明代士人多有阐释，并躬行践履，罗汝芳便是其中的卓绝者。他"学以善政""政以宣学"，将国家意识与人伦日用相贯通，用"百姓日用之道"诠释"圣谕六言"，揭示其普遍意义；又将君王治统与儒家道统相对接，开掘"圣谕六言"的人文意涵，并以乡约为平台，创新传播方式，将"圣谕六言"的宣扬贯穿于政治实践，取得了较好的综治成效。

陈宝良、周兴《明代乡约宣讲与儒家道德的世俗化》[①] 一文指出：乡约的核心宗旨是针对普通民众的道德教化，乡约宣讲是普及儒家道德的重要途径。其中罗汝芳的乡约以道德说理、道德感化作为乡约宣讲的主要方式，合乎道德教化原则，其道德教化水平进一步提高。

2019年，罗汝芳研究论文有近10篇。

温世亮《中庸视域中的罗汝芳诗歌创作及其诗史意义》[②] 一文认为：罗汝芳对中庸之道有自己的体悟，他不仅将中庸视为儒家伦理道德的基本准则，将它当作达仁至善的方法论来进行界说，又赋予其实际的思想内涵。守中庸而务中正平和的哲学思想也贯彻到罗汝芳的诗歌创作中，他的诗歌因此每见圆融醇和的审美形态。以聂豹、罗洪先、欧阳德、邹守益、王时槐等为代表的明代"江右王门"在中庸义理的理解上虽有一定的差异，但他们均为阳明良知心学的传衍者，大都能借诗歌阐发心性，在他们的创作中实已融入了中庸基因，这对明代心学与文学关系的研究具有借鉴价值。

刘增光《"原日身体"与身的形上化——罗汝芳身心之学的现象学诠释》[③] 一文认为：身体观是近年来哲学研究的一个重要主题。宋明理学是中国哲学发展的高峰，理学家之身体观值得重视，而阳明学派的罗汝芳之身体观尤富创造性，并可与西方的身体现象学互相鉴照。第一，罗汝芳扭转了传统的"心灵身拙"观念，回到人的生命整体去思考身心关系，提出"身心灵妙"说，此不同于身心二元论；第二，罗氏提出"原日身体"或"初生身体"，揭示了身的形上之维以及身与世界之间的意向性结构，此相当于梅洛-庞蒂的"身体意向性"或舒斯特曼的"身体

---

① 陈宝良、周兴：《明代乡约宣讲与儒家道德的世俗化》，《青海民族研究》2018年第2期。
② 温世亮：《中庸视域中的罗汝芳诗歌创作及其诗史意义》，《荆楚理工学院学报》2019年第1期。
③ 刘增光：《"原日身体"与身的形上化——罗汝芳身心之学的现象学诠释》，《学术月刊》2019年第5期。

意识";第三,"原日身体"所具有的源初意识就是赤子之心所具的孝、弟,世界就是一个孝弟慈的世界,这与现象学在宏大范围内谈论世界不同,而构成了儒家道统的重要内容。

唐明贵《试论罗汝芳对〈论语〉的易学解读》①一文认为:作为泰州学派的传人,罗汝芳在《论语》诠释过程中,在本体论和工夫论两个层面展开了对《论语》经文的重新释读,他以《易》之"生生"释"仁",以《易》之"生生之理"释"学而时习之",以《易》之"复""生"释"克己复礼",将被誉为群经之首的《易经》和以孔子言行为载体的《论语》贯通起来,这无论是在"论语学史"上还是在思想史上都是有其重要意义的。

郭淑新、秦瑞波《罗汝芳生命观发微》②一文认为:罗汝芳作为明代泰州学派主要代表人物之一,其生命哲学在阳明后学中别具一格。他以阳明心学为本,纳佛道思想为己用,以"赤子之心"替代阳明的良知本体,追求"万物一体之仁"的生命境界。研究罗汝芳的生命观,不仅仅是对心学研究的拓展与深化,对把握心学走向有重要意义,更在于能够借此为解决现代人的生存焦虑提供理论借鉴,为当今社会进行生命教育提供学理启示与实践导引。

彭树欣、刘卫华《论罗近溪哲学的神秘主义倾向》③一文指出:罗近溪哲学的终极追求是见体、证道,即走向神秘主义,其生命历程、工夫进路和生命境界均与神秘主义有关。这是其哲学的一个重要面向,也是大多数宋明心学家的一个不可忽视的面向。审视这一问题,对当代儒者的工夫进路不无启迪。

郝光明《罗近溪与禅》④一文认为:罗近溪为传承阳明心学的泰州学派代表人物,黄宗羲这样评论罗近溪:"不落义理,不落想象,先生真得祖师禅之精者。"显而易见,在黄宗羲看来,近溪之学与禅门相类。他还特别点出近溪先生教学之法,颇似禅师之开示。

梁美玲《罗近溪"赤子之心"思想发微》⑤一文认为:作为泰州学派代表人物

---

① 唐明贵:《试论罗汝芳对〈论语〉的易学解读》,《周易研究》2019年第4期。
② 郭淑新、秦瑞波:《罗汝芳生命观发微》,《理论与现代化》2019年第6期。
③ 彭树欣、刘卫华:《论罗近溪哲学的神秘主义倾向》,《阳明学研究》(第四辑),人民出版社2019年版。
④ 郝光明:《罗近溪与禅》,《法音》2019年第5期。
⑤ 梁美玲《罗近溪"赤子之心"思想发微》,《河北北方学院学报》(社会科学版)2019年第6期。

之一，罗近溪最具特色的思想就是"赤子之心"，并赋予其良知的深刻内涵。他以不学不虑为赤子之心的基本根据，回答孟子的良知良能学说，视不学不虑为一种大学；以生生之仁为赤子之心的发展线索，结合《易传》的"生生"提出赤子之心为最高仁，是一种"完仁"；以至善至美为赤子之心指导下修养的最高境界。罗近溪正是通过"赤子之心"连接先秦时期的传统儒学和当世的王学，使王学的发展走上"正路"，保证王学的发展与正统儒学能够契合，从而激发了王学在新时期发展的动力。

李慧琪《唐君毅对罗近溪思想的诠释》[①] 一文认为：罗近溪是明代泰州学派代表人物，透过唐君毅先生对其思想的诠释，可提供"即生即身言仁""复以自知"这两条线索来掌握罗近溪的本体论与工夫论。此外，唐先生还讨论了罗近溪与明道、阳明、心斋、龙溪的关联，但对于罗近溪从知爱知敬言良知和受佛学影响之处论述较少。虽然唐先生与牟宗三先生对罗近溪宗旨有不同意见，但皆能展现罗近溪学问特色。

（七）杨起元与杨起元研究

杨起元（1547—1599），字贞复，别号复所，广东归善人，一作惠州人。隆庆元年（1567）乡试中解元。万历五年（1577）中进士，选庶吉士。师从罗汝芳后，"大悟性命之宗"。万历七年（1579），授翰林院编修。次年因病回惠州，讲学于惠州西湖永福寺。万历十四年（1586）夏回北京，次年升任翰林院修撰。历任国子监司业、司经局洗马，纂修玉牒，充经筵讲官。万历二十年（1592），因父病逝，回惠州守孝。又讲学于永福寺文昌阁。应知府之请，编纂《惠州府志》。万历二十三（1595）七月，守孝期满，起用为国子监祭酒。次年，携母赴任，未抵京，升任南京礼部右侍郎。万历二十五年（1597）十月，改任南京吏部左侍郎，摄尚书事。次年，加摄南京礼部尚书。不久，被召回北京，任吏部右侍郎兼侍读学士。即将赴京时，母病逝，扶柩归葬惠州。万历二十七年（1599）九月得病，不久逝世。谥文懿。著有《证学编》《证道书义》《杨子学解》《杨文懿集》等。今有学者编校整理其《证学编》（上海古籍出版社2015年版）。

---

① 李慧琪：《唐君毅对罗近溪思想的诠释》，《宜宾学院学报》2019年第8期。

2018、2019年，杨起元研究论文各有1篇。

王格《杨起元的学派与信仰》[①] 一文指出：杨起元为明万历时期王学运动中最重要的学者之一。他是王学中泰州学派罗汝芳晚年的付法弟子，并在罗汝芳去世后严格地履行这一职责。杨起元虽然继承王学尤其是泰州学派罗汝芳的学问，但他也被认为传承了岭南学术的若干风格。其中，突出表现在对佛、道诸宗教以及民间信仰采取极度的兼收并蓄，强调三教合一，在一些信仰问题上表现得十分虔诚，并且身为科举考试官员也毫不避讳其佛教信仰，甚至因此遭到一些学人的诟病。

刘增光《万物一体义的生态内涵：以泰州学派杨起元为视角》[②] 一文指出：阳明心学的万物一体观有着丰富的生态伦理意涵，这一点在其后学的思想中有着进一步的展开，并逐渐与佛教、道教的思想更加紧密地结合起来。泰州学派的杨起元在论述"群生之性一也"时，将万物皆视作有性、有知之物，从而将人之所以异于物的"几希"更加淡化了。动植物皆有"知"，那么就理应尊重"他们"而非"它们"的生存权和发展权。正是这样的思路，使得重视生命、爱护一草一木的生态伦理的观念呼之欲出。而人作为"天地之生德"，理应发挥其"育物"之特性和参赞天地之能力，为营造和谐共生的世界而努力。

（八）周汝登与周汝登研究

周汝登（1547—1629），字继元，别号海门，浙江嵊县人。万历五年（1577）进士，授工部屯田主事，后贬为两淮盐运判官。万历二十年（1592），升任南京兵部车驾司主事。历任广东按察佥事、云南布政使司参议、南京尚宝司卿。崇祯二年（1629），被擢任工部尚书，未赴任而卒。周汝登在青年时期师从山阴王畿，潜心研究阳明心学，并终身践行。晚年曾召集近百人，在绍兴阳明祠内讲学。一生博览群书，学识深广，著作较多，著有《东越证学录》《圣学宗传》《四书宗旨》《王门宗旨》等。今有学者编校整理《周汝登集》（浙江古籍出版社2015年版），收《周海门先生文录》《东越证学录》《圣学宗传》《佛法正轮》四种。

因周汝登亦曾师事罗汝芳，黄宗羲在《明儒学案》卷三十六《泰州学案五》

---

① 王格：《杨起元的学派与信仰》，《惠州学院学报》2018年第2期。
② 刘增光：《万物一体义的生态内涵：以泰州学派杨起元为视角》，《惠州学院学报》2019年第2期。

中为周汝登立"学案"①。实则,将周汝登归为"浙中王门"亦名正言顺。彭国翔《周海门学派归属辨》②一文以各种相关原始文献为据,详细考证《明儒学案》中周海门学派归属的失实,指出:无论从地域、思想传承还是自我认同来看,周海门都应当作为王龙溪的弟子而归入浙中王门。

2018 年,周汝登研究论文有 1 篇。

王格《学承和学脉:周汝登"学派归属"的重新认定》③ 一文对周汝登的"学派归属"问题做重新考察和认定:周汝登与王畿并不构成真实的学承关系,而是一种有意要"追认先师"的认同行动。周汝登决定认同和担当这一学脉之传承,并在万历中期浙中学者中得到了较为广泛的认可。与此同时,他也与泰州王艮家族交往颇多,在学脉上属于"一脉关情"的同道。

2019 年,周汝登研究论文有 3 篇,涉及他与阳明学关联及相关文献版本问题。

阮春晖《周海门良知观辨析》④ 一文认为:周海门的良知观,从阳明而来又异于阳明,突出表现在:其一,无物而物在。将"无物"之说与《中庸》相连,良知之体被清晰地归合为"无"之深微本质,良知能量在对"无"的界说中得到进一步激发。其二,手持足行是道。在良知之体的观照下,良知之用从顾及整体规模细化为注重当下行为的道德呈现,并被赋予与良知同等的道德层级,良知"彻上彻下之道"得以贯彻。其三,自我现成。自我与良知糅合为一,现实自我以更为张扬的方式取得了与良知同等的至上性和圆满性,良知主体因自我呈发的力量被极力振拔。这种良知观,与海门对良知本体地位的一再强调有关,它在思想定位、核心构成、作用流行等方面,与阳明之学的基本方向相符,我们仍可将之视为阳明之学在晚明的进一步发展。

鲁海军《阳明后学周海门及其学派》⑤ 一文认为:周海门是晚明浙中士林的领袖,致力于阳明学的讲授与推广,影响颇大。他曾讲学于鹿山书院、苍岩石壁草堂、海门书院(宗传书院)、绍兴阳明祠、金华霞院书院等地,他与弟子围绕书院

---

① 《黄宗羲全集》第 8 册,第 112—130 页。
② 彭国翔:《周海门学派归属辨》,《浙江社会科学》2002 年第 4 期。
③ 王格:《学承和学脉:周汝登"学派归属"的重新认定》,《中国哲学史》2018 年第 2 期。
④ 阮春晖:《周海门良知观辨析》,《伦理学研究》2019 年第 6 期。
⑤ 鲁海军:《阳明后学周海门及其学派》,《宁波通讯》2019 年第 13 期。

研学而逐渐形成学派——海门学派。海门学者众多，尤以山阴、会稽、剡城为盛。这些海门学者的活动构成了晚明浙中阳明心学发展的重要环节。

吴兆丰《〈圣学宗传〉初本、改刻及其相关问题》[①] 一文指出：晚明周汝登所纂心学读本《圣学宗传》盖有三个版本系统。学界一般认为《四库全书存目丛书》据以影印之复旦大学藏明万历刻本乃其初刻本。经研究比对可见，《孔子文化大全》据以影印之明万历三十三年陶望龄序刊本为初刻本，《四库全书存目丛书》本实乃初刻改订本。改刻原因是周汝登接受东林领袖顾宪成的意见，后者认为初刻本卷一四《王畿传》所载薛应旂奉承夏言而将王畿罢黜的记载不实。从《圣学宗传》初刻改订情形可见版本鉴定复杂之例，以及版刻与社会人事、历史叙述之间的紧密互动关系。

（九）陶望龄与陶望龄研究

陶望龄（1562—1609），字周望，号石篑，浙江会稽人。万历十七年（1589）会试第一、廷试第三，任翰林院编修，参与编纂国史；曾升待讲，主管考试，后被诏为国子监祭酒。陶望龄一生清真恬淡，以治学为最大乐事，把做学问也当作息歇，并用"歇庵"二字名其居室，学者尊称他为"歇庵先生"。生平笃信阳明先生"自得于心"之学。工诗善文，著有《歇庵集》《功臣传草》《陶歇庵稿》《解老》《解庄》《天水阁集》，今天津社科院李会富博士编校整理有《陶望龄全集》（上海古籍出版社2019年版）。黄宗羲在《明儒学案》卷三十六《泰州学案五》中为陶望龄立"学案"[②]。实则，将陶望龄归为"浙中王门"亦名正言顺。

李会富编校整理的《陶望龄全集》（上海古籍出版社2019年版）正式出版。《陶望龄全集》据陶望龄现存著述编校而成，收录《歇庵集》《功臣传草》《陶歇庵制义》《解老》《解庄》《陶石篑评会稽三赋》六种文献，并附有《佚文》一卷，《附录》四卷为陶望龄生平思想及其著述相关的资料。该书校勘翔实，装帧精美，底本选择精良，文献内容丰富，对开展陶望龄研究具有补白之功。

龚开喻《构建心学道统：陶望龄与周汝登之交往》[③] 一文指出：《明儒学案》

---

① 吴兆丰：《〈圣学宗传〉初本、改刻及其相关问题》，《中国典籍与文化》2019年第3期。
② 《明儒学案》第8册，第130—134页。
③ 龚开喻：《构建心学道统：陶望龄与周汝登之交往》，《南阳理工学院学报》2019年第1期。

中，黄宗羲将周汝登与陶望龄一道划入了《泰州学案》之中，认为其是泰州学派罗汝芳之后学。而实际上，无论是从地域、思想传承还是自我认同来看，周汝登都属于王畿之后学，王阳明—王畿—周汝登—陶望龄，构成了阳明学在浙东传承的一条重要线索。陶望龄和周汝登的交往，主要有三方面的内容：一是陶望龄视周汝登为师，真心向周汝登请教、探讨"朝闻夕可"的性命之学；二是陶望龄协助周汝登主持了浙中的王学讲会；三是陶望龄协助周汝登完成了《圣学宗传》《王门宗旨》二书的编纂，共同构建了"王阳明—王畿—周汝登"这样一个以"无善无恶"为宗旨的道统传承脉络。

2018、2019年学界没有研究陶望龄的专论，但是近几年的几篇研究论文也值得关注。

杜建芳《陶望龄交友考》[①]一文指出：陶望龄同袁宗道、黄平倩一起，"汰除王、李结习""以清新自持"，在公安派的形成和发展过程中发挥了重要的作用。陶望龄与当时进步思想家李贽交往颇深，并深受其影响。同时，他与"公安三袁"交谊笃厚，结下了深厚的友谊。

王停军《晚明思潮视野下的陶望龄研究》[②]一文指出：晚明是个思想活跃的时代，在这个思想时代里，被众星光芒遮掩的陶望龄，也是晚明一位重要的思想家、学者。陶望龄在和周汝登等学者交往中，形成了自己中和又进步的主张，并各处讲学，对浙东文化、阳明心学的传承起到了桥梁作用。陶望龄学识广博，对禅学也有深究，和众多高僧、知名狂禅名士的交往，使得陶望龄在思想上认同、宣扬禅学，但又能扬长避短，洁身自好。公安派是代表晚明文学思想转折的重要文学流派，性灵说影响至今，陶望龄虽没有袁宏道主张的犀利透彻，但他平实稳重的诗文风格对公安派是重要的补充和调剂。在多个领域的重要性，使陶望龄在晚明思潮中，不是最高但却最广，是晚明思潮的综合体现。

陈玉强《陶望龄"偏嗜必奇"说及其心学语境》[③]一文指出：陶望龄受王阳明心学影响，从尽心尽性的角度，提出"偏嗜必奇"说，大反程朱理学，一时振聋发聩，并奠定了他在晚明文论史上的独特地位。

---

① 杜建芳：《陶望龄交友考》，《宜宾学院学报》2007年第4期。
② 王停军：《晚明思潮视野下的陶望龄研究》，硕士学位论文，西南大学，2010年。
③ 陈玉强：《陶望龄"偏嗜必奇"说及其心学语境》，《清华大学学报》（哲学社会科学版）2012年第3期。

费兆亮《陶望龄哲学思想研究》[①] 一文指出：陶望龄在晚明时期具有相当卓著的学术地位和道德声望。在思想上，陶望龄上承袭王龙溪、罗近溪、周海门一脉，下启陶奭龄等人，是这一时期阳明心学的直接承祧者，对阳明后学的传承有着重要的贡献；在文学上，他的诗词与"三袁"风格相近，受到袁宏道等人的称颂，对公安派的文学创作有补充作用。同时，在晚明禅学之风的影响下，陶望龄还借鉴吸收了禅宗的理论，在对待佛教方面，比亲近释家的罗近溪、周汝登等人更进一步，强调"学佛知儒""以禅诠儒"。陶望龄由儒向儒佛融合的思想转向是其调和儒学和佛学关系的尝试，本质上也体现了晚明王学的发展脉络。

陈雪婷《陶望龄〈解庄〉研究》[②] 一文指出：明代儒释道三教合流，陶望龄虽由儒学出身，但他圆融三教而合一，因而在评注《庄子》之时，不仅运用儒家思想，还兼有佛理禅理。整体而言，陶望龄评点的内容深入浅出而又博大精深。

赵国庆《陶望龄诗文集版本考述》[③] 一文在简述陶子生平思想的基础上，对其传记资料、历代著述等情况做了调查和收集，并详细比较了陶望龄诗文集三种传世版本的概貌与差异，梳理了三种版本之间的顺承关系。

（十）陶奭龄与陶奭龄研究

陶奭龄（1571—1640），字君奭，一字公望，号石梁，又号小柴桑老，浙江会稽人。与其兄陶望龄并称"二陶"。万历三十一年（1603）举人，授建德教谕，改吴宁知县，见学政废弛，作正俗训，饬诸生遵守，官至肇庆司李晋济宁太守，后辞归讲学。与其兄讲学白马山；其学杂禅。著有《今是堂集》《小柴桑喃喃录》《迁改格》。天津社科院李会富博士编校整理有《陶奭龄集》（武汉大学出版社2020年版）。

目前学术界仅有3篇论文与陶奭龄研究有关。

张天杰《刘宗周、陶奭龄与晚明浙中王学的分合——兼谈蕺山学派与姚江书院派之关系》[④] 一文指出：刘宗周与陶奭龄同为晚明浙中王学的代表人物，二人共

[①] 费兆亮：《陶望龄哲学思想研究》，硕士学位论文，中国计量学院，2015年。
[②] 陈雪婷：《陶望龄〈解庄〉研究》，硕士学位论文，江西师范大学，2016年。
[③] 赵国庆：《陶望龄诗文集版本考述》，《古籍整理研究学刊》2016年第4期。
[④] 张天杰：《刘宗周、陶奭龄与晚明浙中王学的分合——兼谈蕺山学派与姚江书院派之关系》，《中国哲学史》2014年第4期。

举"证人社",开启晚明最为重要的王学讲会。然二人对王学、禅学的不同态度导致了"证人社"的分化,刘宗周及其弟子形成了蕺山学派;陶奭龄的友人与弟子形成了姚江书院派。此后十多年间两派讲学既有分歧又有交融,姚江书院派后期主讲邵廷采积极向蕺山学派靠拢,从而成为总结两派学术的关键人物。

李会富《陶奭龄年谱简编》[1]一文对陶氏的一生行迹做了系统研究,对相关诗文的写作年月做了考订。

刘泽亮、田希《陶奭龄著述考论》[2]一文认为:陶奭龄是明末佛学与儒学发展过程中的重要人物,具有重要的历史地位,然而,学界至今对其著述仍缺乏系统性的梳理,这与其在思想史上的地位极不相称。该文根据传统史料并结合新发现的《宗镜录具体》,全面爬梳、考论其著述的全貌,为拼接陶氏完整的思想文本谱系奠立学术基础,以廓清笼罩在这一被埋没的思想家身上的迷雾。

(十一) 刘塙与刘塙研究

刘塙(生卒年不详),字静主,号冲倩,浙江会稽人。周汝登、许孚远、杨起元讲学于南都,刘塙与焉。后师从周海门,海门授以六字,曰:"万金一诺珍重。"周汝登主盟越中,刘塙助之,接引后进。学海门周汝登之学者甚众,而以入室弟子则首推刘塙。黄宗羲在《明儒学案》卷三十六《泰州学案五》中为刘塙立"学案"[3],刘塙师从周汝登,实则将刘塙归为"浙中王门"亦名正言顺。

由于文献不足征,目前学界没有研究刘塙的论著。

(十二) 赵贞吉与赵贞吉研究

赵贞吉(1508—1576),字孟静,号大洲,四川内江人。嘉靖十四年(1535)进士,选庶吉士,授编修。后迁右春坊右中允,管司业事。嘉靖二十九年(1550),升左春坊左谕德,兼河南道监察御史。后忤帝意谪广西荔波县典史,量移徽州通判,稍迁南京文选司主事,进郎中,升光禄寺少卿、通政司参议、右通政、光禄寺卿、户部右侍郎,皆在南京。嘉靖四十年(1561),入为户部右侍郎,

---

[1] 李会富:《陶奭龄年谱简编》,《中国越学》第10辑,中国社会科学出版社2019年版。
[2] 刘泽亮、田希:《陶奭龄著述考论》,《孔子研究》2019年第5期。
[3] 《明儒学案》第8册,第134—137页。

后罢官。隆庆改元（1567），起吏部侍郎，兼翰林院学士，掌詹事府、祭酒事；后出为南京礼部尚书，召入兼翰林院学士，协管詹事府事。寻拜文渊阁大学士。后诏驰驿归，杜门著述终老。传世文献有《赵文肃公文集》二十三卷。

《明史》"本传"称赵贞吉"最善王守仁学"。黄宗羲《明儒学案》卷三十三《泰州学案二》专为之立学案，以为"先生（赵贞吉）之学，李贽谓其得之徐波石"。① 徐波石即徐樾，徐樾在嘉靖六年师从阳明先生穷究心学，"继而卒业心斋（王艮）之门"。赵贞吉师从徐樾，徐樾师从阳明先生，故而赵贞吉系王阳明的再传。而徐樾又分别于嘉靖七年、十年、十八年，先后三次在王艮门下受业，王艮系阳明先生的亲传弟子，如此推算下来，赵贞吉亦可算为阳明先生的三传弟子。赵贞吉作为王阳明的再传（或曰三传）弟子，早年用功于《传习录》而有得，出仕之后与江右王门、浙中王门、泰州王门学人多有切磋问学。赵贞吉作为"蜀之内江人"，还以阳明良知学传授于同为"蜀之内江人"的邓豁渠、何祥。

今人官长驰编校有《赵贞吉诗文集注》（巴蜀书社1999年版）。罗宁《〈赵贞吉诗文集注〉斟补》（《语文知识》2008年第4期）对官长驰整理的《赵贞吉诗文集注》"部分误注及排印错误做了纠正和补充"。陈世英《〈赵贞吉诗文集注〉点校商议》（《内江师范学院学报》2011年第3期）一文对官长驰点校的《赵贞吉诗文集注》"存在一些讹误脱漏及标点不当之处"，一一进行正误补脱，改正不当标点，并分析了造成讹误脱漏的原因，以期该注本更加准确、完善。张克伟《明儒赵贞吉之行履实录及著作》[《西华大学学报》（哲学社会科学版）2011年第5期]一文，对赵贞吉生平进行考辨。

2018年，赵贞吉研究论文有两篇。

毛小东《明〈大洲居士题赞法门寺痴僧诗〉刻石考》② 一文指出：法门寺现藏有一方明代《大洲居士题赞法门寺痴僧诗》刻石，学界有述，均过简略。通过对其全面考释，可以断定大洲居士不是相关学者所指的"痴僧"，而是明代内阁宰辅赵贞吉。

刘琳娜《赵贞吉与泰州学派的学问传承》③ 一文指出：明儒赵贞吉是否应归属

---

① 《黄宗羲全集》第7册，第871—887页。
② 毛小东：《明〈大洲居士题赞法门寺痴僧诗〉刻石考》，《中国书法》2018年第20期。
③ 刘琳娜：《赵贞吉与泰州学派的学问传承》，《内江师范学院学报》2018年第1期。

于泰州学派的问题近年引发了学界的争议，虽有学者提出了否定"徐樾—赵贞吉"师承关系的证据，但由于文献的复杂性和矛盾性，尚不能由此轻易否定赵贞吉泰州学人的身份。

2019年，赵贞吉研究论文有1篇。

周宝平《赵贞吉经世思想研究》[①] 一文认为：儒家思想本身带有一种积极的入世精神，经世思想则是这种入世精神最为集中的体现。赵贞吉经世思想的产生有着深刻的社会条件与哲学基础。在当时各种社会问题层出不穷的情况下，赵贞吉继承先秦以来修身齐家治国平天下的"儒者之志"，发表了一系列旨在解决社会问题的言论，其"意在备经世之法，俾愿治之主有所采择耳"，对社会现状的关切成为其经世思想产生的社会条件。另外，他认为，社会不安的原因在于"人心郁而不彰，人欲横流而不可禁止"，因此，应通过自信其心、克己、洗心和剥蕉之法来彰显自心，以备经世之用。赵贞吉的经世思想是其哲学思想的具体体现，他的心性之学、正心之学和外王之学成为其经世思想的内在依据。赵贞吉经世思想的内容十分丰富，其经世思想主要包括：为君之法、为臣之道、治民之术、守边之兵、教育之方等方面。具体来说，他认为君主想要保宏业于万世，要紧处在于对势—机—志—时的掌控，在于遵守法祖—敬天—勤民的原则，重视"谕教太子而导之术业"，更要纯心觅贤，乞求真儒之臣，真儒是"适治之良骏，平章之利器，圣古哲王所以运天下之具"，而作为真儒之臣要具有大臣之度、惕厉之心与寡过之念；赵贞吉提倡"重农安民"和"养民之政"，认为治民应以保其生存为先务，再辅之以教化；赵贞吉还主张"将之有威胜过爱"，守边之将要以威统兵，提倡分营统兵之法，重视马政；赵贞吉还重视教化，主张"师道立则道明于天下"，认为教育的目的之一是"贵求新益之骈臻"，着重培养学生推陈出新的精神。赵贞吉经世思想具有儒家经世思想的普遍特性，也有其自身所独有的特点。其经世思想表达了他作为儒者之使命与责任感，即对家国天下之兴亡的关切，体现了内外并重的经世致用的学风，以修身为经世的内在基础，以经书、心性哲学和历史作为其经世之学的依据以及杂糅佛教思想之意蕴。赵贞吉的经世思想也具有十分重要的现实意义，可以增强人们的道德意识、务实精神和改革创新精神。

---

① 周宝平：《赵贞吉经世思想研究》，硕士学位论文，湖南师范大学，2019年。

此外，张明、关春红、冉燕丽《西南"名臣大儒"赵贞吉研究述评——兼论赵贞吉心学流派之归属》①一文指出：赵贞吉是明"嘉、隆、万"三朝的名臣，传统上认为，赵贞吉亦是阳明心学泰州学派在四川地区的重要代表人物，其心学思想在明代中后期具有重要影响。

（十三）邓豁渠与邓豁渠研究

邓豁渠（1498—1569），初名鹤，号太湖，蜀之内江人。

邓豁渠早年为诸生时，不悦学。对于邓豁渠礼师赵贞吉的经过，黄宗羲《明儒学案》载："赵大洲（赵贞吉）为诸生谈圣学于东壁；（邓豁）渠为诸生，讲举业于西序。朝夕声相闻，未尝过而问焉。已渐有入，卒抠衣为弟子。"据邓红推算，邓豁渠在嘉靖十八年（1539，时年42岁）拜赵贞吉为师，受"良知"之教。拜师不久，邓豁渠便弃家出游，遍访阳明学者，以为"性命甚重，非拖泥带水可以成就，遂落发为僧"。据《明儒学案》记载："（邓豁渠）访李中溪元阳于大理，访邹东廓、刘狮泉于江右，访王东崖于泰州，访蒋道林于武陵，访耿楚倥于黄安。"其中在嘉靖三十三年（1554），还特意至绍兴，拜谒阳明祠堂、阳明墓、阳明洞。如此一来，邓豁渠与业师赵贞吉不相闻者数十年。隆庆初年，赵贞吉起官任礼部左侍郎，路过河南卫辉府，而邓豁渠恰好流浪在此，遂出迎郊外。大洲望见惊异，下车执手徒行十数里，彼此潸然流涕。大洲曰："误子者，余也。往余言学过高，致子于此，吾罪业重矣。向以子为死，罪恶莫赎，今尚在，亟归庐而父墓侧终身可也。吾割田租百石赡子。"因书券给之。时有来大洲问学者，大洲乃令邓豁渠答之。大洲听其议论，大恚曰："吾藉是以试子近诣，乃荒谬至此。"大洲入京，邓豁渠复游齐、鲁间，初无归志。大洲入相，乃来京候谒，大洲拒不见，属宦蜀者携之归，至涿州，死野寺中。

黄宗羲《明儒学案》卷三十二《泰州学案》有"邓豁渠"小传。②

邓豁渠的存世著作有《南询录》。1996年，黄宣民先生通过旅日学者邓红博士帮忙，获得藏于日本内阁文库泰州学派学者邓豁渠著作《南询录》，予以点校整

---

① 张明、关春红、冉燕丽：《西南"名臣大儒"赵贞吉研究述评——兼论赵贞吉心学流派之归属》，《贵州师范大学学报》（社会科学版）2017年第6期。

② 《黄宗羲全集》第7册，第823—824页。

理，编入《中国哲学》第十九辑（岳麓书社1996年版）。此后，邓红著《〈南询录〉校注》一书，由武汉理工大学出版社于2008年出版。邓红又与内江师范学院文学院梁明玉、李见勇合作，编注《南询录今译今注》一书，由中州古籍出版社于2016年出版。

2018年，邓豁渠研究论文有1篇。

李厚琼《邓豁渠与赵贞吉交游论考》[①]一文指出：邓豁渠中年时于家乡内江圣水寺礼师同乡赵贞吉学习阳明学。由于二人成长背景和志趣禀赋差异，邓豁渠与赵贞吉最终走上了不同的阳明学发展路径。赵贞吉虽对佛老思想有浓厚兴趣，但却始终坚守儒家教义和伦理纲常，以出世之心行入世之举，以禅入儒；邓豁渠自礼师赵贞吉后，便毅然决然地走上了一条崇佛自适之路，"只主见性，不拘戒律"，弃儒归佛。不同的人生哲学立场，是导致他们师生关系最终破裂的根本。邓豁渠与赵贞吉由交好到分裂，亦反映出明代中晚期阳明心学衍化路径的巨大分歧。

（十四）耿定向与耿定向研究

耿定向（1524—1596），字在伦，又字子衡，号楚侗，人称天台先生。湖广黄州府黄安县人。嘉靖三十五年（1556）进士，历行人、御史、学政、大理寺右丞、右副都御史至户部尚书，总督仓场。晚年辞官回乡，与弟耿定理、耿定力一起居天台山创设书院，讲学授徒，潜心学问，合称"天台三耿"。著作有《冰玉堂语录》《硕辅宝鉴要览》《耿子庸言》《先进遗风》《耿天台文集》等。今人整理有《耿定向集》（华东师范大学出版社2015年版）。

2018年，耿定向研究论文有3篇。

覃颖媛《明清黄安耿氏家族研究》[②]一文以明清时期湖北黄安耿氏家族（黄安"三耿"耿定向、耿定理、耿定力）为研究对象，关注思想学术在地方和家族中的演化条件及家族在易代变迁中的遭遇和变迁。嘉靖时期，耿定向、耿定力先后考中进士，耿定向对黄安县建置的贡献、成功的仕宦和讲学活动确立了自己及耿氏家族在黄安的地位，并通过书院讲学、联姻等方式，建立起了广泛的学术和人际网络，

---

① 李厚琼：《邓豁渠与赵贞吉交游论考》，《内江师范学院学报》2018年第11期。
② 覃颖媛：《明清黄安耿氏家族研究》，硕士学位论文，华中师范大学，2018年。

带动了黄安的文教发展。耿定理修筑城墙、招引商民,反映出与当地官方势力的密切关系。由耿定向着手开始的修谱活动,为凝聚家族起到了关键作用。耿氏家族由此跻身地方望族。

李兰兰《从〈译异编〉看耿定向的佛教观》[①]一文指出:中晚明以来,儒学与佛道两家的互动交融进一步增进,成为非常普遍的文化现象。在泰州学派学者那里,儒、佛、道三教的融合得到了更大的发展,赵贞吉、罗汝芳、杨起元、焦竑、管志道、陶望龄、耿定向都有此倾向。这一互动趋势比较符合时代与思想发展的要求,一方面促使思想本身的生命力发展,另一方面也影响了中晚明阳明学发展过程中的一些特有的问题意识。

屠凯《齐奄猫论:耿定向法哲学批判》[②]一文意在赋予耿定向的古典法哲学思想以现代的分析的形式,并予以批判。耿定向作为王守仁的私淑后学、张居正的僚属密友,揭开一切学术化修辞遮蔽,其思想比较典型地体现了"王学"传统中和专制主义比较贴合的一面。耿氏在法哲学上的种种调和,实质是对前人形上思考的整体否定。他最根本的出发点仍是维护当时的政权。

2019 年不见研究耿定向的论文。

(十五) 李贽与李贽研究

李贽 (1527—1602),初姓林,名载贽,后改姓李,名贽,字宏甫,号卓吾,别号温陵居士、百泉居士等。福建泉州人。嘉靖三十一年 (1552) 举人。历任河南辉县教谕、南京国子监博士、北京国子监博士、北京礼部司务、南京刑部员外郎和郎中,最后出任云南姚安知府。旋弃官,寄寓黄安、麻城芝佛院。晚年往来南北两京等地讲学,万历二十八年 (1600),在山东济宁编成《阳明先生道学抄》《阳明先生年谱》。万历三十年 (1602),以"敢倡乱道,惑世诬民"的罪名被诬下狱,于狱中自刎。其重要著作有《藏书》《续藏书》《焚书》《续焚书》。1974 年的"批林批孔"运动中,李贽被当作"尊法反儒"的英雄,加以推崇,他的著作被划归"法家"。

当代的李贽研究,以中国李贽研究学会会长、首都师范大学文学院张建业教授

[①] 李兰兰:《从〈译异编〉看耿定向的佛教观》,《人文论丛》(2018 年卷),武汉大学出版社 2018 年版。
[②] 屠凯:《齐奄猫论:耿定向法哲学批判》,《人大法律评论》(2018 年卷),法律出版社 2018 年版。

的学术成果最为丰硕,撰著《李贽评传》与《李贽论》(社会科学文献出版社 2010 年版),注译《焚书注》《续焚书注》《焚书、续焚书文选译注》,主编《李贽文集》(7 册,社会科学文献出版社 2000 年版)、《李贽全集注》(社会科学文献出版社 2010 年版)、《李贽研究资料汇编》(社会科学文献出版社 2013 年版)、《李贽学术国际研讨会论文集》(首都师范大学出版社 1994 年版)。李贽传记著作较多,比如鄢烈山《李贽传》(时事出版社 2000 年版)、许苏民《李贽评传》(南京大学出版社 2006 年版)、张献忠《大家精要:李贽》(云南教育出版社 2009 年版)、鄢烈山《威凤悲歌:狂人李贽传》(广东人民出版社 2012 年版)等。

近年来,李贽学术研讨会也是频频召开,比如:2000 年 5 月 28 日至 31 日在北京首都师范大学举行的"中国李贽研究学会筹委会成立大会暨学术研讨会"、2001 年 10 月在云南昆明、楚雄两地召开的"李贽与云南全国学术研讨会"、2002 年 9 月 6 日至 9 日在湖北麻城召开的"纪念李贽逝世 400 周年和诞辰 475 周年的国际学术研讨会"、2012 年 9 月在河南商城召开的"李贽国际学术研讨会"、2014 年 10 月在福建泉州召开的"李贽与东亚文化国际学术研讨会"、2017 年 12 月在福建南安召开"纪念李贽诞辰 490 周年学术研讨会"、2018 年 11 月在湖北麻城举办的"李贽与近四百年湖北文化学术研讨会"。

2018、2019 年学界的李贽研究,集中在李贽的"童心说"研究、李贽思想综合研究、李贽文献研究。

1. 李贽的"童心说"研究

颜莉莉《李贽与刘再复"童心观"比较》[①] 一文指出:李贽和刘再复都是泉州籍的著名作家和思想家,刘再复自陈"童心说"之于自己的深刻影响。在童心思想上,做真人与写真文是他们的两大立足点,分别体现在各自的文艺思想与生命实践中,又因自身性格、时代语境和文化视阈而表现出不同的特质。

唐利平《李贽"童心说"对〈红楼梦〉人物创作的影响》[②] 一文指出:李贽是中国早期启蒙思潮的一面旗帜,其"童心说"对明清文艺思潮影响深远,对曹雪芹人物创作上的影响体现为表现人物真实自然的情感和个性解放意识。

---

① 颜莉莉:《李贽与刘再复"童心观"比较》,《泉州师范学院学报》2018 年第 1 期。
② 唐利平:《李贽"童心说"对〈红楼梦〉人物创作的影响》,《天水师范学院学报》2018 年第 1 期。

李有军《李贽〈童心说〉的哲学思想探析》① 一文指出：《童心说》是反映李贽核心思想的一篇重要著作，不仅有着丰富的文学思想，也蕴含着十分重要的哲学思想。《童心说》的哲学思想来源是多方面的，既有王阳明"心学"的影响，也有佛家、道家思想的影响，而《童心说》本身又影响了其后一代文学家和思想家的思想。

董立娜《李贽"童心说"思想内涵、渊源及社会影响》② 一文主要分析"童心说"的时代背景、思想内涵及社会影响，认为：李贽"童心说"的提出不仅对当时社会的政治、经济、文化发展有重要影响，而且其追求个性自由的反叛精神也为打破封建传统理念提供了重要依据，对推动社会的发展也产生了积极的作用。

张军强、白静《李贽童心说的思想内涵及其启蒙意义》③ 一文指出：李贽的童心说认为，童心是人类自然本性的理性回归和呼唤，是人性的高度觉醒和肯定。李贽的童心说对于打破封建专制及其社会秩序，具有极为重大的启蒙意义。

郭代杰《李贽"童心说"及其反理学精神特质》④ 一文指出：李贽思想是在儒释道三教思想的潜移默化之下形成的，但他又以斗士般的勇气去怀疑、审视三教中的真假、是非关系，探索真正的是非观、平等观，明确地否定了"咸以孔子之是非为是非"，反对程朱的"理欲之说"，提出"童心说"，提倡从自己的真情实感出发，说真话，做真事。李贽在不断地对理学进行着挑战，尤其是《焚书》和《藏书》的著述，鲜明地反映了他紧张而艰苦的探索与斗争，尖锐地揭露了当时那些理学家的丑恶嘴脸，更甚把矛头直指儒家学派的祖师孔子及其"经典"，这在当时可算是振聋发聩的，对后来也产生了深远影响。

田翔辉《李贽"真心"思想及其伦理价值研究》⑤ 一文主要是由梳理李贽"真心"思想出发，探讨李贽"真心"思想下的伦理价值。作者就李贽"真心"思想的探讨由"真"开始，首先"真"这个字在道家看来是具有超越性质的，"真"与"道"相通。在经过宋明理学家吸收道家的"真"的内涵，将"真心"

---

① 李有军：《李贽〈童心说〉的哲学思想探析》，《回族研究》2018年第2期。
② 董立娜：《李贽"童心说"思想内涵、渊源及社会影响》，《通化师范学院学报》2018年第5期。
③ 张军强、白静：《李贽童心说的思想内涵及其启蒙意义》，《长江大学学报》（社会科学版）2018年第6期。
④ 郭代杰：《李贽"童心说"及其反理学精神特质》，硕士学位论文，河北大学，2018年。
⑤ 田翔辉：《李贽"真心"思想及其伦理价值研究》，硕士学位论文，上海师范大学，2019年。

提出来之后,"心"也变成了具有超越性质的"真"之下的心,成了"道心"。例如耿定向认为"真心"是"为仁为义为礼矣",要求人要超越现实存在的"生生"之欲到那个理想的"天理"中去。而"心"的本来含义即具有自然感情的"人心",就成了应该格去的了。李贽不认同这样的"真心"观点,他认为"真心"本身就包含着"人心"的内涵。他的"童心说"就是要将"真心"从"天理"的神圣性中拉回到当下现存的物质世界中来。他说"夫童心者,真心也",也即是说具有物质利欲的心、具有自然感情的心就是"真心",因此李贽用"童心"扩充了原来的"真心"内涵。由于"童心"要向外生发,个人私心和个人私利必然会出现。为保护此种私心、私利,李贽认为可以从两方面入手:一是个人要主动行动,因为"一物各具一乾元,是性命之各正也,不可得而同也";二是要有自己的主见,不可盲目跟从别人,他说"夫天生一人,自有一人之用,不待取给于孔子而后足也"。同时也要相信自己,因为"天下无一人不生知,无一物不生知,亦无一刻不生知者,但自不知耳,然又未尝不可使之知也"。进一步,为解决依赖"童心"而出现的"恶"的问题,李贽在功利主义倾向的理论架构中,用两种方式来解决。其一是人性是"无善无恶"的,进而"童心"是无善恶的,所以只要发挥"童心",不受外在的熏染,就不存在"恶"的问题,因而"童心"就是"真心"。其二是人与人之间的矛盾应该通过主动作为和坚守平等观念的方法来解决。而这两种解决方式,因为缺失了对"德性善"的讨论,遭到同期士人们的批评,但也正是这两个方向中蕴含的现代价值观值得我们探讨。李贽的"真心"思想要求人要认可并按照"童心"行动,那么就要承认并接纳"自我"。所以李贽将"自我"提了出来,以论证"人"的价值,反驳"天理"对人的束缚。同时,李贽的"自我"是有所限定的"自我",是指在"真空"中求"道"的"自我",这种"自我"是根基于当下的自然而又有所超越的自我,其内部蕴含着人的"主体性"价值。"真心"通过对人的"自我"、人的主体性价值的认可,所引出的"个体性"伦理价值,正是该文的研究意义所在。

颜莉莉《吉田松阴对李贽"童心说"的接受》[①] 一文指出:日本明治维新先驱吉田松阴深受李贽思想的影响。在他因倒幕运动失败而入狱直至临刑之前数月间,

---

① 颜莉莉:《吉田松阴对李贽"童心说"的接受》,《泉州师范学院学报》2019年第5期。

手抄并评点了《焚书》《续藏书》等著作。松阴尤为倾心于"童心说",幽囚岁月中借此以汲取能量,寻求"吾道不孤"的信念支撑。他所倡导的"狂愚"精神既有勇往无畏的积极意义,又带上了极端民族主义者的强力意志色彩,因此陷入了"童心"悖论。

张洁《论李贽"童心"思想中的魏晋因素》[①] 一文通过对《初潭集》《焚书》《世说新语》等文献的梳理研究,发现李贽与魏晋之风联系紧密。李贽与魏晋名士之间在追求人的自然本性、崇真尚情方面有着高度的一致性。李贽"童心"思想的创作对魏晋名士之风有着继承关系。但因为时代背景不同,李贽的童心思想又对魏晋观念有所发展,体现出鲜明的时代特色与个人风格。

黄伟芯《个体意识与创作自觉:论李贽"童心说"与本居宣长"物哀说"》[②] 一文指出:创作自觉应以创作主体的个体意识的自觉为前提,而个体意识在儒家文化盛行的背景下,往往被伦理和秩序所遮蔽。反映在文学中,则表现为文学创作的非个人化特征,重视文学的工具属性。李贽的"童心说"和本居宣长的"物哀说"都强调文学的创作自觉,强调对创作主体意识与情感的真实表现,反映出了封建社会晚期,思想解放所带来的创作自觉成为中日两国文学创作的一个规律,呈现中日两国文学的近现代转化具有一定的自发性,乃至同步性。"童心说"更侧重个人的绝对自由,强调情感的"直"与"真";"物哀说"则侧重"物"与"我"的相互交融,视物为"心",并最终实现"以心感心"。因其侧重点不一样,其对文学的影响也各不一样,显示了中日两国不同的文化特色和理论追求。

郭紫娣《顺应"童心":寻绎学生创作的幸福路径——兼及李贽"童心说"之于作文的价值》[③] 一文指出:借鉴明末思想家李贽的"童心说",要顺应学生"童心",激发学生"童趣",发掘学生"童言",演绎学生创作的幸福路径。童心、真情,让学生的写作少了一些束缚,多了几分灵动,学生的个性、天性等在自由表达的写作中得到张扬、飞翔。

---

① 张洁:《论李贽"童心"思想中的魏晋因素》,《兰州教育学院学报》2019 年第 11 期。
② 黄伟芯:《个体意识与创作自觉:论李贽"童心说"与本居宣长"物哀说"》,《阴山学刊》2019 年第 5 期。
③ 郭紫娣:《顺应"童心":寻绎学生创作的幸福路径——兼及李贽"童心说"之于作文的价值》,《小学生作文辅导(读写双赢)》2019 年第 4 期。

张伟《"童心说"在小学语文习作中的应用略谈》① 一文指出:"童心说"是明末思想家、文学家李贽提出的文学观念,认为文学必须真实地表露作者内心的情感世界。保持童心去伪存真,这一观念在小学语文的习作教学中具有一定的理论指导意义。

2. 李贽思想综合研究

谢晓东、于淼《空想自由主义:对李贽思想的一种新定位》② 一文指出:李贽的自由观以积极自由为中心,具有多个向度,包括自适、自治、自立与自主等。其自由观的特别之处是:欲望具有基础性的地位。李贽的思想具有诸多自由主义的要素,比如个体主义、平等主义、反权威主义、价值的主观主义与多元主义。从儒学的标准来看,李贽是异端;而从自由主义的标准来看,李贽却不是异端,而是一个空想自由主义者。在全球历史的视野下,李贽的思想由此获得了新的定位。

张英《李贽"异端"思想传播研究》③ 一文运用传播方式理论分别从人内传播、人际传播、大众传播角度,对李贽的自学、讲学与论战和著书刊刻进行解析,发现在动态的传播过程中,李贽由王学和佛老之学初入"异端"之门,再到与耿定向的论战形成狂狷的"异端"人格,最后在著作刊刻流通中完成了对假道学的彻底反叛,造成了强烈的社会反响,这个过程是李贽如何走向"异端化"和"异端"之名公开化的过程。"因异端而传播,因传播而异端",传播塑造了李贽更饱满的"异端"形象,也使得他的"异端"思想具备更多可供解读的空间。

许华集《梨园戏〈董生与李氏〉与李贽哲学思想》④ 一文指出:梨园戏《董生与李氏》的内涵体现出与"异端"思想家李贽思想的不少共性,主要在于三教归儒说、批判程朱理学以及辨别真伪道学。将《董生与李氏》、李贽思想及程朱理学放在同一地域的人文地理脉络里,可见到当中思想文化承袭与碰撞的痕迹。

梁晓萍《从"化工说"看李贽的美学观》⑤ 一文指出:"化工说"是李贽在比较《拜月》《西厢》与《琵琶》的优劣高下之后提出的一种美学主张。李贽的美

---

① 张伟:《"童心说"在小学语文习作中的应用略谈》,《语文教学与研究》2019 年第 10 期。
② 谢晓东、于淼:《空想自由主义:对李贽思想的一种新定位》,《厦门大学学报》(哲学社会科学版) 2018 年第 4 期。
③ 张英:《李贽"异端"思想传播研究》,硕士学位论文,华南理工大学,2018 年。
④ 许华集:《梨园戏〈董生与李氏〉与李贽哲学思想》,《黎明职业大学学报》2018 年第 2 期。
⑤ 梁晓萍:《从"化工说"看李贽的美学观》,《学习与探索》2018 年第 6 期。

学观与其"人性自由"之哲学思想密不可分,是其童心说在审美方面的具体体现,也是明中叶后时代审美风貌的具体显现。

王欢《中国传统音乐美学思想的再阐释:李贽音乐美学思想读解》[①] 一文指出:李贽的音乐美学思想具有反封建、反礼教的精神,相比中国古代传统的儒、道两家的音乐美学思想,具有一定的进步性和民主精神。李贽的音乐美学思想既是对儒家礼乐思想的批判与吸纳,也是对道家自然乐论的改造和融合。

任利伟《李贽的史学与易学》[②] 一文指出:李贽以《周易》义理诠解历史,阐发对历史兴盛衰亡的看法,同时秉持"经史一物"的立场,以经世致用为鹄的,通过以史证《易》拓展了史学自身的历史观念,形成了义理与象数并重、史学与易学互证的学术进路,推动了明代中后期史学与易学两个学术领域的良性互动。在中国传统史学与易学的交融、发展中,李贽是承上启下的重要人物。

严玉皎《李贽〈九正易因〉中的"个人主义"》[③] 一文指出:李贽的易学名著《九正易因》表面看是一部比较传统的著作,但实际上,在《九正易因》中李贽通过解释卦辞并辅以史实议论,宣扬了其具有近代启蒙色彩的个人主义思想。

顾文静、裴爱民《从李贽的思想矛盾试析其出入世行为:读李贽〈焚书〉〈续焚书〉》[④] 一文从李贽的思想矛盾出发,讨论其具体出入世行为原因及既出世又入世的矛盾心态,从中看出其行为背后的复杂性和统一性。

刘治立《李贽的范仲淹论》[⑤] 一文指出:阐述李贽以独特的风格评断历史人物,对于范仲淹德行做出别具一格的褒贬:既有很高的评价,肯定其军事业绩,推崇其用人之方和处世之道,称赞其恤民思想及良好家风,同时也提出了激烈的批评。李贽对范仲淹所作的毁誉交加的评论,为认识范仲淹提供了一个不同的视角,丰富了范仲淹研究的内容。

吴文南《李贽思想在美国的译介与传播》[⑥] 一文认为:李贽的哲学思想、史学

[①] 王欢:《中国传统音乐美学思想的再阐释:李贽音乐美学思想读解》,《江西财经大学学报》2018 年第 6 期。
[②] 任利伟:《李贽的史学与易学》,《理论学刊》2018 年第 3 期。
[③] 严玉皎:《李贽〈九正易因〉中的"个人主义"》,《吉林广播电视大学学报》2018 年第 7 期。
[④] 顾文静、裴爱民:《从李贽的思想矛盾试析其出入世行为:读李贽〈焚书〉〈续焚书〉》,《大众文艺》2018 年第 20 期。
[⑤] 刘治立:《李贽的范仲淹论》,《莆田学院学报》2018 年第 1 期。
[⑥] 吴文南:《李贽思想在美国的译介与传播》,《泉州师范学院学报》2019 年第 3 期。

思想和文学理论对全球化时代的人类社会而言，都是可资借鉴和发掘的思想宝库，在中外思想史中占有越来越重要的位置。随着中西方文化交流的发展，在中美学者的共同努力下，李贽思想在美国的译介与传播，在广度和深度上都得到了发展。20世纪30年代后，李贽的思想才开始在西方传播；20世纪80年代以来，李贽思想在美国的研究、译介与传播经历了从政治、历史和文化的意识形态研究到文学艺术的审美研究的发展转变过程。梳理这一历程可见，李贽思想在美国的译介与传播研究分为两个时期，即1930—1979年的发轫期和1980年以来的发展期。

王宝峰《李贽尊孔与反孔问题的诠释学意义》[1] 一文指出：李贽尊孔与否，是近代以来诠释李贽思想特质的过程中一个聚讼不已的问题。以"还原性诠释法"理解这个问题意味着，不能仅看李贽本人怎么说，也不能只听批评者和表彰者的一面之词。李贽自以为终生尊孔，也确有晚年真尊孔之时；而将他的思想言行置于整个儒教社会正统观念之下，李贽颠倒儒教史论褒贬、蔑视"六经"、反对礼教，以及不避二教之异端言行、有伤礼教风化的行径，是本质意义上的反孔。以诠释学视域观之，李贽启蒙思想的现实意义在于敢于运用自身理智的启蒙精神，以及"返本开新"的批判性继承和创造性发展的经典诠释学方法。

唐明贵《李贽〈论语评〉的诠释特色》[2] 一文认为：李贽学承泰州学派，受其影响，在《论语》诠释中，他极具创新之能事，一方面，极力将孔子世俗化、平民化，重塑孔子形象；另一方面，运用了"评点"的新诠解方式，将儒家经典解释平民化。在诠释过程中，他援引佛道用语和思想解释《论语》，驳正宋儒和心学家的解释，注重观照现实，针砭时弊，将《论语》视为"六经注我"的工具，彰显了与众不同的时代特色。

田文兵、赖宁娜《李贽文艺思想的东亚传播及启示》[3] 一文基于李贽文艺思想在海外学术界的影响以及"中国文化走出去"的文化强国政策，从李贽文艺思想的海外历史传播和当代研究入手，梳理其在东亚的传播和影响，并得出李贽海外传播的启示：提高翻译质量是中华文化"走出去"的基础，重视作品翻译，建立中外译者交流合作平台；加强国际学术交流是有效传播的保障，加强学术交流，建立

---

[1] 王宝峰：《李贽尊孔与反孔问题的诠释学意义》，《同济大学学报》（社会科学版）2019年第5期。
[2] 唐明贵：《李贽〈论语评〉的诠释特色》，《贵阳学院学报》（社会科学版）2019年第1期。
[3] 田文兵、赖宁娜：《李贽文艺思想的东亚传播及启示》，《东南传播》2019年第3期。

跨国合作的研究新模式；承认中外文化差异，发掘内在精神共鸣，达到中华文化的有效传播。

陈鑫《范式角度探析李贽时文观》① 一文认为："异端"李贽对八股文并非一味鄙弃，这与其"童心说"中的文学观不无关系。传统文学观范式渐趋失效，人格和文章由传统的追求"道"变为追捧"程朱"；李贽试以"童心范式"作为改良，并在新范式下重新审视八股文，找到其闪光点及由此转变八股文风的可能性，进而借此扭转思想文化的颓势。

余钊飞《李贽与明末启蒙法律思潮的孕育》② 一文认为：李贽崇尚儒家学说，但反对当时把程朱理学作为评价是非的唯一标准；强调为社稷民生着想、关心百姓生活才是"真道学"；提倡个性自由、官民平等和男女平等，这些在中国思想史上占有重要地位。

刘宁瑶《李贽三教归儒思想探析：兼读〈茶夹铭〉》③ 一文认为：李贽思想中"三教合一，统归于儒"，此"儒"即"闻道"与"性命"。李贽思想从闻道、人性哲学与道德实践三个角度出发，从具体个体生命向上追寻生死关怀。他追求童心不失，并以真诚来医他人之"病"，实现儒家理想中的道德实践。这种求圣之路与《茶夹铭》中茶夹"一味清苦到底"的比喻相互呼应。

3. 李贽著作与文献研究

李国宏《李贽〈坐隐偈〉考证与赏析》④ 一文指出：《坐隐偈》是李贽晚年为安徽戏剧家汪廷讷《坐隐先生订棋谱》所作的一篇题词，未见于李贽文集，具有重要的学术价值，是研究李贽与汪廷讷交游的重要文献见证。

胡丽娜《李贽"义固生于心"与〈忠义水浒传序〉》⑤ 一文指出："义"是李贽思想体系中的重要范畴。因此李贽《忠义水浒传序》中的"忠义"需从"心"上解，"忠义"与"侠义"作为李贽"义"观念的具体表现被赋予新的内涵。李贽"义"的观念是特殊的政治环境与学术背景的产物，融通了儒墨两家的思想并

---

① 陈鑫：《范式角度探析李贽时文观》，《六盘水师范学院学报》2019 年第 4 期。
② 余钊飞：《李贽与明末启蒙法律思潮的孕育》，《公民与法》（综合版）2019 年第 3 期。
③ 刘宁瑶：《李贽三教归儒思想探析：兼读〈茶夹铭〉》，《福建茶叶》2019 年第 3 期。
④ 李国宏：《李贽〈坐隐偈〉考证与赏析》，《文物鉴定与鉴赏》2018 年第 5 期。
⑤ 胡丽娜：《李贽"义固生于心"与〈忠义水浒传序〉》，《北京社会科学》2018 年第 4 期。

有所新变。

陈才训《论李贽〈水浒传〉评点的时代文化意义》[1]一文指出：李贽以阳明心学及泰州学派的理论主张作为其《水浒传》评点的文化资源，将《水浒传》视为"心会"之作，将"以情抗理"的时代文化思潮带入小说评点领域，从而使其小说评点带有强烈的主观抒发和社会批判色彩。

李贽编，李超、郭道平整理《阳明先生道学钞》[2]，通过重新点校李贽倾其心血编著的《阳明先生道学钞》（附《阳明先生年谱》），比较完整地还原了古籍原貌，对于阳明学和李贽之学都具有重要的学术研究价值。

张山梁《李贽和他的〈阳明先生道学钞〉》[3]一文认为：李贽是闽籍阳明后学、泰州学派的一代宗师，一生著作颇丰，其中晚年于山东济宁辑编的《阳明先生道学钞》是众多阳明后学古籍中一部重要文献。该文通过对李贽所编《阳明先生道学钞》的探究，阐述了该书文章取舍、编排体例有独到之处，或许对今人研究李贽思想、阳明后学文献等具有积极的意义。

邬国平《再论李贽〈答耿司寇〉的文献问题》[4]一文认为：《答耿司寇》是李贽与耿定向进行思想论争的重要书信，李贽对它做过两次修改。第一次修改，将七封信合并为一封信，刊于初刻《焚书》。第二次修改，删去此信约三分之一文字，刊于后来重刻的《焚书》。关于第一次修改及其原因，作者已有专文探讨。该文在此基础上探讨第二次修改的原因。李贽作第二次修改的背景，是他与耿定向的紧张关系出现了缓和。这次修改，保留了《答耿司寇》根本的思想内涵，删掉了措辞最为激烈、涉及耿定向个人品格及其家族人事的第六封信，体现了李贽既基本保持自己一贯思想，又认可与耿定向和解的意愿。《答耿司寇》之外，《焚书》其他某些篇幅也有复杂的修改情况，《答耿司寇》的修改，恰可用作考察《焚书》文本变动之参考。

王珊珊《〈续藏书〉印刷版本研究》[5]一文指出：《续藏书》为明朝李贽撰，

---

[1] 陈才训：《论李贽〈水浒传〉评点的时代文化意义》，《学术交流》2018年第11期。
[2] 李贽编，李超、郭道平整理：《阳明先生道学钞》，首都师范大学出版社2019年版。
[3] 张山梁：《李贽和他的〈阳明先生道学钞〉》，《福建史志》2019年第4期。
[4] 邬国平：《再论李贽〈答耿司寇〉的文献问题》，《上海大学学报》（社会科学版）2019年第1期。
[5] 王珊珊：《〈续藏书〉印刷版本研究》，硕士学位论文，北京印刷学院，2019年。

书中详细记述了明神宗以前四百余人的事迹。他们有位高权重的大臣,有普通老百姓,甚至有生活在社会底层的妓女。有学者曾说,要想研究明朝历史,不能越过李贽,不能越过《续藏书》。虽然《续藏书》问世即被统治者判为禁书,但是依然有许多文人雅士以及书贾商人印刷出版此书,直到近代解禁。目前,《续藏书》已发现有数个古籍版本,均为明朝版本,并且多个版本《续藏书》入选了省级珍贵古籍名录,还有个别版本的《续藏书》入选了国家级珍贵古籍名录。截至目前,尚未发现有清代版本的《续藏书》。由此可见,《续藏书》的版本研究意义重大。该文采用文献研究法和比较分析法,对《续藏书》的版本问题进行梳理分析。此外,通过实验分析,对样品《续藏书》的印刷方式、纸张等进行深入研究,对进一步研究明朝古籍善本以及《续藏书》善本的修复保护提供一定的数据参考以及思路。

徐烨《〈水浒传〉李贽评点研究》[①] 一文指出:李贽是明代著名的思想家,但他的思想家光环,经常会遮蔽他的另外一个身份——文学批评家。李贽在文学批评方面颇有建树,尤以《水浒传》评点为代表的小说批评最有特色。该文围绕《水浒传》李贽评点,从以下几个方面展开。首先,介绍论题来源、学界对李贽文学思想的研究现状、研究方法,特别是李贽与《水浒传》评点方面的研究。其次,探讨版本问题。在现存的《水浒传》李贽评点中,学界争论焦点在于"容与堂本"与"袁无涯本"孰真孰假的问题。该文通过对两种版本的内证、旁证等方面进行研究,认为容、袁二本都是以李贽核心思想为基础,并在此之上有所发挥。某种程度上说,它们都凝聚了李贽的精神血脉。再次,以李贽思想为参照,通过文本细读与比较研究,探究《水浒传》李贽评点的特色:第一,李贽小说评点的理论基础是其"童心说"与"成人说";第二,李贽认为《水浒传》乃"发愤之所作";第三,《水浒传》李贽评点之人物论大概可分为真、趣、忠义三个方面;第四,《水浒传》李贽评点之文体论。一方面,李贽在评点时非常关注小说情节设置;另一方面,李贽把小说这一文体推崇到与经、史同样重要的高度。最后,探讨《水浒传》李贽评点的意义。它推动了小说评点的创作与出版,同时,也启发了后世小说评点思想。

此外,2019 年也有关于李贽生平研究的论文。

---

① 徐烨:《〈水浒传〉李贽评点研究》,硕士学位论文,华中科技大学,2019 年。

佐藤鍊太郎《李贽与紫柏达观狱中死亡原因钩沉》① 一文认为：李贽与紫柏达观二人都是朝廷政治派阀抗争的牺牲者。李贽被弹劾是因为有关"卓吾著书丑诋四明相公"的流言蜚语传入京城，而遭到首辅沈一贯的憎恨。当时关于矿税问题受到清议批判的沈一贯，对批判自己行政姿态的言行反应过激。紫柏达观被捕入狱的原因也是因为作者不明的妖书的出现。在政治派阀抗争中，利用毫无根据的流言使政治敌对者失势的手法，在当时十分流行。李贽经世论的重点在于揭露官僚社会腐败的实情和尊重能力主义的官僚人事，紫柏达观也和李贽一样揭露统治阶级的不公正，以救渡那些挣扎在苦难中的民众为使命。但是，二人死于狱中并非因为他们的思想本身在当时的官僚社会被视为异端。

（十六）焦竑与焦竑研究

焦竑（1540—1620），字弱侯，号漪园，又号澹园，又号龙洞山农。祖籍日照，生于江宁（今南京）。祖上寓居南京。万历十七年（1589）中状元，授翰林院修撰。后曾任南京司业。他博览群书、严谨治学，尤精于文史、哲学。作为晚明杰出的思想家、藏书家、古音学家、文献考据学家，著有《澹园集》《焦氏笔乘》《焦氏类林》《国朝献徵录》《国史经籍志》《老子翼》《庄子翼》等。标点整理本有《澹园集》（中华书局1999年版）、《焦氏笔乘》（中华书局2008年版）、《老子翼》（华东师范大学出版社2011年版）等。

2018年的焦竑研究论文有两篇。

陈开林《焦竑集外诗文辑补》② 一文指出：李剑雄先生整理的《澹园集》为焦竑诗文研究提供了较为完备的文本，然尚有遗珠之憾。新发现焦竑集外文八篇、诗二首，兹加以整理。另对整理本《澹园集》中的不足略加补正。

袁光仪《晚明儒者融会佛道二家的学术范例：论焦竑兼摄耿定向与李贽之学的思想特色》③ 一文从焦竑兼摄其师友耿定向与李贽学术之长的思想特色再加申发，认为：三人之学术皆以儒者德性为独尊，然又给予佛道及其他各种知识学问平

---

① ［日］佐藤鍊太郎：《李贽与紫柏达观狱中死亡原因钩沉》，《船山学刊》2019年第5期。
② 陈开林：《焦竑集外诗文辑补》，《保定学院学报》2018年第3期。
③ 袁光仪：《晚明儒者融会佛道二家的学术范例：论焦竑兼摄耿定向与李贽之学的思想特色》，《诸子学刊》（第十六辑），上海古籍出版社2018年版。

等的地位,其"尊德性"与"道问学"乃能一以贯之,值得后世加以发扬。

2019年的焦竑研究论文有若干篇,涉及他的文学思想、哲学思想及文献学。

刘强《焦竑的〈世说〉研究及续仿新变》[①] 一文指出:晚明一代文宗焦竑编撰的两部"世说体"仿作《焦氏类林》和《玉堂丛语》,无论从编撰体例、门类设置、内容及思想倾向诸方面,都与以往的《世说》体续书大不相同,表现出由说部回归经史、由自然回归名教的儒者气象。这说明受阳明心学影响,晚明文人士大夫对《世说新语》的接受已经由对名士风流的玩赏转向经世致用的现实抱负。这种续仿旨趣的新变,无疑具有文化史和学术思想史的研究价值。

代玉民《论焦竑的身体与哲学——兼谈晚明哲学中的"认知"与"体验"》[②] 一文认为:中国哲学研究中存在一种预设,即将哲学家视为身体健康、精力充沛的人,很少涉及身体状况对哲学家思想的影响,但这种影响确实存在。以焦竑为例,一生身体健康的他,对于尽性至命等形而上学问题,多具有好奇、求知的认知需求,因而其突破泰州心学传统,形成哲学上的认知进路。以此考察晚明哲学界,就身体与哲学的关系而言,晚明哲学家可分为两种类型:身体健康的认知型哲学家受疾病影响小,在哲学上以认知需求为主导,形成认知进路,以焦竑为代表;身体欠佳的体验型的哲学家受疾病影响大,在哲学上以身体需求为主导,形成体验进路,以公安三袁为代表。

邹蓉《〈献徵录〉引明别集考》[③] 一文指出:《献徵录》是一部篇幅巨大、内容丰富的人物传记文献史料汇编,全书共汇录明代自洪武至嘉靖二百年间的历史人物资料,包括《实录》、传记、墓志铭、行状、神道碑等等,并按照人物的身份(官衔)进行分类整理。书中所征引的文献以明人文集中的各类碑传文字为最多,但在抄录过程中,焦竑并非一字不落,而是在原文的基础上进行适当的修改,与其收集的原始材料相比,产生了许多异文。作者将《献徵录》与明别集对比,试对这些异文进行分析,一窥焦竑在征引明别集中的文章时的意图。该文主要由三部分构成。绪论阐述本论文的研究背景、研究意义与《献徵录》目前研究状况。正文

[①] 刘强:《焦竑的〈世说〉研究及续仿新变》,《天中学刊》2019年第6期。
[②] 代玉民:《论焦竑的身体与哲学——兼谈晚明哲学中的"认知"与"体验"》,《江苏大学学报》(社会科学版)2019年第2期。
[③] 邹蓉:《〈献徵录〉引明别集考》,硕士学位论文,江西师范大学,2019年。

主要分为三部分：第一部分，主要对《献徵录》征引明别集数量进行考察。对《献徵录》中所有篇目进行筛选，从中挑出现存个人作品集作者及其作品数，并以表格形式进行著录，并针对《献徵录》中收录作者并非现今收录该文章的文集作者情况进行简单分析。第二部分，重点论述《献徵录》中出现的异文问题。将所出现的异文情况按其类型进行系统分类，分析《献徵录》的征引文字与别集中的差异性。第三部分，分析《献徵录》征引明别集所出现的异文原因，根据不同的错误类型进行分析，揣摩焦竑的收录意图。结语部分是对自身研究情况和不足方面进行总结与反思。

贺伟《明万历焦竑刻本〈陶靖节先生集八卷〉考释》[①]一文认为：20世纪以来，学者们整理研究陶集时，往往把焦竑本视作宋刻陶集的一种，强调其校勘价值。仔细阅读焦竑本，并以之与现存宋本陶集对比，它应当是以明万历年间李公焕本系统中的某种陶集为底本，并参校当时社会流传的其他陶集版本，以意删并，重自编订后的面貌。焦竑故意托言"友人以宋刻见遗""昭明旧本"，以炫人耳目，自高其书，这也从侧面反映了明末士人"务为诞伪"的时代社会风气。事实上焦竑刻陶集所据的底本，只是众多明代刻本的一种，它保存的宋庠本佚文，可能出于窜改，目的是给那些他不赞成的"一作某"的异文，提供直接的版本依据。在没有确切证据的情况下，焦竑本的校勘价值，不宜太过强调，甚至需要重新评估。

（十七）潘士藻与潘士藻研究

潘士藻（1537—1600），字去华，婺源（今属江西）人。万历十一年（1583）进士。授温州推官。升御史，巡视北城，惩治近侍，得罪张鲸。上疏言修省，鲸激帝怒，贬广东布政司照磨。后数迁为尚宝卿，卒官。著有《暗然堂集》《洗心斋读易述》。

郭翠丽《阳明后学潘士藻交友考》[②]一文认为：潘士藻系晚明著名思想人物，亦为当时文坛活跃分子，尤重友谊，所交皆一世名士。潘士藻师承泰州学派耿定向，属阳明后学，亦笃信李贽之学。与李贽性情相似、志趣相投，李贽与耿定向冲

---

① 贺伟：《明万历焦竑刻本〈陶靖节先生集八卷〉考释》，《海南大学学报》（人文社会科学版）2019年第1期。
② 郭翠丽：《阳明后学潘士藻交友考》，《上饶师范学院学报》2019年第5期。

突日见尖锐明朗时，士藻不畏开罪耿定向，毅然与李贽结成知己至交。潘士藻与同门焦竑情谊契合、亲如兄弟，结成金兰之交；晚年和"公安三袁"结成忘年交，成为文学上的同道者。通过对潘士藻交友情况的梳理，可以更清晰地了解其生活习性和学术思想转变脉络，同时对于研究"公安派"及其他晚明文人对朋友之伦的关注亦有重要意义。

（十八）徐光启与徐光启研究

徐光启（1562—1633），字子先，号玄扈，南直隶松江府上海县人，中国明末数学和科学学者、农学家、政治家、军事家，官至礼部尚书、文渊阁大学士。徐光启也是中西文化交流的先驱之一，是上海地区最早的天主教徒，被称为"圣教三柱石"之首。徐光启毕生致力于数学、天文、历法、水利等方面的研究，勤奋著述，尤精晓农学，译有《几何原本》《泰西水法》《农政全书》等著书。今有《徐光启全集》（朱维铮、李天纲主编，上海古籍出版社2010年版）、《徐光启集》（王重民辑校，中华书局2014年版）。关于徐光启生平学行，可以参阅陈卫平、李春勇《徐光启评传》（南京大学出版社2006年版），梁家勉原编、李天纲增补《增补徐光启年谱》（上海古籍出版社2012年版）。

2018年，学界研究徐光启思想的论文有多篇：王静《"尽用西法"与"会通"为名——儒学与科学张力下徐光启的改历选择与圆融应对》[《上海交通大学学报》（哲学社会科学版）2018年第2期]、郭月娟《徐光启中西会通思想研究》（硕士学位论文，山东师范大学，2018年5月）、王静《晚明儒学与科学的互动：以徐光启实学思想的构建为中心》（博士学位论文，山东大学，2018年）、王静《徐光启与晚明儒学核心概念的突破——以"格物穷理"为中心的考察》（《自然辩证法研究》2018年第5期）、石慧《徐光启的科学思想研究》（硕士学位论文，华中师范大学，2018年）、凡丹丹《"徐光启精神"及其传承实践探索——以上海市徐汇区为例》（《文化学刊》2018年第11期）。

2019年学界同仁关于徐光启研究论文有十余篇，兹择要综述。

王启元《寻找徐光启的"城北外桃园"》[1] 一文认为：明代上海籍著名士大夫、

---

[1] 王启元：《寻找徐光启的"城北外桃园"》，《上海地方志》2019年第2期。

天主教护法徐光启,在上海留有很多遗迹场所,除了广为人知的徐光启墓、"九间楼"外,还有一座"城北外桃园"。之前学者因为记载阙如,认为已不能知此园详细位置。该文作者在上海地方志办公室、上海通志馆所编《上海府县旧志丛书》中寻找到这座被遗忘的园林。该文追溯徐氏桃园的原址、梳理其几百年的经历与因缘,以彰沪滨名贤之德。通过历代方志持续记载,可以梳理出地方上一园一址的历史演变与因缘,使地方史研究融入更多空间感与现场感,这也是地方旧志在文史研究中一个突出的材料特点。

李善洪《徐光启之"监护朝鲜"论探析》[①]一文认为:17世纪上半叶,崛起于东北的后金势力对明王朝构成严重威胁。萨尔浒之战后,明在与后金的军事角逐中连续败北。为恢复辽东,明廷亟须与朝鲜建立掎角之势。但朝鲜光海君因国力疲弱而不堪后金的军事威胁,摇摆于明与后金之间。基于此,徐光启在万历末年和天启初年两次提出了"监护朝鲜"的方略,目的是控制朝鲜,并防止其与后金的联结。与此同时,辽东经略熊廷弼等人也提出了屯兵练兵朝鲜义州的战略。这是朝贡关系体系动荡时期明廷内部出现的对朝外交政策的一种变通论,在一定程度上影响了两国间的彼此信任关系。

闻人军《徐光启〈考工记解〉成书年代和跋批作者考》[②]一文指出:《考工记解》是徐光启的力作之一,根据天启三年(1623)徐光启门人茅兆海之《考工记解》跋,以及徐光启定稿不久即"以练兵膺特旨",推知该书成于万历四十七年(1619)。茅兆海是茅元仪的堂侄,明刻本被毁的原因是国乱家难,眉批的作者可能是徐光启之子徐骥,并发现了《考工记解》点校本(2010年版)的几处疏误。

(十九)管志道与管志道研究

管志道(1536—1608),字登之,号东溟,南直隶太仓州人,后迁居长洲(今江苏省苏州市),于明神宗万历前期,活跃于思想界的舞台。《明儒学案·泰州学案》"卷首"有"管志道小传"。[③]管志道旁通佛道、综稽群籍、融摄多样化的思想资源,重新发明孔学,并借以批判时代的弊端,成为当时会通三教的重要思想

---

① 李善洪:《徐光启之"监护朝鲜"论探析》,《北华大学学报》(社会科学版)2019年第5期。
② 闻人军:《徐光启〈考工记解〉成书年代和跋批作者考》,《咸阳师范学院学报》2019年第6期。
③ 《黄宗羲全集》第7册,第825—826页。

家。生平著作宏富,有《管东溟先生文集》,目前,陈畅、吴孟谦等正在编校整理《管志道集》。

当代阳明学界,日本学者荒木见悟较早关注管东溟这位明末的三教一致论者,介绍了他的生涯与时代,同时详细地究明了他与围绕着他的各家学者间的讨论,出版了学术专著《明末宗教思想研究:管东溟的生涯及其思想》(东京创文社1979年版)。

吴孟谦《融贯与批判:管东溟的思想及其时代》[①] 一书认为:宋明时期理学的萌芽、成立至发展,与佛、道二教(特别是佛教)有着不解之缘。三教之间的对话、交涉,不啻是中国近世思想史衍变与创生的主要动力。三教思想之融贯汇流,至明代中晚期达到顶峰。在晚明高度交涉过程中所产生的多样化思想形态,其融通性、复杂性,更甚于往昔的新思想,却有许多长期受到冷落与误解。在众多尚未被学界深刻研究的晚明思想家中,管东溟出生于阳明学盛行的嘉靖年间,长期居住的苏州地区,商品经济高度发展,社会秩序快速变动,价值取向多元且复杂。管东溟在此多音复奏时代中,旁通佛道、综稽群籍,融摄多样化的思想资源,重新诠释孔学、批判时弊,成就了独树一帜的学问体系。氏著在文献基础上,对管东溟的学术思想进行整体评估,认为其思想极具研究价值。主要理由有三。一是思想的深刻性:管东溟兼通三教,对儒、释两家的思想,尤有精诣,论理往往胜义纷披、慧解迭出。在三教思想的判释、时代弊端的指陈、学脉变化的分析、历史人物的评价上,皆只眼独具,能言前人之所未言。通过研究管东溟,足以深化对三教义理的思索,更能丰富对晚明思想界的认识。二是议题的多样性:管东溟个人的成学经历及其著作中所涉及的问题,足以多方面反映出晚明思想界的风貌。包括心性本源的追求、了生脱死的关切、经世出世的调融、三教关系的厘定、理学流弊的反省、礼教秩序的重建、华严义理的影响、禅净合一的修持、居士佛学的兴盛、谈论梦境的风气等。这些丰富的元素,对于晚明思想文化的理解,无疑是极佳的资源。三是文献的完整性:管东溟现存的著述,除在朝时期的《奏疏稿》为有关时政的议论外,其余皆是与学术思想有关的作品。大抵可分为经典诠释、师友酬答、综合论议、生平传述、护持佛法等几类,分别体现与经典传统、时代处境、自我生命的对话及其

---

① 吴孟谦:《融贯与批判:管东溟的思想及其时代》,台北允晨文化有限公司2017年版。

在晚明佛教界的护法实践。就思想史的个案研究而言,这样的文献依据十分充实且完整。

陈畅《以礼化俗视野中的理学道统世界:以管志道、刘宗周的家礼实践为例》[1]一文以晚明思想家管志道、刘宗周的家礼实践为例,在以礼化俗的历史视野中勾画理学家在回应时代难题时所涉及的多层面内涵:礼与俗、三代之治、性命之学建构、封建与郡县、宗法与宗族建设等。这些共同构成了理学道统论的思想世界。

吴孟谦《管东溟著作考述》[2]一文指出:管东溟生平著作宏富,其论点也在晚明思想界引发诸多讨论。然而明清易代之际或遭兵燹,入清以后,三教论述又被视为"狂禅"之流而遭到摈斥,因此其著作不易完整流传,亦可想而知。至今唯一较完整地保存东溟文集之处,是日本东京的尊经阁文库,藏有《管东溟先生文集》六十七册,其他各地的图书馆,则仅有零星的收藏。长期以来,由于文献取得困难,学界对管东溟的关注始终十分有限,纵使偶一论及,也罕能观其大体、究其精微。管东溟之相关文献由台北"中研院"中国文哲研究所、日本东京内阁文库、尊经阁文库、广州中山大学图书馆等处收藏。现存管东溟文集凡二十九种、八十一卷,近两百万言。

(二十) 汤显祖与汤显祖研究

汤显祖(1550—1616),字义仍,号海若、若士、清远道人,江西临川人。万历十一年(1583)中进士,任太常寺博士、礼部主事,因弹劾申时行,降为徐闻典史,后调任浙江遂昌知县,又因不附权贵而免官,未再出仕。曾从罗汝芳读书,又受李贽思想的影响。在戏曲创作方面,反对拟古和拘泥于格律。作有传奇《牡丹亭》《邯郸记》《南柯记》《紫钗记》,合称"玉茗堂四梦",以《牡丹亭》最著名。在戏曲史上,和关汉卿、王实甫齐名,在中国乃至世界文学史上都有着重要的地位,被誉为"东方的莎士比亚"。汤显祖的传世文献,由徐朔方编校整理成《汤显祖全集》(北京古籍出版社1998年版)。

---

[1] 陈畅:《以礼化俗视野中的理学道统世界:以管志道、刘宗周的家礼实践为例》,《同济大学学报》(社会科学版)2018年第1期。

[2] 吴孟谦:《管东溟著作考述》,《阳明学文献与思想》,中国社会科学出版社2019年版。

2018、2019 年，汤显祖研究的论文有 80 余篇，兹择要介绍。

朱义禄《论罗汝芳对汤显祖的影响》[1] 一文指出：汤显祖的思想构成、人生哲理与戏曲创作，均烙上了其师罗汝芳学说的印记。汤显祖以"哀赤之心"去抨击官吏们"权利黑心"，其理论依据是罗汝芳的"赤子之心"；罗汝芳"向民所欲为"的民本思想，是汤显祖在遂昌期间实施"因百姓所欲去留"方针的指导原则。以"有情之天下"去否定"有法之天下"，是同罗汝芳重德轻刑的思想相关的；至于《南柯记》中对和谐乡村的描绘，有以遂昌县的实际经历为背景的，又与罗汝芳重视"圣谕六条"的教化是密不可分的。汤显祖把罗汝芳抽象的哲理，衍化为生动的艺术形象，表现形式不同，却是汤显祖接受罗汝芳的明证。

张旭光《汤显祖情理观微探》[2] 一文指出：虽然汤显祖一直是"情"的代言人，但"以情反理"不是其唯一坚定的主张。汤显祖的情理观念是经过理想与现实的矛盾挣扎和人生体验后逐渐形成的，是反复变化、不断深化的。其情理观宏观上表现为肯定"情之所必有"、崇尚"至情"、反对外在伦理道德的压迫、主张"情"的理性化和社会化，是一种较为稳健、平衡的情理观。

孟令阳《汤显祖"情分善恶"在"临川四梦"中的体现》[3] 一文指出：汤显祖是明代著名的戏曲家，汤显祖的文学思想以"情"著称，"临川四梦"是汤显祖最著名的戏曲作品，其中必然体现着汤显祖的情感观。汤显祖在《复甘义麓》一文中将"情"分为善恶两种，通过戏曲这种艺术形式将这两种情感呈现给观众。

王玉《汤显祖的至情论与儒家思想》[4] 一文指出：汤显祖以"情"为主要审美范畴，用一幕幕情意浓浓的戏剧"以情反理"，打破封建礼教的束缚，建构至情论。汤显祖的至情论猛烈地抨击了卫道士迎合人伦纲常的风气，反对禁欲主义。但他没有彻底摒弃儒学的基本思想，继承和发展了中和之美，矫正晚明时期的文坛风气的弊病。

周育德《汤显祖与晚明社会》[5] 一文认为：《牡丹亭》的经典地位确定了汤显

---

[1] 朱义禄：《论罗汝芳对汤显祖的影响》，《中共宁波市委党校学报》2018 年第 1 期。
[2] 张旭光：《汤显祖情理观微探》，《黑龙江教育学院学报》2018 年第 4 期。
[3] 孟令阳：《汤显祖"情分善恶"在"临川四梦"中的体现》，硕士学位论文，东北师范大学，2018 年。
[4] 王玉：《汤显祖的至情论与儒家思想》，《佳木斯职业学院学报》2018 年第 7 期。
[5] 周育德：《汤显祖与晚明社会》，《文史知识》2019 年第 11 期。

祖是伟大的戏剧家，但是汤显祖的身份属性不限于一个戏剧家，他是和晚明社会大有关系的人物。汤显祖是晚明官场中很难得的清正官吏，他和张居正的关系为史家所深切关注。在不长的从政生涯中，汤显祖以上《论辅臣科臣疏》而载入史册。汤显祖是"王学"后劲罗汝芳的及门弟子，是李贽的崇拜者。他对宋明理学有重大的突破，主要是他把王阳明心学的"良知说"置换为"尊情说"，给"至情"以超越时空、超越生死的地位。

高旭《情不知所起，一往而深——汤显祖"至情"美学所引发的舞蹈思考》[①]一文认为：汤显祖的至情论影响其戏剧思想并体现在戏剧作品中的人物形象、故事脉络等方面，有效的"至情"亦使舞蹈创作具有真情和真实感。该文从"人生而有情""思欢怒愁，感于幽微，流乎啸歌，形诸动摇""缘境起情，因情作境"三个方面浅析了舞蹈创作中"情""理""境"的关系与运用。

钱礼翔《"长安"夜雪识英杰——袁宏道与汤显祖交往考论》[②]一文认为：晚明文坛，模拟涂泽之病甚重，汤显祖力为解驳于前，袁宏道一扫云雾于后，可谓晚明文坛之英杰。两人于长安（指都城北京）雪夜相识，虽年岁相差较大，而结为忘年之友，相互见重。详考袁宏道与汤显祖的诗文集，二人往来甚密，时间跨度长，而其交往最为繁密时期恰恰在袁宏道欲打破文坛复古风气之时。袁、汤之交，大体有三个阶段，闻名与相交——汤显祖见重于袁氏兄弟；为官任上——袁宏道树旗，汤显祖助阵；辞官以后——忘年之友的人情温暖。

杨榕《从〈牡丹亭〉看汤显祖的诗文观念嬗变》[③]一文指出：诗文观念是文学家对诗歌文章的基本主张，体现了特定作家对前代诗文名家与同时代作家的态度。汤显祖的《牡丹亭》为古典戏曲艺术的典范，其诗文观念表现有二：一是诗歌尊杜宗唐。尊杜表现在设定女主角为杜甫后裔，由女主角杜丽娘及相关配角的曲辞采用或化用杜诗来展现；宗唐则表现为戏曲角色的下场诗都采用集唐诗的形式。二是文宗韩柳。即文章推崇韩愈、柳宗元古文，表现为设定男主角柳梦梅为柳宗元后

[①] 高旭：《情不知所起，一往而深——汤显祖"至情"美学所引发的舞蹈思考》，《教育教学论坛》2019年第2期。

[②] 钱礼翔：《"长安"夜雪识英杰——袁宏道与汤显祖交往考论》，《中国石油大学学报》（社会科学版）2019年第6期。

[③] 杨榕：《从〈牡丹亭〉看汤显祖的诗文观念嬗变》，《广西大学学报》（哲学社会科学版）2019年第5期。

裔，男配角韩子才为韩愈子孙，并通过戏曲曲辞呈现韩柳名篇。明代文坛的流派林立，相对于前后七子而言，汤氏诗尊杜宗唐和文宗韩柳是其诗文观念的嬗变，这种嬗变通过《牡丹亭》表现出来。

袁茹《论汤显祖戏曲文体选择之后的诗学宗尚》[1]一文指出：汤显祖自觉选择戏曲文体的节点在其40岁之后，万历十八年（1590）到万历二十三年（1595）间。这一选择是汤显祖多年以来思想情感与创作积累发展的结果。汤显祖的诗学宗尚在其自觉选择戏曲文体之后发生了变化。《紫箫记》创作之时，其审美追求与其时的诗学取向一致，追求秾丽，难免涩重；待《紫钗记》改成，尤其是《牡丹亭》创作之后，其诗歌风格自然浅丽、鉴赏注重诗歌初创性与自然性，创作手法以诗为戏，主张学习中晚唐诗歌，拒绝接受杜甫"诗圣"的形象，表现出独特的诗学宗尚，这些诗学宗尚的变化有汤显祖自觉选择戏曲文体影响的因素。

（二十一）袁宗道、袁宏道、袁中道与袁宗道、袁宏道、袁中道研究

袁宗道（1560—1600），字伯修，号玉蟠，又号石浦，湖北公安人。万历十四年（1586）进士，选翰林院庶吉士，授编修，官至太子右庶子。万历年间，以王世贞、李攀龙为代表的拟古文风仍有较大影响，袁宗道极力反对，与其弟袁宏道、袁中道志同道合，人称"公安派"。袁宗道认为文章要旨在于辞达。古文遗达，学古应学其达，"学其意，不必泥其字句"。而文章欲辞达，须先有"理"（思想学问），"从学生理，从理生文"，如先秦及汉唐宋诸名家，"皆理充于腹而文随之"。其次要有真情实感，"心中本无可喜事而欲强笑，亦无可哀事而欲强哭，其势不得不假借模拟耳"（以上均见袁宗道《白苏斋类集·论文》）。从这种观点出发，他的诗文创作不事模拟，率真自然。著有《白苏斋集》，今有学者整理的《袁宗道集笺校》（湖北人民出版社2003年版）。

袁宏道（1568—1610），字中郎，又字无学，号石公，又号六休。湖北公安人。万历二十年（1592）进士，历任吴县知县、礼部主事、吏部验封司主事、稽勋郎中、国子博士等职。世以为袁宏道是"公安三袁"中成就最高者，作为明代文学反对复古运动主将，他既反对前后七子摹拟秦汉古文，亦反对唐顺之、归有光

---

[1] 袁茹：《论汤显祖戏曲文体选择之后的诗学宗尚》，《东华理工大学学报》（社会科学版）2019年第4期。

摹拟唐宋古文，认为文章与时代有密切关系。他说："世道既变，文亦因之。今之不必摹古者，亦势也。"主张写文要真，认为"古有古之时，今有今之时"，即"我面不能同君面，而况古人之面貌乎？"在文学上反对"文必秦汉，诗必盛唐"的风气，进而提出"独抒性灵，不拘格套"的性灵说。著有《敝箧集》《锦帆集》《解脱集》《广陵集》《瓶花斋集》《潇碧堂集》《破砚斋集》《华嵩游草》等，今有学者整理为《袁宏道集笺校》（上海古籍出版社1981年版）。

袁中道（1570—1626），字小修，一字少修，湖北公安人。万历四十四年（1616）进士，授徽州府教授、国子监博士，官至南京吏部郎中。其在文风上与兄长袁宗道、袁宏道一样，反对复古拟古，认为文学是随时代的变化而变化的，"天下无百年不变之文章"，提倡真率，抒写性灵。晚年针对多俚语纤巧的流弊，提出以"性灵"为中心兼重格调的主张。创作以散文为佳，游记、日记、尺牍各有特色。著有《珂雪斋集》（上海古籍出版社1989年版）。

2019年学界同人关于"公安三袁"的研究论文数十种，兹择要汇辑。

杜敏《公安三袁小品文的审美意蕴研究》[①] 一文指出："公安三袁"小品文的审美思想是了解晚明诗文美学中不可缺少的一部分，在中国文学史与美学史上具有一定的价值和意义。晚明时期，政治腐败，资本主义经济萌芽，文学思潮高涨，各种矛盾冲突加剧，社会风尚发生着急剧的变化。小品文是一种文类，也是一种文风。小品文在散文史上发挥巨大影响力的时候是晚明时期，它不仅影响了创作主体，也影响了文人的创作风格。晚明小品文的出现，体现了中国古代散文文体的深刻变革。作为晚明文坛巨擘，"公安三袁"的小品文具有典型性。因此，了解"公安三袁"小品文中的文学思想和审美观念非常重要。"公安三袁"小品文最初的研究主要集中在文集的整理上，到后来关注到更多的方面。无论是与宗教相结合的研究，还是散文创作的研究以及性灵文学思想的研究，都拓宽了小品文研究的范围和内涵，在一定程度上也为其美学思想的研究奠定了基础。"公安三袁"小品文集中展示了他们的人生际遇、性格及心路历程。在言说"独抒性灵"的主旨风格下，留下了游记小品、尺牍小品以及传记小品等不同类型小品，展示着自然美和社会美，从中体现了丰富的情感和意味，具有丰富的美学内涵。"公安三袁"小品文具

---

① 杜敏：《公安三袁小品文的审美意蕴研究》，硕士学位论文，西安电子科技大学，2019年。

有很高的审美价值。在审美范畴"趣""韵"和"俗""淡"以及"真""质"的逻辑运动中,展现他们的文学创作和审美思想,包含着独特的审美趣味和审美体验,在审美超越中实现审美理想的追求,寻找真正的性灵之情。

周家洪《公安派文学的分期》[①]一文认为:以三袁在不同时期文学理论和创作方面反对复古、拟古的实绩为标准,公安派文学分为兴起期、鼎盛期和衰落期。1587年(万历十五年)袁宗道文学创作由模拟复古派转变为反对复古派为公安派文学兴起的开始,至袁宏道提出公安派文学理论核心主张前的1595年(万历二十三年)为公安派文学的兴起期,共九年;从1596年(万历二十四年)袁宏道提出公安派文学理论的核心主张开始,到1600年(万历二十八年)袁宗道去世前为公安派文学的鼎盛期,共五年;从1601年(万历二十九年)袁宏道因受袁宗道去世和京师攻禅事件的双重打击而发生转折,进入其文学理论和创作后期开始,到1626年(天启六年)袁中道去世为公安派文学的衰落期,共二十六年。在公安派发展变化过程中,三袁作为领袖在共同发挥作用的同时又各有侧重,三人分别在三个时期先后起到了中流砥柱的作用。

韩焕忠《袁宗道以佛学解读〈论语〉》[②]一文认为:晚明公安派文学的开创者袁宗道既是儒家科第的精英,又是深信佛教的居士。他以佛教义理诠释儒家经典,借儒家经典阐说佛教义理,著成《读〈论语〉》。袁宗道的《读〈论语〉》是将《论语》纳入佛教心性论的语境之中,将孔门师资之间问答应对的记录机锋视为禅宗的公案和灯录。如此一来,他对《论语》的解读多少就有了一些参话头禅的意味,而孔门师资之间的言志、述事、问答、应对,也就成了向上一路、师资道合或机缘不契的展现。

刘硕伟《论袁宏道"狂"的思想根源及历史影响》[③]一文指出:晚明诗人袁宏道,个性鲜明,行为特出,三次出仕,三次归隐,仕隐之间,狂言未断。其"狂",既有魏晋名士风度及道家思想的影响,也有晚明心学及禅宗的影响,当然更有原儒系统价值观念的重要影响。"狂"是袁宏道的人格期许,也是他的诗学策略。其狂者遮诠法、不循规范的创作理路以及对"趣""韵"的宣扬,给晚明士风

---

① 周家洪:《公安派文学的分期》,《长江大学学报》(社会科学版)2019年第4期。
② 韩焕忠:《袁宗道以佛学解读〈论语〉》,《中国社会科学报》2019年4月30日。
③ 刘硕伟:《论袁宏道"狂"的思想根源及历史影响》,《太原学院学报》(社会科学版)2019年第1期。

和文风带来巨大影响。经过清代的相对沉寂,至现代,袁宏道成为学界热点。文化界对袁宏道的接受明显分为两派。这种分化,显示着双方审美趣味的差异以及政治立场的不同。

赵海涛《公安二袁"释庄"方法、特色及其他》[①]一文指出:袁宏道与袁中道在"三教圆融"思想的统领下,采用"六经注我"的经典阐释方式,对《庄子》内七篇进行别具慧心的理解与发挥。"独抒性灵,不拘格套"的文学思想与唯求自适的性情追求,奠定了他们无拘无束、天马行空的"释庄"风格,使得他们的"释庄"文字清新可读、别有韵味,但也较多地偏离了《庄子》文本的原意,呈现出"自为一庄"的思想特色。

刘硕伟《袁宏道的现代回响——以鲁迅和周作人为中心的考察》[②]一文指出:现代文坛上,周作人最早把晚明文风与新文学运动联系起来,特别是对晚明公安派的"旗手"袁宏道揄扬有加,使之成为新文学运动中的热点。究其原因,一方面,袁宏道的主张比较契合追求个性自由的知识分子的需要;另一方面,袁宏道的作品所表现出的"闲适"与"性灵"颇为符合颓废文人的情绪。鲁迅先生认为"闲适"不是袁宏道的全部,"性灵"也不是晚明小品的最主要标签,而是被"检选"的产物。周氏兄弟对立主张背后,是两个对立的阶级的两种对立立场,是对民族危亡的两种不同文化态度。

李玥忞《从明季到近代中国:"好异者"与五四时代的学人——〈明李卓吾别传〉与〈李温陵传〉之比较》[③]一文指出:近代反孔非儒的健将吴虞所作《明李卓吾别传》对明末袁中道的《李温陵传》多有借鉴,袁中道对李贽生平的叙述以及个性特点的塑造都被吴虞承袭,但两传对待李贽遭受正统迫害的态度差异殊甚,中道居中调和,吴虞则猛烈抨击,主张推翻儒教对国人思想的钳制,重建新道德。通过对两传的比较,可以见出吴虞对传统文化中的非正统和反正统作品的借鉴以及五四时期的学人相较于明季,对儒教之流弊的反思进一步深化。

---

① 赵海涛:《公安二袁"释庄"方法、特色及其他》,《九江学院学报》(社会科学版)2019年第2期。
② 刘硕伟:《袁宏道的现代回响——以鲁迅和周作人为中心的考察》,《绍兴文理学院学报》(人文社会科学版)2019年第6期。
③ 李玥忞:《从明季到近代中国:"好异者"与五四时代的学人——〈明李卓吾别传〉与〈李温陵传〉之比较》,《汉字文化》2019年第18期。

三 一点展望

通览上文尤其是 2018、2019 年所涉泰州学派的文献整理现状与泰州学派专题研究、人物个案研究，可以发现：无论是研究的广度还是研究的深度，包括研究的方法论，都已经达到了阳明后学研究的顶尖水平。我们期待泰州学派中的学术菁华如"平民儒学""个性解放""思想自由"，能够实现其在当代创造性转化与创新性发展，努力开创出新时代的"泰州学派"。同时，我们也期待《泰州学派全书》《泰州学派通史》《泰州学派人物传记丛书》的编撰与出版。